海外中国研究丛书

——

到中国之外发现中国

［美］张勉治 著 董建中 译

Michael G. Chang

A Court on Horseback

Imperial Touring and
the Construction of Qing Rule,
1680-1785

马背上的朝廷

巡幸与清朝统治的建构（1680—1785）

［增订本］

江苏人民出版社

图书在版编目(CIP)数据

马背上的朝廷 : 巡幸与清朝统治的建构 : 1680—
1785 / (美) 张勉治著 ; 董建中译. — 增订本. — 南
京 : 江苏人民出版社, 2023.4(2023.10 重印)
(海外中国研究丛书 / 刘东主编)
书名原文 : A Court on Horseback : Imperial
Touring and Construction of Qing Rule, 1680－1785
ISBN 978－7－214－28051－0

Ⅰ. ①马… Ⅱ. ①张… ②董… Ⅲ. ①中国历史—研
究— 1680－1785 Ⅳ. ①K249.07

中国国家版本馆 CIP 数据核字(2023)第 042691 号

江苏省版权局著作权合同登记号:图字 10－2014－056 号

书　　　名　马背上的朝廷:巡幸与清朝统治的建构(1680—1785)
著　　　者　[美]张勉治
译　　　者　董建中
责 任 编 辑　康海源
装 帧 设 计　周伟伟
责 任 监 制　王　娟
出 版 发 行　江苏人民出版社
地　　　址　南京市湖南路 1 号 A 楼,邮编:210009
照　　　排　江苏凤凰制版有限公司
印　　　刷　苏州市越洋印刷有限公司
开　　　本　652 毫米×960 毫米　1/16
印　　　张　31.25　插页 4
字　　　数　417 千字
版　　　次　2023 年 4 月第 2 版
印　　　次　2023 年 10 月第 2 次印刷
标 准 书 号　ISBN 978－7－214－28051－0
定　　　价　128.00 元

(江苏人民出版社图书凡印装错误可向承印厂调换)

序"海外中国研究丛书"

中国曾经遗忘过世界,但世界却并未因此而遗忘中国。令人嗟呀的是,60年代以后,就在中国越来越闭锁的同时,世界各国的中国研究却得到了越来越富于成果的发展。而到了中国门户重开的今天,这种发展就把国内学界逼到了如此的窘境:我们不仅必须放眼海外去认识世界,还必须放眼海外来重新认识中国;不仅必须向国内读者移译海外的西学,还必须向他们系统地介绍海外的中学。

这套书不可避免地会加深我们150年以来一直怀有的危机感和失落感,因为单是它的学术水准也足以提醒我们,中国文明在现时代所面对的决不再是某个粗蛮不文的、很快就将被自己同化的、马背上的战胜者,而是一个高度发展了的、必将对自己的根本价值取向大大触动的文明。可正因为这样,借别人的眼光去获得自知之明,又正是摆在我们面前的紧迫历史使命,因为只要不跳出自家的文化圈子去透过强烈的反差反观自身,中华文明就找不到进入其现代形态的入口。

当然,既是本着这样的目的,我们就不能只从各家学说中筛选那些我们可以或者乐于接受的东西,否则我们的"筛子"本身就可能使读者失去选择、挑剔和批判的广阔天地。我们的译介毕竟还只是初步的尝试，而我们所努力去做的，毕竟也只是和读者一起去反复思索这些奉献给大家的东西。

刘　东

1988 年秋于北京西八间房

谨将此书献给我深爱着的 母亲钟辰珠
父亲张梁圻

目 录

致　谢

　　呈现给读者的这本书看起来似乎很光鲜，但我自己知道从最初的想法到最后的完成经历了怎样的困难。一路走来，我感谢每一位给予我支持与帮助的人。

　　1990年代，我很幸运认识到了怎样才能成为专业历史学家，当时我在加州大学圣迭哥分校，身边有着一大群这样的人。差不多十五年来，周锡瑞（Joe Esherick）一直教育我真诚做人。其间，他教导我应该追求的是：论点令人信服、条理清楚，叙述精心构制，论证严密，材料翔实。我只希望这本书能接近他的学术高标准。像所有好的导师一样，毕克伟（Paul Pickowicz）总是给予我更多的指导。有次在一个重要的场合，他平静地说，"事情最后的结果并不总是我们所想的那样"，这话让我不再担心失败，也开启了我学术上的一些大胆想法；毕克伟一直鼎力支持我，是智慧建议的来源，使我不仅学会生存，而且茁壮成长。高彦颐（Dorothy Ko）带领我经历了文化与语言的转变，永久改变了我的思考方式。那是令人陶醉的日子，我进入了思想的殿堂，她对我的学术发展有着重大影响，怎么说都不为过。她任职的学校一直在变，可是每当我需要时，她总提供灵感，并且向我展示了，解释过去也是一种体验当下、展望更为开放的未来的方式。在圣迭哥拉荷亚镇，我总是盼望着上藤谷藤

隆的课；我一直视他为学识渊博、慷慨大度、幽默与敬业的楷模。柯素芝
（Suzanne Cahill）、王岗培养我立志成为汉学家和书籍爱好者，我一直心
存感激。我也从同学那里学到了太多的东西，他们是 Julie Broadwin，
James Cook，董玥，Mark Eykholt，Susan Fernsebner，Joshua
Goldstein，刘璐，Cecily McCaffery，Andrew Morris，Charls
Musgrove，Elena Songster，汪利平。本书中的许多想法和观点都是出
自我们共有的经历以及讨论课内外常常是很激烈的讨论。

　　我会永远记着与贝杜维（David Bello）、Jeanette Barbieri 在北京与
南加州时一起的日子，尤其感谢贝杜维，当我还在"数羊"，也就是埋头清
点备办乾隆南巡的各种人财物的时候，他提醒我注意家产制
（patrimonialism），也感谢他在档案馆、骑车途中、书店以及中国人民大
学对面艾德熊快餐店的陪伴。这是我最喜欢的一些回忆。也要感谢我
的启蒙老师，他们为我开启了思想与制度的大门，送我走上自己所走的
道路：F. Jane Scott，Naoni Duprat，John Waters，Perry Link，周质平，袁
乃瑛，唐海涛，Marvin Bressler。感谢陆西华（Gertraude Roth-Li）十多年
前在伯克利精彩的夏季课程，这是我第一次隐隐窥识学术的堂奥。也要
特别提到欧立德（Mark Elliott），让我分享他的幽默，从而在"权威"面前
不感到拘束；他对我的研究有兴趣并给予了积极支持。

　　国际大学项目的老师使得我在台北收获丰厚；周长贞、吴咸义所做
的安排，使我在台北的生活有声有色，帮我度过了一段极艰难的日子。
也是在台湾，庄吉发、陈捷先慷慨同意我加入他们的课堂，分享他们的知
识与见解。在北京，郭成康也是如此，并且给出了重要建议，使这一课题
更加可行。黄爱平总是拿出时间，见面讨论我的研究。夏宏图在档案馆
陪我，她幽默风趣，学识丰富。

　　如果没有以下机构的许多知识丰富的图书馆管理人员、档案管理人
员以及工作人员的帮助，本书是不可能完成的："国立故宫博物院"（台
北），"中央研究院"历史语言研究所与傅斯年图书馆（台北），中国人民大
学清史研究所（北京），中国国家图书馆（北京），北京大学图书馆，首都图

书馆(北京),中国社会科学院图书馆(北京),中国第一历史档案馆(北
京),美国国会图书馆亚洲部与约翰·克鲁格中心(华盛顿特区),哈佛大
学哈佛—燕京图书馆(马萨诸塞州剑桥),犹他家谱学会家庭史图书馆
(犹他州盐湖城),加州大学伯克利分校东亚图书馆,乔治·梅森大学图
书馆馆际借阅部。这里无法一一开列以各种方式帮助过我的人,但我还
是要特别感谢以下几位:中国第一历史档案馆的李静、朱淑媛;美国国会
图书馆亚洲部的居蜜、Judy Liu;约翰·克鲁格中心的 Prosser Gifford,
Les Vogel,Peg Christoff;哈佛—燕京图书馆的 Jessica Eykholt、马小
鹤;犹他家谱学会的 Melvin Thatcher。

我得到了许多的经费支持,这对于课题的完成至关重要。加州大学
圣迭哥分校的奖学金减轻了我研究生学习的外在压力。Hwei-chih Hsiu
和 Julia Hsiu 对加州大学圣迭哥分校中国研究的捐赠使我可以在伯克利
学习一夏天的满语。西雅图 Blackmore 基金会资助了我一年期在台北
的高级语言学习与基础研究。国际教育学会的富布赖特奖学金资助我
在台北的"国立故宫博物院"与"中央研究院"进行六个月的研究。之后,
我得到了美中学术交流委员会的慷慨资助(由美国学术委员会管理),能
够于 1998 年在中国人民大学清史研究所、中国第一历史档案馆进行研
究。作为国际研究学者,我在美国国会图书馆约翰·克鲁格中心,用一
年时间认真将博士学位论文修改成书,得到了卢斯基金会、美国学术委
员会的资助。利用乔治·梅森大学的 A Mathey Junior 教师资助与学术
休假,可以两个学期不必上课,进一步修改书稿。乔治·梅森大学其他
的支持也极有助于本书的最后定型,历史与新媒体中心主任 Roy
Rosenzweig,友好地请 Stephanie R. Hurter 提供技术服务,绘制了本书
第 5 页的清晰明了的地图;历史与艺术史系向 Mr. Jake Kawatski 和
Ms. Cherry Currin 提供经费,请他们制作了本书的索引,比我自己处理
要高明太多。

哈佛大学亚洲中心所请的两位匿名审读者阅读了整个书稿,纠正了
史实与格式上的一些错误。此外,在过去一些年中,许多人对本书的全

部或部分给予帮助或是反馈意见。这些人包括：David Bello，Joan Bristol，马雅贞，Lisa Claypool，Robert DeCaroli，董玥，Mark Elliott，Joseph Esherick，Susan Fernsebner，Karl Gerth，Josh Goldstein，韩承贤，Mike Hearn，Laura Hostetler，胡明辉，Chris Isett，Dorothy Ko，Eugenia Lean，李卓颖，刘一苇，刘璐，Susan Mann，Cecilly McCaffrey，Tobie Meyer-Fong，Steven Miles，Sue Naquin，Anne Reinhardt，William Rowe，Bruce Rusk，Randolph Scully，Mark Swislocki，Joanna Waley-Cohen，汪利平，Erica Yao，还有日本亚洲研究会议（东京）、哈佛大学、芝加哥大学、美国国会图书馆和华盛顿大学（圣路易斯）的会议参加者。虽然并不是每一条意见都吸取了，但我要对他们深致谢意，因为每一位作者都会期盼并需要活跃而认真的听众。最后要说的是，所有的错误或是不当之处都由我一人负责。

我将此书献给我的父母亲，他们给我展现了如何能带有尊严地将日常奋斗和苦难转化为深具意义的东西。献给我的姐姐 Denise 和 Lisa，感谢她们对小弟我多多承让，不止一次地纠正我，事事为我示范。献给 Pam 和 Koni，感谢你们养育了一个出众的女儿，并教导我们如何看待问题。最后要的说是，将我的挚爱、敬重与感激献给 Sue，她的鼓励、力量与不倦的幽默，引导着我们走出可能遇到的郁闷与无聊。

张勉治（Michael G. Chang）

绪　论

　　乾隆皇帝(弘历,1711—1799;1736—1795 年在位)是统治中国内地的第四位满洲皇帝,他的祖父是康熙皇帝(玄烨,1654—1722;1661—1722 年在位)。乾隆皇帝既沐浴在乃祖的光环之中,又为乃祖的盛名所遮掩。1751 年首次南巡时,乾隆皇帝欣然承认先辈的遗产:"粤自我皇祖圣祖仁皇帝巡幸东南……历今四十余年,盛典昭垂,衢谣在耳。"①康熙南巡不仅是歌颂和传说的素材,而且也是一种政治表演——众人被吸引并表现得井然有序:

　　　　(康熙三十八年)三月十四日癸未(1699 年 4 月 13 日),御舟入境,沿途迎谒者数百里不绝,而苏州为尤盛。凡在籍诸臣为前一行,监生、生员次之,耆老又次之,编户之民又次之。水路并进,每舟列黄旛,标都贯姓名迎驾等字于其上。路亦如之。凡献康衢送若干帙,装以黄绫。姑苏驿前、虎丘山麓各建綵亭,纵广百步。榱桷栏楯极壮丽,桥巷树綵坊,锦棚高出檐表,遍列花灯。*

这样的节庆场面被认为是"体皇上合天下之欢"。此种编排自然是有益

---

* 本书引文中的括号内容,除特别说明外俱系作者所加;黑体字也作者所强调。——译者注
① 《南巡盛典》,卷 1,页 27a。

于朝廷,也对苏州当地官员和名流有好处,这些人都在皇帝面前"竞献其力"。① 约五十年后,乾隆皇帝通过编排具有同样寓意的万众欢庆的生动场面,以仿效"皇祖"。

1750 年初,也就是在首次南巡前整整一年,乾隆皇帝发布一道关于预备"辇路"的上谕,其中坚持要能被民众很清楚地看到:"道路虽观瞻所及,间或蔽以布帷营蕝之属,旷野中竟不为障蔽。"②在离开北京的这一天,乾隆皇帝急切地想见瞻仰圣驾的人们"阛阓通衢",他听说"士民父老念切近光",尤为高兴。然而,存在着一个问题,乾隆皇帝"诚恐地方有司因虑道路拥挤,或致先期阻拦",决意不要那些操心琐碎之事的小官僚们扫此事之兴,"若道路宽广,清跸所经,毋虞拥塞"。他在一道专门下发的上谕中说得明白:"不得概行禁止,以阻黎庶瞻就之诚。"③六个星期后,圣驾抵达苏州,他骄傲地宣称:"入境以来,白叟黄童扶携恐后,就瞻爱戴,诚意可嘉。"④李斗是 18 世纪末的扬州人,他证实了乾隆皇帝的叙述:"道旁或搭彩棚,或陈水嬉。共达呼嵩诚悃,所过皆然。"⑤正如乾隆皇帝所说,"就瞻"的举动是相互的,充满着特殊意义。看与被看,两者"既足慰望幸之忱,而朕亦得因以见闾阎风俗之盛"。⑥

乾隆皇帝的南巡,在当时,首先乃政治上非同寻常之事。南巡的消息在整个清帝国以及亚洲沿海和大陆都有反响。日本的德川幕府(1600—1868),从停靠长崎的中国商船上的水手那里得到情报,了解到了经由江南的乾隆皇帝的长期行程。⑦朝鲜使臣在他们的日记和官方报

---

① 《苏州府志》,卷首 1,页 14b—15a。
② 《南巡盛典》,卷 1,页 3a。
③ 《南巡盛典》,卷 1,页 21a。"就瞻"乃用典,指"就目瞻云",出自司马迁《史记》,用以描述圣君舜的美德,见倪豪士英译《史记》,第 1 册,页 6。
④ 《南巡盛典》,卷 1,页 27a。
⑤ 李斗:《扬州画舫录》,页 3,第 3 条。
⑥ 《南巡盛典》,卷 1,页 21a。
⑦ 华立:《"唐船风说书"与流传在日本的乾隆南巡史料》。

告中对南巡有记载。① 内亚的首领和高僧——包括六世班禅罗桑巴丹益西（1737—1780）②——自然会了解南巡的情况，因为有时候他们是乾隆南巡时的扈从。时至今日，南巡的景象依然能牵动大众和历史的想象。的确，每一位清史（1644—1911）乃至中国史的研究学者，多少都知道一点 1751—1784 年间的乾隆六次南巡。③ 同样广为人知的是康熙皇帝的六次南巡。④ 然而，正如著名清史专家郭成康所说："对南巡，人人都可以说两句，但是还没有人做过深入的研究。"⑤我的研究，旨在从一个最基本的层面上，填补这一空白。

让我们先对乾隆南巡"说两句"。南巡旷日持久，乾隆皇帝及相当大规模的扈从花上三五个月的时间，巡历帝国最繁荣和最重要的地区之一——长江下游的江南地区（见图 1 和表 3.1）。从出巡路线可以看出，乾隆皇帝及扈从走陆路，经直隶、山东、江苏北部，到达清河县（今属淮安）的黄河和大运河交汇处。乾隆皇帝视察那里的堤坝塘堰等综合水利设施。⑥ 渡黄河后，这一移动的朝廷向南，乘船沿大运河，前往主要的县、府等治所，如宝应、高邮、扬州。就在扬州以南的地方，御舟过长江并在常州、无锡、苏州等沿线重要城市停留，之后到达浙江。在浙江，皇帝一行继续向南，过嘉兴府，接着向省城杭州进发，在那里乾隆皇帝举行召试，检阅地方军队并游览城市景点，包括著名的西湖。在后四次南巡期间（1762、1765、1780 和 1784），乾隆皇帝前往海宁县视察沿杭州湾的海塘，然后去杭州。1751 年，圣驾从杭州出发，渡过钱塘江，这样乾隆皇帝可以亲祭位于绍兴府、传说中的圣君大禹的陵墓，这是皇帝行程的最南端。

---

① 朴趾源：《热河日记》，页 254、576。也见黄梓（Hwang Chae，1734 年、1750 年到过北京）的评论，转引自闵斗基《国家政体和地方权力：帝制晚期中国的转型》，页 4。

② 中国第一历史档案馆：《六世班禅朝觐档案选编》，页 150（文件第 197 号）、页 153—154（文件第 2-3-204 号）、页 155（文件第 206 号）、页 164—166（文件第 220—221 号）、页 171（文件第 227 号）、页 198（文件第 269 号）。

③ 乾隆皇帝六次南巡是在 1751、1757、1762、1765、1780、1784 年的春天。

④ 康熙皇帝六次南巡是在 1684、1689、1699、1703、1705、1707 年。

⑤ 1998 年 3 月在中国人民大学校内与郭成康的私人谈话。

⑥ 1288—1855 年，黄河流经山东丘陵的南部，经过苏北，在这里夺淮河入黄海。

5　（1751 年后，乾隆皇帝再未前往绍兴。）

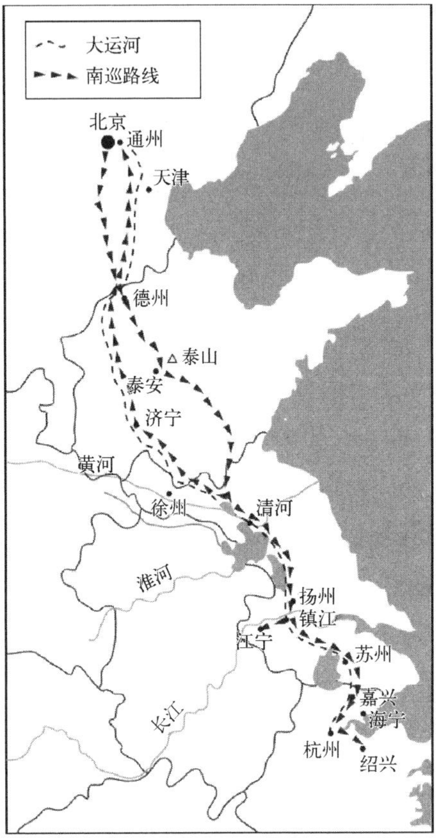

6

图 1　南巡路线示意图（由乔治・梅森大学历史与新媒体中心的 Stephanie R. Hunter 绘制）

返程时，皇帝一行北上，沿大运河到长江南岸的镇江府，然后向西，走陆路至前明的都城江宁（今天的南京）。这里乾隆皇帝又一次举行召试，检阅军队，参观该城的历史古迹。接下来这一移动的朝廷折回镇江，过长江，继续沿大运河北上，到达与黄河的交汇处。从 1757 年第二次南巡开始，乾隆皇帝及贴身扈从在山东—江苏交界处与皇太后一行分开，走陆路到徐州，视察该地区的重要水利设施。在返回大运河后，皇帝一行乘船继续北上至德州，最后回到北京。皇太后的船队返京时常常更为从容，通常比皇帝晚一些日子才回到京郊。

1751 年首次南巡，乾隆皇帝在主要城市停留时间很长：杭州九天、苏州八天、江宁四天。除参加上述精心编排的大众欢庆仪式外，他还做了许多事情。其中，他视察水利设施，祭祀地方神祇，陟黜地方官员，接见地方名流，予以各种恩赏，招揽学术和文学人才，检阅军队以及参观景点和历史名胜。

我研究的主要目的，是通过具体的实例，阐明在帝国核心和江南之间所表现出的以动态张力及持续性博弈为特点的多面关系。"江南"字面意思是"（长）江之南"，但它实际上是指一个更为辽阔的地理—文化地区,包括两个重要的省份:江苏和浙江。在 17、18 世纪,这两个省在一些方面对于清帝国举足轻重。① 从政治上看,来自江苏和浙江的汉族士人占据了九品文官制度中后五品的多数职位。从经济上看,这两个省创造了帝国的商业和农业大半财富,向国家供应漕粮,它们上缴的赋税占据国家收入的最大份额,更不用说它们所出产的食盐、丝绸和瓷器等其他重要的商品和奢侈品了。在文化上,江南是汉族士人学术和高雅艺术无可争议的中心。然而,17 世纪清朝入主中原以来,它也成为反清复明运动及反满情绪的堡垒。清廷是如何对这一重要地区及居民建立起权威及合法统治的? 在 18 世纪,清朝对于中国内地统治的切实条件是什么,历史机制是怎样的? 这是本书要解决的两个至关重要的问题。

其次,这是对于盛清统治的研究。它探讨了盛清的政治文化,盛清的统治是由一系列历史参与者在这种文化里予以建构的,并通过这种文化进行争夺,而所有这些人是在社会和历史所建构的情境之中进行活动的。② 我的主要看法是:南巡以及更广义的巡幸活动是盛清政治文化的最重要内容,在这一重要、多变的历史时期,它对于清朝统治的形成起着关键作用。这一时期有人称为"盛世",或称为清朝征服的"第二阶段""盛清",或干脆称为"长十八世纪"(1680 年代—1820 年代)。③

我以为,清朝统治是由紧密系于相互依存、因时而变的动态网络的各种集团组成;这些集团的互动,既建构了一套相互重叠的意识形态话语和制度安排,同时也被后者所建构。可以说,清朝统治通过相互重叠的民族例外主义(exceptionalism)和王朝(家族)统治的意识形态进行建构时,它既是民族的(ethnic),也是王朝的(dynastic),也就是说是"民

---

① 有关概述,见韩书瑞、罗友枝《十八世纪中国社会》,页 147—158。
② 我很赞同贝克尔对于"政治文化"概念的有影响力、更具语言学表现力的表述。他"将政治视为是关于权利之主张;视为任何社会的个人与集团用以表达、商协、实施各加之于他人或整体之上的竞争性主张的活动。……在此意义上,政治文化,是一套话语或象征意义的活动,通过它得以主张这些权利"。(贝克尔:《再论法国大革命:十八世纪法国政治文化研究》,页 4—5。)
③ 罗威廉:《救世:陈宏谋与十八世纪中国的精英意识》,页 1 注 1;柯娇燕:《清帝国的征服者精英》,页 313、345—338;曼素恩:《缀珍录:十八世纪及其前后的中国妇女》,页 20 注 1。

族—王朝"的(ethno-dynastic)。而且,"民族—王朝"统治,从历史上看,是一种特殊的、嵌入了意识形态的家产制统治(partimonial domination)形式,这一点我后面将详作解释。这里只是指出,在清帝国意识形态的构造中,清朝统治同时所具有的民族与王朝的向度至为明显,而南巡则是绝好的例证。①

将南巡首先视为意识形态的活动,也就是作为维护权力、会产生特殊意义的一套话语和象征的活动,有什么意义呢? 这样的一种取向,如同所有对于意识形态的批评研究一样,要求详尽考察"各种象征形式所建构和表达的意义的多种途径",以便"建立和维持统治关系",②更具体地说,这将民族—王朝的统治,解释为是通过清廷熟练运用各种霸权话语(其中包括"法祖""无逸""观民""返淳还朴")进行建构的。这种占有话语的举动,赋予这些格言以大量的意识形态意涵,使得清廷能够调和人们所谓的"民族的"和"天下一家的(cosmopolitian)"统治模式间(也就是"修辞的竞技场")的内在张力。③ 因相似而产生合法性(文化的同化)和因差异而产生支配关系(民族的区别)原则间的内在矛盾,只是"1680年至1780年这一百年间清朝政治、社会和文化的几乎各个方面"都充斥着的许多"均衡的二分或紧张关系"中的一个而已。④

在清廷于各种行动和互动之前就已存在的领域内(就是说,现有的制度安排),在维护并申张其"家产制"特权中(见下),民族—王朝统治得以彰显自我。此时,清廷寻求——不同程度地成功了——对于汉族精英所组成的各种集团,加强其权威和影响,这些汉族精英不仅主导着科举考试和行政部门,而且支配着地方社会。换言之,清民族—王朝统治的核心是,乾隆朝廷针对中国内地在经济和文化上具有霸权地位的地区和地方

① 清朝统治的多面性,见柯娇燕《中国皇权的多维性》。
② 汤普森:《意识形态与现代文化:大众传播时代的批判社会理论》,页7。
③ 欧立德:《满洲之道:八旗制度与帝制晚期中国的民族认同》,页4;孔飞力:《叫魂:1768年妖术大恐慌》,页60。
④ 裴德生:《剑桥中国清前中期史·绪论:开陈布新》,页7—8。

精英集团,一以贯之地执着于嵌入了意识形态的"家产制统治"。

本研究极大地受益于标榜为清史研究中的"阿尔泰"学派(与汉化学派相对立),它研究的是"以清为中心的清史",或简称为"新清史"。① 正因如此,它加入了还在进行中的关于"汉化"作为一种理解清朝统治运行及意义的可行范式的争论。② 无论清史研究中这一修正论的趋势是否真的"新",抑或仅仅是代表了早期英文研究的一些论题的重新提出,这可以进行争论。③ 无论如何,我的研究,与"新"清史许多研究一道,直接是受益于已故的傅礼初教授,傅礼初思想的影响应当予以正式承认,也值得大段的征引。在 1979 年 2 月 7 日写给时任《清史问题》(目前期刊《帝制晚期中国》的前身)主编柯志文(James Cole)的信中,傅礼初(应邀)给出建议:在清史研究领域,"有三件事我们需要更多地了解":

> (1)清帝国作为一个整体的运作情况。内地、满洲、蒙古、新疆、西藏以及西南土司,在多大程度上是自给自足的小世界? 它们之间相互关系加强或松懈的机制又是什么? 内亚领土并入帝国对于中国内地产生了什么样的影响?
>
> (2)中央政府,尤其是君主制的基础。除了皇帝的奴仆(太监、包衣、旗人和士大夫)外,皇帝还倚赖哪些人来支持中央政府的利

① 欧立德:《满洲之道:八旗制度与帝制晚期中国的民族认同》,页 28;米华健:《嘉峪关外:1759—1864 年新疆的经济、民族和清帝国》,页 15;米华健等编:《新清帝国史:承德与内亚帝国的形成》,页 3—4;卫周安:《新清史》。感谢 Karl Gerth 提醒我注意卫周安的文章。

② 欧立德:《满洲之道:八旗制度与帝制晚期中国的民族认同》,页 1—35;罗友枝:《清皇室婚姻与统治权问题》;何炳棣:《捍卫汉化:对罗友枝〈再观清代〉的反驳》。何炳棣的原初立场,见《清朝在中国历史上的重要性》。另一有益的评论,见盖博坚《谁是满洲人?》。

③ 我以为,归为新清史的学者包括:柯娇燕(Pamela Crossley)、狄宇宙(Nicola di Cosmo)、欧立德(Mark Elliott)、傅雷(Philippe Forêt)、河罗娜(Laura Hostetler)、米华健(James Millward)、孔飞力(Philip kuhn)、罗友枝(Evelyn Rawski)、路康乐(Edward Rhoads)、卫周安(Joanna Waley-cohen)、司徒安(Angela Zito)。用英语写作,在某方面进行民族研究的老一辈代表人物是:梅谷(Franz Michael)、拉铁摩尔(Owen Lattimore)、魏特夫(Karl wittfogel)、冯家昇、大卫·法夸尔(David Farquhar)、史景迁(Jonathan Spence)、劳伦斯·凯斯勒(Lawrence Kessler)、黄培(Pei Huang)、安熙龙(Robert Oxnam),当然还有傅礼初(Joseph Fletcher)。

益,反对地主们的利益?地主阶级真的因为将他们中的成员吸纳进政府就被控制了吗?朝廷与商人以及其他的非官方人员间的联系,还有多少是我们还没有认识到的?对于中央政府的运转、权力的真正运作模式,我们缺少明晰、统一的认识。

(3)满洲人研究。我们需要更多地了解清初的历史,更多地了解满洲人,他们的目标是什么,他们要建立一个怎样的帝国。①

没有任何一本书能令人满意地回答所有这些问题,但我的盛清巡幸(特别是乾隆南巡)研究,对于傅礼初所提出的三个问题都进行了一些探讨。

我在后面各章中对于南巡的分析,至少在两个方面不同于已有的研究:第一,我视南巡是在特定时期,也就是1680、1740和1780年代,全面恢复巡幸的不可或缺的一部分。因此,我对于南巡背后皇帝的动机给出了一个更复杂和更具历史场境的解释,尤其关注一直进行中、作为一种家产制统治形式的民族—王朝统治的建构和重构。第二,我深入探讨了困难且棘手的问题:地方对于南巡的反应以及大众对南巡的认识。这里,我旨在打破史学家历来所赋予清廷在历史上的能动作用的"垄断认识",提供一个对于盛清统治更为复杂且精细的历史说明。特别是,我认为,乾隆南巡是清廷基本[人们可以说是建制的(constitutional)]使命的表现,就是清廷在面对重要历史发展时,执着于民族—王朝统治的意识形态原则和制度理据,而这些发展最终却又超出它现有的或完全的控制。在此意义上,南巡是清廷应因一系列历史境况的不可或缺的内容,这些历史包括诸如军事威胁、水利危机以及趋势日益增强、影响着18世纪清朝所有层面的人口增长、商业化、职业多样化以及社会文化流动性。

家产—官僚制帝国:前近代国家形成的一种模式

这里所要表述的巡幸在清朝统治形成中的核心作用,取决于将这一

---

① 傅礼初:《未来清史研究的趋势:三点看法》,页105—106。

帝制晚期国家理解为一种"家产制统治"形式。因此,在我开列本书主要论点和组织结构之前,先要对"家产制"概念做一点开场白式的解说。

1979 年,约在傅礼初与读者分享他对于未来清史研究看法的同时,研究莫卧儿帝国的史学家布莱克,尝试使用韦伯的"家产—官僚制帝国"的框架重新解释莫卧儿帝国。[1] 布莱克自陈其目标是挑战以下认识:视莫卧儿政府为"合理、具有高度体系化军事、行政和法制框架的英属印度帝国的不发达先行者"。[2] 他认为:"视莫卧儿帝国为家产—官僚制帝国,是一种更富成果的取向,这更接近本土思想,更能与其他学者关于前近代国家的著作一致起来。"[3]这里,我采纳了类似的方法来研究清朝,希望进一步推动前近代王朝帝国的比较研究。[4]

很显然,布莱克"很大程度上利用了韦伯关于家产制国家的著作",[5]描述了一种前近代国家形成(state-formation)的模式,将"仿效家长制家庭的一种私人、传统的权威"作为其首要原则: 12

> 家产制统治起源于家长对于其家庭的权威;它要求服从于一个人,而不是一个机构;它依赖于臣服者和主人之间的相互忠诚;它仅仅唯统治者意志是从。在韦伯看来,当领主和君主们将他们的统治扩展到家长所属领地之外地区的外部家庭的臣民(这些人自身也是家产制主人)时,家产制国家出现了。这一扩大涉及了权威的变化:从家产制的(这是家内的和个人的)到纯政治的(这是军事的和司法的,并必须由外部家庭的官员进行管理)。然而,扩张并不限制统治

① 布莱克:《莫卧儿家产—官僚制帝国》。布莱克:《沙贾汉纳巴德:莫卧儿印度的主权城市(1639—1739)》,页 17—25。感谢贝杜维提出家产制(patrimonialism)问题并将布莱克的著作介绍给我。
② 布莱克:《莫卧儿家产—官僚制帝国》,页 78。
③ 同前揭书,页 94。莫卧儿帝国"家产—官僚制"更充分的论述,包括阿克巴(1556—1605 年在位)到处巡游的癖好,见理查兹《新剑桥印度史:卧莫儿帝国》,第 5 卷,页 12、58—78,尤其是页 59 注 1。
④ 埃利亚斯:《宫廷社会》,页 1—34;宿迪塔·森:《满族统治下中国的研究新进展和亚洲帝国的历史书写》。
⑤ 韦伯:《经济与社会:解释社会学大纲》,第 2 卷,页 1006—1044。

者的野心。在一个更大的范围内——这被构想成为一个大的家庭——统治者/主人努力以同样的、绝对和不受限制的方式,行使军事和司法权力。①

据布莱克对韦伯的解读,这类政治组织有两种表现形式:(1)家产制王国和(2)家产—官僚制帝国。两者的主要区别在于它们的幅员和辐射力。家产制王国乃"其中的小者,在机构和统治上更接近家长制家庭所体现出的理想"。家产—官僚制帝国更强的扩张性迫使统治者制定"一整套策略和方法,允许……在辽阔地域、众多人口和高度复杂的国度,存在已弱化的个人、家庭主导的统治"。②

这些策略和方法中最重要的,是统治者培植家产制依附者,这些人在正规的行政机器之内,可以担当文武官员,故而有利于垄断"任何中央统治者权力的两种决定性的来源:作为一个整体的社会的收入,我们称之为'赋税',以及军事与维持治安的权力"。③ 埃利亚斯的这一表述与韦伯原有的重点有些不同,他认为,最具决定性的权力杠杆,不是军事和司法,而是军事和财政。

₁₃ 然而,韦伯和埃利亚斯都同意,"由那些首先要忠诚于个人而不是王朝或机构的士兵所组成"的军队,形成了一切家产制机器的基础。由于其规模和复杂性,"家产制皇帝的军队分成两个集团:皇帝的私人家内士兵,以及主要属下(常常是皇帝同族)的士兵……后者注定听命于他们的指挥官而不是皇帝"。④

在民事领域,"(统治者的)家内控制向外延伸,这产生了家产制之外的官员",他们"既非依存者,也非官僚",只是在一个"处于家产制王国的家内机构向高度官僚化体系的近代国家过渡的中间型机构工作"。因此,一个家产—官僚制帝国的制度结构内的官缺,"界定得并不严密,安

---

① 布莱克:《莫卧儿家产—官僚制帝国》,页 79。
② 同上。
③ 埃利亚斯:《宫廷社会》,页 2。
④ 布莱克:《莫卧儿家产—官僚制帝国》,页 79。

排得并不完美"——这显然不同于现代官僚制度职责分明的层级制。那些在家产—官僚行政中的官员，因个人条件——"忠诚、家族和地位"及"读写等技能"而被选中。没有固定的薪俸作酬劳，这些官员被赋予了其他"各种好处，比如有权得到应上缴国家的某些收费、赋税或物品"——从现代观点看，这可以说是"包税"或"腐败"。韦伯和埃利亚斯也都强调，随着高度商业化经济的出现，"以利润为导向的垄断"或说商业主义，在维持家产制国家方面，起到了日益重要的作用。[①] 在这种环境之下，统治者有效地将商业巨富纳入他的私人依附者网络，成为家产制统治的一个支柱。

家产—官僚制下出任公职者——不论是士兵、商人或有口才学识之人——"唯统治者意志是从，常常执行与他们职务无关的任务"。家产制统治者"要求他们官员的个人忠实和效忠，这样的统治者无视现代的私与公之间，或个人与职务之间的区别，设法使属下成为家内依附者"。[②] 简言之，每一个家长制统治者的目标，是将每一个利己主义的"臣"降至卑颜屈膝的"奴才"（满文 aha 或 boo-i aha）。家产制国家形成绝非静态，可能是在结构上有极大变化的过程，上面最后一句，是对事实上存在着的鲜活对抗过程的精炼表述。在中国帝制晚期历史中，这一不断的权力博弈，表现为一条"紧绷的线"——一端是居支配地位的君主（以这位统治者的家庭和私人依附者网络为中心），一端是相对独立的文职官僚（由以地方社会为基础、通过科举考试获得合法身份、有着经济和文化上霸权的精英充任）。[③]

14

[①] 韦伯：《经济与社会：解释社会学大纲》，第 2 卷，页 1014；埃利亚斯：《宫廷社会》，页 22。
[②] 布莱克：《莫卧儿家产—官僚制帝国》，页 79—80；埃利亚斯：《宫廷社会》，页 1。
[③] "紧绷的线"（line of strain），这个词出自列文森《儒教中国及其现代命运》，第 2 卷，页 49。柯娇燕将这种动态变化描述为来自皇帝们的种种努力，使用"可以说是私属的官僚以对抗公共的官僚"（柯娇燕：《中国皇权的多维性》，页 1469）。

嵌入了民族意义（意识形态）的家产制

对于民族（ethnicity）在家产制国家中作用的研究，或被疏忽或分析上存在着混乱，尤其是在中国历史领域。这种混乱许多可以追溯到使用韦伯的理论探讨中国帝制晚期的历史。韦伯在巨著《经济与社会》中对于"中国家产制官僚"的描述，建立在他对于明朝（1368—1644）的官僚与君主间持久紧张关系的理解之上。韦伯清晰地描述了"中国"（明朝）的"家产制官僚获益于……占有土地的贵族阶层的完全缺位"，故而"能够阻止对官位侵夺的重现，能够抑制有着固定保护关系的形成以及地方名流对于官位垄断的出现"。对此，韦伯继续写道："皇帝的家产制政权通常使用的手段：短暂任期、官员任命排除在亲属所在地区（例如回避制度）以及利用密探进行监视（所谓的科道官员）。"①这一"中国家产制官僚"的分析没有注意到民族问题。

即便如此，由于其解释力及圆融表达，韦伯的"中国家产制官僚"极大地影响着后来的中国历史研究学者，包括清史学家。已故的魏斐德教授，可能追随韦伯，更可能是追随他的导师、喜好韦伯的列文森教授——他是将家产制统治概念运用到中国晚期帝制国家历史的最积极支持者之一。②同韦伯一样，魏斐德将"中华帝国的家产制"与"明朝专制制度"划等号，将"家产制"理解为"任命官员进行的统治"，这有着韦伯思想的印记。③

明朝国家无疑是"家产制"的。④ 明朝缔造者朱元璋（明太祖，1368—1398 年在位）及其最早期的继承者，都是强有力的"家产制官僚"的推进者和维护者。明朝皇帝持续不断地反对士人—官僚（士大夫）重申特权

---

① 韦伯：《经济与社会：解释社会学大纲》，第 2 卷，页 1047—1048。清代回避制度，见魏秀梅《清代之回避制度》。
② 列文森：《儒教中国及其现代命运》，第 2 卷，页 35—50。
③ 魏斐德：《清朝开国史》，页 1013；魏斐德：《中华帝国的衰落》，页 78。
④ 布莱克：《莫卧儿家产—官僚制帝国》，页 81；韦伯：《经济与社会：解释社会学大纲》，第 2 卷，页 1047—1051。

的斗争,导致了中央政府的全面重建,其顶点是1380年2月17日明廷有效地将官僚机构"斩首"——这是明朝缔造者朱元璋申张其家产制特权的分水岭。① 此外,"沿北部边境,使用皇子作为皇帝的代理人",以及在情报和安全事务方面使用锦衣卫和太监,是家产制机器膨胀确切无疑的 *16* 表现。②

此外,我们还可以加上"有着特殊权力,在官员的治地进行系统性的巡查",即巡抚和总督。③ 巡抚(字面意义是"出巡安抚之人")是中央派出的家产制代理人,以协调和监督省级官员。这种指派最早出现在1391年,当时朱元璋派遣太子"巡抚"陕西。约三十年后,1421年,永乐皇帝(1403—1423年在位)派26位最信任的官员巡抚帝国各处;然而,这种做法直到1430年"才成为一个稳定模式"。④ 在明朝,任命"出巡安抚之人"——或"全面协调之人"——一开始是暂时的,由朝中权贵、六部侍郎出任。从1453年开始,巡抚也被授予副都御史或佥都御史衔,这赋予他们弹劾官员的权力并可以接近皇帝。⑤

总督(字面意思"全面负责")一职最早授予兵部尚书或侍郎,负责处理地方上超出了一个省法定权限的军事问题。⑥ 最早对于总督的特别任命是在1441年;然而,从1450年开始,所有派到地方、有着特别(以及可能是暂时)军事任务的高级京官,都被授予此衔。

然而从纯粹分析的角度看,不清楚为什么这些明朝家产制做法应该被认为是"汉人"所固有。我们可以很容易将明朝统治家产制诸方面,追溯到上一个王朝——元朝时蒙古(成吉思汗)统治中国内地的传统。明

① 这一政权最高层的重建包括"废除中书省(也就是丞相),用六部尚书取代;用五军都督府取代大都总府"。见范德《朱元璋与明初立法:蒙古统治之后中国社会的再厘定》,页49。
② 同前揭书,页9、49。明代太监,见蔡石山《明代的太监》。
③ 韦伯:《经济与社会:解释社会学大纲》,第2卷,页1047—1051。
④ 朱维信、威廉·塞维尔:《清朝总督人事嬗递》,页2—3。
⑤ 贺凯:《中国古代官制辞典》,页255,第2731条。
⑥ 同前揭书,页534、7158。

17 史专家们承认,"正式建立于1368年的明朝与元朝在组织结构上很像"。① 的确,家产制统治的概念也绝好地描述了元朝的部落之上的政治组织(在第一章我称之为"帝制联盟")。学术权威们已经指出,"元朝政府在结构上,是部分家产—封建制,部分官僚制"。② 换言之,元政权这一"半公开"和"表面官僚化"的本质,与"家产制官僚"的分析框架很契合。③

当然,当明初统治者和官员们开始对明国家结构剧烈变革时,他们抬出了带有民族蕴意("汉人")的历史先例(基本上来自唐朝和汉朝),作为他们行动的意识形态的辩护理由——所有的行动,都"反映出他们深信,刚刚覆亡的蒙古统治早已剥夺了他们作为汉人的真正文化身份"。④ 然而,在历史学家看来,从先前一个时期,回归有着更"纯粹"民族性质的制度安排的这种说法,必须作为意识形态进行分析,探究其来龙去脉,而不能简单地作为一个可靠的历史事实陈述予以接受。易言之,身为有着批判思想的史家,我们对于民族的参考及援引,应视之为有待于分析和解释的、处于具体历史时期的以及意识形态的话语(作为分析的对象),而不是作为构成我们自己分析框架基础的概念。那么,"汉人""蒙古人"或"满洲人"等这些承载有民族意义的用语,就不能用以概括"家产制统治"的特点,"家产制统治"实际上是一个民族中立、"中空"的分析概念,同样适用于中国整个帝制历史时期,包括汉人和非汉人的王朝统治。⑤

因此,民族对于帝制晚期中国历史的研究很重要,但仅是在意识形态的意义上,也就是说,作为为了在亲和团体中建构一些信仰而生成和使用的一套特殊意义,这反过来成为建立和保持家产制统治关系的基*18* 础。用韦伯的术语,民族——"一种对于共同祖先……的一种主观信仰,因为体质类型或是习俗相同,或两者兼而有之,或是因为殖民和移民的

---

① 范德:《朱元璋与明初立法:蒙古统治之后中国社会的再厘定》,页34。
② 萧启庆:《元中期政治》,页560。
③ 窦德士:《顺帝与元朝统治中国的终结》,页562—563。
④ 范德:《朱元璋与明初立法:蒙古统治之后中国社会的再厘定》,页35。
⑤ 艾森伯格:《韦伯式的家产制与帝制中国历史》。

记忆"——"推动了任一形式的群体的形成,尤其是在政治领域"。① 故此,我认为,民族认同的话语和符号,在家产制国家的形成中,就像在元朝、明朝以及更重要的清朝统治的某些时期那样,可以作为政治上强有力的意识形态概念,并是意识形态的构成因素。

清民族—王朝国家的系谱

18 世纪中期(约 1725—1775),清朝经历了空前的辉煌。这一在当时和现在都被称为"盛世"的阶段,也是人口、经济、社会和政治的重大转型期。② 人口方面,清帝国人口激增。最可靠的官方记录表明,清朝人口增加了一倍,从 1743 年的 1.64 亿升至 1808 年 3.50 亿。③ 经济方面,国外白银大量内流,加之西南地区新开矿山,铜的供应日益增加,扩大并加速了整个帝国经济的持续商业化。④ 社会方面,日益的商业化促成了职业的多样化、越来越多的各层次的移民和社会流动(向上或向下)和地位的竞争(以及随之而来的焦虑)。⑤ 政治方面,乾隆皇帝继承了近一个世纪的清朝国家形成的果实,这以乃父雍正皇帝(胤禛,1678—1735;1723—1735 年在位)时期高度集权("专制")的国家机器为发展顶点。⑥

---

① 韦伯:《经济与社会:解释社会学大纲》,第 1 卷,页 389。
② 近来对这一时期的概述,汉文见郭成康等《康乾盛世历史报告》。英文,见韩书瑞、罗友枝《十八世纪中国社会》,页 97—137。从更长时段的视角看 18 世纪这些变化,见裴德生《剑桥清前中期史·绪论:开陈布新》,页 3—8。
③ 雷伟立、王国斌:《重评马尔萨斯式叙事:帝制晚期中国人口动态发展的比较研究》,页 717。两人也给出了麦克温蒂、琼斯 1978 年时的估计,1700—1800 年从 1.50 亿升至 3.20 亿。更长期的估数是中国内地在 1500 年 1 亿多到 1800 年 3 亿多。裴德生指出,"两个大谜题是,何时突破 2 亿大关以及十七世纪种种灾难——也就是明清鼎革之际人口锐减了多少"。(裴德生:《剑桥中国清前中期史·绪论:开陈布新》,页 5。)
④ 韩书瑞、罗友枝估计"作为货币的白银量在 1644—1830 年间增长了两倍"(《十八世纪中国社会》,页 105)。也见彭信威《中国货币史》,页 605,转引自孔飞力《叫魂:1768 年妖术大恐慌》,37 页注 2。
⑤ 韩书瑞、罗友枝:《十八世纪中国社会》,页 114—127;罗威廉:《社会稳定与社会变迁》,页 480—492。
⑥ 黄培:《雍正史之论》。

独揽政权、军队,并将税收牢牢掌控,乾隆皇帝因此能够攫取大量的农业和商业剩余。对于前朝国家组织和物质资源进行的家产制支配,使得清廷可以通过庞大的通信网络和供给线,维持大规模军队。① 这一后勤保障上的突破,保证了清朝在 1750 年代中晚期,一劳永逸地消除了来自北部和西北边疆部落联盟的常年威胁。②尤其是三次所谓的"西师"(1755—1759),平定了伊犁河流域(准噶尔)和塔里木盆地——两者在 1760 年成为后来的新疆。这将清帝国领土扩大了近一倍,使之转变成了一个内亚帝国。③

总而言之,这些 18 世纪的发展成了清朝成功的记述。但是它们只是该问题的一半,因为空前的和平与繁荣(至少是在中国的中心地区)产生了新的困境。18 世纪,清廷在中国内地所面对的政治问题,与 17 世纪的不同,它们是由于成功而不是由于征服所带来的问题,是接任者而不是征服者所面对的问题。在乾隆朝,尽管王朝长治久安,但也不会如此轻易就摆脱了征服(以及持续不断的对于征服的需求)的制度和意识形态的种种遗产。④

理论上所界定的从家产制王国(帝制联盟)到领土更为广阔的家产制官僚帝国(帝制官僚)的转变,与我们现在对于清朝国家形成的理解完全一致。⑤ 清朝政治和国家形成的最重要理路——在 1644 年之前及之后很长时间——是一个脆弱的部落联盟(爱新觉罗家族是其中的统治家族),不停地努力确保其家产制特权:"对外"是被征服的汉人和内亚臣

---

① 赖福顺:《乾隆重要战争之军需研究》。
② 濮德培:《十七、十八世纪中国、俄国与蒙古的军事动员》,页 775—780,尤其是页 776、780。
③ 这些"西师"包括第一次、第二次平准之役(1755—1757)和平回之役(1757—1759)。更详尽的记述,见庄吉发《清高宗十全武功研究》,页 9—107;濮德培:《中国西进:清朝对欧亚大陆中部的征服》,尤其是页 270—292;米华健:《嘉峪关外:1759—1864 年新疆的经济、民族和清帝国》。
④ 柯娇燕《清帝国的征服者精英》将清国家形成的制度和意识形态持续动态变化,分为"征服的第一波"(约 1630—1700 年)以及"第二波"(约 1700—1800 年)。征服政权普遍的意识形态需要,见柯娇燕《透镜:清帝国意识形态的历史与认同》,页 28、31—32。
⑤ 新近对于清朝早期历史的概述,见陆西华《1644 年前的国家建设》。

民,"对内"是原来征服者精英的强势和不同民族的成员和家族,也就是部落贵族。可以说,在清朝国家形成的最初阶段,吸纳了汉人并采用了明朝的制度模式,这些在新生的清朝国家内,总是被归入更为广阔的、爱新觉罗家族凌驾于长久对手的家产制统治理路之中。

在 1644 年向南跨过长城之前,清政权由以下组成:八旗(满文 jakun gūsa,建立于 1601—1636 年),理藩院(建立于 1636 年),以明朝家产制安排为原型的六部(建立于 1631 年),由内三院(建立于 1636 年)组成的内廷。

八旗制度是典型的家产制,是清朝征服者精英(在 1640 年代这一集团也包括汉人中的境外居民、蒙古人、满洲人,甚至还包括一些朝鲜人) *21* 的核心制度。[①] 到 1644 年清朝进行征服之时,"八旗"实际上由发挥着社会和军事功能的二十四个旗组成(满洲八旗、蒙古八旗和汉军八旗)。各个家庭要向他们所在牛录或旗输送士兵,用粮食(由种植而来)、马匹和羊只(由畜养而来)供应他们的男性成员,并提供盔甲与武器(由手工制作)。[②] 最初,满洲八旗分属八个贝勒控制,这些贝勒是部落的缔造者、领袖、家长努尔哈赤(1558—1626)的子侄。这些旗实际上是直接效忠于这些贝勒的私人附属物和军队。这一安排在这些满洲贝勒间确保了一种共治形式,而努尔哈赤汗位的继承人皇太极(1592—1643;1626—1643 年在位),在其中只不过是居首位而已。[③] 八旗和牛录的长官要用战利品犒劳他们的士兵和家庭。[④]

八旗制度的重要性,不仅在于它的军事性质,而且在于这种组织被

---

① 欧立德:《满洲之道:八旗制度与帝制晚期中国的民族认同》,页 39。八旗制度背后的家长制精神,可以从早期制度安排的描述中推导出来,可见陆西华《1644 年前的国家建设》,页 39。"征服者精英"构成的变化情况,详见柯娇燕《清帝国的征服者精英》。

② 欧立德:《满洲之道:八旗制度与帝制晚期中国的民族认同》,页 51—52、56—63。

③ 陆西华:《1644 年前的国家建设》,页 36—37、44—46。

④ 女真早期努尔哈赤时领土扩张和征服,主要是经济困难、日益增长的人口(由于吸纳战俘、投降者以及归附者而剧增)以及有限的耕地——这又引起粮食供应短缺——所引发的(陆西华:《1644 年前的国家建设》,页 41、68—70)。

灌输的纪律和政治忠诚。旗内所有成员,部分地依赖在战争中获胜以维持生计。纪律在战争进行当中及结束之后,都至关重要。努尔哈赤借助八旗制度可以控制他的追随者,实现其承诺:既不劫掠战败者,也不中止农业生产。[1] 蒙古和汉军八旗最早是在 1630 年代组建,是将新近战败或投诚的蒙古部落以及明朝军队纳入新生清政权的一种手段。起初,在八旗制度内,蒙古首领和明朝指挥官保留着对他们自己武装(牛录)的控制。后来,皇太极为了扩张权力、凌驾于其他满洲贝勒之上,逐渐通过家产制任命,将强势的指挥官与他们的忠实拥护者分离,破坏这些半独立军事力量的根基。[2] 然而,可能是因为清初战事频繁,皇太极不能彻底摧毁满洲贝勒在满洲八旗内部的权力。皇帝自将的三旗即上三旗(满文 dergi ilan gūsa),与由其他贝勒控制的下五旗(fejergi sunja gūsa)间长久存在着区别,这是皇太极在制度上欲对整个八旗实现家产制控制抱负受挫的表现。[3]

不消说,17 世纪中期明朝的崩溃和随后清政权对于中国内地的征服和占领,在清朝国家形成过程中留下了挥拭不去的印记。1644—1645 年后,八旗制度和清宫廷一道,形成了一个"国中之国"(state-within-a-state),"外圈之国"(state without)是从明朝继承下来的帝制官僚机构。用严格的分析(不是意识形态)术语来说,这一"国中之国"的安排,反映了一种张力,不仅是在两个具体的"民族"或是"文化"(满和汉)之间,更是在两个截然不同的政治社会之间,其凝聚和认同都根植于两个相异的文化政治传统和国家形成的轨迹,现代学者称之为"北方的"帝制联盟和"南方的"帝制官僚。[4] 事实上,帝制联盟和帝制官僚都呈现出了家产制特色,只要指出如下事实就足以说明问题:面对更加不可预知的历史发

---

[1] 同前揭书,页 50。

[2] 同前揭书,页 57—58。

[3] 欧立德:《满洲之道:八旗制度与帝制晚期中国的民族认同》,页 79 注 147。上三旗是正黄旗、镶黄旗、正白旗,下五旗是镶白旗、正红旗、镶红旗、正蓝旗、镶蓝旗。

[4] 狄宇宙:《评〈剑桥中国辽西夏金元史〉》,页 507。

展,保持亲近然而不断变化的可靠(家产制)同盟圈的凝聚力及纪律性,　　*23*
事实证明,这对于清朝的统治者来说,是个永远要面对的问题。① 康熙、
雍正、乾隆皇帝概莫能外。

　　一旦清廷在 1730 和 1740 年代取得了对于这一"国中之国"意识形态
和制度上更为全面的控制,那么它就处于更为有利的位置,能够更有力地
将其家产制统治扩展至"外圈之国",也就是它所承袭明朝的制度。清廷朝
此方向的努力,也是 18 世纪中期预料之外的事件和历史环境所造成的。
清朝国家形成这一旷日持久的历史进程,导致了一个民族嵌植型家产制统
治——我将之称为"民族—王朝统治"——的出现与苦心经营。乾隆皇帝
在 1740 和 1750 年代对巡幸的恢复是这一历史机制的组成部分。

　　在满洲人统治之下,将起初是特设的巡抚和总督的职位正式制度
化,这可能是清朝如何将从明朝继承而来的家产—官僚结构转变成为民
族—王朝统治工具的最具意义然而却极少得到评论的事例之一。② 新建
的清朝,在占领了中国内地诸省之后就立即将巡抚和总督官缺变成了其
政权构成的一个永久和正式的组成部分。只是在这一历史的关节点,我
们可以恰如其分地将总督译为"governor-general"(区别于"supreme
commander"),将巡抚译为"provincial governor"(区别于"grand
coordinator")。在清朝的最初数十年,从 1644 到 1661 年,绝大多数
(76%～80%)总督和巡抚,或是汉军旗人或是满洲旗人(后者要少得
多)。③ 然而,欧立德已指出,"到 1680 年,汉军督抚的数目已锐减,并再　　*24*

---

① 柯娇燕:《清帝国的征服者精英》。
② 关于明清时期这一方面研究的基础性汉文著作分别是靳润成《明朝总督巡抚辖区研究》、傅
　宗懋《清代督抚制度》。相关英文著作,见朱维信、威廉·塞维尔《清朝总督人事嬗递》;凯斯
　勒《康熙与清朝统治的巩固(1661—1684)》,页 117—123;盖博坚将要出版清代省级治理的研
　究 *Inspired Tinkering*:*The Qing Creation of the Province*(见罗威廉《救世:陈宏谋与十八世
　纪中国的精英意识》,页 2)。(盖博坚的著作出版时名为:*Qing Governors and Their
　Provinces*:*The Evolution of Territorial Administration in China*,*1644—1796*,此书 2010
　年由华盛顿大学出版社出版。——译者注)
③ 凯斯勒:《康熙与清朝统治的巩固(1661—1684)》,页 120—121,表 3 和表 4。

未能恢复到此前的水平"。① 而且,在乾隆朝,"统计数字……证实,满洲人被任命为督抚的比例非常高"。② 到18世纪中期,那时督抚不仅是家产制统治的代理人,而且是对内地各省官僚进行家产制统治的代表。清朝督抚的官位很显然是韦伯所谓的"missatic"制度,即"有着特殊权力、在官员的治地进行系统性的巡查"的实现,这是统治者对于其领土亲自巡查(即巡幸)的补充。③ 日益被满洲旗人充任的督抚,在巡幸过程中很积极,并是乾隆皇帝亲随扈从中地位凸显的成员,这不是偶然现象(见第三章和附录A)。

任命家产制代理人(旗人和奴才)为各省督抚,是与内务府、④奏折制度⑤以及军机处⑥等其他家产制的制度或机构的出现,在同一时期发生的。所有这些制度或机构的发展对于巩固清朝家产制统治极为重要,但在八旗内部,皇帝彻底剥夺贝勒的权力,有利于加强对于内地各省的民族—王朝统治。事实上在乾隆朝,巡抚和总督转变为民族—王朝统治的直接工具,部分取决于最高统治者凌驾于八旗(国中之国)的最终完成,且是与后者同时发生的。

到18世纪,所有的八旗军队,包括满洲八旗,已经处于皇帝的直接控制之下。这是在1720和1730年代初雍正皇帝亲自夺取了八旗内部任命权后实现的。一些学者将18世纪雍正皇帝剥夺权贵的特权称为"八旗制度的官僚化",⑦这并不完全准确。欧立德指出,"尽管趋势是朝

---

① 欧立德:《满洲之道:八旗制度与帝制晚期中国的民族认同》,页78注144,转引魏斐德所引楢木野宣的研究成果,见魏斐德《清朝开国史》,页1022—1024、1029。

② 朱维信、威廉·塞维尔:《清朝总督人事嬗递》(页37,页122注45表)的研究表明,乾隆朝51.8%的督抚是旗人(满洲、蒙古、汉军)。

③ 韦伯:《经济与社会:解释社会学大纲》,第2卷,页1047—1051。

④ 张德昌:《内务府的经济作用》;陶博:《康雍乾内务府考》;曹宗儒:《总管内务府考略》;祁美琴:《清代内务府》。

⑤ 吴秀良:《通信与帝国控制:清初奏折制度的发展(1693—1735)》;杨启樵:《雍正帝及其密折制度研究》;陈捷先:《满文奏折》。

⑥ 白彬菊:《君主与大臣:清中期的军机处(1723—1820)》。

⑦ 黄培:《雍正史之论》,页162—184。

着更大范围的官僚化,但清朝时整个八旗从未出现一个中枢机构,没有一个能解决所有与八旗有关事务的场所"。简言之,八旗的"官僚化"有着限度——这一过程绝不是表示"八旗制度的合理化是向着其逻辑的结论发展"。①实际情况是,雍正皇帝——恕我不能同意曾小萍等人的看法②——**不是**(至少用韦伯的术语说)对官僚政治("正式地")予以合理化之人,而是家产制集权者,任命他自己的忠实代理人到八旗的权力位置,为的是打破与之对抗的王公贵族的独立权力。③ 雍正皇帝的最终目标不是正式对八旗制度——一种出类拔萃的家产制制度——的管理予以合理化(或官僚化),而仅仅是阻止它变成自治力量的场所,从中出现征服者精英的对手。简言之,雍正皇帝寻求的是权贵中立,而不是使八旗官僚化。 *26*

　　这一制度转变不可缺少的一部分,是随后的"汉军出旗",这是出于人口、财政和意识形态的考虑。④ 这一持续很长的过程等于八旗的一次"民族净化"。结果,皇帝所在的爱新觉罗家族俨然转变成了满洲人的指称。正因如此,雍正皇帝能够在1728年3月初宣布:"满洲人等俱系太祖、太宗、世祖、圣祖皇考之所遗留。"⑤由于牢牢控制住了八旗——它现

---

① 欧立德:《满洲之道:八旗制度与帝制晚期中国的民族认同》,页138。
② 虽然贴此等标签,但曾小萍认可清朝的家产制特点,尤其是"在内廷和外朝间清楚的区别,这反映在内府和国库的划分之上"(曾小萍:《州县官的银两:18世纪中国的合理化财政改革》,页xii)。然而,他还是将雍正朝(1720年代—1730年代)所进行的财政改革总结为,迈向"财政合理化"或"力图加强官僚统治的制度"以及"为合理和高效的官僚统治设计……一套规则"的"合理途径"(同前揭书,页xiv‐xv、页304)。也见魏斐德《清朝开国史》,页1126。"合理化"(rationalization)说法基本上不见于曾小萍新近对于雍正朝的概述;见曾小萍《雍正朝》,页183—229。
③ 这里我们要感谢韦伯在"实质的"和"外表的"合理间所做的区别(艾森伯格:《韦伯式的家产制与帝制中国历史》,页87—88)。
④ 柯娇燕:《乾隆对于汉军八旗的认识》,页127—128、290—296;欧立德:《满洲之道:八旗制度与帝制晚期中国的民族认同》,页78、82—83、333—344。这是个长期过程,超过了一百年。从17世纪末开始,汉军旗人就被指责武技平庸,他们对王朝的忠诚也日益遭到质疑。将汉军旗人在族属上视作汉人,雍正朝(1720—1730年代)时已有萌芽,随着1756年乾隆皇帝正式发布"牺牲汉军旗人"的谕令(这持续到整个1770年代)而不断强化。
⑤《上谕八旗》(约1735年),雍正六年,页2a‐b(雍正六年正月二十九日,1728年3月9日),转引自欧立德《满洲之道:八旗制度与帝制晚期中国的民族认同》,页65注80。

在变成了一个新近重建和"满洲"民族身份具体化的制度依托,乾隆皇帝更是无所顾忌地申张清廷对于广大地方官僚("外圈之国")的家产制特权。征服的意识形态遗产以及 1740 和 1750 年代财政和军事持续不断的突发事件也迫使他如此行事。由于清朝国家形成中的这些发展,乾隆皇帝在南巡中申张家产制特权,常常就变成了实施民族—王朝统治的同义词,我们会在以后的章节中看到这一点。

27 　从元到清的帝制晚期统治者的政治权力和权威,是通过并在家产制官僚帝国的制度安排内部建立的。然而,这些家产制官僚帝国的意识形态特征和政治文化不完全相同,也就是说,在历史上,它们是变动的并依情况而定。与本研究最相关的是,明王朝的缔造者朱元璋及其继任者们没有——可能也不会——充分地利用巡幸活动作为维护他们家产制特权的手段。[1] 这是帝制晚期民族认同意识形态力量的明证,也验证了许多抗议巡幸的官僚认识并把巡幸描述为一种具有民族色彩(因此也是未开化和不得体的)治理模式所达到的程度,正如第一章所概述的,到 16 世纪初(如果不是更早的话),许多汉族士大夫反对巡幸的想法,不仅因为它们将君主人身置于危险境地,而且因为它们与并不遥远的契丹、女真和蒙古统治者季节性的迁移和打猎相似。盛清时期巡幸的恢复,是一项充满着意识形态色彩(即有着民族色彩)的事业,我在本研究整个的余下部分主张,康熙和乾隆皇帝恢复巡幸(其中包括南巡),为的是申张和扩大清的民族—王朝统治——这在本质上是家产制统治的一种特殊历史形式。

巡幸与清朝统治的形成

本研究将巡幸定位为盛清时期家产制政治文化的核心内容。我的最重要论点是,乾隆朝廷之所以利用巡幸,是因为它是有着政治效力、具

---

[1] 韦伯(《经济与社会:解释社会学大纲》,第 2 卷,页 1042)将统治者频繁在其领土巡视,视为家产制国家反对分裂的最重要防御措施。

有多重象征意义的活动，能够在社会各阶层——每一个都有自己特殊的历史和利益——中同时产生意义，进而有利于他们内部的意识形态凝聚与再造。①

　　第一章讨论巡幸的内在多重意义。第二章至第四章集矢于清廷，尤其是乾隆皇帝恢复巡幸，以宣传民族—王朝例外主义与统治的意识形态。这一意识形态是通过王朝孝道、勤勉、武功及仁政等纠结在一起的话语和姿态得以建立的。然而，民族—王朝统治意识形态的这些外在表达，并不是清廷建立其对于江南的权威的仅有手段。同等重要的是清廷对于汉族精英的理念和利益的包容，这在第五章和第六章予以详述。在汉族精英占据着经济和文化霸权意识形态的地方，由于实行更为"民族中立"的包容策略，常常遮掩了民族—王朝例外主义和统治的意识形态主张，但它没有完全消失。② 这里家产制统治是通过天子和士人领袖在地方上的圣贤统治的话语建立起来的。然而第七章，证明乾隆皇帝也继续将自己刻画成为并有意作为勤勉的马上**满洲**统治者，而不是图安逸的**汉族**士人形象，尤其是行进在江南备受赞誉的风景之中时。最后，第八章探讨大众对于乾隆南巡的认识，以及 1770 和 1780 年代它们对于清朝统治机制的影响。

　　巡幸在意识形态上的丰富性，源于其内在的多重意义。这种多重意义产生于巡幸的不断变化的地位，这是由于经典注疏和官僚上谏的日益演进的传统，也由于帝制国家形成的历史兴衰，这在第一章有详论。到 18 世纪，对于巡幸的反响包括一连串意识形态的紧张和对立——在文与武、君主与官僚、南方与北方、汉人与"蛮夷"之间，此恰恰是这一礼仪的引人之处。在 18 世纪，巡幸是盛清统治者达到精妙平衡的重要手段：一方面承认汉族臣民的价值、感受和利益，而另一方面继续保持并申张明确的民族—王朝（家产制）统治意识。

---

① 满人和汉人历史意识的不同及变化形式，见欧立德《将是谁人之天下？ 十七世纪初叶满人对历史进程的描述》；戴福士《走向另一个唐朝或周朝？ 顺治时期中原人的观点》。

② 更多"包容"（encompassment）概念的解释，见司徒安《身体与笔：18 世纪中国作为文本/表演的大祀》，页 29—30。

若我们不将南巡视为一种要孤立分析的独特现象,而是四个基本方向上更为广泛的巡幸的复兴,那么民族—王朝统治统摄一切的意识形态必然需求就清晰可见。① 基于此认识,第二章分析了康熙和乾隆皇帝各自在 1680 年代和 1740 年代恢复巡幸明确的时间选择和意识形态(民族的)内涵。从这一分析角度解决了一系列的重要问题:康熙和乾隆皇帝究竟是如何通过巡幸活动强化清朝民族—王朝统治的?在清廷和其官员间所进行的各种意识形态的对立和博弈的条件和结果是什么?南巡与其他方向的巡幸是什么关系?

如第二章所详论的,凭借着拥有源于王朝孝道和皇帝狩猎的相同的辩护性话语,所有的巡幸变成了爱新觉罗家族(进而言之全体满洲人)在武和文领域纪律和勤勉的大肆鼓吹的象征——这将在第四章和第七章进一步论述。那么,作为 1680 年代和 1740 年代对于巡幸更广阔范围的复兴一部分,南巡也被用以提升清朝在军事和民事方面进行民族—王朝统治的合法性。

第三章和第四章描述乾隆南巡军事方面内容。第三章的前半部分突出与将一个朝廷置于运动之中有关的军事和民族的变化形式,特别是将清廷以更为机动的马背之上的朝廷和营帐之内的朝廷形式所进行的重建。第三章后半部分所讨论的是,官方制造人们称颂南巡的种种努力,也就是,像变戏法般地展现当时江南民众的欢呼以及接下来将这种表现公之于众。这里我呈现的是,清廷应对大众谣言和不满的能力是有限的——这一主题将在第六章和第八章作进一步申论。

第四章继续分析映射出清主权含有军事表现形式以及嵌入了民族意义的南巡。这一章特别阐释了乾隆皇帝如何通过展示骑射,以及在江宁和杭州检阅驻防八旗,既对满洲人武力发出指示,又炫耀了这种武力。

---

① 直到过去十来年间,学者们才开始将南巡与清帝其他巡幸活动一并考虑;见罗友枝《清代宫廷社会史》,页 34—35;王戎笙等《清代全史》第 3 卷,页 39—59;第 4 卷,页 102—108;赵云田《乾隆出巡记》;马东玉《雄礼四方:清帝巡狩活动》。西蒙思《乾隆在路上:巡幸承德》更为综合地分析了"清帝巡幸的宏观话语",值得注意。

如此展示满洲人在江南的军事力量,旨在给广大臣民(包括文与武,既来自内地又来自帝国的内亚边疆)造成如此印象:这一出巡中的政权仍然处于战时状态。

南巡中这些支持和夸耀八旗武力的努力,证实了清廷执着于民族—王朝统治的信条。但我们也要承认,乾隆皇帝是在更广阔的(以及变化的)社会历史背景下,努力实现这样的意识形态使命。一些相互关联的趋势,包括商业化、人口激增、职业多样化以及社会流动性,在征服者精英各阶层加速了认同危机。这反过来促进了南巡期间清廷在意识形态上对于民族—王朝例外主义和统治的宣扬的激烈程度。此外,皇帝言辞可觉察得出的变化——从 1740 年代和 1750 年代缄默不语的忧虑到 1760 年代不加掩饰的耀武扬威(triumphalism)——反映出初始是艰难困苦,而后则是西师最终的胜利。通过将乾隆南巡置于这些更宏大的背景之中,我们可以更深入地理解 18 世纪中期内亚领土并入清帝国,是如何影响清朝在内地统治的进程的。乾隆南巡既反映也加强了盛清政治文化在一个既繁荣又有着旷日持久战争的年代的更具普遍性的军事化。

还有其他一些历史事件对于乾隆南巡有着同等重要的影响。其中,首要的是黄河—大运河水利设施日益改变的社会形态以及由此而来的危机迅速增多,还有附带而来、持续膨胀的河工官僚,所有这些发生在 1730 至 1760 年代的这几十年。我已有文章探讨了南巡中这一重要方面。① 可以肯定地说,乾隆皇帝的南巡,与 18 世纪中晚期清廷对于一些重大变化的更大范围的反应,密不可分。

第五章和第六章讨论了乾隆皇帝包容内部日益分化然而却是极重要的江南精英集团的种种努力。这里所做的分析,从民族例外主义的种种表现转向了在地方社会内部精英霸权的社会再生产,这一切都是服务于家产制统治的。清廷显而易见的成功背后,不仅是对地方精英霸权(经济和文化上的支配)的承认和再度肯定,而且也有由上述长期趋势所

31

---

① 张勉治:《洞察乾隆:帝王的实践精神、南巡和治水政治(1736—1765)》。

推动的精英身份日见加深的危机。这些趋势叠加在一起,结果是,加深了有抱负的精英对于身份的焦虑,并促使他们指望朝廷成为社会声望和合法身份的神圣供给者。此等环境之下,清廷分而治之的策略尽管成功了,但只能是通过一直是不稳定、充斥着潜在紧张关系以及相互矛盾的竞争和博弈。

第五章详论了商人和乾隆朝廷间动态的和日益演进的关系。这里我集中讨论了乾隆皇帝日增的依赖性——不自在地依赖于来自扬州盐商的"捐输"(实际上是家产制加派或政治献金的盘剥),以满足不断进行中的战争和治水的财政急需。作为这些捐助给内府的回报,乾隆皇帝对于盐商,从经济和象征资本两方面予以恩赏,尤其是在南巡期间,许多是给予了那些已有名气但日感焦虑和不安的士人和拥有功名者。

清廷对于士人精英的包容是第六章的主题。这里,我的分析集中在乾隆朝廷推崇诗歌写作,以及它对于汉学的赞助,1750 年代汉学在苏州 *32* 盛极一时。召试的举行以及来自苏州的著名诗人和文学评论家沈德潜(1673—1769)所起的枢纽作用,是讨论这一过程的主要窗口。

总而言之,第五章和第六章阐释了乾隆皇帝申张民族—王朝例外主义和统治的能力以及汉族精英情愿接受(更谈不上承认)此种意识形态的限度问题。然而,沈德潜在 1760 年代日益与朝廷龃龉的事例,也强有力地表明了民族差别的意识持续存在于甚至是最受宠信的汉族精英之中。更为重要的是,清廷一以贯之地申张民族—王朝统治,并非没有人注意,而可能无意中引发了精英以及普通民众对于清朝意识形态最初的批评,这是第八章中解决的问题。

如果乾隆皇帝推行民族—王朝例外主义的意识形态的能力有限度,那么,同样可以说,他情愿屈从汉人的经济或文化霸权也有限度。在谨慎包容汉族精英的过程中,乾隆皇帝经常抵制听命于汉人霸权,他毫不迟疑地从那些他所笼络的人那里抽身(从而将他们晾在一旁),尤其是当对汉人利益集团的迎合似乎要破坏他家产制网络的可靠性(第五章)或是他作为勤政、仁慈的**满洲**统治者的公众形象的时候(第七章)。身为多民族帝国君主以及征服者精英的总代表,乾隆皇帝本人不会(也没有)采用商人或士人这样的社会身份。第五章和第七章,对乾隆皇帝言论的仔细解读,显示出清朝统治的建构,即便是在中国内地的核心地区,也不是表现为社会和文化默许的简单举措,而是,它拥有一种更为复杂的文化挪用与民族扩张的机制。

但是,这些意识形态努力是如何生效的? 乾隆的移动朝廷在南巡中是如何被人看待并予以接受的? 深化我们对于乾隆南巡的历史理解的一个前提,是解决不易研究的南巡的接受问题。事实上,南巡经由地方的帝国官员和民众的种种接待方式,积极地塑造了地方的机制以及大众对于乾隆南巡的认识,这是贯穿第三章、第五章、第六章和第八章的一条线索。具体而言,第三章的结尾部分详细探讨了大众是如何看待南巡的 *33* 总动员及对之的反应。第五章和第六章解决商人和士大夫对南巡的反应及其原因。本书的最后一章即第八章,分析了大众及精英对于 1750 和 1760 年代乾隆南巡的看法。具体地说,我们考察了 1770 年代纠结在一起的大众谣言与精英意见是如何直接影响乾隆皇帝决定进行 1780 年代的后两次南巡。大众道听途说的广泛传播及潜在的可证实性,正如 1760 和 1770 年代的一系列流言蜚语所表现的那样,最后遮蔽了乾隆皇帝的民族—王朝例外主义(美德、勤勉、仁慈)的预设,这过去曾在南巡过程中是如此地小心翼翼、处心积虑地加以表述。一言以蔽之:历史战胜了帝国的意识形态。然而,我们的讲述必须要从后者的复杂和自负开始。

第一章　巡幸的历史与多重意义

　　1749 年秋,这一年是乾隆十四年,38 岁的乾隆皇帝收到由七位江南地方大员会衔的奏折。这些官员依惯例在奏折中首陈大意:"舆情之望幸已殷,时巡之典礼宜举。恭恳圣恩俯赐俞允,以慰臣民仰望",接下来胪列了乾隆皇帝 1751 年春进行南巡的理由。援引先例,肯定是官僚用语策略中最为重要的,先例的历史越久远越好。因此毫不为怪,这些地方官员,以征引《尚书》(约公元前 300 年)为始,"省方肆觐,聿昭盛世之宏规".① 乾隆皇帝的回答多少有些敷衍:"大学士九卿议奏。"②大学士、公傅恒(卒于 1770 年)及在京的高级同僚遵旨行事。约三周后,他们再次从经典中找出了更多的先例:

　　　　臣等会议,得《易》载:省方诗歌时迈;《书》称:五载一巡狩;《礼记》:天子巡狩,望祀山水,陈诗纳贾;《周礼》:王巡狩职方氏,戒于四方,考职事无不敬戒;《风俗通》曰:道德太平,恐远近不同化,幽隐有不得所者,故自躬亲行之。此典籍所纪,皆以巡方为大典也。③

---

① 这是指《舜典》,是汉文巡幸经典出处之一。对于《尚书》这一"作为中国政治哲学基础两千多年"著作的概述,见夏含夷《尚书》。

②《南巡盛典》,卷 106,页 1a—3b。

③ 同前揭书,页 4a。

借助 18 世纪上半叶编纂的一部大型礼仪资料汇编,官员找到了典籍上记载的巡幸先例。《古今图书集成》(约 1725 年),包括了六卷"巡狩"内容,将此礼仪制度的起源上溯至传说中的神农时代,他"始省方,观民设教"。① 同样重要的是由秦蕙田(1702—1764)②编纂的《五礼通考》(约 1761 年)。在关于巡幸的卷次(卷 178—180)的序言中,秦蕙田超越了普遍所认识的即"巡狩之制见于经者多矣",认为"自黄帝、颛顼已有巡方之典,不始于唐虞也(也就是尧、舜)"。

通过查找古时的巡幸史料,清朝官员们支持它作为一种为政之道的合法性。秦蕙田认为"其意深远",写道:"先王以此察诸侯之政治,联远方之声教,咨兆民之疾苦,乃维持天下之大权。"尽管在秦(公元前 221—公元前 207)、汉(公元前 206—公元 220)时期,存在着由封建向郡县的重大转变,而秦蕙田指出,"时迈所及察吏治、观民风",对于这些巡幸及其目标,他继续说道:"与唐虞三代若合符节焉。"③

巡幸是经典所认可的一种礼治和宽仁文治形式,在当时,人们是这样认为的,尤其是各省低层官僚和地方社会处于主导地位的汉族士人是如此想法。毕竟,汉族精英可以从中受益——将他们的满洲君主理解并公开描述为严格恪守亘古永存的为政原则的"开明"(可以理解为"汉化")的天子或是转世的圣君,这是如同他们一样的礼仪专家所定义的为政原则。然而,这样的记述,至多信其一半,因为它们对于传统的高度选择性以及"对于传统的霸权意识"。④

"国家仪式的文本赓续不辍",经书中视此为典范,其实到处充斥着矛盾,含糊不清,本来就会被人解释或重新解释。⑤ 这种"文本混乱",尤

---

① 陈梦雷等:《钦定古今图书集成》卷 293,页 601。
② 恒慕义编:《清代名人传略》,页 167—168。
③ 秦蕙田:《五礼通考》,卷 178,页 1a—b。
④ 威廉姆斯:《马克思主义与文学》,页 116。威廉姆斯将"传统的霸权意识"描述为是"处心积虑的选择和结合的过程,从历史和文化上为时代秩序背书"。
⑤ 周绍明:《中国的国家与朝廷仪式·绪论》,页 3。

37　其是与巡幸等礼仪实践相关的文本,恰恰是构成了"中国"政治文化的基础。① 例如《尚书》第二篇《舜典》,记录了传说中的圣君舜的早期成就,其中详细描述了舜的出巡。舜受人爱戴,因为他被圣君尧选中继承王位,这基于他的德行和聪明才智(美德)而不是他的高贵血统(遗传)。② 传说中舜最早的成就是盛大的巡狩,实际上是为期一年沿四个基本方向对于诸岳的系列巡游。③

　　然而,另一巡幸的经典出处是《诗经》(约公元前 1000—公元前 600年)的《周颂》。其中的《时迈》,描述的是周武王(公元前 1073—公元前 1068 年在位)的一次巡游。④ 武王的父亲文王,是原西伯昌、周朝名义上的缔造者(卒后追封),他拒绝反叛商朝最后一位残暴统治的王(纣辛)。是文王最早发现并提拔了周朝的开国大臣太公望,而武王在太公望的帮助下,最终推翻了纣辛,成了周朝真正(不是名义上)的缔造者。⑤ 武王的季节性迁移,是以《尚书》所记载的圣君舜的巡狩为原型,声称武王是作为承应天命之人(也就是天子)进行统治(应有德性的奠定基业的大臣太公望的要求)。在这一寓意式的记述中,作为礼仪的巡幸活动直接触及中国经济文化最基本和最有争论性的问题之一:政治权威得体的过渡。

38　武王巡幸减轻了他弑君等污名,树立了自己的圣德,如此就解决了"权力应传给诸子还是有德官员,是储君还是圣君"这样一个根本性的问题所表述的"在国和家之间……制度上的矛盾"。⑥ 因此,巡幸的经典话语,具有延展性,可以用于将因美德而治**抑或**因遗传而治予以合法化,而这两种统治原则是对立的。

---

① "文本混乱"(textual confusion)一词,来自前揭书,页 5。这里我又一次采用了贝克尔有影响的对于"政治文化"这一分析概念的表述(贝克尔:《再论法国大革命:十八世纪法国政治文化研究》,页 4—5)。

② 理雅各英译:《尚书》,页 29;艾兰:《中国上古的世袭与禅让》,页 32—33。

③ 理雅各英译:《尚书》,页 35—37。

④ 理雅各英译:《诗经》,页 577。

⑤ 艾兰:《中国上古的世袭与禅让》,页 104—117。

⑥ 司徒安:《身体与笔:18 世纪中国作为文本/表演的大祀》,页 61。

　　简言之，巡幸是有多层意义因而具有高度争议性的礼仪活动，纵观历史，有关为政之道和政治权力的各种相互冲突的观点，借巡幸得以表达并相互博弈。巡幸的典制，有意识形态的强效，因为经典表述的内在开放性**以及**在日益演进的官僚抗议传统中君主移动性的意义不断发生着变化。本章的目的是通过重新考察历史上的一些关于巡幸的争议以及其中的紧张关系，还原巡幸的各种意义。我一开始扼要地评论作为一种具有高度军事化治理形式的巡幸的起源，然后跟踪前帝制时代，这一做法转化为一种理想化（即"开化"）的宽仁文治的形式。接下来，我分析了在官僚抗议的修辞传统之中［此种抗议从宋代（960—1279）以降得到了最充分的表达］，巡幸日益被人轻视。最后，我探讨了巡幸在宋代以后的发展——尤其是汉族士大夫将巡幸描述为在北方的非汉政权中极为盛行的一种高度军事化并蕴含民族意义的行动。

上古的出巡、狩猎与战争

　　巡幸或称巡狩，起源于古代的打猎活动。巡狩一词在起源上是指夏、商、周时期——并称为"三代"——贵族武士参加的大规模、大范围的打猎活动。这种打猎处于分散的社会政治秩序的中心位置，这时中央集权国家还没有形成，文武间的功能和文化还没有分野。在统治者本身就是贵族武士的时期（他们的政治地位仅仅是虚名），最早的巡狩将演武和监管结合了起来。"巡狩"一词或是其中的"巡"字、"狩"字在最早甲骨文和金文中都没有出现，而现代学者从分析"巡"字和"狩"字推断出，巡狩在上古是一种高度军事化的政治控制手段。[①]

　　从语源学上讲，"巡"源于"省"，最初的意思，是"视察"或"观察"，如"省我田"。考古材料揭示，"省我田"一词常出现在商代的甲骨文中。[②]

① 下面的讨论主要依据陈炜湛《甲骨文田猎刻辞研究》、寒峰《古代巡守制度的史迹及其图案化》，转引自刘渝龙、金身佳《古代帝王巡游记实》，页1—2。
② 陈炜湛：《甲骨文田猎刻辞研究》，页1。

在这些最早的书面材料中,"王其省田"或"王唯田省"等简单句子显示出了管理和打猎活动一同形成一种高度军事化的治理模式。① 在书面用法中,"省"字一开始与"巡"字通用,最终被"巡"字所取代。

"狩"字源于同音异义的"獸(兽)"字,在早期的甲骨文可以找到。② 该字的偏旁意味着在打猎时使用家养的狗,并由此指打猎这种行为本身。《春秋·公羊传》③鲁桓公四年(公元前708年)记载说:"狩者何?田狩也。"④第一部汉字的综合字书——《说文解字》(约124年),基本依据这一释义,将"狩"释为"犬田也"。⑤ 汉代语言学家何休,将"狩"释义为"取兽于田,故曰狩"。⑥

现存古代甲骨文的材料也指出了"兽"与"省"在语言上的细微差别。⑦ 然而,在实际中,这一区别可以忽略,因为早期的统治者常常进行军事战争、打猎以及巡游,中间没有停顿。多数情况下,这三种活动相互重叠,可以视作一种管理和控制模式的不同方面。⑧ 打猎既是军事力量的展示,也是在田野训练军队的手段。从本质上看它是针对世袭的诸侯及其领地,处于惩罚性的战争和行政监管之间的一种很微妙的活动。

从公元前17世纪到公元前8世纪,巡狩是由当时连年不断且无规则可言的战争以及地方相对各自为政的政治形势发展而来的。巡狩将军事训练和对于诸侯领地的管理混在一起,作为维持在贵族武士集团间脆弱的效忠和顺从联系的手段。因此,这只是在政治权威和官僚行政中央集权出现和完善之前的一种手段而已。

---

① 在所引的三个例子中,"田"字有两种用法:(1)作为名词的田地(如第一个例子),(2)作为动词的打猎(第三个例子)。在第二个例子中,田既可视作名词,也可视作动词。

② 陈炜湛:《甲骨文田猎刻辞研究》,页19。

③《春秋》的简介及其三个主要的注解——公羊传、谷梁传、左传,见程艾蓝《春秋、公羊传、谷梁传、左传》。

④ 刘渝龙、金身佳:《古代帝王巡游记实》,页2。

⑤《康熙字典》,页784。

⑥ 刘渝龙、金身佳:《古代帝王巡游记实》,页2。

⑦ 陈炜湛:《甲骨文田猎刻辞研究》,页19。

⑧ 刘渝龙、金身佳:《古代帝王巡游记实》,页2。

战国时期巡狩的"开化"

西周的"中央集权封建主义"在春秋时期(公元前722—公元前468年)已开始瓦解。东周(公元前770—公元前256年)只是之前西周的影子而已,最终注定要变成西周崩溃秩序的又一残骸。巡狩的开化伴随着的,是此前秩序的崩溃以及士阶层的衰落。后起的修养高深、自我界定为"士"的礼仪专家的地位上升,最终改变了巡狩这一名称的所指,从一军事名称变为一个更为文雅的名称。① 将具有高度军事化概念的"巡狩"转变成了更仪式化和行政定位的"巡守",这是全面开化趋势的一部分,是士阶层社会转变的结果。

作为替代的"巡守"中的"守"字,相较于"巡狩"的"狩"字,"犭"(犬)偏旁被拿掉了,这反映了在统治的文与武两种模式——即在"行政"的巡视和打猎或军事演练——之间细微但明显的差异。当然,东周的统治者坚持着过去的军事传统,继续定期进行作为军事行动的打猎活动,所有的打猎在《春秋》的开头部分都称为"狩"。② 这一词被精准地称为"冬狩",因为它只是每年依季节打猎的一部分而已,最早出现在《左传》鲁隐公五年(公元前718年)。③

然而,新的"巡守"书写形式,也是作为更为有序和更有伦理基础的仁政模式的一种解决方案("乔装"成一种对于历史的描述)而出现的。这种用法最早出现在《左传》。④ 鲁庄公二十一年(公元前673年)"王巡虢守"。⑤ 唐初著名的五经注释家孔颖达疏曰:"言诸侯为天子守土,天子时巡行之。"⑥然

---

① 列文森:《儒教中国及其现代命运》,第2卷,页36—37。
② 刘渝龙、金身佳:《古代帝王巡游记实》,页5。
③ 杨伯峻:《春秋左传注》,第2册,页42。这一每年季节性周期是"春蒐""夏苗""秋狝""冬狩"。感谢阮思德(Bruce Rusk)对此的解释和翻译。
④ 程艾蓝:《春秋、公羊传、谷梁传、左传》。
⑤ 杨伯峻:《春秋左传注》,第1册,页217。
⑥ 刘渝龙、金身佳:《古代帝王巡游记实》,页5;现代专家杨伯峻采纳了孔颖达的注疏:"王巡视虢公所守之土。"(《春秋左传注》,第1册,页217—218)。

而,更为重要的是,《左传》鲁庄公二十七年(公元前 667 年)对于巡守活动有着明确伦理上的规定:"天子非展义不巡守。"事实上,这是对在这之前的描述性记述,即"二十七年春,公会杞伯姬于洮,非事也"的说教性评论。① 在这些出自《左传》的例子中,巡守的军事含义被去掉了,注入了仁政精神。

对于君主去军事化形式的巡守的最详尽描述之一,是《舜典》中圣君舜的典型巡守。在此经典叙述中,这一典型巡守乃一位圣君所为,他身负礼仪大师和最高领导人的民政角色。另一经典的记述,来自孟子——他自己就是新兴的士阶层的成员,将一种更多的行政监管和对于民众的仁慈精神注入巡守:

43

> 天子适诸侯曰巡狩,诸侯朝于天子曰述职。春省耕而补不足,秋省敛而助不给。入其疆,土地辟,田野治,养老尊贤,俊杰在位,则有庆,庆以地。入其疆,土地荒芜,遗老失贤,掊克在位,则有让。②

文本材料也许使我们认为,有着行政取向的巡守在西周时期已成为"中央集权封建主义"的制度基石。事实上,上面出自《左传》的第一处引文("王巡虢守"),是西周时期所仅见的巡守史料。③ 职是之故,现代学者高度怀疑这些早期巡守的描述,尤其是《孟子》(约公元前 320 年)中的那些记述。尽管有零星的关于西周统治者"巡狩各地"的史料,但这些活动的绝大多数都是打猎或军事行动。④ 因此,早期经典中的描述,似乎是高度理想化的对于巡守的礼仪制度应该如何进行的规定,而不是历史真实

---

① 杨伯峻:《春秋左传注》,第 1 册,页 235—236。我对于"非事也"的翻译,是依照杨伯峻的注释即"与民事无关"。
②《孟子·告子》,译文依据理雅各英译《孟子》,页 435—436;刘殿爵英译《孟子》,页 176;顾立雅《中国治国术的起源》,页 389。
③ 刘渝龙、金身佳:《古代帝王巡游记实》,页 5。
④ 顾立雅:《中国治国术的起源》,页 390。

情况的描写。

这一情况不值得惊异。在战国时期（公元前 403—公元前 221 年），春秋政治秩序的诸子遗间的战争，加速并引导许多学术精英从遥远的过去寻求统一的文治模式。巡狩就这样时代错置地被认为是封建社会一种可资效仿的重要制度，不仅可以上溯到西周，而且也可以上溯至商朝和夏朝。[1] 这种转变的一个绝好例证是孟子有关齐景公及其正直的大臣晏婴（即晏子，卒于公元前 500 年）间的故事。[2] 景公渴望一次长期的外出，他问晏婴："吾何修而可以比于先王观也？"晏婴讲述了黄金时代的夏朝巡狩的宽仁目的，作为回答。事实上，晏婴的回答是间接的反对，他的修辞策略将高度理想化的古代巡狩模式与战国时代的"漫无节制"做了对照，据《孟子》记载，晏婴说服齐景公放弃了长期外出的计划。他这么做，具体体现了歌词中要求大臣劝谏君主的原则："畜君何尤？畜君者，好君也。"[3]对于正在形成、希望缓和他们时代暴力的有学识的阶层来说，巡狩的活动不完全值得称颂。具有讽刺意味的是，这种间接反对的做法产生了将上古的巡狩作为仁政象征的经典描述。

十足理想化巡狩的经典记述，见于《尚书》和《孟子》。然而，这些对于巡狩的规定不一定都是历史的真实情况。相反，它们代表的是有抱负的士人精英间接说服掌权者不要巡狩的努力。然而，它们也反映出了经典政治哲学的一个重要发展：巡狩从有着军事取向的事业转变成了礼仪和文治领域内的理想化活动。《孟子》的作者，并不是绝对反对统治者的外出，只是希冀统治者的权力欲能屈从于仁政的伦理目标。士人的仁政理想，是与政治权力的军事要求相对立的，战国时代对于巡狩意识的争论，昭示着帝制时代君主和官僚间长期存在的紧张状态。

---

[1] 同前揭书，页 389。
[2] 这一段可以在理雅各英译《孟子》页 158—161、刘殿爵英译《孟子》页 63—65 找到。孟子是在雪宫与齐宣王（公元前 319 年—公元前 301 年在位）的著名会面上向他讲这个故事的。
[3] 译文依据理雅各英译《孟子》页 161 及刘殿爵英译《孟子》页 63—65。

作为君主—官僚间紧张关系突出表现的巡狩

地处西北的秦国征服了六国,嬴政(公元前259—公元前210年)自称是"始皇帝",标志着中国帝制时代的开始。公元前220年,也就是他军事统一六国的第二年,在他的法家谋臣李斯(卒于公元前208年)的请求下,这位秦朝的缔造者开始了巡狩。[①] 这次巡狩是有意仿效《尚书》和《孟子》所记载的古代圣君的典型巡狩之举。

秦始皇是第一个(当然不是最后一个)将经典所认可的巡狩,拿来作为一种扩大皇权和进行监督的手段的皇帝。"皇帝巡狩"贯穿整个帝制时代。[②] 然而,秦始皇最终在京城以外的地方死去,这突出表明了出巡的君主会招致危险。后来的士大夫没有忘记这样的危险,这些人日益反对他们君主巡游的动机。

恪尽职守地反对皇帝巡狩的抗议精神源于《孟子》("畜君者,好君也"),到汉朝已成了士人的一种传统。公元前135或134年,在汉武帝(公元前140年—公元前87年在位)的要求下,朝臣司马相如(公元前179年—公元前117年)写作了一篇《上林赋》。在这一名篇中,司马相如歌颂了纵情猎杀的统治者,但也间接地抨击帝王的漫无节制:

> 于是酒中乐酣,天子芒然而思,似若有亡,曰:嗟乎! 此大奢侈! 朕以览听馀闲,无事弃日,顺天道以杀伐,时休息于此,恐后叶靡丽,遂往而还返,非所以为继嗣创业垂统也。[③]

46

这里间接揭示出了巡狩是节俭、勤政乃至王朝最终稳定的对立物。这位刻板的天子是否如上面所述补救其放荡生活,还是个问题,但从根本上说没有什么意义。鉴于司马相如此文的讽谏性质,上述引文更具规劝性

---

① 见司马迁《史记》,卷87,《李斯列传》,译文见倪豪士英译《史记》,第7册,页341。

② 陈梦雷等:《钦定古今图书集成》,卷293—298。

③ 司马相如:《上林赋》(约公元前135年—公元前134年),见萧统编,康达维英译《文选》,第2册,页109—111。

质而不是写实,事实上,许多司马相如的用语都直接指向《孟子》。① 司马相如乘诗歌的创作自由,通过一位虚构的君主之口说出,为的是提醒自己的赞助人——汉武帝,善政是有界限的。司马相如此赋的目的,是谴责巡狩的皇帝“徒事争游戏之乐”以及“大奢侈”与“荒淫”:

> 若夫终日驰骋,劳神苦形,罢车马之用,抏士卒之精,费府库之财,无德厚之恩;务在独乐,不顾众庶,忘国家之政,贪雉兔之获,则仁者不由也。②

这里,以节俭和仁慈原则为基础的文治,成了善政文化上的试金石。来 ₄₇自巡狩的任何可能的好处,比如训练军队,都没有触及,因此是被否定了。司马相如将出巡的活力和打猎仅表现为不恪尽职守的皇帝寻求一己之乐而已,这造成了人力、物力的浪费。

　　并非只有司马相如将皇帝的活动与打猎的铺张、浪费等联系在一起。西汉(公元前206—公元前8年)时期,一位名叫薛广德的正直大臣进谏元帝(公元前48—公元前33年在位),反对冬季祭祀之后在长安郊外打猎。薛广德重复了《孟子》和司马相如《上林赋》的看法,认为打猎耗竭人力、物力,罔恤百姓生计。③ 打猎及其军事含义,现在被视作违背了仁政的合法礼仪和原则。

　　东汉(25—220)继续着这一官僚的抗议模式。163年,光禄勋陈蕃(卒于168年)反对桓帝(147—167年在位)巡狩,因为不符合礼仪规定:

> 臣闻人君有事于苑囿,唯仲秋西郊,顺时讲武杀禽助祭,以敦孝敬。如或违此,则为肆纵。故皋陶戒舜无效逸游,周公戒成王无盘于游田。虞舜、成王犹有此戒,况德不及二主乎! 夫安平之时尚有节,况当今之世有“三空”之厄哉! 田野空、朝廷空、仓库空是谓“三空”……前秋多雨,民始种麦,今失其劝种之时,而令给驱禽除路之役,

---

① 萧统编,康达维英译:《文选》,第2册,页109第435行以及页111,第446—447行。
② 同前揭书,页113。
③ 黄淮、杨士奇编:《历代名臣奏议》,卷287,页1a。

48 　　非圣贤恤民之意也。齐景公欲观于海,放于琅邪。晏子为陈百姓恶
　　闻旌旗舆马之音……景公为之不行。①

桓帝对于陈蕃这种孟子式的对古代圣君的影射,犹如耳旁之风,最终拒绝
了他的反对意见。文官仍旧继续反对巡狩,至少在他们的眼中,认为有违
仁政和得体祭祀的要求,并渐渐造成皇帝的自我膨胀和自我放纵。

　　到了唐初,官僚将秦始皇和汉武帝的巡狩作为皇帝行为举止的反面
事例。633 年,唐太宗(627—649 年在位)正准备巡幸隋朝(581—617)的
旧夏宫,谋臣姚思廉(生于 557 年)上疏:

　　　　陛下高居紫极,宁济苍生,应须以欲从人,不可以人从欲。然则
　　离宫游幸,此秦皇汉武之事,故非尧舜禹汤之所为也。②

八年后的 641 年,唐太宗再次准备出巡,丞相魏徵(580—643)像姚思廉
那样予以反对,他引用汉朝的武帝和桓帝作为反面事例,指出自己的君
主“纵欲自轻(即自己的人身安危)”。③ 魏徵提到了作为巡狩反对者的汉
朝的司马相如和薛广德,这进一步地表明了一种正在演进的士人抗议巡
狩的传统。

　　这种观点在差不多一个世纪后,就成了一种共识。725 年,唐玄宗
49 (也就是唐明皇,712—756 年在位)在泰山封禅回程沿途打猎,太子左庶
子吴兢(670—749)反对说:“方登岱告成,不当逐狡兽,使有垂堂之危、朽
株之殆。”④

　　当然,并非所有的巡幸都遭到文臣的反对,上述最后一个例子,吴兢反
对的是唐玄宗打猎,而不是出巡本身。《尚书》《孟子》,甚至是司马相如的
《上林赋》都承认皇帝巡狩的合法性,条件是当且仅当它们作为真正的仁政

---

① 黄淮、杨士奇编:《历代名臣奏议》,卷 287,页 1b。
② 同前揭书,页 3a。太宗自辩:“朕有气疾,热便顿剧,故非情好游幸。”他欣赏姚思廉的直言,赏
　他绢五十匹。
③ 同前揭书,页 4a。
④ 同前揭书,页 5a。玄宗接受了吴兢的反对意见,可能取消了打猎活动。

活动并且(或是)符合神圣统治的礼仪要求。我们已经知道,163年陈蕃甚至体谅皇帝在苑囿中打猎,只要打猎所获是为了中秋郊祭。因此,巡狩是有着仪式上的限制,而不是绝对的禁止。秦、汉、隋、唐时期(从公元前三世纪到公元十世纪)皇帝们常常巡狩,尽力展现他们的宽仁和仪礼上的得体,[①]常常祭祀五岳以及祖先陵寝,进行大赦,蠲免赋税,恩赏老人并赈济贫穷。

纵是如此,在日益演进的官僚反对巡狩的修辞传统中,移动中的统治者越来越被看作,不仅是与节俭和仁治,而且可能更为重要的,是与新生官僚利益集团背道而驰。巡狩或巡幸总是遭到官员的批评,即使它们严格说来很符合礼节规定和为政之道。例如,丞相魏徵毫不迟疑地批评了唐太宗637年的东巡洛阳,理由是,地方官员为讨好圣驾,迎接准备铺张奢华,增加了当地百姓负担。[②]唐高宗(650—683年在位)欲往甘肃和山西,遭到了众多官僚的反对,他们"关注这种非同寻常之事所带来的繁重后勤保障问题,以及随之而来的地方备办人员肩负的经济压力"。[③]唐朝时,自然是在宋朝之前,士大夫将抗议巡幸既视为一种道义责任,也视作官僚的一种特权。在文官地位得以巩固,成为一支相对独立的力量之后,许多士大夫认为,民政的具体细节最好放手由他们自己裁决,皇帝不要干涉。

帝制官僚与对巡幸的贬斥

8至12世纪唐宋的崩溃,彻底否定了巡幸的做法。晚唐的标志是文官统治逐渐被侵蚀以及武将(基本上是非汉人)作为政务的最终裁决者在中国北方平原的兴起。[④]755年,唐朝的将领安禄山(卒于757年)——他有着粟特和突厥血统——发动政变,迫使玄宗以"巡狩"四川为名西逃。这一委婉说法不能掩盖这样的事实,即8世纪中期以降,唐

50

① 魏侯玮:《玉帛之奠:唐朝合法化过程中的礼仪和象征》,页165—166;芮沃寿:《隋朝》,页165。
② 黄淮、杨士奇编:《历代名臣奏议》,卷287,页3a—b。
③ 魏侯玮:《玉帛之奠:唐朝合法化过程中的礼仪和象征》,页166。
④ 杜希德:《唐玄宗》,页426;王赓武:《五代时期北方中国的权力结构》。

朝统治者只是内亚(具体地说是回纥)军事势力所操纵的傀儡。最终,安禄山的反叛标志着唐朝衰亡的开始。①

到了 11 世纪的头数十年,宋朝的孙奭(962—1033)等官员将移动的朝廷与拼死逃窜的朝廷划上了等号,将"巡"字与中唐时期皇帝的怠政和政治动荡联系在了一起。1011 年,孙奭反对北宋真宗(998 年—1022 年在位)到汾阴(位于今天的山西省)祭献。他强烈反对真宗一味进行此等祭祀,"不过效汉武帝、唐明皇巡幸,所至刻石颂功以崇虚名夸示后世",孙奭问道:"陛下天资圣明,当慕二帝三王,何为下袭汉唐之虚名?"②在孙奭看来,圣君们应是德治的楷模,而近来皇帝的外出,只是说明了其虚骄。1013 年真宗皇帝固持四处出巡,这令人想到了唐朝崩溃的预兆。孙奭对此提出了更为尖锐的批评:

> 陛下封泰山,祀汾阴,躬谒陵寝,今又将祠于太清宫,外议籍籍,以为陛下事事慕效唐明皇,岂以明皇为令德之主耶? 其不然也。明皇之迹有足以深戒者,非独臣能知之。③

官员的批评不再局限在皇帝出巡时的打猎上。11 世纪时,孙奭等官员认为频繁出巡,即便是严格遵从了礼仪规定,也应当反对,包括这些礼仪理由本身。

这至少部分是源自宋代发生的更广阔范围的历史变化,当时南方的政治文化极大受官僚机构成熟以及在权力上文胜于武的影响。④ 宋朝的

---

① 马克林:《回纥》,页 317;杜希德:《唐玄宗》,页 461;彼德森:《中晚唐的朝廷与地方》,页 484—486、490—491。

② 黄淮、杨士奇编:《历代名臣奏议》,卷 287,页 8b。

③ 同前揭书,页 9b。

④ "随着宋的崛起以及反思带来这一崛起的独特条件,南方典型的对于武力的敌视,在更大的政治文化中占有了一席之地,这对于此前或此后的大多数一统时期来说,简直不可思议。……与此前的理论家——他们视文、武乃和谐的因素——不同,宋代欧阳修等人,视文与武为分立与互相排斥的:对于征服时期,武力可能是需要的,但对于日常理政来说则是灾难性的。不是所有十一世纪的政治领袖都如此敌视武力。王安石、范仲淹等人更强调两者间更多的互惠或平衡。但是他们也视政乃士人之事,军事只是起着支持作用。"见戴仁柱《山下有风:十三世纪中国的政治和文化危机》,页 142—145。

51

缔造者太祖皇帝(960—976 年在位),通过政变即位,因此小心翼翼地分
化军权。结果他实施的去军事化政策,"范围之广在整个中国历史上无
出其右者",这一政策最终由他的继承者宋太宗(976—997 年在位)完
成。①　此外,为使武屈从于文,宋初的统治者通过完善科举制度以选拔
官员。

　　文官体系的全面制度化,加上真正独立贵族的减少,加速强化了士
大夫阶层及其理想。②　1170 年代,宰相史浩所表达的与武将尖锐对立看
法是这一文治精神的代表:"二帝三王之道,固不寄于长枪大剑之人,必
讲于圆冠方屦之士。"③

　　官员对巡幸的反对得以经典化,这是宋朝更具普遍性的发展的一
部分。12 世纪时,朱熹(1130—1200)将《孟子》列为"四书"之一,齐景
公的故事由此进入了文官的阅读书目。"四书"最终在 14 世纪初成为
科举士子必读书。④　此外,司马相如的《上林赋》也已在 6 世纪由萧统
(501—531)编入《文选》——"中国最重要、传布最广的文选"⑤——从
而被奉为了经典。《文选》在宋朝时是科举考试流行的读本。正如康
达维指出的:"宋代时,在应考的士子中流行这样一种说法:'《文选》
烂,秀才半。'"⑥

　　如果说,对于安史之乱(755—763)以及随后玄宗出逃的记忆,破坏
了南方政治文化中巡幸的合法性,那么女真在 1127 年征服中国的北部,
最后确定了巡幸的命运。女真军队占领北宋都城汴京(今天的开封),抓
住具有艺术天分的徽宗(1101—1126 年在位),忠于宋朝的人士匆忙撤到
长江以南。他们在杭州建立朝廷,将杭州改称临安(字面意思是"接近和
平"或"暂时的和平"),指定为"行在"——此词也指出巡的皇帝及扈从。

---

① 同前揭书,页 93。
② 包弼德:《斯文:唐宋思想的转型》,第 2 章,特别是页 33—35,表 1。
③ 戴仁柱:《山下有风:十三世纪中国的政治和文化危机》,页 145—146。
④ 艾尔曼:《明清科举文化史》,页 62—63、119。
⑤ 萧统编,康达维英译:《文选》,第 1 册,页 1。
⑥ 同前揭书,页 4。

戴仁柱认为,宋朝廷整个被逐出北方,加速了宋代政治文化"逐步的南方化,这甚至是在宋朝廷再次定都临安以前就已发生了"。[1]

南宋时期(1125—1279),势力已多遭削弱的君主面临着北方一些非汉政权的严重威胁,他们控制着淮河以南的"小帝国"。南宋统治者也与深深立足于新形成的"士绅社会"的文官体系相对抗。[2] "十二世纪末和十三世纪初崇文抑武表现得至为明显",[3]这不只是时间上的巧合。这些社会和政治环境加速了巡幸在南方士大夫中间,作为一种公认的帝国治理模式的没落。

到了南宋,巡幸事实上已经变成了政治失范的同义词。一位名叫叶适(活跃期在 1174—1189 年)的高官,确曾委婉地将 1127 年宋朝撤至杭州称为"建炎巡幸"。[4] 1250 年左右,一位名叫刘黻(1217—1276)的太学生反对南宋皇帝的"游幸",他扼要总结了这一普遍性认识——五百年之后,乾隆皇帝将重提这一问题(见第六章)。在刘黻看来,安全和秩序有赖于统治者的勤勉,更为重要的是,他敏锐地意识到了"夷人"所带来的威胁:

> 天下有道,人主以忧勤而忘逸乐;天下无道,人主以逸乐而忘忧勤。自昔国家乂安,四夷宾服,享国日久,侈心渐生。

正如刘黻所见,隋唐时期是转折点,尤其是,他指出隋炀帝(生于 569 年,604—617 年在位)和唐玄宗的出巡,既是皇帝放纵和倦勤的原因,也是其表征:

> 唐明皇之北边无事,而有骊山温泉之幸。至于隋之炀帝、陈之后主,危亡日迫。

---

① 戴仁柱:《山下有风:十三世纪中国的政治和文化危机》,页 146。
② 列文森:《儒教中国及其现代命运》,第 2 卷,页 91;包弼德:《斯文:唐宋思想的转型》,页 72。
   宋朝事实上作为"小帝国"的地位,见王赓武《小帝国的辞令:宋初与其邻国关系》。
③ 戴仁柱:《山下有风:十三世纪中国的政治和文化危机》,页 146。
④ 叶适:《应诏条奏六事》,转引自《汉语大词典》,下卷,页 6222 第 3 栏。

刘黻批评四处巡游的统治者，从而将巡幸变成了一个范例，这是在自我毁灭。推翻唐宋的"蛮夷入侵"，似乎直接源于巡幸，刘黻在这里径直将巡幸描述成游玩和观光。他看到了"比年以来，以幸为利，以玩为常"，担心"未免有轻视世故、眇忽天下之心……北边未尝无事，而有明皇晏安之鸩毒"。①

这一严酷无情的看法，反映出了 7 至 13 世纪间对于巡幸态度的巨大变化。通过比较刘黻和被认为是隋炀帝自己的言论，我们可以判断这一变化的重要性。炀帝本人就是出自西北善骑的勇士——贵族，他问一廷臣："自古天子有巡狩之礼，而江东诸帝多傅脂粉，坐深宫，不与百姓相见，此何理也？"廷臣回答："此其所以不能长世。"②刘黻13 世纪的评价与上述 7 世纪交谈中所表达的价值观形成了鲜明对比。巡幸不再被称颂为皇帝活力和勤勉的象征，它已被南宋的许多官僚斥为皇帝挥霍和怠政的表现。

帝制联盟与执着于季节性迁移

唐朝以降政治上常是分裂的，这是一系列中国北方边境的非汉政权的侵犯所致。尽管君主不停移动的理念在南方的政治文化中已失去了声望，但它仍然是北方政治文化突出的特点，给非汉王朝诸如契丹人的辽朝（916—1125）、女真人的金朝（1115—1234）以及蒙古人的元朝（1260—1368）留下了历史的烙印。狄宇宙指出，这些非汉政权"是北方、内亚的文化世界与历史经验的特有产物"，③学者将这一北方政治传统称为"帝制联盟"（与南宋等建立的"帝制官僚"相对），④并指出了它更具"封

---

① 黄淮、杨士奇编：《历代名臣奏议》，卷 287，页 16b。
② 芮沃寿：《隋朝》，页 165。
③ 狄宇宙：《评〈剑桥中国辽西夏金元史〉》，页 503。
④ 巴菲尔德：《中国帝制王朝历史中的内亚与权力循环》，页 34—35；巴菲尔德：《危险的边疆：游牧帝国与中国》，页 36—45。

56 建—家产制"特色的制度①以及"强烈的权力私人化、行政碎化和士人地位的降低"。② 依靠的不是定居的各种农业生产方式并从中取得的固定收入,而是与"汉人"王朝周而复始的"贸易与侵扰",北方的非汉帝制联盟更看重的是移动能力强并有着军事才能的统治者。北方帝制联盟的政治权威源于作为马背上勇士(而不仅是作为将领和战略家)的统治者的领袖魅力,以及身为精通礼仪的领袖和首要管理者的角色。南方帝制官僚和北方帝制联盟的政治传统,决定了它们所认为的统治者的得体举动是不同的。这一文化价值上的差别,可以从相互间不断强化的民族—地域的二分看出:南方是以文为导向的("文明的")汉人政治文化,而北方是以武为导向的("野蛮的")非汉政治文化。

10 世纪中期由名为契丹的很小的北方部落联盟所建立的辽朝,最好地体现了北方更多的移动性和军事传统。早期的契丹王朝,与后来女真人的金朝、满洲人的清朝一样,都源于东北的辽东半岛。辽东半岛从社会生态看,是一个异质环境,因此常常出现巴菲尔德所称的"混合政权",此中包括了部落和官僚的管理形式。③ 在最盛期,契丹帝国拥有东至辽东半岛西至阿尔泰山的疆土,包括历来由"汉人"控制的北方十六州。辽的兴起对宋朝构成了永久性威胁,这两个王朝间战争频繁,直到 1005 年订立澶渊之盟,提高了辽朝皇帝的地位,与北宋"天子"平起平坐。④

南北方之间民族—地域不同的强烈意识,在契丹的制度和政治实践
57 中留下了深深的印记。辽朝的二元行政体制,反映出当时的人们敏锐意识到了南北之别。⑤ 这在《辽史》(约 1261—1345)的"营卫志"表现得最为明显:

> 长城以南,多雨多暑,其人耕稼以食,桑麻以衣,宫室以居,城郭

---

① 傅海波、杜希德:《剑桥中国辽西夏金元史·绪论》页 21。
② 狄宇宙:《评〈剑桥中国辽西夏金元史〉》,页 500。
③ 巴菲尔德:《危险的边疆:游牧帝国与中国》,页 104—105。
④ 陶晋生:《宋辽关系史研究》。
⑤ 杜希德、铁兹:《辽朝》,页 77。

以治。大漠之间,多寒多风,畜牧畋渔以食,皮毛以衣,转徙随时,车马为家。此天时地利所以限南北也。辽国尽有大漠,浸包长城之境,因宜为治。秋冬违寒,春夏避暑,随水草就畋渔,岁以为常。四时各有行在之所,谓之"捺钵"。①

辽朝廷一直进行着季节性迁移的惯常做法,甚至是在行政体制显然已形成以及建立了五个都城之后还是如此。② 在辽朝,"皇帝扈从起着政府的作用,朝廷是流动的,每年在狩猎地方依季节而行,不时地陪同皇帝频繁狩猎。"事实上,"辽朝廷"仅仅是"一座巨大的用众多帐篷所建的便携城市,用牛车载运"。③ 辽朝依据不同的民族习俗所建立的行政机构,表面上看灵活变通并是对等的,但皇帝及其扈从处于不断的运动之中, *58*保证了真正的权力总是稳稳地掌握在官僚体系中的部落人与北面官的手中。④

巡幸在辽朝统治构成中居于中心地位,因此没有官僚的反对(此种反对在汉人的帝制官僚传统中极为流行),这委实非同一般。或许事实不是这样,但毕竟与南方士大夫传统的抗议相比有天壤之别。在北方各政权中,官僚反对移动的朝廷只是始于在 12 世纪初征服中国北方的女真人的金朝。

女真(后来的满洲人声称是其直系后裔)是通古斯人,他们自己的部落联盟逐步统一,而辽朝内部的崩溃加之北宋的怂恿和协同努力,使女真人得以在 1125 年灭掉了辽。⑤ 如上所述,女真人接着占领了宋的都城

---

① 脱脱等:《辽史》,卷 32,页 373。贺凯对"捺钵"的解释:"契丹文字的汉译,意指季节性的宿营;指皇帝及扈从固定、季节性周而复始的迁移地点。"见贺凯《中国古代官制辞典》,页 338,第 4078 条。

② 杜希德、铁兹:《辽朝》,页 63、79。辽的都城,见夏南悉《中华帝国的城市规划》,页 123—128。

③ 杜希德、铁兹:《辽朝》,页 64。契丹人更喜欢帐篷,而不是固定的建筑,甚至在都城居住时也是如此,正如夏南悉所指出的:"在上京,建筑……包括有永久性的行政和宗教建筑,但契丹人自己却居住在帐篷之中。"(夏南悉:《中华帝国的城市规划》,页 124。)

④ 杜希德、铁兹:《辽朝》,页 79—80。

⑤ 傅海波:《金朝》,页 218—219、273—277;巴菲尔德:《危险的边疆:游牧帝国与中国》,页 177。

开封,在 1126—1127 年间占领了淮河以北的疆土。

在政治组织上,金朝一开始就是契丹辽的直接继承者。女真人使用了辽朝的原有官员——包括汉人、渤海人和契丹人,采纳辽的双重行政体制,这完美地适用于他们自己作为征服中的部落联盟的政治需要。[1] 女真人的金朝也继续着五京间季节性迁移的做法,其中三座位于辽朝的原址。[2] 金朝迅速向南扩张,深入中原北部地区,这大大超出了辽朝的旧有领土,然而,必需使用汉人谋臣以及采纳汉人的行政和制度,所有这些造成了金朝统治内部的危机。

据宋金两朝史官的记述,金朝第四位皇帝完颜亮(1149—1161 年在位,也就是海陵王),是位手腕强硬的篡位者,针对多民族的政体以及内部分帮结派的统治精英,他欲重申实行强大的集权(皇权)统治。海陵王的专制做法可能令汉族士人精神上极为反感,但这些做法却与帝国的统一和家产制统治极为一致。汉族官员和官僚统治方法颠覆了女真部落贵族的政治特权,从而增强了海陵王自己的权力,因此海陵王乐于赞助汉文明。[3]

然而,接下来的皇帝金世宗(1161—1189 年在位)赞成文化本土主义。世宗有赖于女真权贵的支持,登得大位,这些人既反对海陵王针对南宋的持续不断的战争,也反对海陵王迎合汉人的种种做法。因此,这位新皇帝的首条政令,是 1162 年从长江撤军,并且很快与南宋媾和。此外,他发布一系列谕旨,要扭转海陵王不受欢迎的"汉化"。[4] 世宗的文化壁垒政策意在安抚那些支持他继位的保守权贵,以及契丹部落势力;有次海陵王下达进攻南宋的动员令,由于这些部落势力拒绝并造反,行动

---

[1] 巴菲尔德:《危险的边疆:游牧帝国与中国》,页 180。

[2] 夏南悉:《中华帝国的城市规划》,页 128—136。

[3] 博海波:《金朝》,页 239;巴菲尔德:《危险的边疆:游牧帝国与中国》,页 180—181。

[4] 博海波:《金朝》,页 239—240。海陵王模仿汉人的方式,必须将之理解为在金朝的领土扩张期间一种外部(国家间)和内部(部落)政治的副产品。换言之,他的所谓汉化政策,是在扩张和征服的年代,为了与南宋皇帝公开地竞争整个中国的正统统治者,以及支持他自己反对女真部落精英习惯性主张权力的立场。不论他对于汉人文化的赞助如何明显,海陵王仍视自己是一位正在从事征服的部落最高统治者,其使命不仅是统治女真部落而且也将整个中国置于金的统治之下。

流产。文化保守的政策包括了全面禁止女真人起汉人名字,着汉装或说汉话。[1] 更为重要的是,世宗皇帝恢复了季节性狩猎的循环往复。女真人采纳的是契丹辽的做法,但这些季节性迁移在海陵王时期已严重削弱。[2]

从长远看,海陵王的制度改革赋予了文官权力,为士大夫价值观的申张打开了大门,这在反对世宗恢复季节性迁移问题上得到了证实。世宗准备前往金莲川[这是沿察哈尔(内蒙古)闪电河的一片沼泽地区],薛王府掾梁襄(活跃期在1161—1189年)进谏:

> 金莲川在重山之北,地积阴冷,五谷不殖,郡县难建,盖自古极边荒弃之壤也。气候殊异,中夏降霜,一日之间,寒暑交至,特与上京(位于今天的哈尔滨)、中都(位于今天的北京)不同,尤非圣躬将摄之所。

在梁襄这样的士大夫眼中,北地荒凉,不论是农业还是行政组织都不能生根、兴盛,是不值得皇帝前往的。而且,梁襄也关注安全和后勤保障问题:

> 臣闻高城峻池,深居邃禁,帝王之藩篱也;壮士健马,坚甲利兵,帝王之爪牙也。今行宫之所,非有高殿广宇城池之固,是废其藩篱也。挂甲常坐之马,日暴雨蚀,臣知其必羸瘠……秋杪将归,人已疲矣,马已弱矣,裹粮已空,楮衣已弊。犹且远幸松林,以从畋猎,行不测之地,往来之间,动逾旬月,转输移徙之劳,更倍于前矣。

梁襄关注皇帝的人身安全和人员物质的消耗,宣称:"神龙不可以失所,人主不可能轻行。"他的反对意见与汉朝官员如薛广德以及司马相如《上林赋》所说相同。

然而,梁襄的主张,与以前的反对类型相比,有一重大的相异之处:

---

[1] 傅海波:《金朝》,页244—245、281;陶晋生:《十二世纪中国女真人汉化研究》,页68—83。
[2] 傅海波:《金朝》,页218—219、294。

他反对契丹季节性迁移的传统,揭示出了移动性与游牧活动间日益紧密的联系:

> 往年辽国之君,春水秋山,冬夏巴纳,旧人犹喜谈之,以为真得快乐之趣,陛下效之耳。臣愚以谓三代之政令,有不可行者,况辽之过举哉!且本朝与辽室异。

梁襄反对季节性迁移,最后一点,在于金朝在地理、民族以及整个民生都与辽明显不同:

> 辽之基业根本,在山北之临潢(今天的热河附近)。……契丹之人,以逐水草牧畜为业,穹庐为居,迁徙无常。又壤地褊小,仪物殊简,辎重不多……我本朝皇业根本在山南之燕(今天的北京),岂可舍燕而之山北乎!……方今幅员万里惟奉一君,承平日久,制度殊异,文物增广,辎重浩穰,随驾生聚,殆逾于百万,如何岁岁而行,以一身之乐,岁使百万之人困于役。①

62　质言之,如梁襄所见,巡幸活动仅适合于较不富庶(含义是指较不"开化")的来自北方的游牧民族。事实上,巡幸已拥有了强烈的民族—地域色彩。

　　官僚反对季节性迁移,道出了金朝自身一些内在的紧张:不仅是在官僚的"文"和君主的"武"之间,而且也在北方的非汉方式和南方的汉人方式之间,在以畜牧为基础的游牧和定居的农业的理想世界之间,以及它们相应的政治文化之间。一方面是"帝制官僚"模式,皇帝为中心,居住在固定的都城,领导着由受过经典教育的文官和仪礼专家充任的农业官僚机构;而另一个是"帝制联盟"模式,取决于一位移动的、被一群紧密团结的忠诚部落同人和政治谋臣相伴左右的君主。现代专家正确地提醒说:"将由北方人所建立的政体,视作与定居的汉人所建立的稳定帝国不同的游牧帝国,是错误的。因为中国的'游牧'邻邦,没有一个是纯游

---

① 黄淮、杨士奇编:《历代名臣奏议》,卷287,页17b—19b。

牧的。"①话虽如此,游牧和定居农耕之间的对比,很显然成了有启发意义的框架,透过此,南与北、文与武以及汉人与非汉间的差异不仅得以表达,而且被制度化了。在元朝,这种差异,继续作为内在紧张关系的一个来源,其时,所有"中国内地"在元朝统治之下得以统一(这是唐以来的第一次),并且是作为一个更大的世界帝国的一部分(汗国的东部地区)。

季节性迁移肯定是蒙古政治活动的重要组成部分。蒙古的社会经济,与女真的混合经济相比,更接近于"纯粹"的游牧,这促使现代学者在蒙古人的元朝和契丹辽的种种活动之间进行了广泛的比较,包括朝廷的频繁迁徙。② 狩猎和频繁出游给蒙古大汗的私人护卫(怯薛)灌输了纪律以及"蒙古政权初期的'中央政府'——本质上是皇帝的侍卫,跟随其君主,不论君主在任何地方落脚"的要求。③ 大汗自己的随从,是一个极度扩大了的阿寅勒——这是游牧营帐和蒙古游牧经济的基本生产单位,由有着自己毡帐和牲畜的大家庭组成。在受到威胁时,数个阿寅勒可以暂时联合形成一个古列延——由毡帐和套车环绕而成的营地。④

整个元朝,蒙古大汗在两个都城间分配时间。在每年阴历二三月,他们离开主要的都城——大都(现在的北京),向北经过 300 多公里,到达位于内蒙古草原的夏都——上都。阴历九十月,他们返回大都以度秋冬。蒙古人每年移居上都,避开炎炎夏日,通过打猎活动再续与部落精英的联系。⑤

汉族士人当然反对这些季节性迁移,强调它们公开的军事的一面。赵天麟向忽必烈(元世祖,1260—1294 年在位)疏言:

> 先王之临制也,马上得之而不以马上治之,顺天取之而又以顺

---

① 傅海波、杜希德:《剑桥中国辽西夏金元史·绪论》,页 11;傅海波:《金朝》,页 217。
② 韦丝特:《契丹辽和蒙古帝国统治诸方面的比较研究》。
③ 奥尔森:《蒙古帝国的兴起与蒙古在中国北部的统治》,页 344。
④ 同前揭书,页 325。
⑤ 秦蕙田:《五礼通考》,卷 180,24a—26b 页;陈梦雷等:《钦定古今图书集成》,卷 297,页 647—649。罗茂锐:《忽必烈统治时期》,页 472;窦德士:《顺帝与元朝统治中国的终结》,页 562;韦丝特:《元代政府和社会》,页 609。

天守之。当其四边有警,中夏未宁……不得已而用兵,事在合宜,心非自豫……今国家起统于玄冥之域,习俗于弓矢之中……何自轻国家,每春日载阳乘舆北迈? ……今陛下禀圣之人之资,居圣人之位……又何须亲劳荄脆,逞雄心于兵马之间? ……故曰:好动不及好静,有为不若无为。斯天下之想闻,乃圣王之大道也。[1]

考虑到蒙古统治的历史背景,赵天麟的政见可能出自他意识到了民族差异,他有选择地援引(不移动的)圣君作为教化话语的主题,就是对此的反映。赵天麟一心想着安静和不动,这并非他所独有而是许多士大夫的共同想法。当圣驾在 1294 年秋出发前往上都时,有监察御史就恳求忽必烈:

愿大驾还大内,居深宫,严宿卫。与宰臣谋治道,万几之暇,则命经筵进解,究古今盛衰之由。[2]

供职于金朝或元朝的士大夫,用他们自己对于为政之道的认识,批评来自北方的非汉的这些更具军事表现形式的活动。梁襄、赵天麟这样的人与上谏的御史一道,构想了金世宗、元朝忽必烈等统治者应当遵行的一种为政之道。他们提倡一种理想:皇帝不外出,深居保护严密的宫殿之内,精通经典(汉文)的学者给他们讲授宽仁、节俭美德以及不可变的王朝历史模式。(当然,梁襄、赵天麟以及上述御史们没有提到《孟子》《尚书》《诗经》中所写的巡幸。)结果是,非汉人的皇帝无视他们的反对,继续进行季节性迁移。

季节性迁移是北方政治文化不可分割的组成部分,始终与南宋高度理想化的官僚统治形成对照。那些统治了全部或是部分内地的非汉人皇帝,占据了两种截然不同的帝制形成之巅:一个是帝制官僚,一个是帝制联盟。因此,当汉大臣在巡幸问题上对抗非汉人的皇帝时,君主和官

---

[1] 黄淮、杨士奇:《历史名臣奏议》,卷 287,页 21b—22a。
[2] 同前揭书,页 23a。

僚间的政治紧张就有了民族色彩。南宋的刘黼将巡幸视为汉人皇帝的一种自我放纵。然而,梁襄、赵天麟和御史们的教化话语,所代表的是试图阻止民族—王朝统治和权力。在这一脉络中,巡幸自身充斥着民族意义。

明朝的巡幸

14世纪末,长江下游组织起来的农民起义推翻了元朝。明朝的建立,标志着淮河以北地区在将近两个半世纪后,第一次重新建立了汉人王朝的统治。然而,蒙古统治给明初(1368—1435)的政治和政策都留下了深深的烙印。南北在一个"本土"的汉人王朝之下的重新统一,并没有自动地带来儒家士人或是文官特权的复兴。在戴德看来,"明朝不仅保留了许多元朝创新的制度和做法,而且新的汉人统治精英自身所表现出价值和态度,与以前元朝武士贵族的相似,而这些常常与儒家的规定相左"。[①]　明朝的缔造者朱元璋(洪武皇帝,1368—1398年在位)与第四子朱棣(永乐皇帝,1402—1424年在位)本身就是赳赳武夫,都是通过武力夺取皇位。他们对于士大夫的疑虑,导致精心创立了军事精英及其随后对于文官的支配地位。洪武皇帝应是汉人血统,但他也是由农民到僧人再到造反者最后成为皇帝的,他因对于士大夫的敌视而臭名远扬,那些人因为批评皇帝的政策,常常当众遭到杖责。他在1380年废除丞相,这表明他不信任士人所主导的官僚体制。直到在尝试其他选拔文官的办法失败后,他才在1384年勉强重建科考制度——这在元朝统治的大部分时间内遭遇冷落。[②]　蒙古统治对于明初政治的深远影响以及"蒙古问题"的持续重要,确保了明前中期的巡幸依然与在北方占支配地位的军事传统有密切联系。

明初两京制的演进就是这方面的一个例子。永乐皇帝在南京和北

---

① 戴德:《明初政治史(1355—1435)》,页2。
② 同前揭书,页4—5。

京间的季节性迁移,让人联想到元朝的政治实践。最早定都南京是基于其战略的重要性,以及明朝缔造者最早征服的是长江下游地区。两京制的重现以及最终永乐皇帝在 1421 年将北京作为明朝的主要都城,反映出这是永乐皇帝自己权力的根据地以及要控制北方边境持续不断的问题。① 永乐皇帝最早分封到以前元朝的大都做燕王,他的首要任务是确保北部边疆的安全。身为皇帝,他继续坚持在北方保持强势的进攻姿态,因为蒙古残余在草原的重新统一对明朝的统治构成了持久的威胁。此外,永乐皇帝作为帝位的篡夺者[他推翻了自己侄子建文皇帝(1399—1402 年在位)],难以离开自己北方(北京)的权力根据地以及帮他登上皇位的私人军队。

67 永乐皇帝后来以"马上皇帝"著称,事实确实如此,在位 22 年间,"严格算来,他远离都城(长江下游的南京)约 126 个阴历月,约合 10 年"。这期间,他花"21 个阴历月以上的时间"(将近两年)五次远征进入长城以北的蒙古地界,"另有六个月"是花费在南面的南京与北面的北京间的途中。②

可以说,从许多方面看,永乐皇帝的出巡源于相竞争的帝制官僚与帝制联盟理念间的紧张关系。永乐皇帝与蒙古大汗不同,不能全然无视士大夫的要求而"试图符合中原和蒙古对于'理想皇帝'的认识"。他同时实现身为儒家天子和蒙古大汗的抱负"造成了明政权划分为两套不同的制度:一个是文官体系,反对皇帝的政策,寄托太子以彻底予以扭转;另一个是太监和武将体系,执行皇帝的政策,并且只是在得宠时才掌握大权"。③ 那么,这就是在本书"绪论"中用了一些篇幅所讨论的家产—官僚制帝国制度上的特征和张力。

永乐皇帝作为成就非凡的军人享有盛誉,但他在许多方面开创了文

---

① 范德:《明初两京制度》,页 191。
② 同前揭书,页 183—184、117、表 5。永乐皇帝对蒙古之役,见陈学霖《建文、永乐、洪熙和宣德朝》,页 226—229。
③ 戴德:《明初政治史(1355—1435)》,页 173—174。

官体系的逐步复苏,当然总是极其谨慎的。在洪熙皇帝(1425 年在位)以及宣德皇帝(1426—1435 年在位)时期,文官权力日益增长,然而,直到幼冲正统皇帝(1436—1449 年在位)时的太皇太后主政时期,文官精英才胜出武将,重新控制了中央政府。①

当明初的文职大臣们逐渐重新获得他们自己的政治特权时,巡幸的合法性就成了激烈争论的问题。1416 年,黄淮(1367—1449)和杨士奇(1365—1444)——两位永乐朝的大臣,他们在 1420 年代和 1430 年代文官权力的恢复时期起着极重要的作用——编纂并刊印了《历代名臣奏议》。此书收录上古至元朝呈进君主的奏议,共 350 卷,是官僚上谏的文本典范。它也是一种对于当时许多日见紧迫的政事的间接评论手段。从时间上看,它 1416 年刊行,接踵于 1410 年和 1414 年永乐皇帝的头两次亲征蒙古残余势力,这不是偶然的。对于我们这里的讨论更为重要的是,该奏议卷 287 乃是关于巡幸的。② 这一卷保存并公布了官僚**反对**巡幸的看法,上文中已征引了许多。而且,官员反对女真和蒙古皇帝出巡有效地将巡幸指斥为一种有着军事表现形式和嵌入了民族意义的治理模式。

即便是在文官重新崛起以及 15、16 世纪明朝针对蒙古的威胁采取了更具防御性的姿态之后,③永乐皇帝作为"马上皇帝"在武功上的神秘色彩,继续激发后来的明朝皇帝的政治想象力,他们中的许多人坚持出巡。④ 与此同等重要的是,部落勇士和首领的英雄般业绩,向人传递了

68

---

① "1424 年儒家胜利"后,文官在政治过程中居主导必须如此定性:"文官从未能削除所有由宫中太监操纵的特别经济部门,他们也从未能抑制太监机构的规模或组织,这些机构在宣德朝进一步壮大,始终是文官的威胁。"见戴德《明初政治史(1355—1435)》,页 173—174。

② 黄淮、杨士奇编:《历代名臣奏议》,卷 287,页 1a—24b。

③ 林霨:《中国的长城:从历史到神话》;巴菲尔德:《中国帝制王朝历史中的内亚与权力循环》。

④ 明朝的巡幸反映出皇帝军事冒险主义的倾向,至少在一个事例中,明朝的皇帝卷入了战争。宣德皇帝继续出巡边境地区(1428)以及偶尔的打猎活动——"在长城附近进行无害的游览"(戴德《明初政治史(1355—1435)》,页 225、232)。1449 年,"认为自己有能力在军前指挥军队"的正统皇帝(1436—1449 年在位),被瓦剌(西蒙古)首领也先所擒——这就是土木之变。而且,即便是如此巨大的政治灾难也没有震慑住后来的明朝皇帝,比如正德皇帝(1506—1521 年在位),还要重复永乐皇帝——"明朝的第二缔造者"的大胆行动(杜希德、葛林:《正统、景泰和天顺朝》,页 322)。

53

69　中亚草原的政治文化,同时也激励着正德皇帝(1506—1521 年在位)。①
正德皇帝日益痴心于要证明自己针对蒙古对手的"战场上价值",这是他
更多巡幸和更多军事活动的推动力。②

　　在许多官僚看来,明初的皇帝似乎保持了他们蒙古前辈的尚武风气
和喜好。当然,并不缺乏来自那些"不仅为皇帝人身担心,而且也是为帝
国的和平与秩序担心"的官僚们的抗议。③ 当正德皇帝在 1518 年夏又一
次考虑"北巡"宁夏以迎战蒙古军队时,以首辅大学士杨廷和(1459—
1529)为首的一群官僚上疏,不宜轻启巡幸,因难以杜绝意外。正德皇帝
无视劝谏,这促使了杨廷和进一步表达意见:"皇上时出巡游天下,人心
无不疑惧。"④杨廷和及同僚的这种担心理由充分。正德皇帝在多次出巡
和军事演练过程中,被老虎所伤,差点被蒙古军队抓住,皇宫意外起火部
分烧毁,太庙和郊坛应有的祭祀活动也荒废了。⑤ 而且,谷大用(卒于
1523 年)、魏彬、张雄等太监以及钱宁(卒于 1521)、江彬(卒于 1521 年)
70　等武将都利用皇帝不在京城的时机扩张自己的势力。⑥

　　1519 年夏,宁王(朱宸濠)造反并向陪都南京进军,形势日益险恶。
正德皇帝以亲征这次叛乱为借口,决定出巡江南,而当时著名将领及哲
学家王守仁(即王阳明,1472—1528)已快要将这次叛乱平定,⑦正德皇帝
不想丢掉树立自己军事威信的机会。146 名京中大员冒险反对这次远
征,他们中的 11 人最终因此被处死。⑧ 幸存者或许多少会感到自己是正

---

① "正德皇帝希望……能证明自己的武功,既是对蒙古的警告,也是展现自己的力量。他希望
　　让蒙古人明白,明朝皇帝像拔都蒙哥一样,是了不起的战争领袖;在此之前,拔都蒙哥已将大
　　部分蒙古人联合起来,并占领了鄂尔多斯——位于黄河这一转弯处的干旱草场。这至少是
　　他对于军事以及他巡幸整个西北的持续兴趣的背后动机之一。"(盖杰民:《正德朝》,页 415。)
② 正德皇帝长时间外出,见前揭书,页 418—436。
③ 富路德、房兆楹编:《明代名人传》,页 312。
④ 陈梦雷等:《钦定古今图书集成》,卷 298,页 652。
⑤ 盖杰民:《正德朝》,页 415—418、421。
⑥ 富路德、房兆楹:《明代名人传》,页 1544。
⑦ 富路德、房兆楹:《明代名人传》,页 423—430。
⑧ 张廷玉等:《明史》,卷 95,页 2330;陈梦雷等:《钦定古今图书集成》,卷 298,页 652;富路德、房
　　兆楹编:《明代名人传》,页 312。

确的：1520 年 10 月正德皇帝回京路中钓鱼时，船只倾覆，尽管获救，但在 1521 年 1 月中旬抵京后，落下重病，三个月后死去。[1]

这些事件的结果是，到 16 世纪初，巡幸不论是以文或武为特色，士大夫都彻底否认它作为一种帝国治理的合法模式。正德皇帝是明朝最后一位渴求有高度移动性的皇帝。[2] 在明王朝余下的时间，皇帝们身处宫墙之内，万历皇帝（1573—1620）与外界隔绝，无法接近，这又被官僚圈视为怠政的表现。[3] 当官僚们批评四处活动的皇帝要"身居九重"时，万历的表现也确非士大夫的心中所想。[4]

结论

巡幸历史悠久且复杂，因而在意识形态上表现出多重意义。有修养的文职精英最初支持经典所记述的巡幸活动，将它置于显著的地位。在经典的记述中，巡幸是有德统治的规定性标志可以上溯至理想化的上古圣君的黄金时代。然而，在帝制时代，士大夫发现巡幸日益走到了他们官僚特权的对立面。在宋朝，士绅和官僚并为一体的时代，尤其如此。到了 16 世纪初，巡幸活动也与契丹人的辽朝、女真人的金朝和蒙古人的元朝等北方非汉政权密切联系在了一起。除了被描述作为经典认可的宽仁圣君的活动外，巡幸也被理解为部落最高统治者所进行的有着民族表现形式的一种季节性迁移活动。

可以说，在 18 世纪，巡幸这一古代礼仪制度承载着此前意识形态的对立特征——在文武之间，君主与官僚之间，南北之间，汉人与"蛮夷"之间，以及对此意见不一，成为这种活动引人注目的部分原因。康熙和乾隆皇帝利用了这一内在的多重意义。两人都恢复了巡幸，为了谋求一种

---

[1] 富路德、房兆楹编：《明代名人传》，页 313；盖杰民：《正德朝》，页 435—436。
[2] 嘉靖皇帝（1522—1566 年在位）1539 年有一次南巡，但他外出并不频繁。见费思堂《中心与边缘：1539 年明世宗的南巡》。
[3] 黄仁宇：《万历十五年》，页 1—42、121。
[4] 李国祥、杨昶：《明实录类纂·宫廷史料卷》，页 1489。

平衡:一面是迎合受经典教育的汉人精英的政治文化,另一面是明确维持民族—王朝(家产制)统治。对于盛清的统治者来说,巡幸这种礼仪是一种绝好的工具,以申张他们自己民族—王朝之美德和例外主义的意识形态。下一章的主题就是探讨其中的理据。

第二章 "法祖"：巡幸乃民族—王朝原则
（1680 年代和 1740 年代）

典莫大于时巡。

——康熙起居注官，1684 年

巡幸乃事之不可不行者。

——乾隆皇帝，1750 年 6 月 21 日*

在"长十八世纪"，皇帝的游历并不限于江南也不止发生在乾隆一朝。康熙和乾隆皇帝的巡幸都花费时日，不仅是在江苏和浙江这两个最重要的东南省份，也包括直隶（河北）、河南、山西、奉天（辽宁）、吉林、黑龙江，除南巡外，从时间和里程看，最长的是到藏传佛教圣地五台山的"西巡"；[1]有到满洲陪都盛京（今天的沈阳）的"东巡"；[2]前往东岳泰山和曲阜孔庙的"东巡"，[3]两者都位于山东；前往塞外热河避暑山庄的

---

* 两处引文出处分别见：《康熙起居注》，第 2 册，页 1275；蒋良骐、王先谦等：《十二朝东华录》，"乾隆十一"，页 11a。

[1] 董诰等：《西巡盛典》；高士奇：《扈从西巡日录》。

[2] 高士奇：《扈从东巡日记》；园田一龟：《清朝皇帝东巡研究》；姜相顺：《乾隆东巡路线及途中饮食》；铁玉钦、王佩环：《清帝东巡》。

[3] 孔尚任等：《幸鲁盛典》；王晓亭：《乾隆帝六登泰山》；达白安：《身份映像：帝制晚期中国的泰山进香客》，页 150—193。下面有解释，巡幸盛京和山东都归为"东巡"。

"北巡"。①

如下所述,年轻的康熙皇帝 1671 年秋就开始东巡满洲旧都盛京,这仅仅是在他亲政两年后,而长时间的巡幸到了 1681 年平定三藩后才成为例行的活动。② 从 1681 年至 1722 年康熙皇帝去世,他总共进行了128 次巡幸,平均每年两到三次。③ 在这四十二年间,康熙皇帝身在路途超过两百天的有十一年,超过一百天的有二十四年。④ 康熙皇帝所宣称的"江湖、山川、沙漠、瀚海、不毛不水之地,都走过",并非无稽之谈。⑤

康熙皇帝之孙乾隆皇帝,也以喜好出巡闻名,当时的观察者以及现代学者都对他的不停游历和长时间不在京城有过评论。有学者统计,乾隆朝六十年间,皇帝的"巡幸"超过 150 次——平均每年两到三次。⑥ 在74 乾隆四十五年(1780 年 2 月 5 日—1781 年 1 月 23 日),乾隆皇帝在北京及围边(例如北京西北的圆明园)居住仅 114 天(约占该年的三分之一),出巡达到 229 天(约占该年的三分之二)。⑦ 应该说,这些数字多少不具典型性,因为这一年乾隆皇帝既有南巡又去了热河避暑山庄。1741—1750 年间,乾隆皇帝离开京师,长时间出巡二十三次,且每隔一年就前往热河,而从 1751 年开始每年都去热河,那么对于他不在京师"一年达三

① 高士奇:《塞北小钞》;陈安丽:《康熙的北巡塞外与木兰行围》;庄吉发:《清初诸帝的北巡及其政治活动》;贾宁:《清前期理藩院与内亚礼仪(1644—1795)》;罗运治:《清代木兰围场的探讨》;毕梅雪、侯锦郎:《木兰图与乾隆秋季大猎之研究》;欧立德、贾宁:《清朝的木兰秋狝》。

②《康熙起居注》,第 1 册,页 1—8。

③ 王戎笙等:《清代全史》,第 3 卷,页 40—47。这些巡幸包括六次巡幸江南,六次前往山陕,三次前往盛京陪都,五十余次北巡塞外(主要是从 1703 年开始的每年木兰秋狝)。

④ 同前揭书。

⑤ 史景迁:《中国的皇帝:康熙皇帝自画像》,页 xiii、160。

⑥ 见赵云田《乾隆出巡记》,页 283—294;张勉治:《马背上的朝廷:建构满人的民族—王朝统治(1751—1784)》,博士学位论文,附录 B,页 531—540。"巡幸"一词是在广义上使用,包括各种的皇帝外出,从声势浩大并旷日持久的南巡和军事行动(如康熙皇帝的例子)到每年在天坛祭天这样短时间的外出,天坛离紫禁城只有 3 里多的距离(郭成康等:《乾隆皇帝全传》,页452)。

⑦ 西蒙思:《乾隆在路上:巡幸承德》,页 57 表 1。

分之一以上,且常常不止于此"的估算,也有一定道理。[1] 乾隆朝来华的朝鲜使臣注意到了如此频繁的外出活动,他向国王报告:"皇帝不肯一日留京,出入无常,彼中有'马上朝廷'之谣矣。"[2]我们如何看待康熙和乾隆皇帝"马上统治"的嗜好呢?

上一章讨论过,巡幸因悠久、复杂的历史,以及"儒家"经典的内在开放性,使之具有多重意义及意识形态上的影响力。[3] 内中意义的多重性是巡幸吸引康熙和乾隆皇帝的部分原因,他们每人都利用巡幸这一活动作为加强清朝统治的一种手段。

本章旨在阐述激励清廷在 1680 和 1740 年代恢复作为民族—王朝原则的巡幸。两位皇帝恢复巡幸,实际上是强化民族—王朝统治的精心举措,推崇狩猎既作为"祖制",又作为出巡中常规典范形式,同时也不取代源于上古圣君的经典模式。为了调和由于相似(文化的同化)所带来的合法性与由于不同(民族的区分)所产生的支配之间的紧张关系,康熙和乾隆的朝廷运用了王朝孝道的意识形态话语。在此过程中,他们将巡幸鼓吹为爱新觉罗家族(以及广而言之,整个满洲人的)祖先在文武两方面的美德。此外,南巡是 1680 和 1740 年代更广泛地恢复巡幸的一部分,它们也是旨在促进清朝民族—王朝统治的意识形态建构。

进谏与因应之一:康熙皇帝最初的南巡(1668—1671)

最开始,康熙皇帝将巡幸作为讲武手段。1668 年 10 月,他将巡幸计划通知吏部和兵部,将在冬季农闲季节视察北部边防并进行军事演练。

---

[1] 同前揭书,页 56。乾隆皇帝离开京师的二十余次主要出巡,包括六次南下江南,六次西巡五台山,四次东巡满洲东北老家,三次单独到山东登泰山和到曲阜祭孔,四次去中部河南的嵩山和开封。郭成康等:《乾隆皇帝全传》,页 452;萧一山:《清代通史》,第 2 册,页 68。陈捷先(《乾隆写真》,页 319)的看法是,乾隆皇帝前往东陵和西陵共六十六次,承德避暑山庄和木兰围场五十二次,京畿(包括明十三陵、盘山及天津)共十四次。

[2] 郭成康等:《乾隆皇帝全传》,页 452。

[3] 儒家经典内在开放性及其相关的话语,见伍安祖、周启荣《儒家经典的易变与话语策略》,页 1—5。

他许诺很快返回京城,但这并不能令官员们安心,"今岁灾变甚多,不宜出边,以致兵民困苦",这是众多反对声音中的一条。①

康熙皇帝敢言的汉谋臣熊赐履(1635—1709),②立即指责这一出巡计划,是"盘游田猎,尤从古圣帝明王之所深诫"。他请求皇帝取消计划,"恐一时轻忽之行,致意外莫测之悔",并最终将国家置于危险境地:"恭惟皇上一身,上则宗庙社稷所倚赖,下则中外臣民所瞻仰。"巡幸使得皇帝无法履行他在太庙及诸坛庙的礼仪职责,故而直接威胁着王朝的稳定,因此熊赐履抗辩:"此不待智者而知其万万不可也。"在熊赐履看来,康熙皇帝所提出的外出,有损于圣明天子,因为它沾染有军事冒险和不计后果的享乐。他所"大惧"者乃皇上"舍九重万乘之安,而出万有一危之途以为娱"。作为警示,熊赐履认为应以史为鉴:"前事之不忘,后事之师也。"③尤其是明朝巡游皇帝的事例,如正统和正德皇帝,是熊赐履很看重的。④ 最终,康熙皇帝表扬了进谏官员们的耿直,取消了他的出行。⑤

康熙皇帝面对官僚强烈反对他1668年巡幸的立场,未能占得上风,但这一经历在随后的意识形态对抗中却对他很有用。尽管熊赐履持有力的反对意见,但他并不完全排斥巡幸的可能。如果康熙皇帝感觉"不得已则从事讲武",熊赐履只能请求康熙皇帝要遵循"古蒐苗狝狩之礼,按期举行,非时不经",为了鼓励遵守适合的礼节,熊赐履建议任命"方正儒臣二员",⑥这就是后来的起居注官,以记录皇帝的言行。这实际上是要求康熙皇帝屈从于这种有着悠久历史的官僚监督形式,接受像熊赐履这样的受过经典教育的官员的监督。⑦

---

① 《清朝文献通考》,卷136,考6034第1栏。
② 恒慕义编:《清代名人传略》,页308—309。
③ 《清经世文编》,卷9,页38a—b。
④ 见第一章。
⑤ 《清朝文献通考》,卷136,考6034第1栏。
⑥ 《清经世文编》,卷9,页38b。
⑦ 冯尔康(《清史史料学》,页34)认为,从汉至明,每个主要的王朝都编纂有起居注,这种行为可以追溯到帝制以前的时代。除了清朝的起居注外,仅有唐朝的起居注保存了下来。(作者这里的说法有误,明朝等的起居注也可见到。——译者注)

起居注馆建于1671年9月,这是1668年熊赐履上谏的直接结果。[1]
三个星期后,10月5日,康熙皇帝开始了清朝首次重要的巡幸,这不是巧
合。皇帝一行的这次行程不是到江南,而是经由塞北到满洲陪都盛京。
事实上,清朝《起居注》的第一条,就是宣布康熙皇帝将要前往盛京:"上
以寰宇一统,亲诣太祖、太宗山陵展祭,行告成礼。"[2]

这一材料揭示,康熙皇帝前往盛京的理由既非遵循经典成例也非行
仁政,而是为了孝道——更确切地说,是王朝孝道。《起居注》记载,康熙
皇帝自己承认,此行是"仰体皇考未竟之志,来发祥故地,谒太祖、太宗山
陵"。[3] 只有在"祭礼已成",他才认为"朕怀大慰"。[4]

孝道的话语,既是安抚官僚的姿态,也是民族—王朝必胜信念的意 ⁷⁸
识形态表达。[5] 大臣们盛赞康熙皇帝"精诚至孝,古帝王所未有也",[6]这
反映出康熙皇帝已找到了一种言辞之道,使自己的首次巡幸能迎合汉族
士大夫,而此等情感也激励了民族—王朝荣誉。[7]《实录》中的记载详尽
传达出了对于孝道和王朝命运的关切:

> 太祖高皇帝创建鸿图,肇兴景运。太宗文皇帝丕基式廓,大业
> 克弘。迨世祖章皇帝诞昭功德,统一寰宇,即欲躬诣太祖太宗山陵
> 以天下一统致告,用展孝思。因盗贼未靖,师旅繁兴,暂停往谒。朕
> 以眇躬缵承鸿绪,上托祖宗隆庥,天下底定,盗贼戡宁,兵戈偃息。
> 每念皇考未竟之志,朝夕寝食不遑处,本欲先诣太祖太宗山陵……

---

[1] 凯斯勒:《康熙与清朝统治的巩固(1661—1684)》,页68注69。起居馆建立于1671年9月18
日(康熙十年八月十六日),《大清圣祖仁皇帝实录》,卷36,转引自乔治忠《清朝官方史学研
究》,页161。

[2]《康熙起居注》,第1册,页1。熊赐履的建议,见《清会典事例》(光绪),卷1055,页1a,转引自
凯斯勒《康熙与清朝统治的巩固(1661—1684)》,页68注69。

[3]《康熙起居注》,第1册,页6。

[4] 同上揭书,页3。

[5] 司徒安(《身体与笔:18世纪中国作为文本/表演的大祀》,页60—62)、罗友枝(《清代宫廷社
会史》,页201、207—208)都注意到了清朝皇帝强调孝道作为调和"美德统治"与"遗传统治"
之间内在意识形态紧张关系的手段。

[6]《康熙起居注》,第1册,页3。

[7] 黄宗羲(1610—1695)对王朝孝道的批评,见黄宗羲著、狄培理英译《明夷待访录》,页98。

今欲仰体皇考前志,躬诣太祖太宗山陵以告成功,展朕孝思。①

这一民族—王朝胜利的言辞,是通过公然展现军事实力得以进一步增强的。在六十天的行程中,康熙皇帝所做的事情常常与军事有关,这反映了他全神贯注于塞外的部落政治和边境安全。在前往盛京途中,他接见结盟的蒙古部落(其中有喀喇沁、科尔沁、土默特、翁牛特)首领,以及地方文武官员。在盛京,康熙皇帝接见盛京将军阿穆尔图、宁古塔将军巴海(卒于1696年),②以及蒙古各部的贡使。他大量赏赉官员和贡使,检阅他们的射技,也展示自己的高超箭术。③ 人们不禁得出这样的结论:康熙皇帝已实现了他1668年所提出的巡视北部边防的任务。总之,无论怎样,围绕1668年和1671年巡幸事件的意识形态意义都表露无遗。

起居注官声称的国家在1671年和平统一,被证明多少有些言之过早。1673年,康熙皇帝陷入旷日持久的平定三藩之乱(1673—1681)以及与以台湾为基地的郑成功(1624—1662)势力的军事战争。④ 在接下来的十多年间,康熙皇帝没有时间也无能力在京畿以外的地方巡幸。⑤ 直到1680年代初平定了三藩和收复台湾之后,康熙皇帝才恢复进行了一次大规模的巡幸。这一次带有更多的意识形态策略。

康熙皇帝恢复巡幸(1680年代):经典模式?

1684年10月20日,礼部郑重宣布东巡。⑥ 起居注官使用了更古老

---

① 《大清圣祖仁皇帝实录》,卷36,转引自铁玉钦、王佩环《清帝东巡》,页9。
② 恒慕义编:《清代名人传略》,页14—15。
③ 《康熙起居注》,第1册,页3—6。
④ 三藩之乱,见曹凯夫《三藩之乱:背景与意义》;刘凤云:《清代三藩研究》。
⑤ 在这些年,康熙皇帝的出巡仅限于前往遵化的顺治皇帝陵寝(《康熙起居注》,第1册,页326—329),京城南面的南苑(同前揭书,页472—476),以及顺天府西北的温泉,在那里他恭奉养疴的祖母——孝庄皇太后(同前揭书,页18—28)。
⑥ 《大清圣祖仁皇帝实录》,卷116,页23a。

的用语,称之为"东巡狩",①这一术语暗指《尚书》和《孟子》——巡幸的经 *80* 典出处(见第一章)。这些经典描述了,圣君舜最为典型的在四个基本方向上的盛大出巡,**始于**祭献泰山的"东巡"。② 康熙皇帝个人完全熟悉这一经典模式,1678 年 6 月 19 日,他亲自就相关的经文段落——"岁二月,东巡守"一节以及"五岁一巡守"一节,向名义上负责经筵的官员,发表了看法。③ 毫不奇怪,这次皇帝出巡所定的目标——参拜孔子出生地,敬观那里的古代礼器,接着在泰山祭献——与经典完全一致。④

1684 年康熙皇帝到泰山"东巡狩",然而,这次也是为他的首次南巡而找的仪式上的借口。东巡开始后约三个星期,康熙皇帝正式宣布他的南巡计划,要视察位于江苏的重要水利设施。⑤ 皇帝一行没有返回北京,而是径直南下。这一仪式策略的理据相当简单,通过一开始就使用经典的"东巡狩"用语,康熙皇帝及其仪式专家们,很显然寻求将其首次对于江南地区的巡视遵循真正的经典模式。然而,这种对于经典先例的遵 *81* 从,遮掩了康熙皇帝恢复巡幸的意识形态上的复杂性。

康熙皇帝在 1680 年代初恢复巡幸,与最为典型的圣君出巡有着重大不同。例如,康熙皇帝将 1684 年秋向东与向南的行进合并,这实际上已是更大范围地恢复四个基本方向出巡的**最后**阶段。当然,康熙皇帝对于巡幸的恢复确实是从"东巡"开始的。然而,这所谓的东巡并不是经典

① 《康熙起居注》,第 2 册,页 1236。这里值得指出的是,在康熙皇帝的首次南巡,太皇太后和皇太后都未随同。

② 相比而言,泰山坐落在北京的南面而不是东面。将巡幸泰山称之为"东巡",是因许多以前王朝的京城都是位于泰山(靠近淮河和黄河交汇处)的西面。

③ 《康熙起居注》,第 1 册,页 365。注意,"守"字替代了"狩"字。更多关于这一微小表意差异的意义,见本书第一章。

④ 康熙皇帝参拜泰山的官方记述,见孔尚任等《幸鲁盛典》(约 1711 年)。近期的研究可见达白安《身份映像:帝制晚期中国的泰山进香客》,页 157—180。礼部所引历史上的先例,是古代的圣君尧、舜以及汉代的皇帝,未提到帝国的统一者和第一个皇帝秦始皇。《大清圣祖仁皇帝实录》,卷 116,页 23a。皇帝在泰山祭祀的先例,见石听泉《文字化的景观:中国历史上的游记》,页 57;贝克尔:《东岳泰山》,页 175—183;达白安:《身份映像:帝制晚期中国的泰山进香客》,页 152—156;陆威仪:《汉武帝的封禅》。

⑤ 《康熙起居注》,第 2 册,页 1241。

所认可的 1684 年秋的致祭泰山,而是他在 1682 年初第二次前往盛京。①
这次出巡之后紧接着有两次西巡,1683 年前往位于山西北部的五台山,
以及 1683 年年中和 1684 年年中出巡塞北狩猎。② 更为重要的是,康熙
皇帝最早于 1680 年代的一系列出巡,不仅是遵循汉文经典所确立的礼
仪,而且也是由日迫的军事紧急事件以及意识形态上的民族—王朝统治
使命所促成。

　　三藩之乱结束于 1681 年 12 月 7 日。③ 最终胜利的消息是在 1681
年 12 月 23 日抵达北京。仅三个星期后,康熙皇帝便开始了精心准备再
次出巡盛京。这次出巡的理由与 1671 年首次巡幸盛京一样:将最近的
政治和军事胜利归于王朝的缔造者。然而,这次并非首次盛京之行的简
单重复。这次,他预料到了官僚们会反对,就下令圣驾在每年国家典礼
完成之后才离京。另一个显著的不同是,他坚持在第三座祖先陵寝祭
献。此陵寝名永陵,安葬的是爱新觉罗家族最早的四位先人。"前幸盛
京时,未至永陵致奠,迄今尚歉于怀。兹若果往,当身历其处,仰瞻祖宗
发祥旧址。"康熙皇帝也投入了很大精力修建一条从佛阿拉(满语 Fe
Ala,字面意义是"旧山冈",是满洲人最早的都城,盛京位于它的正西面)
到吉林乌喇(位于吉林省西南部)的道路。在一道满文上谕中,他令盛京
将军安珠瑚:

　　　　密遣副都统穆泰及贤能章京等,将御路、行宫、应经之地,并自
　　佛阿拉通往乌喇之路,详察绘图,由同往章京内简选晓事者一员来
　　奏。惟恐其阅历浅薄,不能详记地理山川也。④

① 《实录》《起居录》《大清会典》等官方材料,并没有将康熙皇帝在 1671 年和 1682 年前往盛京归
　为东巡,只是将这些行程作为"亲谒祖陵"。这是煞费苦心的意识形态选择。翰林院学士高
　士奇(1645—1703),将他记录 1682 年康熙皇帝前往盛京的著作起名《扈从东巡日录》。后来
　的学者往往遵循高士奇,称皇帝前往盛京为"东巡"。可见园田一龟《清朝皇帝东巡研究》;铁
　玉钦、王佩环《清帝东巡》;欧立德《帝国与民国地理中的"满洲"》,页 608—609。
② 王戎笙等《清代全史》,第 3 卷,页 40—41。
③ 《大清圣祖仁皇帝实录》,卷 95,页 15b—16b。
④ 《康熙朝满文朱批奏折全译》,页 7,文件第 14 号。

欧立德指出,康熙皇帝第二次出巡盛京及周边地方,如吉林乌喇,事实上是一个更宏大计划的内在组成部分:不仅要建立作为"满洲人身份记忆之地"的被称为"大盛京"的区域,而且也要提升整个区域在礼仪上的地位。[1]

将在盛京举行的民族—王朝性质祭典与在北京正式的国家祭祀等而同之,这绝非微不足道,尤其对于汉族官僚而言更为如此。这解释了康熙皇帝为什么坚持保守秘密。宣称进行这第二次巡幸已是无可更改:

> 为此欲公开降旨,但尚未定,故未明示,但念定后再议,又恐不及,故特密谕。[2]

保密的做法,旨在防止招致十多年前熊赐履公开谏言的各种消息泄露或谣言。 *83*

康熙皇帝有充分的理由担心出现士大夫再度进谏,因为士大夫肯定会认为他 1680 年代初的巡幸活动少有讲武意图,只是为了更多享乐。圣驾一过长城,康熙皇帝就开始了大规模狩猎。[3] 他及扈从将整个行程时间的四分之一(68 天占了 17 天)用于狩猎,捕获了 34 只老虎。[4] 此外,在盛京附近祭祖后,康熙皇帝继续向吉林乌喇进发,视察北疆。尽管意识到俄国从 1670 年开始沿北部边疆吞食土地,但康熙皇帝在 1671 年首次出巡中未贸然向盛京以北进发。[5] 然而,1682 年这次康熙皇帝前往,为的是加强清朝对满洲北部的镇守。他认为这是对先人王朝基业的拓展。他写信给留在京城的祖母也就是太皇太后:

> 兹因大典已毕,敬想祖宗开疆非易,臣至此甚难。故欲躬率诸王贝勒大臣蒙古等,周行边境,亲加抚绥,兼以畋猎讲武。[6]

---

① 欧立德:《帝国与民国地理中的"满洲"》,页 608—615。
② 《康熙朝满文朱批奏折全译》,页 7,文件第 14 号。
③ 《康熙起居注》,第 2 册,页 826—827。
④ 同前揭书,页 826—835。欧立德(《帝国与民国地理中的"满洲"》,页 609)给出老虎数是 37 只。
⑤ 凯斯勒:《康熙与清朝统治的巩固(1661—1684)》,页 97—100。
⑥ 《大清圣祖仁皇帝实录》,卷 101,页 22b。

该年晚些时候,康熙皇帝制定计划,"一年派兵一万两千名行猎"塞外,他尤其关注那些"部院衙门官员不谙骑射者",命令他们"与以前派往出征者"一并派出,①这样就能够一同提高骑射技艺。

84　　　康熙皇帝坚持所有旗人的全面参与,包括那些身为文官的旗人,这源于他的信仰:皇帝狩猎,作为一种全面动员活动,可以更好地促成全面治理。在 1681 年的一次北巡中,他宣布:"一年两次行猎,专为讲武,与行兵无异,**校猎纪律自当严明**。"②康熙皇帝坚持要求,征服者贵族负责在旗人间纪律的灌输。1683 年 4 月,他给裕亲王(福全,1653—1703)等诸王公下发一道谕旨:

> 其围猎之制,贵乎整严,不可出入参差。宗室公等不得越围场班次在后逗遛。如或逗遛,则众人停待,围场必致错乱,尔等须严加管辖。③

康熙皇帝并未将他的军事活动局限于塞外的正式狩猎,而是将它们融入了所有的巡幸。例如,狩猎是西巡山西的一个重要(但经常被人忽略)方面。1683 年 3 月 11 日,康熙皇帝从五台山菩萨顶返回时,在长城岭西路杀死一只老虎。山西巡抚穆尔赛和按察使库尔喀——两人都是满洲旗人——将此誉为源自皇帝武功的皇帝宽仁的事例:

> 长城岭路原有猛虎潜伏,往来商贾居民尝受其害,今皇上巡幸,
85　殄除此虎,嗣后永绝伤噬之患,商贾居民皆得安生矣。伏乞皇上赐一地名,臣等刻石立碑,用垂奕世。

这里,穆尔赛和库尔喀寻求将他们君主最近的猎杀视作宽仁的合法举措。在多次请求之后,康熙皇帝选择了"射虎川"的名字,从而就将一个

---

① 《康熙起居注》第 2 册,页 927。这些狩猎的制度化,规定一万二千名士兵"分为三班,一次行猎,拨兵四千名,于四月、十月、十二月令其前往行猎"。

② 同前揭书,页 923;《大清圣祖仁皇帝实录》,卷 106,页 10b。

③ 《康熙起居注》,第 2 册,页 969。

地方转化成了清朝民族—王朝统治美德的纪念地。①

1684 年东巡泰山过程中,康熙皇帝在正常的仪式中加入了惹眼,让人想到满洲人武功的举动。1684 年 10 月 11 日,也就是出巡的第 6 天,起居注官记载:

> 上召大学士明珠,尚书伊桑阿、介山,学士席尔达、常书,侍读学士朱马泰、徐庭玺,卿葛思泰、阿里虎、安泰于围中射猎。是日,赐山东巡抚以下,知县以上等官及致仕大学士冯溥等兔。②

康熙皇帝赏赐的兔子,无疑是此次猎获的一部分,赏给文职官员,它是朝廷全神贯注于军事的提醒物。这一姿态——是不能拒绝接受的——以及组织大规模的满洲人狩猎,也强调了中国内地的和平与繁荣,在很大程度上是建立在满洲人的军事纪律和士气之上的。在 1699 年康熙第三次南巡中,朝臣查昇(1688 年进士)写了一篇《南巡颂》,③称颂"龙马巡边,漠北之祲氛尽扫",这进一步提供了康熙皇帝武功和宽仁的证据。④巡幸尚武的一面是第四章集中探讨的内容。这里我们仅需指出的是,尽管将军事活动融入巡幸,多少与官僚精神相对立,但这一直是清朝包括南巡在内的出巡的必要组成部分。⑤

因此,1684 年康熙首次南巡,不是通常所认为的,只表明了皇帝关注

---

① 同前揭书,页 961。该年晚些时候,康熙皇帝第二次前往山西,驻跸菩萨顶时,山西有个举人向他呈进《射虎川记》,随后得到 30 两赏银。这可能是刻在石碑上的铭文(同前揭书,页 1071)。

② 同前揭书,页 1237。起居注官也记述道,就在第二天,"上召福建金门、海坛总兵官陈龙、林贤于围中射猎"。

③ 《清史稿》,卷 484,页 13367。查昇以"诗笔清丽"闻名,擅长书法,风格似董其昌。

④ 陈廷敬等:《皇清文颖》,卷 36,页 22a—29b。这里查昇所指是康熙皇帝最近打击准噶尔首领噶尔丹的胜利。

⑤ 结果,汉族士大夫婉言所有的巡幸——甚至是康熙皇帝季节性塞外狩猎——是皇帝的宽仁活动。例如,1684 年年中塞外狩猎引起如下的评论:"伏思前代人主深居九重之中,于外方情形、民生疾苦茫然不知者多矣。我皇上巡行之际,好察民隐,故凡天下大小之事,无不洞悉。自皇上行幸以来,军士叨赐牛羊无算,又轸念众从难于柴薪,尤非自古英主所能及也。"(《康熙起居注》,第 2 册,页 1191。)

治理水涝。① 它也是 1680 年代初大规模恢复巡幸的高峰,也成为康熙朝廷申张民族—王朝统治更大范围意识形态努力的一部分。据这一意识形态的表述,满洲朝廷是军事整肃、勤政以及宽仁的典型;巡幸是最重要的仪式,通过巡幸,这种民族—王朝美德可以遍及整个国家。正因如此,康熙朝起居注官在为 1684 年所写评论中宣称:"典莫大于时巡。"②乾隆皇帝为努力实践乃祖的遗产,于 1740 年代恢复巡幸,将它精心打造成为民族—王朝统治的意识形态支柱。

⁸⁷ 乾隆皇帝恢复巡幸(1740 年代):家族的传奇故事

1750 年夏至,乾隆皇帝发现自己处于守势。上年秋天,他公布了首次南巡计划,但现在他极力为自己即位以来的作为辩护:

> 十五年来,无时不以敬天法祖为心,无时不以勤政爱民为念,无时不思得贤才以共图政理,此可无惭衾影者。③

"敬天""法祖""勤政""爱民"的语言,与京内外官员所使用、请求皇帝南巡的语言一样。这也标志着,乾隆皇帝计划在 1751 年初进行他的首次南巡正在引起争论。然而,从乾隆皇帝相当自卫的反应看,有些人所质疑的并不限于将要举行的南巡:"惟工作过多、巡幸时举二事,朕侧身内省,时时耿耿于怀。"正如人们所预料,乾隆皇帝极力为有人可能视作不必要的建设项目上的公共经费的开支辩护。④ 与我们这里的讨论关系更密切的是他为"巡幸时举"所找的理由。

---

① 同前揭书,页 1241;商鸿逵:《康熙南巡与治理南河》;孟昭信:《康熙大帝全传》,页 353—397。
② 《康熙起居注》,第 2 册,页 1275。
③ 蒋良骐、王先谦等:《十二朝东华录》,"乾隆十一",页 11a;《大清高宗纯皇帝实录》,卷 365,页 4a。
④ 蒋良骐、王先谦等:《十二朝东华录》,"乾隆十一",页 11a;《大清高宗纯皇帝实录》,卷 365,页 4a—b。乾隆皇帝以年久为由,整修京师郊近的坛庙、宫殿。他又指出,用于北京城外西山新兵营的开支并非无益之举,而对京畿现有行宫只是做了简单修缮。最后,他认为,这些工程雇佣的是穷人,无劳民力。

乾隆皇帝所指的是 1740 年代广阔范围的出巡，包括 1741 年恢复的两年一次的木兰秋狝，①1743 年前往盛京的长时间出巡，1746 年西巡山西，1748 年前往山东泰山，最后是 1750 年初的第二次西巡。此外，已经计划在 1750 年末第三次前往山西。乾隆皇帝的第一次南巡，计划是在 1751 年，乃发端于 1741 年恢复木兰秋狝的一系列季节性迁移的殿军。

完全可以想见，乾隆皇帝要为他"巡幸时举"的喜好进行辩解，然而如何辩解则是他自己的事情了。他没有引述古代圣君经典的先例，而是提醒人们注意本朝的先例："至巡幸，则圣祖时岁方数出"，乾隆皇帝对经典先例之不屑令人惊异。只在强调了巡幸在乃祖时是平常之举后，他才敷衍地提到"不特稽古省方，用彰盛典"。然而他立即回归至王朝的主题，说巡幸"良亦我国家习劳之旧制"。②

乾隆皇帝恢复巡幸，与乃父雍正皇帝的做法不同。③ 即便如此，他承认他的最终目的与乃父一样："习劳"。这意味着，首要的是在旗人中培植军纪和武备。为此乾隆皇帝恢复了狩猎：

> 雍正四年，皇考曾降旨以武备不可废弛、官弁不可怠惰为戒。然十三年中(1723—1735)，未经举行，八旗人员于扈从行围诸事，一切生疏，近来稍觉娴熟。

举行狩猎以提升旗人和官员的军纪和士气，而更为一般意义上的巡幸也被认为是全面整饬吏治，正如它所带给直隶的效果："直隶较优于外省，岂非经常巡省之明效乎？"

乾隆皇帝声言，巡幸乃"事之不可不行者"，主要源于在文、武领域申

---

① 到 1750 年夏，乾隆皇帝已经进行五次秋狝，分别在 1741、1743、1745、1747、1749 年。这些"北巡"通常是在阴历的七月至九月。

② 蒋良骐、王先谦等：《十二朝东华录》，"乾隆十一"，页 11a；《大清高宗纯皇帝实录》，卷 365，页 4a。

③ 更多关于乾隆朝初年的政治变化和政策改变，见戴逸《乾隆帝及其时代》，页 98—146；高翔：《康雍乾三帝统治思想研究》，页 257—304；罗威廉：《救世：陈宏谋与十八世纪中国的精英意识》，页 45—49。

张民族—王朝特权的意识形态信念。① 为此目的,具有相当灵活性的"法祖"原则,始终被用来为乾隆皇帝的狩猎以及包括南巡在内的所有巡幸辩护。在 18 世纪的整个下半叶,乾隆朝廷视巡幸活动为"家法",证明"我朝列圣相承,以无逸作所为家法"。②

上述最后的表述,是皇帝"为我所用"的绝好例证。"无逸"是《尚书》中的篇名。③ "无逸"格言与周公有关,周公是周朝创建人周武王的弟弟,是下一代周成王的叔叔,他在侄子幼年时摄政。作为儒家的典范人物,周公在侄子即合法的嗣君长大成人后,不仅归政,而且尽职尽责地告诫他曾照看的年轻人要"无逸"。"无逸"的代表人物是文王,④他"卑服,即康功田功",并"怀保小民"。这里,农事上的节俭、勤劳,还有仁慈成为德治和政治长治久安的试金石。更为重要的是,周公强调,文王"不敢盘于游田"。⑤ 当乾隆君臣预告巡幸活动乃"无逸"表现时,他们是从根本上重新解读这一经典,以服务于民族—王朝权威。

乾隆皇帝,与大多数有修养的精英一样,稔熟周公"无逸"的训诫。在 1744 年之前所写的一篇名为《读〈无逸〉》的文章中,乾隆皇帝重复着这一经典篇章的传统智慧:"周公以成王初政,惧其知逸而不知无逸,故作是书以警之也。"更令人吃惊的是,乾隆皇帝也写下了周公的"嗣王无淫逸、游田,而以万民惟正之供者"的警句。考虑到乾隆皇帝坚决为他到处出游乃"无逸"之举而辩护,他早期对于周公反对出巡和狩猎告诫的承认就不同寻常。更有甚者,乾隆皇帝认为《无逸》一篇"皆当奉以为规则,铭之于座右者"。⑥ 而且,年轻的乾隆皇帝宣称,"无逸"的主要意义,不在

90

---

① 蒋良骐、王先谦等:《十二朝东华录》,"乾隆十一",页 11a;《大清高宗纯皇帝实录》,卷 365,页 4a。

②《清朝文献通考》,卷 136,考 6033 第 1 栏。

③ 理雅各英译:《尚书》,页 464—473。

④ 文王是武王、周公的父亲。他忠诚于商朝残暴的最后一位统治者纣辛,文王寄希望他能正己革新。文王的儿子武王,最终推翻了商朝,建立了周朝,自称武王,而加赠其父为"文王"。

⑤ 译文据理雅各的《尚书》英译,见页 469。

⑥《读〈无逸〉》,见陈廷敬等《皇清文颖》,卷 14,页 28a—b。"座右铭"一词暗指崔骃有名的《座右铭》,见萧统编、康达维英译《文选》,第 1 册,页 49。

于周公反对出巡及狩猎的特定内容本身,而是在于他拥护更为抽象的   91
"法祖"原则——这在清朝的语境中,获致了明确的民族涵义。

乾隆皇帝的《论金世宗》一文,对此提供了完美解释。这里乾隆皇帝
将女真人所建立金朝的第五位皇帝——完颜雍(金世宗,即乌禄、大定
汗,1161—1189 年在位)作为清朝政治上的祖先。[1] 在乾隆皇帝看来,金
世宗值得崇敬,是因为他"不忘故风,禁习汉俗"。金世宗的文化保守主
义源于他的"法祖"使命。因为他"拳拳以法祖宗、戒子孙为棘",金世宗
取代周文王成为榜样,变成了乾隆皇帝祈求"无逸"及"法祖"的民族—王
朝参照人物。通过在意识形态上将"无逸"和"法祖"合并,乾隆皇帝能够
将金世宗抬至**有着民族意义、明确**的王朝孝道完人地位:"盖自古帝王未
有不以敬念先业而兴,亦未有不以忘本即惕淫而亡者,是以《书》称'无
逸'。"[2]如此一来,"无逸"的意义就从**反对**巡幸的专门告诫,转化为了远
为抽象的"法祖"要求。我们将会看到,"法祖"意味着,首要的是遵循狩
猎以及纪律与节俭的生活方式的"旧道"(满文 fe doro)——所有的一切
都能够通过巡幸活动得以实现。当经典记载的准则和行动被织入清朝
民族—王朝统治的意识形态之网时,它们的特定意义改变了。

王朝孝道的民族—王朝意义已显然不同于皇太极时期(也许更早)。
具体地说,清廷对于孝道和"法祖"原则的意识形态挪用可上溯至 1636
年,当时皇太极实行了大范围的制度改革,包括对于八旗上层进行家长   92
制任命以集中皇权,仿效明朝建立家产制官僚机构,将王朝的国号从"后
金"改为"大清",皇太极称"皇帝"而不再是"汗",以及改采用一个新的年
号"崇德"。[3]

在这一系列改革的同时,皇太极保留了满洲人的制度。他将金朝未
能保持旧有部落习俗与它后来的消亡联系起来,这并非偶然。皇太极为
了避免金朝的命运,拒绝一些汉官采纳明朝服饰的建议,告诫诸王及以

---

[1] 清朝扩充堪称完人的政治先辈人物,见罗友枝《清代宫廷社会史》,页 210。
[2] 《清高宗(乾隆)御制诗文全集》,"御制文二集",卷 3,页 6a。
[3] 柯娇燕:《透镜:清帝国意识形态的历史与认同》,页 165—167。

下部民,保持并传播满洲人的服饰和语言,最重要的是,要发扬骑射的传统。刘泽华认为,这些"祖制"对于现在高度政治化、文化保守以及嵌入了民族意义的"法祖"概念来说,是第一要义。[1] 到了乾隆朝,这些"祖制"包括了巡幸活动。

18 世纪中期,巡幸作为一项民族—王朝事业,首先源自皇帝狩猎及其他讲武行动。《清朝文献通考》(1747 年下令编纂,约 1785 年完成)的编纂者认为,清朝巡幸可以上溯至皇太极 1629 年和 1642 年的边境巡视。[2] 如前所述,乾隆皇帝将康熙皇帝作为清朝巡幸的旗手。除了上面所讨论过的康熙皇帝全面、有着军事表现形式的出巡活动外,乾隆时期所进行的"巡幸"分类中,也包括了 1690 至 1697 年间康熙皇帝四次亲征厄鲁特(漠西)蒙古首领噶尔丹(1632?—1697)之役中的两次。[3] 简言之,战争和巡幸的界限相当不明晰。

因此,毫不奇怪,乾隆皇帝对于巡幸的恢复始于木兰秋狝,从 1741 年秋天开始每隔一年举行一次。并非所有汉族官员都赞同,1741 年 3 月,一群科道官员齐聚御前,共同呈请取消木兰秋狝。乾隆皇帝反应迅速而强烈:

> 我朝武备,超越前代。当皇祖时,屡次出师,所向无敌,皆由平时训肄娴熟,是以有勇知方,人思敌忾。若平时将狩猎事,废而不讲,则满洲兵弁习于晏安,骑射渐致生疏矣。皇祖每年出口行围,于军伍最为有益,而**纪纲整饬**,政事悉举,原与在京无异。至巡行口外,按历蒙古诸藩,加之恩意,因以寓怀远之略,所关甚巨。……朕

<hr>

[1] 刘泽华:《中国政治思想史》,页 693。

[2]《清朝文献通考》,卷 136,考 6033 第 3 栏。

[3] 这些是:第一次,1690 年 8 月到 9 月,乌兰布通之役;第二次,1696 年 3 月到 7 月,远征至克鲁伦河,以昭莫多战役结束;第三次,1696 年 10 月至 1697 年 1 月至呼和浩特;第四次,1697 年 2 月至 6 月至宁夏。仅有第二次和第四次在《清朝文献通考》被归为巡幸,卷 136—138;特别是卷 136,考 6038 第 2 栏。康熙皇帝亲自指挥这些战役,见濮德培《中国西进:清朝对欧亚大陆中部的征服》,页 52—61、174—208。对康熙皇帝武功的赞颂,见沈涵《圣驾北巡饶歌四章》,载陈廷敬等《皇清文颖》,卷 54,页 12a—15b。

之降旨行围,所以**遵循祖制**⋯⋯⋯①

同最终会为自己所有巡幸(包括南巡)所做辩护一样,乾隆皇帝将他 1741 年恢复狩猎作为一种孝道——也就是说"法祖",仿效乃祖康熙皇帝的孝行。在乾隆皇帝看来,狩猎不仅是满洲人武备之所在,而且也是征服者精英间更为普遍的活力以及动力之所在。故而忽视狩猎,危害极大。廷臣将乾隆皇帝亲自参加的两年一次(从 1750 年开始一年一次)的木兰秋狝归类为"恪遵家法",他们强化了这一民族—王朝原则。②

乾隆皇帝恢复巡幸的第二个阶段也有着民族—王朝色彩,大部分归因于它是 1743 年狩猎的延伸。1743 年 8 月 26 日,皇帝一行离开京师前往木兰围场。③ 1743 年 9 月 6 日,在完成了与蒙古王公四次简短的狩猎计划后,乾隆皇帝并没有返回京师,而是向盛京进发。当皇帝一行缓慢北行通过两个蒙古部落的地界时,乾隆皇帝的活动就像在木兰的一次围猎。④ 在昭乌达盟和哲里木盟地界,乾隆皇帝狩猎并召见各部(喀喇沁、翁牛特、敖汉、奈曼、阿鲁科尔沁、扎鲁特)的扎萨克。⑤

这次出巡的民族—王朝蕴意,在乾隆皇帝抵达盛京后更为明显。在祭拜了永陵、福陵、昭陵等三陵后,乾隆皇帝写下了著名的《盛京赋》(满文 Mukden-i fujurun bithe),⑥其中他思考了敦睦与仁慈品性的来源:

> 尝闻以父母之心为心者,天下无不友之兄弟;以祖宗之心为心者,天下无不睦之族人;以天地之心为心者,天下无不爱之民物。

果不其然,通过强调法祖的原则,乾隆皇帝将这些说辞为己所用:

> 斯言也,人尽宜勉,而所系于为人君者尤重。然三语之中,又惟

---

① 《大清高宗纯皇帝圣训》,卷 30,页 3a。
② 《清朝文献通考》,卷 139,考 6059 第 1—2 栏。
③ 《大清高宗纯皇帝实录》,卷 196,页 13a。
④ 同前揭书,卷 197,页 3b;183,页 2a—b。
⑤ 同前揭书,卷 197,页 9b、10a—b、13b、16a;卷 198,页 13b。
⑥ 同前揭书,卷 202,页 4b—16b。

以祖宗之心为心居其要焉。盖以祖宗之心为心,则必思开创之维艰,知守成之不易……予小子缵承丕基,惧德弗嗣,深惟祖宗缔构之勤,日有孜孜。①

对乾隆皇帝来说,"祖宗之心"不仅指王朝的先辈,也指更遥远的**民族**祖先。事实上,乾隆皇帝写《盛京赋》(用满、汉文),效仿的是当地女真歌谣,据说是金世宗于1185年巡幸同一地方所唱。② 如前所述,乾隆皇帝将金世宗奉为民族—王朝政策的祖先。既然满洲人声称直接源于12世纪的女真人,那么乾隆皇帝再次上演(不是特别严格意义上的)历史上世宗的所作所为,这就进一步强化了1743年他前来盛京的**民族**意义。③

在乾隆皇帝宣布他首次东巡泰山的声明中,民族—王朝原则也很明显。1746年冬天,乾隆皇帝享受五台山清爽天气,赋诗纪念。接着他下发一道上谕给在京官员:"今年巡幸山西,将来当有东巡之事。"④

在乾隆皇帝所有出巡中,东巡位于山东省的泰山似乎最不需要给出理由,因为它与《尚书》中记载的圣君舜典型的巡视最为一致:"岁二月,东巡守,至于岱宗。"⑤甚至对于最传统的儒家来说,仅这一先例就足以使乾隆东巡泰山和曲阜孔庙具有合法性,然而对于乾隆皇帝来说,一种经典模式还不足用。

当然,"先儒訾议,朕所熟闻",乾隆皇帝也知道有些士大夫所引的汉、宋先例。但这些官员是否真的认为,"朕岂因人言而遽止,又岂因臣下进说而轻行?"如果真的是这样,他们就大错特错了。乾隆皇帝已经承

---

① 同前揭书,卷202,页4b—6a。
② 见脱脱等《金史》,卷8,页189;卷39,页892,转引自金启孮《金朝的女真文学》,页227—228。
③ 欧立德(《帝国与民国地理中的"满洲"》,页615、616—617)将《盛京赋》解读为一部赞扬性的地志,乾隆皇帝在其中通过将"王朝的活力与盛京地方的活力"密切联系在一起,试图吸收民族—王朝美德。满洲人声称是中世纪女真的直系后裔以及明朝对此的接受,见柯娇燕《透镜:清帝国意识形态的历史与认同》,页144—145、153。
④ 《大清高宗纯皇帝实录》,卷277,页14a。乾隆皇帝最后在1748年春进行了他的首次东巡。乾隆皇帝东巡泰山,见王晓亭《乾隆帝六登泰山》;达白安《身份映像:帝制晚期中国的泰山进香客》,页181—193。
⑤ 理雅各英译:《尚书》,页35。

认,这次出巡的目的之一是在孔庙"观车服礼器"。然而,他坚持认为
1748 年东巡安排乃正举,主要因为"观风问俗,循圣祖之家法"。如果当
"溯禹夏之遗规"时,又发现巡幸"亦属省方巨典",那是再好不过了。①　恪
遵经典所载的先例,至少在乾隆皇帝看来,要逊于"法祖"和"恪遵家法"
的民族—王朝原则。

　　乾隆皇帝将巡幸拿来作为促成民族—王朝豪迈之情的工具,这在
1749 年宣布他的首次南巡计划时达到了顶点。乾隆皇帝又一次将乃祖
的出巡,而不是古代圣君的巡幸原型,作为先例加以援引:"仰稽圣祖仁
皇帝六巡江浙,谟烈光昭。"②1749 年秋,以乾隆皇帝内弟、大学士、公傅
恒为首的一群朝臣,称颂作为祖先美德表现的巡幸:

> 臣等稽史册之成宪,亘古为昭；诵祖德之鸿休,于今为烈。钦惟
> 我皇上以孝法祖,以惠安民。两间之德同流,四海之情必达。不自
> 暇逸,时省春秋。③

这一声明的意识形态涵义明显：巡幸不仅是宽仁的行动,也是(而且是更
为重要的)**王朝**孝道和勤勉的表述。诸如此类的声明将乾隆首次南巡转
变成了康无为称之为"实用孝道"④——我们可以称之为"民族—王朝孝
道"——的一种活动。

　　从表面看,苏州地方精英似乎接受乾隆巡幸是王朝孝道的首要表
现。《元和县志》(约 1761 年)的编纂人员在整个收录皇帝作品的卷次
(卷 31)中有如下叙述："皇上绳其祖武,两幸江南。"考虑到地方志的半官
方性质,这一群地方名流[在著名的诗人、文学评论家沈德潜(我们在第
六章对他做进一步探讨)的指导下]可能别无选择,只能重复朝廷的论
调。而且他们没有完全顺从朝廷,而是巧妙地力图"稀释"乾隆皇帝所称

---

① 《大清高宗纯皇帝实录》,卷 277,页 14a—b。
② 《南巡盛典》,卷 1,页 1a。
③ 同前揭书,卷 106,页 7a—b。
④ 康无为：《皇帝眼中的君主制：乾隆朝的想象与现实》,页 85。

孝道民族—王朝意义,他们坚持认为:"我圣祖仁皇帝法古时巡,留题虎阜,至今辉映岩谷。"当然,这些士人对康熙皇帝巡幸乃"法古"的断言并不完全准确,这一点上面已有明证。然而,若不纠缠于这种声明是否准确,我们也可以将它们解读为《元和县志》编纂者的一次有节制的抗争,甚至是破坏乾隆朝廷所积极推进的民族—王朝例外主义的宗旨。通过声称康熙皇帝是"法古"而已,这些地方精英就有效地将乾隆皇帝在"法祖"话语中的民族—王朝意义剥去。沈德潜及同僚似乎记录了一些对于乾隆皇帝远离公认标准的不满,他们告诉读者,将地方志的一整卷都用以编纂皇帝的诗作全无先例可循:

> 考自古邑乘未有以御制分门者,汉高之幸沛,唐元宗之幸鲁、幸陕,不乏篇章,未能汇而成集。①

综合考察,这些评论可以看作地方不赞同的隐讳表达。影射康熙皇帝仿效汉、唐皇帝的出巡,而后者在士大夫的心目中已落为不光彩之举,这意味着什么呢? 由于清朝统治的复杂条件和机制,精英们不满的表达被彻底抑制了,至多是模糊表达。我将在第五章和第六章再谈朝廷和地方精英的多方面互动。这里,我进一步探讨乾隆皇帝恢复巡幸背后的民族—王朝意识形态。

从巡幸的民族—王朝理据来看,乾隆皇帝的孝道有两个首要的所指对象:第一个是纪念乃祖康熙皇帝,第二个是在世的乾隆皇帝母亲,即孝圣宪皇后钮祜禄氏(1692—1777)。② 事实上,乾隆皇帝受这两个人物的恩泽不可避免地缠绕在一起。官方的说法是,乾隆皇帝志在效仿康熙皇帝,他将奉母巡幸乃意料中之事:

> 尝敬读圣祖实录,备载前后南巡恭侍皇太后銮舆,群黎扶老携

---

① 《元和县志》,卷 31,页 1a。
② 刘咏聪编:《中国妇女传记辞典・清代》,页 351—354;康无为:《皇帝眼中的君主制:乾隆朝的想象与现实》,页 88。

幼,夹道欢迎,交颂天家孝德,心甚慕焉。①

乾隆皇帝援引康熙皇帝作为先例是有选择性的。事实上,康熙皇帝的嫡母②并没有参加1680年代头两次南巡,从1699年开始的后四次南巡,她才加入。③ 而且,关注这些历史细节并不影响乾隆皇帝打算在1751年首次南巡就恭奉生母,以便"交颂天家孝德"。

　　乾隆巡幸中皇太后所起的意识形态作用究竟是什么? 此问题至少有两个答案,因为我们至少有两个出巡中的皇太后形象。两者都提供了我们对于"孝道"的意识形态的可塑性理解,尤其当它被用在乾隆皇帝大范围巡幸之时。 *100*

　　乾隆皇帝经常将母亲称作是皇家游览者,她盼望着"游赏"尤其是江南地区的景色:

　　　　朕巡幸所至,悉奉圣母皇太后游赏。江南名胜甲于天下,诚亲披安舆,眺览山川之佳秀、民物之丰美,良足以娱畅慈怀。④

乾隆皇帝利用皇太后皇家游览者的形象,为的是缓和南巡所产生的基本紧张关系。各省官员除了引述处理重要行政事务(例如视察河工和地方

---

① 《南巡盛典》,卷1,页1a。部分英译依据康无为《皇帝眼中的君主制:乾隆朝的想象与现实》,页91。

② 康熙皇帝有数位母亲。他的生母是孝康章皇后佟佳氏(1640—1663)(《清史稿》,卷214,页8908);刘咏聪编:《中国妇女传记辞典·清代》,页347—348)。起初,康熙皇帝的嫡母是父亲顺治皇帝的第一任妻子,"废后"博尔吉济特氏,1653年被废(《清史稿》,卷214,页8905;《中国妇女传记辞典·清代》,页342—344)。从1653年开始,康熙皇帝的嫡母——也就是皇太后——是孝惠章皇后(1641—1717)(《清史稿》,卷214,页8906),她是康熙皇帝敬重的祖母孝庄文皇后博尔吉济特氏(1613—1688)(《清史稿》,卷214,页8901;恒慕义编:《清代名人传略》,页300—301;《中国妇女传记辞典·清代》,页339—342)的孙侄女。康熙皇帝传记及诸母情况,见白新良《康熙皇帝全传》,页319—320。

③ 在所有康熙南巡中,最早提到有皇太后的材料是《康熙起居注》(台北),康熙三十八年二月二十一日。康熙皇帝最早的南巡中,后妃们似乎没有陪同圣驾。康熙首次和第二次南巡分别始于1684年末和1689年初,起居注官不再记录康熙皇帝每日向皇后、皇太后和太皇太后请安(《康熙起居注》,第2册,页1236;第3册,页1824)。

④ 《南巡盛典》,卷1,页1b。部分英译依据康无为《皇帝眼中的君主制:乾隆朝的想象与现实》,页91。

驻军)的需要外,也提出"见山川草木",作为皇帝巡幸江南的一个理由。①
这一建议暗示江南作为汉族士人游览文化的一个目的地,多少是有些问题的,因为巡幸动机中皇帝寻求享乐的最轻微暗示,都将破坏乾隆皇帝作为一个勤勉、鄙视汉族精英颓废习惯的统治者的公众形象。同时,完全鄙夷江南景色的吸引,会冒犯汉族精英的文化敏感和自尊。(更多关于乾隆皇帝应对这一意识形态难题的内容,见第七章。)乾隆皇帝通过将皇太后巧扮成皇家游客,从而将游览变成了既是有着性别意义的活动,也是他孝道的体现。乾隆首次南巡的安排与皇太后 1751 年六十大寿相重合,是这一策略的一部分。②

101　　然而,在出巡途中,皇太后的作用不仅是作为皇家游览者,以及其子尽孝的对象,同样重要的是,乾隆皇帝将皇太后描述为民族—王朝种种规则的坚定实施之人,尤其是对每年的木兰秋狝:

> 近年来,朕每秋狝木兰,③恭奉圣母皇太后安舆。窃念圣躬或致劳勚,恳请驻辇山庄,犹未蒙慈允,屡垂懿训,示以大义,谓祖制不可少违,安逸不可少图,惟恐朕之稍有废弛。④

在被指定作为坚持厉行狩猎之人的角色中,皇太后将乾隆皇帝的孝道注入了一种民族—王朝警觉。这一情境之下的孝道要求固守"祖制"。这意味着,首先要坚持木兰秋狝,作为再造纪律和勤勉等祖先(就是民族—王朝)美德的一种手段。乾隆皇帝宣布从 1751 年开始木兰秋狝,将每年举行而不是 1741 年以来的每两年举行一次。⑤

　　皇太后在出巡中的这种双重形象,反映并再次强化了一套地缘政治

---

① 《南巡盛典》,卷 106,页 2b—3a。
② 同前揭书,卷 1,页 2。康无为:《皇帝眼中的君主制:乾隆朝的想象与现实》,页 92。
③ 事实上,孝圣宪皇后的娘家出自承德,就在木兰围场的南面(刘咏聪编:《中国妇女传记辞典·清代》,页 352)。
④ 《乾隆朝上谕档》,第 3 册,页 273—274,文件第 818 号。
⑤ 罗运治:《清代木兰围场的探讨》;萧一山:《清代通史》,第 2 册,页 57—58;康无为:《皇帝眼中的君主制:乾隆朝的想象与现实》,页 89。

的假设。在南方时,乾隆皇帝的母亲是作为有着性别意义的皇家游览者出现的。她以这样的地位出现,是对江南美景以及这一地区精英们自豪感的承认。与此形成对比,在季节性的塞外迁移中,皇太后是民族—王朝纪律的严格执行者,劝勉其子保持祖制并告诫他不要图安逸(在满洲人看来,这明显是汉人的一个缺点)。皇太后的现身,证实了乾隆皇帝在木兰围场的季节性迁移,确实是恢复民族—王朝活力的活动。那么,皇太后就是意识形态的"屏幕",各种各样文化上经过校正的爱新觉罗家族的形象可以投射上去。她作为意识形态"解码器"的效用,最终是源于她 102 无可争议的、既在汉人也是满人的意识形态中作为乾隆皇帝孝道的固有对象的地位,而不论"孝亲"在既定环境中应该意味着什么。

此外,皇太后在乾隆皇帝所有的出巡和狩猎中现身,是对民族—王朝身份的强有力声明。作为太后的孝圣宪皇后出自声名显赫的钮祜禄氏,是努尔哈赤最亲近的支持者额亦都(1562—1621)的后人,并且"整个清朝,皇后中几乎一半都是出自钮祜禄氏"。[①] 此外,皇太后的现身,也使得乾隆皇帝可以在出巡中遵行他惯常的每日请安的做法。[②] 尽管请安的礼节被认为是"日常尽孝"的一种表达,[③]但很显然,在中国的南方人那里,这不是被广泛接受的做法,长期以来被视作帝制晚期民族(或至少是地域)差异的一种标志。[④] "请安之礼源于(契丹人的)辽朝,在整个(女真人的)金朝和(蒙古人的)元朝得以沿用",[⑤]从这一事实可以看出,这源于北方政治的传统,是征询年长女性政治意见的延伸。这一切都证实了康

---

① 罗友枝:《清皇室婚姻与统治权问题》,页 175。
② 这一礼节在标准编年体文献中到处都是,如《实录》《起居注》。
③ 罗友枝:《清代宫廷社会史》,页 138;康无为:《皇帝眼中的君主制:乾隆朝的想象与现实》,页 89。
④ 徐珂:《清稗类钞》,第 2 册,页 489—490:"明代犹未尽革。然则非独满、蒙二族有之,汉族亦有行此礼者,而尤盛于北方。"《清稗类钞》(第 2 册,页 490)又载,《辽志》中记载的这一礼节如下:"凡男女皆同,其一足跪,一足着地,以手动为节,数止于三四。"打千,是旗人间的一种"满洲"式问候方式,这在 18 世纪著名小说曹雪芹——皇帝包衣曹寅后人——的《石头记》(即《红楼梦》)中常见,见页 110、162、203。
⑤ 徐珂:《清稗类钞》,第 2 册,页 489。

无为的看法:乾隆皇帝的母亲,"对于出巡来说,她远不仅仅是一个方便 103
利用的儒家学说的借口"。① 乾隆皇帝坚持在他大范围出巡中"恭奉"皇
太后而行,可能不只是孝道的表示,它也是民族—王朝差异的一种主张。
1750 和 1760 年代,乾隆皇帝将巡幸表现为一种民族—王朝原则的政治
使命感日益增强。

进谏与因应之二:汉御史的抗议(1758 年 12 月)

令乾隆皇帝沮丧的是,他发现在新疆取得胜利的前夜仍需为巡幸辩
解。② 1758 年 12 月 30 日,左副都御史、上书房师傅孙灏③反对第二年乾
隆皇帝为视察边防和接见进贡使团而出巡索约尔济的计划。④ 最初乾隆
以为孙灏"无知,罔识事体",但是当他"继思孙灏此奏",越发感到这关乎
"本朝家法及我满洲风俗"。孙灏质疑乾隆计划出巡的妥当,已经触及了
民族政治的痛处,提出了满洲民族—王朝统治的合法性问题。在乾隆皇
104 帝看来,孙灏的看法关乎"人心者甚大",他"有不得不明切宣谕者"。
乾隆皇帝反驳孙灏是从专门探讨康熙和雍正皇帝遵循巡幸和狩猎
等祖制的重要性说起的:

> 我皇祖圣祖仁皇帝临御六十一年,惟恐八旗之众,承平日久,耽
> 于安乐,不知以讲武习劳为务,是以省方问俗、较猎行围之典,岁频
> 举行。圣寿既高,犹不肯稍自暇逸,其所以为万世子孙计者,意至深

---

① 康无为:《皇帝眼中的君主制:乾隆朝的想象与现实》,页 93。
② 濮德培:《中国西进:清朝对欧亚大陆中部的征服》,页 289—291。
③ 孙灏(字载黄,号虚船),浙江北部钱塘县人,1729 年中进士,以通政使(正三品)休致(王昶:
《蒲褐山房诗话》,页 25)。
④ 这一进谏的准确日期,见《清史稿》,卷 12,页 446。索约尔济是座山,靠近今天黑龙江省西北
的边境(王恢:《新清史地理志图集》,页 9—10;臧励龢:《中国古今地名大辞典》,页 747)。在
17、18 世纪,它属于吉林,靠近金山。金山及附近索约尔济的重要象征意义,见傅雷《绘制承
德:清朝景观事业》,页 71。《清会典事例》(光绪)记载:索约尔济的狩猎之地由约四十个狩猎
点组成,约 1300 里。这些狩猎点西面与喀尔喀车臣汗部落搭界,南面与科尔沁、乌珠穆沁部
落毗邻,北面和东面与黑龙江相接。

远。迨我皇考世宗宪皇帝十三年,朕与和亲王等日聆庭训,每以皇祖之定制贻谋永当效法,而深以未遑举行为憾。

雍正皇帝的"深以为憾"可能是乾隆皇帝编造的,但是乾隆皇帝的观点很清楚:巡幸不可以选择,它是必做之事,因为它是征服者精英动力和活力的原因和结果。

乾隆皇帝强调巡幸战略地位的重要:

> 朕临御以来,思绍前徽,早夜兢兢,罔敢少懈。如比年来勘定准夷,两路用兵,我满洲大臣官兵等,皆能踊跃奉命,克奏肤功。亦由躬亲整率,习之有素,是以临事赴机,人思自效,即此亦其明验矣。①

依赖巡幸以求武备,这与官僚们根深蒂固的巡幸只不过是帝王寻欢作乐的成见,形成了鲜明对比。乾隆皇帝驳斥了这种观点:

> 徒以恭己养安,藉口于文恬武嬉之说,朕岂少御园别馆,足供览憩而必亲御鞍马、时勤弓矢,转以此为自娱计耶?

"御园别馆"可能是指北京南郊的南苑以及位于热河的避暑山庄。乾隆皇帝的诘问很好地传达出,他出巡索约尔济的目的,绝不像孙灏所认为的,是追求"恭己养安"。若是如此,何不直接前往南苑和避暑山庄呢?

正如乾隆皇帝所见,这种错误的成见只能来自汉族士大夫的内心。孙灏是浙江人,符合乾隆皇帝的祖父康熙皇帝所给出的某些**民族**特征的描述:

> 今日适阅圣祖仁皇帝实录,有"天下虽太平,武备断不可废。如满洲身历行间,随围行猎,素习勤苦,故能服劳,**若汉人则不能矣**。虽由风土不同,亦由平日好自安逸所致"之谕。恭读之余,凛然悚惕,岂敢一日忘之?②

乾隆皇帝言辞中带有**民族**的蔑视。孙灏未能理解(或至少认可)乾隆皇

①《乾隆朝上谕档》,第3册,页272—273。这里乾隆皇帝说到了两次平准之役的胜利(其中第二次是1757—1758年平定了阿睦尔撒纳的叛乱)。
② 同前揭书,页273,文件第818号。

106　帝所提出的出巡索约尔济的更广义战略和军事目的,让人失望但不会令人惊异。人们怎会期盼一个**汉**御史的观点建立在"平日好自安逸"之上?在乾隆皇帝看来,孙灏的反对,代表的不是一时判断上的差错,而是**民族**与生俱来的无力备尝艰辛,缺乏战略思想。乾隆皇帝最后说,孙灏所患的是一种危险的政治短视症:

> 今孙灏折内,以为索约尔济地在京师直北,远与俄俄斯接界,一似轻率前往,不无意外之虑者。此语犹为笑柄。今额驸色布腾巴尔珠尔①及喀尔沁贝子呼图灵阿、扎拉丰阿②,俱在朕前,试问索约尔济非即伊等之部落家室耶?伊等非国家教养之子孙、臣仆耶?以伊等恭诚望幸迎请犹恐不及,而谓有意外之虑,当亦梦呓所不应出此者矣。

孙灏认为,决定巡幸的,是目的地的美景,乾隆皇帝对此怒不可遏。这样的一种成见,显得含有文化和地域的沙文主义意味,最终曲解了他的巡幸动机:

> 折内又称"索约尔济非江浙胜地可观"等语,其语更为荒诞,且南巡之举仅为山水观览之娱?

具有讽刺意义的是,对于南巡的这种解释似是而非,因为乾隆皇帝自己就对游览作了安排,既是具有性别意义的活动,也是他向皇太后尽孝的一种标志,这一点前文业已指出了。尽管如此,乾隆皇帝还是寻求通过强调他在治水上的管理成就来反击这种认识:

107

> 上年(1757),朕临徐、邳、淮、泗沮洳之地,为之相视求瘼,疏泄修防,次第兴举,今岁农事倍收,孙灏宁不闻之乎?

---

① 蒙古王公,卒于1775年,他所娶是乾隆皇三女和敬公主(1731—1792)(恒慕义编:《清代名人传略》,页373;包桂芹:《清代蒙古官吏传》,页226—229)。

② 科尔沁王公,卒于1768年,他在平准之役中发挥着极重要的作用,位列"图形紫光阁"五十画像。见《清史稿》,卷313,页10669—10670;卷314,页10690—10691、10694;卷318,页10746;《满汉名臣传》,第3册,页2671—2673。

乾隆皇帝的反问又是在纯粹玩弄修辞手法:若孙灏对此听而不闻,那他就是故意为之。

乾隆皇帝集中注意力于巡幸的**民族—王朝**涵义,他对于孙灏的回应也极大地受他的意识形态使命影响。孙灏担心"随从侍卫官员人等长途费重,生计艰难",对此,乾隆皇帝的回答肯定了物质匮绌的美德:

> 从前皇祖时,狝狩之典岁率二三举行,彼时大臣中或有外来之助,至于侍卫、兵丁何尝不以为苦? 然正所以教之节用知艰也。且今预借俸饷、额外赏给,较昔实厚,岂至苦累转甚于前者?①

回答孙灏所提出的有关财政问题("随从侍卫官员人等……生计艰难"),乾隆皇帝简要地与康熙朝巡幸对比("今预借俸饷、额外赏给,较昔实厚")是不合逻辑且没有说服力的。然而,乾隆皇帝并不在意自己表述的逻辑有欠缺,或是巡幸所带来的财政后果,他更在意的是,**不**巡幸所招致的对于民族—王朝的影响。

当然,乾隆皇帝不能容忍孙灏反对巡幸索约尔济,也不能容忍对他的南巡只不过是游玩的含沙射影。② 两者最终都破坏巡幸作为一种激励民族—王朝勤勉和坚毅之美德手段的合法性。最后,乾隆皇帝将孙灏的反对理解为"意将使旗人尽忘淳朴服勤之旧俗,而惟渐染汉人陋习,人人颓废自安",此等迂回的计谋鼓动民族颠覆活动,威胁到了削弱文、武领域征服者精英的特权:

> 文既不文,武既不武,必如此而后快于孙灏之心,则其心为何心乎?③

最后,乾隆皇帝对孙灏反对意见的敌视,源于他自己的内在焦虑,他对历史的阅读加剧了这种焦虑。更准确地说,元朝衰亡的历史证明了需要继续巡幸。

---

① 《乾隆朝上谕档》,第3册,页273,文件第818号。
② 乾隆皇帝的此种回应语气,决定了对孙灏的处罚较轻。他降至三品京官,大概是通政使(同前揭书,页275,文件第818号;王昶:《蒲褐山房诗话》,页25)。
③ 《乾隆朝上谕档》,第3册,页273,文件第818号。

乾隆皇帝评论妥懽帖睦尔(1767年):历史的回响

1768年初,京官上呈乾隆皇帝《御批通鉴辑览》的最后定本。[①] 乾隆皇帝是在1759年指派这一任务的,[②]如书名所示,乾隆皇帝在文旁加上了他的朱笔评论。[③] 特别令人感兴趣的是,乾隆皇帝对于元朝最后一位统治中国内地的大汗顺帝(妥懽帖睦尔,1333—1370年在位)的一些表面看来无关紧要的评论。此段的"纲"如是写道:"至正元年(1335),春二月,帝畋柳林,[④]不果行。"这是由于御史和大臣的反对:

> 陛下春秋鼎盛,宜思文皇(图帖木尔,1328—1332年在位)托付之重,致天下于隆平。今赤县之民,供给繁劳,农务方兴,而驰骋冰雪之地,倘有衔橛之变,奈宗庙社稷何![⑤]

这种对立,预示着将会发生政治斗争。巴颜(? —1340),是来自蒙古蔑里乞部的弄权之人,年轻的妥懽帖睦尔能登上皇帝宝位,他是出了大力,他在1335年发动了一场反儒家的改革计划。[⑥] 然而,这里我们主要关心

---

① 乾隆皇帝是在1767年秋作此书的御制序的,但《实录》记载,该著作的完成稿直到1768年初才上呈乾隆皇帝(乔治忠:《清朝官方史学研究》,页306)。

② 《四库全书总目》——也就是《四库全书》的正式目录——显示,这一工作始于1767年,这是错误的。事实上,最迟在1759年已经组建了编纂班子(同前揭书,页305)。

③ 《御批通鉴辑览》是以朱熹享有盛誉的说教性《资治通鉴纲目》为模本的编年体史书。就内容而言,这是初名为《历代通鉴纂要》(约1506—1521年)一书的增订本,记述了从远古到元朝的历史。乾隆皇帝对修订这部著作兴趣浓厚,令官员扩充包括了明朝的历史,并增添他自己的朱笔评论(清高宗:《御批通鉴辑览》,第1册,页7"凡例")。这里,乾隆皇帝似乎又一次从康熙皇帝处得到启发。康无为(《皇帝眼中的君主制:乾隆朝的想象与现实》,页127)推测,身为年轻皇子时,乾隆皇帝研究一种名为《御批通鉴纲目》的作品(约1708年),该书由"宋荦(1634—1713)提供给康熙皇帝,据说康熙皇帝在最后的版本上写下了自己的评语"。1767年版的《御批通鉴辑览》极可能是供皇子学习之用。这部著作,见乔治忠《清代官方史学研究》,页305—307。

④ 这是皇帝于1281年建造的狩猎场所,就在元朝都城大都(今天北京)的南面。

⑤ 清高宗:《御批通鉴辑览》,第3册,页3184—3185(卷98,页6b—7a)。

⑥ 窦德士:《征服者与儒家:元末政治的变迁》,页52—74;窦德士:《顺帝与元朝统治中国的终结》,页566—572。妥懽帖睦尔继复杂局面的汉文记述,见宋濂等《元史》,卷38,页815—816;毕沅:《续资治通鉴》,卷207,页1143。

的,不是 1330 年代初复杂的政治局势,而是 1760 年代乾隆皇帝对这一特别事件的解读。

乾隆皇帝对此事的评论,是关于巡幸乃民族—王朝原则名副其实的 *110* 宣言。乾隆皇帝强调了历史悠久以及作为**民族**习俗的季节性狩猎的重要性(在他看来,这是巡幸的范例):

> 蒐苗狝狩,古所不废,况畋猎足以肄武,在元明亦其国俗。

乾隆皇帝为巡幸辩护,认为它不仅是讲武,而且也是对皇帝勤政习劳的要求,以及文治的合法性模式:

> 顺帝春秋方盛,正当因此习武,而车驾所经,并可以周知民隐,于政务又何妨?

然而,令乾隆皇帝失望的是,顺帝并没有注意到巡幸是民族—王朝原则。相反,他撤回到了他的宫殿,屈从于士大夫们心胸狭隘的观点以及妄自尊大的抱负:

> 顺帝初元以来,端处深宫,委柄臣下,不闻台垣抗疏一言,而狃于书生庸琐之见,摭拾旧闻,借名谏猎,以弋取直声,何其陋也!

乾隆皇帝似乎从内心感到惊讶、失望:妥懽帖睦尔这样的蒙古大汗如此不负责任:"不知顺帝耽于宴乐,其心本好逸而恶劳。"在他看来,顺帝放弃打猎的决定,标志着更为全面的摒弃民族—王朝特权。但毕竟不是"端处深宫"的晚明皇帝,以及那些本性"好逸而恶劳"的汉人,他在这里只是蔑视那些从这件事的转变上得到快乐的士大夫们:"无知者方嘉其 *111* 从容转圜。"①

人们不禁会想到,乾隆皇帝这里所指的不仅是孙灏等人,而且更可推及那些在历史上反对巡幸的士大夫。乾隆皇帝还身为皇子习学的时

---

① 清高宗:《御批通鉴辑览》,第 3 册,页 3184—3185(卷 98,页 6b—7a)。事实上,妥懽帖睦尔的被动以及"他这一朝的整个政治生活质量,对于下一个朝代即明朝的建设者来说,日益成为一个有影响的负面事例"。见窦德士《顺帝与元朝统治中国的终结》,页 561。

候,毋庸置疑会看到梁襄、赵天麟等强有力的抗议(见第一章)。他们抗议非汉统治者季节性迁移,比如金朝的世宗皇帝和元朝的忽必烈,他们的言论在287卷的《历代名臣奏议》(约1416年)中可以见到,而这是乾隆皇帝青少年时代学习的主要用书。[①] 鉴于他身为皇子接受的教育以及他对主要的非汉王朝的官修史书有极浓厚的兴趣,可以肯定,乾隆皇帝对于妥懂帖木尔狩猎流产一事的了解,要早于他自己就类似事件与孙灏的交锋。[②] 无论如何,乾隆皇帝在1758年对孙灏的尖刻回应,以及他对于妥懂帖木尔的评论,两相呼应,反映出乾隆皇帝将巡幸视为生死攸关的**民族—王朝**事业。

结论

南巡是由康熙皇帝1680年代开创、乾隆皇帝在1740年代重新开始的更广泛地恢复巡幸的一部分。在1680和1740年代来自清廷的辩护话语中,各种巡幸,包括季节性狩猎,甚至康熙朝的军事战争,被用于呈现一套相当抽象的美德,包括了法祖、无逸、勤政、习劳、安民。本章关注这些有着交叉的话语,以阐释我称之为巡幸的民族—王朝原则(ethno-dynastic imperative)。

由于皇帝对于巡幸的声明用的是抽象和灵活性的概念(孝道、勤政、仁慈),因此它们在意识形态上所起的作用,是割裂"所指"。质言之,皇帝为巡幸礼节的辩护,"通过明指一事而暗指另一事,以及通过将这些若干指称物,以一种有助于维持支配关系的方式缠绕在一起",[③]而产生了意识形态的效果。康熙和乾隆皇帝关于他们巡幸的意义和目的的声明,

---

① 张春树:《清乾隆帝之帝王论》,页552—553。
② 乾隆皇帝所受教育,见康无为《皇帝眼中的君主制:乾隆朝的想象与现实》,页115—143,尤其是页125—138;戴逸《乾隆帝及其时代》,页69—91。乾隆皇帝钦定两个版本的《元史》,一个是在1739年,另一个是在1781年,是更为全面地对于非汉王朝历史的修订(辽史、金史、元史)的一部分;见宋濂等《元史》的"出版说明",页3。
③ 汤普森:《意识形态与现代文化:大众传播时代批判的社会理论》,页137—138。

旨在增强征服者精英的政治声望，从历史上看，这是清政权内部不断变化的一小部分。[1]

至此，应该说已很清楚，巡幸是一种高度争议的礼仪活动，是清朝政治文化的重要组成部分。康熙和乾隆皇帝都发现，需要用汉族士大夫可能接受的方式来表达他们的民族—王朝特权的主张。即便如此，还是有对抗的时候。"法祖"和"恪遵家法"所传达的孝道，是作为特别重要以及和解的原则出现的，它极为抽象，足以弥合（至少是在意识形态上）官僚的得体礼仪举止的理想与皇帝强化民族—王朝使命之间的分歧。此外，1680 年代和 1740 年代恢复巡幸，使得推崇民族—王朝的巡幸先例，优越于经典的巡幸模式。在作为民族—王朝典型表现的帝王巡幸中，季节性迁移与狩猎作为满洲人纪律、勤勉、坚毅、习劳的一个源头，地位突出。这在康熙朝已很明显，乾隆朝又日益增强。

当然，任何巡幸的标志都是一个移动的朝廷。在下一章，我们将考 113
察与将一个朝廷置于运动之中的复杂的后勤任务相关的意识形态涵义和政治博弈，特别是在乾隆南巡期间。

---

① 柯娇燕：《清帝国的征服者精英》。

第三章　将朝廷置于马上：移动朝廷的后勤与政治

　　我们想象的南巡，自然会是壮观的场景。巡幸毕竟是盛大的政治演出，极少有人从南巡想到盛清朝廷会转变成为一个移动体等远为乏味的问题。当我们想到出巡中的皇帝时，首先肯定不是图2所描述的渡河情景。然而，从定义看，任何巡幸，都涉及朝廷实实在在的动员，仅就规模而言，就够壮观的。南巡最后能够成功，很大程度上仰赖于既从后勤上也从政治上，对于这一长期且复杂的过程所做的迅捷熟练的安排。实际上，为巡幸而进行的动员以及巡幸本身，就成了清廷纪律严明、有着善治能力的一个衡量标准。

皇帝的扈从与巡幸路线

　　乾隆皇帝的南巡旷日持久，平均115天——比乃祖每次南巡（87天）多出近一个月。在南巡的年份，乾隆朝廷有三分之一时间是在路途之上
（表3.1）。乾隆第二次（1757）、第三次（1762）以及第四次（1765）南巡的随行队伍规模较小，由3 000—3 500人组成（表3.2）。[1] 三五十满洲和

---

① 皇帝贴身扈从的规模约是征缅之役第一年（1767）征派在前线作战兵丁（26 000人）的七分之一（赖福顺：《乾隆重要战争之军需研究》，页96）。

蒙古高级官员是皇帝的心腹侍从和侍卫(表 3.3)。皇帝扈从中的低级官员负责各种各样的其他职责:从基本的文书草拟,到满足这一移动朝廷的日常饮食、起居以及出行需要。①

图 2　南巡中的涉水。王翚《康熙南巡图》(约 1691 年),第 9 卷的局部。北京故宫博物院藏。

资料来源:《清代宫廷绘画》,页 17。复制得到了北京故宫博物院的许可。

表 3.1　康熙和乾隆皇帝南巡日程比较

年	南巡(天数)	阴历年的天数	南巡所占全年天数比例(%)
		康熙朝	
1684	60	354	16.95
1689	71	384	18.49
1699	103	384	26.82
1703	59	354	16.67

---

① 1764 年的两份随行队伍名单,包括了以下部门的低级人员:武备院、掌仪司、四值上、御膳房、御膳房买办处、饭房、大肉房、白汤房、熟火房、奶茶房、清茶房、阁漏水、大药房、大粮仓、紫炭厂;还有照料骆驼西洋帐房,放牧后站马匹,收拾草料、铡刀人员;工部查道处人员;搬动书籍、衣服、银库、皮库、磁器库的人员;尖营、黄布城、蒙古包等的监管人员。《录副奏折》(北京),缩微胶卷 020,号 0643—46,乾隆二十九年。

年	南巡（天数）	阴历年的天数	南巡所占全年天数比例（％）
1705	109	384	28.39
1707	118	354	33.33
总计	520	2214	23.49
平均	86.7	369	23.49
		乾隆朝	
1751	110	384	28.65
1757	105	355	29.58
1762	112	384	29.17
1765	125	384	32.55
1780	117	354	33.05
1784	121	384	31.51
总计	690	2245	30.73
平均	115	374	30.73

资料来源：吴建华《南巡纪程——康熙、乾隆南巡日程的比较》，页17。

本书绪论已指出，皇帝南巡行经四个东部省份：直隶、山东、江苏、浙江（见图1）。据官方路线图所得出的数据，一次典型南巡往返的距离是6842里（2281英里），总计47处歇息的尖营，56处过夜的大营，以及14处行宫。总行程约46％（3119里，合1040英里）是在陆路，其余的54％

117

表3.2　乾隆四次南巡扈从的规模，1751—1765

类别	1751	1757	1762	1765
人员总数	——	3099	3451	3047
渡黄河数	——	——	——	2871
往各名胜处数	——	2147	2225	2031
马匹总数	6690	5669	5912	5246
渡黄河数	——	3525	4011	3513
往各名胜数	——	4453	3915	3546
平均				
人	3263			
马	5879			

资料来源：1757年：《乾隆朝上谕档》第2册，页887、910—913；1762年：同前揭书第3册，页803—808，文件第2250号；1765年：同前揭书第4册，页551—555，文件第1600号。

表 3.3　1757 年乾隆南巡最核心成员

名称(民族构成)	数目
领侍卫内大臣(满洲)	4
御前行走大臣(满洲和蒙古)	3
散秩大臣(满洲)	8
乾清门行走大臣(蒙古王公、满洲侍卫)	5
护军统领(从八旗中挑选;满洲)	2
一品二品大臣(满洲和蒙古)	11
内务府大臣(满洲)	2
副都统(满洲)	8
总计	43
5 匹马/人	215

资料来源:《乾隆朝上谕档》第 2 册,页 910。

表 3.4　1751 年乾隆南巡里程

里	总计	陆路	水路
向南	3104 里(53.2%)	1758 里(56.6%)	1346 里(43.4%)
向北	2736 里(46.8%)	1442 里(52.7%)	1294 里(47.3%)
往返总计	5840 里(100%)	3200 里(54.8%)	2640 里(45.2%)

资料来源:《南巡盛典》,卷 90,页 2a—4b。

(3723 里,合 1241 英里)是经由大运河。[1] 1750 年向导统领的一份奏折正式报告,乾隆首次南巡是 5840 里(1947 英里),总计驻跸盘营 97 处。其中,55%(3200 里,合 1067 英里)是陆路,45%(2640 里,合 880 英里)是经由大运河(表 3.4)。[2]

　　皇帝的任何巡幸,标志自然是移动。在 1749 年的一道上谕中,乾隆皇帝宣布,即将举行的南巡,他在任何一个地方的停留不超过十天。[3] 鉴于皇帝扈从的规模,要考虑如此长距离的各种地形、地貌,加上可能最重

①《南巡盛典》,卷 91—92。
② 同前揭书,卷 90,页 2a—4b。
③ 同前揭书,卷 1,页 2a—b。

要的是,需要随时保证绝对安全,因此备办南巡,就要求朝廷与各省间有极为周密的计划与高度的协调。

安排驻跸事宜:一种旗务

白彬菊的军机处研究指出:"制定礼仪、考虑地形以及安排运输足够的物资以保证出巡路途上政府的运转,这种种复杂工作很像战争所带来的挑战。"[1]军机处处理所有与皇帝的通信,并协调乾隆南巡在内的许多巡幸,总责其成。鉴于军机处的起源是作为一个军需和战略机构,因此它尤其适合这一工作。卫周安指出:"相当大比例的军机大臣,在任期内处理军机事务或指挥军队。……有些则因在军事上取得胜利而入值军机处。"[2]然而,皇帝巡幸路线的具体计划,是由征服者精英中满洲或蒙古人安排的,而他们并不都是军机大臣。

出巡路线和挑选皇帝的驻跸地点等基本后勤事务,不是由军机处而是由名为总理行营处的机构负责。这一机构由六位总理行营王大臣组成,他们出自宗室王公、蒙古贵族和满洲官员,[3]军机大臣当然不会被排除担任总理行营王大臣。担任这一职务经常兼有其他任命,有时总理行营事务王大臣与军机大臣人员上的许多重叠,纯粹是因为许多军机大臣也是高品级的满洲和蒙古人。[4] 然而,在乾隆朝,这两个机构的人员任命有着民族成分上的区分:汉族官员可能入值军机处,但从未入值总理行营处。易言之,乾隆朝廷将皇帝行进和驻跸的后勤安排,视为高度敏感的事情,只将它交付给来自贵族和八旗精英的民族坚定分子。将出巡后勤派付高级满洲和蒙古人,再次说明了他们还有皇帝自己,是民族

---

① 白彬菊:《君主与大臣:清中期的军机处(1723—1820)》,页 195。
② 卫周安:《十八世纪清帝国变动的空间》,页 327—328。
③《大清会典》(嘉庆),卷 71,页 10a。李鹏年等:《清代中央国家机关概述》,页 132—133。
④《清代职官年表》,第 1 册,页 138—140。在乾隆头四次南巡的前一年(1750、1756、1761、1764)——当时大多数的后勤准备工作业已完成——军机大臣有八九人。满洲和蒙古军机大臣平均数目是五人。

精英的成员，这些精英精力更旺盛、纪律更严明、政治更可靠。这是民 ₁₂₀
族—王朝统治的第一要义。

总理行营王大臣广义上的职责是"掌行营之政令"，①包括为皇帝巡幸所做的两种准备工作：（1）详细审定皇帝巡幸路线和驻跸地点，（2）决定需要保护皇帝行进和宿营安全的亲军数目。移动的朝廷能够在既定的时间安营，这要求大量的勘察和护卫工作。总理行营处需要得到临时性驻扎的尖营、主要驻跸的大营和行宫的数目及地点详细而全面的报告，只有这时才能安排皇帝巡幸路线的方方面面。

名为向导（满文 yarhūdai，蒙文 garjaci）②的八旗精英，负责实际的护卫和勘察任务。向导开始时隶属于总理行营处。"向导处"（满文 yarhūdai ba）一词直到 1777 年才正式使用，当时单独颁给了印信，意味着它成为一个独立机构。③ 这一机构对于供职的八旗人数没有法定限制，规模通常是八十到八十五人。④

在皇帝巡幸之前，向导统领带领手下官员和兵丁考察各道路，认真 ₁₂₁
记下要经过的所有地点和桥梁名称，标注崎岖不平之处，测量驻跸地之间以及沿线其他明显的地标间的里程。⑤ 向导处向总理行营处报告可以驻跸的地点，后者接下来将报告交工部、武备院以及护军营以作进一步的核查。在巡幸路线和驻跸地点得到批准后，向导处就与负责地方最终准备工作的督抚密切合作。更准确地讲，他们监督省里和地方官员修

---

① 《大清会典》（嘉庆），卷 71，页 10a。

② 向导的满文全称是 yarhūdai be kadalara amban，字面意思是"负责引导和侦探（踏勘）的官员"。

③ 《大清会典》（嘉庆），卷 884，页 1a—1b。1777 年之前，护军统领和护军营总作为向导统领。事实上，他们指挥的是来自护军营的参领、护军校、护军组成的一支队伍。见李鹏年等《清代中央国家机关概述》，页 133。1777 年之后，向导处的规模扩大，可能是因为八旗人口增加，要解决生计问题的一种需要。欧立德（《满洲之道：八旗制度与帝制晚期中国的民族认同》，页 363—364）估计，在 1648—1720 年间八旗人口可能翻了一番。我们可以认为八旗人口的这一增长速度在整个十八世纪得以继续，甚至可能更快。

④ 《大清会典》（嘉庆），卷 71，页 12a；李鹏年等：《清代中央国家机关概述》，页 133—134。

⑤ 《大清会典》（嘉庆），卷 71，页 11b；昭梿：《啸亭杂录》，页 395。

筑、平整所有御营、顿营以及依地形所建的看城。①

两位八旗高级官员,兆惠(1708—1764)②、努三(卒于1778年),③在1750和1760年代乾隆南巡时担任向导统领。④ 两人都来自满洲正黄旗,都得到赏赐,担任过战地指挥官,也是军事后勤方面的专家,都在1750年代乾隆著名的西师中亲临前线。⑤ 图3是兆惠的画像,以表彰他军事生涯及平定伊犁河谷和塔里木盆地所做的贡献,汉文题字是"绥疆懋绩",这是陈列在紫光阁的百幅军事勋臣画像之一。

紫光阁是北京一座具有礼仪用途的宫殿,1760年为了宴请内陆亚洲的使团等而加以修葺。⑥ 内陆亚洲部落的首领和使臣——其中一些跟随乾隆南巡(见第四章)——在北京时应该

绥疆懋绩

122
123

图3　向导统领兆惠像。北京故宫博物院藏。

资料来源:聂崇正《谈〈清代紫光阁功臣像〉》,刊《文物》1990年第1期,页68;复制得到了北京故宫博物院的许可。

---

① 《大清会典》(嘉庆),卷71,页11b。
② 恒慕义编:《清代名人传略》,页72—74;《清史稿》,卷313,页10669—10674;铁保等:《钦定八旗通志》,卷154,页19a—42a;《满汉名臣传》,第2册,页1319—1328。
③ 《清史稿》,卷316,页10726—10727;李桓:《国朝耆献类徵初编》,卷289,页23a—26b;铁保等:《钦定八旗通志》,卷155,页1a—7b;《满汉名臣传》,第2册,页1410—1412。
④ 兆惠在乾隆前两次南巡时(1751、1757)担任向导统领;努三在乾隆前四次南巡时(1751、1757、1762、1765)担任此职。
⑤ 恒慕义编:《清代名人传略》,页72—74;李桓:《国朝耆献类徵初编》,卷289,页23a—26b。
⑥ 卫周安:《十八世纪清帝国变动的空间》页893;曾嘉宝:《乾隆朝第一批图绘功臣像中的八幅》。

能够看到这些画像。兆惠、努三等人的军事背景不会不引起他们的注意。

在 1750 年初呈递皇帝的会奏中，兆惠、努三详细记述了他们在乾隆首次南巡所作基本规划中所起的核心作用：

> 向导统领臣兆惠、努三谨奏：臣等钦遵上谕前往江南指定营尖，带领章京二员、向导六名，照例驰驿前往。再，臣等与总督黄廷桂等议定，于本月二十日（1750 年 3 月 25 日）在江南交界红花埠地方会看道路。臣等先行查看江南地方，由彼前往浙江，会同该督抚等查看浙江省皇上行幸并圣驾亲临之处。回来会同山东巡抚、直隶总督，看明两省道路，指定营尖具奏。俟命下之日，会该督抚等可也。①

约三个半月后，努三、兆惠在另一奏折中，开列了一份最终的巡幸路线并提供了经过的总里程数，驻跸地点的数目。附件是供皇帝详览的详细巡幸路线，上面有驻跸地点的名称，南巡队伍所要经过的地方以及它们的里程。②

总理行营处除为南巡勘察外，也监管安全以及决定仪卫扈从的数 *124*
目。仪卫扈从只从京营满蒙八旗精英（而不是从汉人和汉军）中挑选。③
所有的御前大臣——在 18 世纪中期以前他们中绝大多数是满洲和蒙古贵族——以及领侍卫内大臣都必须要跟随皇帝。而内大臣和散秩大臣必须奏请经皇帝同意，才可以参入这支事实上是家产式的扈从行列。上三旗派遣了 153 名旗人担任南巡中皇帝的侍卫。④ 在行进过程中，队伍中的这些核心人员骑在马上排布皇帝两侧：二十名紧随皇帝，皇帝左右两翼各二十名，来自豹尾班的二十名兵丁在皇帝后面。⑤ 来自上三旗的

① 《南巡盛典》，卷 90，页 1a—b。
② 内务府库房所保存的巡幸地图名录，见内务府《清代内务府造办处舆图房图目初编》。
③ 侍卫民族构成及亲军在整个八旗指挥结构中的地位，更多的信息见欧立德《满洲之道：八旗制度与帝制晚期中国的民族认同》，页 81、135、366（附录 B）。
④ 《大清会典》（嘉庆），卷 65，页 3b。更大规模的南巡等巡幸活动，上三旗每旗（镶黄旗、正黄旗、正白旗）派出三班担任侍卫；每班有十七人，共计 153 名。前往东、西陵等较小规模的巡幸活动，上三旗每旗只往出两班，每班有十五人，总计 90 位侍卫。
⑤ 《大清会典》（嘉庆），卷 65，页 3b；昭梿：《啸亭杂录》，页 94。跟随皇帝及两侧骑马侍从的六十名侍卫称为"囊箭"。

183 名亲军组成一支更大的队伍骑在马上,位于豹尾班之后作为后卫,执黄色大纛旗。① 此外,前锋营派出四名参领和 140 名前锋校,②健锐营派出 100—300 名兵丁,③火器营派出 3 名军官和 100 名兵丁。最后,护军营派出 700—800 名兵丁以搭建御营并保护其安全。在为乾隆第二次南巡做准备时,总理行营处将 1750 年从京营八旗分为三班共派遣 1000 名旗人作为先例加以援引。④ 在 1757 年南巡中,四位领侍卫内大臣、八位散秩大臣负责一支 1410 人的旗人队伍。⑤ 当圣驾在江苏北部登船,这支来自京城的方阵减至约 500 人。⑥ 来自京营的人数众多的八旗兵丁始终构成了一个围绕皇帝、密不透风的安全保卫圈。在民众的想象中,在这样的高度戒备状态下,肯定会有惨剧发生。有野史记载,在乾隆的一次南巡途中,当皇帝一行经过平望镇(江苏和浙江交界迤北),运河两岸挤满了围观者。正在此时,一位妇女在楼头点火做饭。船上的一名高度戒备的亲军看到火苗闪烁,以为是要暗害皇帝,他快速反应,疾速射出一箭,当场射死了这位妇女。⑦ 这样记述的准确性和可靠性令人怀疑,然而,它们的流传有某种政治效果,这一点我们后面再加以探讨。

各省道路两旁的安全是大问题,不可能仅由朝中的大臣负责,因此巡幸途经各省的文武大员——他们中大多数也是旗人,承担起了这一职责。⑧ 1750 年末,两江总督黄廷桂(1691—1759)奏报,他已将渡江地点

---

① 《大清会典》(嘉庆),卷 65,页 3b。小规模的巡幸,亲军减至 150 人。

② 同前揭书,卷 70,页 2a。

③ 同前揭书,卷 71,页 8b。按规定,健锐营十分之一的官兵扈从皇帝巡幸。健锐营官兵的总数各个时期变化不定。1749 年,健锐营人数是 1000;1753 年增加到 2000;到 1763 年已增至3000。《大清会典》(嘉庆),卷 883,页 3b。健锐营名称的英译,见卜内特、哈盖尔斯特洛姆《当代中国的政治组织》,页 330,第 738 条;贺凯:《中国古代官制辞典》,页 148,第 832 条。

④ 《乾隆朝上谕档》,第 2 册,页 886,附录(4)。

⑤ 同前揭书,页 910—913。

⑥ 为弥补到江南后京城护卫人数的减少,需征调地方驻军。1750 年,镇海总兵遵 1705 年的先例,为迎接圣驾,调遣他的 200 兵丁前往宿迁县,然后作为护卫及夜间警跸队伍随行。

⑦ 徐珂:《清稗类钞》,第 1 册,页 341—342。

⑧ 总督黄廷桂和喀尔吉善、巡抚永贵都是旗人,这说明了乾隆朝任命旗人担任江浙等省最高行政长官显著增长。见朱维信、威廉·塞维尔《清朝总督人事嬗递》,页 36—37。

的安全保障任务交付当地军事指挥官员:

> 再查京口、焦山①之下,僻处江心,悬隔江岸。臣更将海船弁兵量调三十只周围屯扎,以肃警跸。……臣咨行提臣武进升率同狼山镇臣魏文举、寿春镇臣常岱,管领约束。②

在更南的杭州,闽浙总督喀尔吉善和署理浙江巡抚永贵,对于在水乡泽国如何控制拥挤人群作了安排:

> 御道两旁俱应安设站围,以昭警跸之意。今浙省运河惟上塘纤路宽有七八尺可容站围兵丁,下塘则桑围田塍竟有无可站立之处。臣等复查勘运河,两岸支河汊港四通八达,御舟经临时,无知愚民撑驾小舟,从支河阑入御道,殊失敬慎之意。今酌定于两岸之内,凡支河汊港桥头村口,各安卡兵二三名,临时禁遏舟往来。上塘纤道每里安设站围兵丁三名,下塘酌量安设围兵,如无路径之处,不复安兵站围。③ ¹²⁷

在这两个事例中,省里大员在实施这些地方安全计划之前,要征求向导处的意见。④

　　安全职责也包括对所有宿营地的最后阅视。在向导处决定所有大营、尖营地点之后,总理行营处视察整个驻跸区域。最后,安全也应从"现世"和"彼岸"两重意义上来理解。随扈喇嘛口颂具有保护性的佛教咒语,以驱逐巡幸路线和驻跸地的邪恶,这也归总理行营处负责。不论这流动的宫殿是靠近山区还是树林地区搭建,来自虎枪营的兵丁要检察并驱赶走附近可能构成威胁的野畜,⑤在乾隆皇帝 1757、1762、1765 年南巡中,约四十名这

---

① 两个岛坐落在长江江心,皇帝一行要经过此地。
②《宫中档奏折》(北京),内政类(南巡),乾隆十五年九至十二月,卷7,黄廷桂,乾隆十五年十一月初八日。
③ 同前揭材料,喀尔吉善、永贵,乾隆十五年十月初七日。野史记载,地方官员沿始于扬州的拉纤路途上设站兵。见徐珂《清稗类钞》,第1册,页341。
④《宫中档奏折》(北京),内政类(南巡),乾隆十五年,卷7,萨尔哈岱、喀尔吉善,乾隆十五年七月初二日。
⑤《大清会典》(嘉庆),卷71,页10a。贺凯:《中国古代官制辞典》,页257,第2772条。

样的八旗精锐兵丁(通常参与皇帝围猎)担任这一安全任务。①

为南巡派遣的队伍比皇帝短途行程的规模大得多。例如,1713 年康熙皇帝六旬万寿时,从京郊畅春园,走西华门返回紫禁城,这一距离约有 16 公里。由 160 名旗人所组成的銮仪卫扈从,听从四位内大臣的指挥。②更远距离、更大规模的南巡很显然需要动员数目更大的八旗军队以策安全,人数众多的皇帝方阵队伍场面壮观,也意在震慑江南当地居民。

作为武力象征的营帐

皇帝的营帐显然是又一个清廷声称具有内亚军事机动性和威力遗产的象征。在 1751 年乾隆南巡中,基本上是轮流使用两套宿营设施。它们由数以百计的巨幅布料组成,用以搭建大城、蒙古包(满文 Monggoi boo,汉文又称穹庐)和各种其他的帐篷和临时性的设施。③ 一套设备总是置于下一个营地,而已在前一个营地使用的另一套设施,在皇帝一行离开后拆卸,运至前面的第二个营地。这一"交替前进"运送设备的方法,确保了皇帝宿营地一直处于搭建完成状态,皇帝一行每天行程结束抵达时,就可以使用。

在巡幸队伍开拔之后,总理行营处和向导处就开始履行白天的职责——最重要的是为皇帝队伍的到达准备宿营地并维持亲军的纪律和秩序。当皇帝一行抵达指定的宿营地,总理行营大臣就鸣锣,提醒有关服务人员,立即清空宿营地或是行营的警戒区域。晚上,总理行营大臣分派官员检查作为扈从的每一支亲军队伍,要上报并处分那些擅离岗位的兵丁。④

---

① 《乾隆朝上谕档》,第 2 册,页 910—913;第 3 册,页 804—808;第 4 册,页 552—555。

② 这支队伍包括执豹尾枪三十人,执弓矢十人,执大刀二十人,执长枪二十,其后跟随步卒四十人(一半执弓矢)以及炮手四十人,见马齐等编《万寿盛典初集》,卷 11,页 30a—b。

③ 《乾隆朝上谕档》,第 2 册,页 886,附录(4)。

④ 《大清会典》(嘉庆),卷 71,页 10b—11a。

每日营地拆卸和物资设备运输的方案，也直接援用军事扎营标准。[1]　内务府人员和亲军负责皇帝的辎重和装备最先出发。接下来是晚上宿营的设备，同行的是负责搭建的三名参领和三班护军。来自上驷院的十名护卫以及八名披甲负责看管奴克特（满文nukte），即所有的驮载辎重。[2]　诸王以下的人员只有在这些装载车队离开前一宿营地之后才能出发，禁止扈从人员超前或滞后。

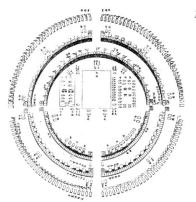

图 4　皇帝驻跸大营图

资料来源：《清会典图》（光绪），卷 104，页 3a—b。

在圣驾抵达当日宿营地之前，护军统领和营总指挥一名武备院院卿、一些工部官员，以及三名参领和八十名护军，搭建组成皇帝宿营地核心的御幄、蒙古包和临时性帐篷。这一核心划分为四个嵌套区域：中心是正方形的"黄城"，其外环绕着内城、外城，再向外是四座警跸营帐（图4）。

由黄布围成的方形幕帷，每边长15丈（172.5英尺），构成了黄城，这是御营的最里层部分（图5）。[3]　幕帷只南向有开口，皇帝最心腹的二十名侍卫站立把守，由两名内大臣指

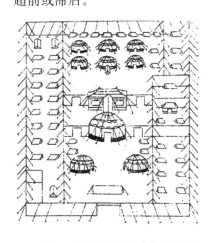

图 5　"黄城"：皇帝驻跸御幄图

资料来源：《清会典图》（光绪），卷104，页62。

---

① 《嘉庆东巡纪事》（1805），卷3，页6a—10b。《正墩营规特谕》（1864），载鲍培等《东洋文库满蒙文献目录》，页236—237，第353条。

② 《乾隆朝上谕档》，第2册，页910—913。

③ 《大清会典》（嘉庆），卷874，页30b—32b。

130　挥。① 八旗左右两翼的办事机构占据了黄城东西各一百步远的较小区域。②

　　"鱼网城"围绕着黄城。③ 就在这鱼网城的外围一圈搭建了 175 顶帐
131　篷,叫作"内城"。④

　　内城的三个入口,鱼网城南、东、西三个方向,以两面金龙旗为标志。每个门分派上三旗的两班护军把守。每班由一名参领和一名护军校以及十名护军组成,总计有七十二名护军把守通向内城的入口。⑤

　　内城向外 20 丈(230 英尺)远,是由 254 顶帐篷组成的又一圆圈。⑥
132　这两层同心帐篷圆圈形成了被称作"外城"的安全警戒线。外营的东南西北四个方向有入口,由两面金色的"飞虎"旗为标志。两班声望较低的下五旗护军在每个入口处站立警卫,另外四队在东北和西南位置,作为北面入口队伍的补充。⑦ 就规模和位置而言,所有这些队伍与上面所提到的那些相同,共计 144 名护卫被指派到外城区域。

　　最后,还有四座警跸营帐坐落在外城的东南、西南、东北、西北方向各 60 丈(690 英尺)远的地方。⑧ 每座警跸营帐由十班护军组成,总计四十班。每班包括一名参领和十五名护军。这四十名参领和 600 名护军的唯一职责是在营地周边全天候警戒。

　　御营的布局极像在京师的做法。但若认为这种相似是源自更具固

---

① 昭梿:《啸亭杂录》,页 94、372;《大清会典》(嘉庆),卷 65,页 3a。
② 八旗左翼包括镶黄旗、正蓝旗、正白旗、镶白旗。右翼包括正黄旗、镶蓝旗、正红旗、镶黄旗。见欧立德《满洲之道:八旗制度与帝制晚期中国的民族认同》,页 194。
③《大清会典事例》(嘉庆),卷 874,页 31a、32a。每年木兰称狝时御营也是同样分布的。见毕梅雪、侯锦郎《木兰图与乾隆秋季大猎之研究》,页 35。
④《大清会典事例》(嘉庆),卷 874,页 32。
⑤ 同前揭书,卷 874,页 31a。上三旗是正白旗、镶黄旗、正黄旗,历史上是由皇帝自将。正白旗负责鱼网城的南入口,镶黄旗负责东入口,正黄镶把守西入口。
⑥ 同前揭书,卷 874,页 33a。1755 年的规定要求 254 顶帐篷,木兰秋狝安营时也是如此。见毕梅雪、侯锦郎《木兰图和乾隆秋季大猎之研究》,页 35 注 91—92。
⑦《大清会典事例》(嘉庆),卷 874,页 32a。正蓝旗和镶蓝旗各有一班轮流把守南面入口,镶白旗的两班把守东面入口,镶红旗的两班把守西面入口,正红旗的两班把守北面入口。正红旗两班的侧翼,东北方的是镶黄旗两班,西北方是正黄旗两班。
⑧《大清会典》(嘉庆),卷 874,页 33a—b。

定性的城市结构，那就错了。组织结构的影响似乎应从相反的方向考虑，欧立德指出，在清朝，满洲人狩猎形式的启示，才是北京重新布局的根本原因，尤其重要的是"安营时，兵丁的帐篷围绕御幄形成了一个保护圈——这一做法极易让人联想到蒙古人的斡鲁朵（ordo）"。[1]

　　换言之，在南巡期间，乾隆御营影射着更具游牧性以及部落性质的草原治理方式以及政治构成，其中，机动性自身就是一种安全形式，也是一种武力标志。乾隆时期身为清朝贵族和史家的昭梿（1780—1833）[2]， *133* 在《啸亭杂录》中指出，在皇帝打猎和巡幸中使用御营是"崇尚俭朴"，兼有"不忘本"之意。[3] 对于乾隆皇帝自己而言，宿营地唤起的是在广袤草原任意驰骋的景象。1751 年 5 月初，乾隆皇帝在返京途中刚进入山东时，作有一首《氈室》诗：

> 陆宿仍氈室，
>
> 虚窗驹影留。
>
> 往来任南北，
>
> 寒暖适春秋。
>
> 乍觉招新兴，
>
> 兼宜送远眸。
>
> 顿移庐不改，
>
> 拟合唤原舟（原注：谓平原之舟也）。[4]

来自江南的汉族精英也认识到了乾隆皇帝使用营帐固有的军事含义。例如杰出诗人、文艺评论家苏州人沈德潜（第六章对他重点介绍），描述他在 1751 年和 1757 年的陛见，就发生于在黄河与大运河交汇处清江扎营的"武帐"内。[5]

---

① 欧立德：《满洲之道：八旗制度与帝制晚期中国的民族认同》，页 103—104。

② 恒慕义编：《清代名人传略》，页 78—80。

③ 昭梿：《啸亭杂录》，页 372。

④《南巡盛典》，卷 11，页 26a。

⑤ 沈德潜：《沈德潜自订年谱》，页 44b、55b。

南巡等使用的营帐是清朝在内亚权势的典型象征。它们是官方描
绘每年木兰秋狝的宫廷绘画(图 6)——四巨幅卷轴组成的《木兰图》(约
134　1750 年代)——中最显眼的部分。①

图 6　大营入口。郎世宁《木兰图》(约 1750 年代),卷 2 局部。
巴黎吉美亚洲艺术博物馆藏。

图片版权:法国国家博物馆联盟协会;图片来源:纽约艺术资源。

这种巨大、环形的营帐分别在 1758 年和 1759 年用以款降吐鲁番
伯克、拔达山汗(图 7)。它们也是一组共十六幅所组成的名为《平定伊
犁回部战图》的画作(约 1766 年,又名《得胜图》)所着意突出的。② 在
1750 和 1760 年代,这种营帐无可争辩地与内亚的政治风格联系在一
起:以在塞外的皇帝打猎及讲武和内亚草原上的战事及部落外交为主。

当然,营帐不是乾隆皇帝仅有的住宿形式,他也可以住在固定的行
135　宫中。1750 年代末和 1760 年代建造了越来越多的行宫,乾隆皇帝也经

---

① 《木兰图》卷轴画是在朗世宁(1688—1766)指导下完成的。见毕梅雪、侯锦郎《木兰图和乾隆
　秋季大猎之研究》,页 98。

② 一批耶稣会士在郎世宁的带领下,在构思和绘制这些画,以及 1666—1772 年在巴黎制作
　铜版画过程中都起着重要作用。这十六幅画绘在紫光阁的墙壁上,这是北京的一座举行
　仪式的宫殿,战争英雄的画像也在此陈设(毕梅雪:《吉美博物院所藏中国皇帝的战图》,页
　9—13、17—18、26 图 6)。这些绘画详细情况,见聂崇正《清朝宫廷铜版画〈乾隆平定准部
　回部战图〉》《乾隆平定准部回部战图》。

图 7　《平定伊犁回部战图》(约 1766 年,又名《得胜图》)之"拔达山汗纳款"(1759 年)。北京故宫博物院藏。

资料来源：《清代宫廷绘画》,页 190；复制得到了北京故宫博物院的许可。

常在行宫居住。① 但是这并没有排除在江南使用营帐,毕竟,即使最精心建造的行宫也容纳不了乾隆皇帝两三千随从。例如,在五个已修建了行宫以供过夜的地方,还要为了皇帝随从,共计额外需要 1100 顶帐篷。② 1756 年,富裕盐商在扬州天宁寺附近建造了一座行宫,位于城墙的北面,紧邻城墙,为乾隆第二次南巡做准备。然而,第二年,当皇帝一行抵达扬州时,许多低级官员、兵丁、服务人员与他们的马匹、骆驼不得不在空地上安营。③ 1762 年和 1765 年乾隆第三、第四次南巡,军机处官员、其他京卿以及地方大员扈驾时,也经常住在帐篷中。知名的史家、诗人赵翼(1727—1814)1756 年时正担任军机章京,他后来回忆这种安排所提供的工作条件不怎么理想："戎帐中无几案,率伏地起草,或以奏事黄匣作书案,而悬腕书之。"④

①　当巡幸至长江下游主要的中心城市,康熙和乾隆皇帝都选择住在满城(在江宁、杭州时)和织造衙门(在苏州、杭州时)。

②　这些是灵岩山(苏州附近)、龙潭山和栖霞山(都位于镇江和南京之间)、云龙山(徐州附近)、钱家港(镇江附近)(《南巡差案章程》,卷 4,页 2a—b)。

③　李斗：《扬州画舫录》,卷 4,页 105。南巡中的天宁寺及变化,见梅尔清《清初扬州文化》,页 165—195。

④　《清经世文编》,卷 14,页 24b—25a。

最后,在每天的巡幸途中,皇帝会在中途休息地点(汉文"尖营""墩营"或"乌墩",后一词是满文歇息地点 uden i ba 的音译)用膳和召见官员。① 办理尖营章程与大营相似:四十名护军在来自护军营的两位参领以及来自武备院的官员指挥下,在每一处尖营营地,负责搭建黄城、蒙古

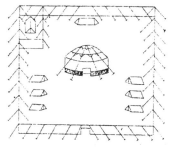

图8 尖营:皇帝停跸顿营图。

资料来源:《清会典图》(光绪),卷104,页8a。

137

包、帐篷,供休息和接见官员使用(图8)。② 1755年,乾隆皇帝颁布新的章程,规定负责尖营的这些护军至少一半专门从蒙古八旗中挑选。而且,甚至当在一些尖营修建了永久性的建筑,官方的章程仍然特别要求在所有尖营使用黄城和蒙古包。③ 换言之,尽管乾隆朝沿南巡路线出现了大量的行宫(表B7),但野外营帐的使用并没有衰退。

即便在长江三角洲人口最稠密、汉人占优势的城市地区,乾隆皇帝坚持继续使用营帐和蒙古包,这些由满洲和蒙古旗人监管。

从最基本的后勤和物资形式来看,南巡很像皇帝打猎和军事演练。前面数页所开列的章程和做法也适用于每年木兰秋狝(满文 Muran i aba)对仪卫扈从和宿营的安排。④ 从组织和人员构成看,这一移动的朝廷绝对属于旗务。在皇帝巡幸期间,除了提供侦察、踏勘以及安全保障,这些听命于兆惠、努三等人指挥的皇帝护卫人员,在皇帝狩猎过中也起着关键作用。他们负责侦察皇帝特定打猎区域,接下来在更为广阔的木

---

① 吴振棫:《养吉斋丛录》,卷4,页47;《清经世文编》,卷14,页24b。

②《大清会典》(嘉庆),卷874,页31b—32a,33b。

③《南巡差案章程》,卷1,页17a。1755年这些新章程规定,一名参领、二十名护卫要来自蒙古八旗。另有三名参领指挥下的四十名护卫也派往提供保卫,并监督中途营帐的搭建。

④《承德府志》首卷26,页15a—b,转引自毕梅雪、侯锦郎《木兰图和乾隆秋季大猎之研究》,页35注87,91;《大清通礼》,卷40,页5b—6a,转引自毕梅雪、侯锦郎书,页35注92;罗运治:《清代木兰围场的探讨》,页142—148。也见欧立德、贾宁《清朝的木兰秋狝》。

兰围场找到合适地点搭建皇帝的大本营。① 军事战争、木兰秋狝和南巡，后勤办理人员都是同一群人，这意味着在江南巡幸时，乾隆朝廷就像进行某种军事演练的一群民族征服者精英。 *138*

第二章已经谈及巡幸与狩猎多有重叠之处，并非互不相容。康熙还有乾隆皇帝，都将打猎作为包括他们南巡在内的所有巡幸的内在组成部分。② 到 19 世纪初，汉字"围"——指大规模哄赶猎物进行打猎，即"打围"（满文 aba），包括哄赶猎物的"行围"以及哄赶猎物的所在地即"围场"——在广义上，也已经指称皇帝的巡幸、巡狩。③ 狩猎和巡幸的汉文用词的混用，在 18世纪中叶已很明显，这源自皇帝巡幸和狩猎间后勤的相似性。

1750 年代和 1760 年代，内务府大臣和八旗将军等在向皇帝所上奏折的汉文部分，常常将他们在南巡中的职责称作"随围"。④ 我们可以依字面将"随围"（跟随打猎）译为"following on a hunt"或"following the hunting party"，但这并不完全准确。在他们奏折的满文部分，八旗高官和内务府官员用词远为准确，在扈从乾隆南巡和参加更为正式（或大规模）的皇帝狩猎间做了重要的区分。用满文书写时，他们将乾隆皇帝的南巡径直称为"dele Jiyangnan golode giyarime genre de"（皇上欲巡视江南省）；而扈从一般巡幸只是简单称为"dahalame genembi"（随往）。⑤ 对 *139* 比之下，满文 aba abalambi 表示"打围"，aba de tucimbi 是"随围"。所有这些意味着，至少在这个例子中，汉文"随围"一词可以更准确翻译为"to accompany the imperial phalanx"（跟随皇帝的方阵队伍）。不论人们如

---

① 王淑云：《清代北巡御道和塞外行宫》，页 26—27。

② 《大清高宗纯皇帝实录》，卷 381，页 12b。康熙皇帝也于首次南巡时在山东狩猎，见《康熙起居注》，第 2 册，页 1237。

③ 俞正燮（1775—1840）《癸巳存稿》（1847）："今皇上巡幸曰围，取巡狩意。"转引自《汉语大词典》，上卷，页 1718。

④ 《内务府奏案》（北京），乾隆二十一年十月二十三日，乾隆二十六年十二月二十二日；《内务府来文》（北京），卷号 16，3018 包，副都统塔，乾隆二十一年，以及卷号 16，3022 包，乾隆二十六年，乾隆二十六年十二月二十二日。

⑤ 《内务府奏案》（北京），内务府（Dorgi baita be uheri kadalara yamun），乾隆二十一年十月二十三日；内务府，乾隆二十六年十二月二十二日。

何翻译该短语,它应带有军事的涵义,显示出,对于参加皇帝巡幸的京营八旗来说,依旧暗指军事动员的传统。这样译才算完美。很显然,南巡与皇帝狩猎不完全等同,然而,从后勤的角度,皇帝巡幸和狩猎相似。

南巡使得清廷重建了一个在马背之上和营帐之中更具机动性的朝廷。它们也让人联想到由乾隆家产式统治机构(朝廷贵族和八旗精英)的杰出成员所主导的季节性迁移和军事演练的尚武传统。就此而言,在长江三角洲地区大张旗鼓地以移动的朝廷出现,也是用一种微妙的方式提醒所有的人:江南只是在一个幅员辽阔的多民族的帝国进行踏勘、考察、规划和驻防的一个部分而已。

以战争规模动员各省

如果上面所描述的踏勘和宿营过程,让人想到这是安排和进行一场扩大化的军事演习,那么各省的准备工作也像是为了一场小规模战争而募集地区和当地的资源。利用现存的档案材料,我们能够极粗略且是保守地估计,为了支持乾隆南巡而动员的人力以及运输的物资:车18 000辆、骡2 400头、船3 450艘、骆驼2 200头、马18 000—20 000匹,以及约300 000名纤夫、人夫和修建人员(见附件A)。

马匹的获取提供了具体的事例。乾隆皇帝贴身扈从中所有的大臣都要骑在马上,尤其是经过城门的时候(见第四章和第七章),这一行动所需求的马匹数目惊人。亲随的坐骑数目,官方设定的是6 000匹。为了在南巡的任一时间都能提供这么多现成的坐骑,必须在各省指定区域放养18 000—20 000匹马。这一数字接近乾隆两次对缅战争的年均征用马匹数:1767年是14 000匹,1768年是25 900匹。[1]"进兵之要,首在

---

[1] 赖福顺:《乾隆重要战争之军需研究》,页368。在清朝最终使准噶尔(伊犁河流域)和回部(塔里木盆地)臣服的西师中,六年的时间(1754—1759)内,共动用291 334匹马。每年平均48 556匹。第一次金川之役约动用45 900匹马,年均22 590匹。与这些平均数相比,为期三个月的南巡中动用18 000—20 000匹马的这一数字不能说没有意义。同前揭书,页65—68、358—368。

马匹。"①对于南巡而言，这话同样适用。

为准备南巡而征调资源的各种各样行动，与各省军事运输即"军行"极类似，它们都归为"办差"这一大类。② 总督、巡抚、布政使、道员等地方大员（联合行动并听命于总理行营处）在他们的辖区内亲自备办南巡事宜。在这一省内最高管理层之下，各省都有一个专门的机构称为"办理差务总局"（简称"总局"），人员由文武官员充任，负责协调通省事务。③这些专门机构负责动员通省资源，不仅为了皇帝的巡幸，而且也为战争以及灾赈等其他突发事件。在这一点上，南巡通过将省内官僚带入高度的活跃和待命状态，也进一步达到朝廷广义上的增强安全的目标。换言之，南巡提升了组织纪律性并更紧密地将中国最繁荣的省份融入 18 世纪中叶帝国持续性的扩张进程。④

《大清会典》（1817 年版）明确划分了各省与中央间的转输职责。总理行营处要将陆路运输路线，通知工部和上驷院（内务府的一部分），这两个机构就可以运送马匹和骆驼至合适地方的草场。同样，总理行营处要将关于水陆行进的报告咨行有关督抚，以便他们在各省准备足够多的船只。然而，各省实际的备办（见下面的描述和本书附录 A）推翻了在官方奏报和章程里所能见到的整齐划一的记述。人们可以想见，在如此兴师动众的后勤准备过程中，肯定会出现一些困难。

应对大众的南巡认识

各省民众如何看待备办南巡的总动员并有何等反应？各省官员所

①《大清高宗纯皇帝实录》，卷 829，页 30a。
②《南巡差案章程》，序，页 1a。"军行"，见赖福顺《乾隆重要战争之军需研究》，页 53。
③《录副奏折》（北京），缩微胶卷 047，号 923b，尹继善(?)奏折，乾隆二十七年十二月。
④ 濮德培认为清朝军事的成功，尤其是在中亚的成功，多可归因于高度发达的后勤供应能力，见《十七、十八世纪中国、俄国与蒙古的军事动员》，页 776—781。考察清政权利用日益发展的商品经济以支持军事目的及多重效果的近期成果，见戴莹琮《金川之役中的清政权、商人和战争夫役》《盛清军队中的营运生息（1700—1800）》。

142 上奏折都是向乾隆皇帝保证,辖区所有人等,上自官员下到百姓,闻听皇帝巡幸的消息都欢呼雀跃。1749 年末迎接乾隆首次南巡,江南河道总督高斌(1683—1755)奏报:"阖省绅耆士庶莫不额手欢呼,衢歌巷舞。而南河通工之官弁、军民更切欢忻踊跃,尤觉十倍舆情。"①一年后的 1750 年末,江苏巡抚雅尔哈善,陪同向导统领兆惠、努三,视察沿镇江至苏州的大运河巡幸路线(见图 1)。雅尔哈善正式奏报说,当他宣布皇帝即将到访时,"多人观瞻"。更为重要的是,当他反复强调朝廷禁止铺张及扰民时,"万姓听闻之下,莫不感戴踊跃,欢声动地"。② 呈献给皇帝的诗歌和章奏,充斥着俗套的、对社会上下洋溢着喜庆的描述。③ 这种言论相当一部分当然是旨在取悦皇帝的官僚们的夸张手法。地方对于皇帝巡幸的看法及其反应,并不像朝廷及其官员所期望的那样上下一致、积极乐观。备办南巡似乎给广大的民众带来了许多不安、担忧和焦虑。(我在第五章和第六章讨论商人和士人对于南巡的反应这一重要问题,这是更全面分析朝廷与地方精英互动关系的一部分。)

江南的许多普通居民很显然可能从雅尔哈善的公开反对靡费和累民的禁令中得到了慰藉,因为备办南巡(早在一年之前的 1749 年末就开

143 始了)从一开始就产生了许多问题。例如,两江总督黄廷桂报告,江苏(他认为"浮议滋张,讹传散布,此风以江苏为甚")对于乾隆皇帝即将到来的巡幸给地方带来的影响普遍持怀疑态度。黄廷桂于 1750 年初春,在江苏各处视察备办南巡情况,无意中听到制钱和稻米将要短缺的传言。他立即展开秘密调查,发现沿大运河的许多城市,从淮安到苏州、松

---

① 《南巡盛典》,卷 44,页 1a。高斌传记,见恒慕义编《清代名人传略》,页 412—413;《清史稿》,卷 310,页 10626—10630。

② 《宫中档奏折》(北京),内政类(南巡),乾隆十五年九月至十二月,卷 7,雅尔哈善,乾隆十五年十月二十九日。

③ 其他例证,见前揭材料,乾隆十五年,卷 7,陈宏谋,乾隆十五年七月十六日;同前揭材料,乾隆二十六年四月至十二月,卷 7,杨廷璋、庄有恭,乾隆二十六年八月二十二日;于敏中《两浙望幸词》,见董诰编《皇清文颖续编》,卷 83,页 25a—29a。

江诸府,都囤积这些基本商品,"造作流言,诓耸众听",人为地抬升物价。① 这些困难,部分源自在沿大运河的主要城市清江、扬州、镇江、苏州设立了四个官方补给市场。这些市场的负责官员得到授权,从附近地区为皇帝扈从采办基本的供应品。大米、小麦、木柴、木炭等要定期购买和存贮,而易腐坏的肉、鱼、水果、蔬菜等,当皇帝一行在附近时要天天购买。皇帝的一道禁止以低于市价对地方资源的囤积、征用、朘剥的命令,显示出上述的采办易受当地官员以及佐杂胥吏的非法操纵。② 总督黄廷桂还发现,当地居民担心皇帝巡幸路线旁的祖坟会被迫移走。他又一次进行了调查,得出结论,"奸胥地棍"与某些约保里长等一起,早已在无知之人中间散播谣言,为的是敲诈保护费以中饱私囊。③ 这种滥用权力的情况不仅出现在备办巡幸期间,而且就出现在皇帝一行经过的时候。皇 144帝队伍中的京官和省内官员从一个特定的地区雇用胥役,以安排充足的运输、供应物品以及住宿,而这些胥役必然会乘机敲诈。④

总督黄廷桂认为,是这些低层官员不能完全胜任这些工作:

> 江苏地方习气薄而不厚,人心嚣而不静。而所属有司又绝少练达之员,办理差务多有轻重失宜之处,以致奸民猾吏遇事生波,动辄混议。⑤

黄廷桂认为江苏地方人心大有问题,这样的说法言过其实,带有偏见,但

---

① 《宫中档朱批》(北京),内政类(南巡),乾隆十五年,卷7,黄廷桂,乾隆十五年二月二十八日;《大清高宗纯皇帝实录》,卷379,页9a—b。

② 同前揭材料,乾隆十五年九月至十二月,黄廷桂,乾隆十五年十一月十八日。

③ 同前揭材料,乾隆十五年,卷7,黄廷桂,乾隆十五年二月二十八日。当然,不独官僚最底层人员(衙门胥役、约保里长等人)将自己装扮成公共道德的保护人并分割共有利益,当地精英也是在这样的伪装下行事,尽管攫取地方的权力——通过"仪式性"职责——通常看来更合法(见本书第五章)。近来的研究令人信服地提醒我们,不必率性地诋毁胥役,而应着力将地方行政中底层官僚的作为视作习惯行政法中的"非法的合理"(illicitly legitimate)形式。见白瑞德《爪牙:清代县衙的书办差役》,尤其是页1—25、171—175、193—199、246—266。

④ 《宫中档乾隆朝奏折》,第23辑,页243—244,方观承,乾隆二十九年十一月二十日;前揭书,页358—359,方观承,乾隆二十九年十二月初二日;前揭书,页560—561,苏昌、熊学鹏,乾隆二十九年十二二十二日。

⑤ 《宫中档奏折》(北京),内政类(南巡),乾隆十五年,卷7,黄廷桂,乾隆十五年二月二十八日。

这种言论在省级大员之间也是常有之事。浙江巡抚永贵也发表了与此相同的看法:"江浙民风浇薄,浮议易兴。臣愚窃以浮议之起,皆由办员之不和,胥役之滋扰所致。"①科道官和直隶、山东的大员们也举出了一些地方官员及属下通过诓骗欺诈盘剥当地民众的案件。②

145 "刁民","狡黠"、"奸诈"、"令人生厌"的胥吏,"薄而不厚"、"嚣而不静"之人,这些都是各省大员们用以描述地位不高却在地方有权势之人在备受赞颂的盛世中的行径的。尽管18世纪中叶从宏观的角度看繁荣一时,但若从个人的角度看,感受并不总是如此。孔飞力的提醒是对的:"从十八世纪一个普通百姓的角度看,商业增长可能不是意味着致富或生活更有保障,反而是生活在一个到处都是竞争以及人满为患社会中的狭小存活空间","世事难料,对大多数人的生活来说,为生存而挣扎,这可能比我们事后所得到的商业活跃的印象,更为真实"。③

江苏居民卷入或是更易于相信在皇帝巡幸到来之前所传布的恐慌和谣言,这是因为1740年代末到1750年代中期的短期经济波动和社会动荡影响着长江下游地区。苏州科场失意士人顾公燮记载,一升大米(约1.12公升)的价格在乾隆初年(1730和1740年代)卖十一二文。1748年,苏州地区旱灾,米价几近翻番,达每升二十文。百姓担心,官府不会平抑米价,因为这时突然爆发了第一次金川之役(1747—1749)。恐慌在民众间传播开来。这种焦虑在1748年5月20日达到高潮,身为普通百姓的顾尧年,向江苏巡抚安宁请愿,请求将余米投放市场。顾尧年背负白纸,耳挂木牌,到处都写着"为国为民非为己",跪在巡抚衙门前。他的行为引发了苏州人道义上的共鸣,大量的支持者跟随其后。安宁恼怒不已,抓了许多抗议者,包括顾尧年。这种严厉的处置只能是激怒公众的不满情绪,最终酿成全面的骚乱,人们冲击巡抚衙门,官府不得不弹

---

① 同前揭材料,永贵,乾隆十五年七月十七日。
② 同前揭材料,雅尔哈善,乾隆十五年七月二十一日;《南巡盛典》,卷3页,14a;卷4,页7a—8b。
③ 孔飞力:《叫魂:1768年妖术大恐慌》,页36。

压。① 苏州西南 80 里（26 英里）的太湖东山地区，也正遭受类似的米价 ¹⁴⁶
猛涨。② 苏州地方官拒绝救济东山，当地居民极为焦虑，谣言随之四起。
地方官命令"富室"（可能是当地的商家）拿出他们的私人储粮进行救
济。③ 然而老百姓，依然害怕胥役暗中破坏这一地方组织的救济。④ 七年
后的 1755 年秋天，苏州地区的庄稼遭受蝗灾，1756 年全年，四邻各府无
数百姓挨饿，米价急速上涨，达到了难以置信的每升三十五文后，才稳定
下来。⑤ 如此剧烈的波动给地方社会带来了巨大压力，许多百姓注定有
几分不安，对于即将到来的皇帝巡幸会给他们个人带来什么影响，多有
警觉和怀疑。

　　这种经济不稳定和社会动荡也对上层产生了影响。1750 年末，在乾
隆皇帝首次南巡前夕，他和官员们很显然担心这样的说法：南巡以及随
之而来的腐败机会所引起的忧惧，与人们的欢呼一样多，不但是在江苏，
而是在南巡队伍经过的所有省份。官方应对上述种种问题的措施有
三种。

　　第一，朝廷实行特别的赋税蠲免和豁除欠赋政策。每次开始南巡之 ¹⁴⁷
前，乾隆皇帝宣布蠲免南巡沿途各地该年 30％田赋。⑥ 那些由于自然
灾害所造成的田赋拖欠多年的地区，也宽免该年田赋的 50％，同时将欠
赋全部豁免。⑦ 例如，在 1751 年和 1756 年南巡期间，乾隆皇帝全部免除
了从 1736 年他即位以来江苏和浙江各地的欠赋。⑧江宁府、苏州府、杭州

---

① 顾尧年与其他两人被处死（顾公燮：《丹午笔记》，页 186，第 266 条）。
② 东山的米价上升至每斗三钱，大多数百姓买不起（金友理：《太湖备考》，卷 16，页 566）。
③ 1750 年，东山约有两万户，十之七八做买卖。这些组织救济的"富室"，可能都是权势商家，例如
　　席、翁、曾、严家（金友理：《太湖备考》，卷 5，页 193；卷 6，页 296；《续编》卷 2，页 691）。
④ 绅士监督发放救济粮，从 1748 年 7 月到 10 月，最后是成功的（同前揭书，卷 16，页 566）。
⑤ 钱泳（1759—1844）记载（他是附近的无锡人），米价因随后几年的连续丰收而回落，平均每升
　　十四五文（钱泳：《履园丛话》，丛话一，旧闻，页 30b；顾公燮《丹午笔记》，页 186，第 266 条）。
⑥《苏州府志》，卷首 2，页 56b；卷首 3，页 1b—2a。
⑦ 同前揭书，卷 2，页 56b；卷首 3，页 1a；卷 3，页 2a—b。
⑧ 同前揭书，卷 2，页 1b，页 28b—29a。1756—1761 年江苏欠赋的豁免，见同揭书，卷 2，页 56a。

府免除当年所有的田赋。① 通过这样的措施,乾隆皇帝试图证明他真切的"施惠"和"亲民"目的,以及补偿地方备办南巡的物质负担。

史料显示,至少有一个普通人在乾隆南巡期间轻度地批评了这些政策。乾隆皇帝在 1762 年 4 月 4 日的上谕里,指出:"今日有仁和县民,在苏州地方叩阍控告蠲免积欠一事。"这位未知姓名的普通人,很显然感觉乾隆皇帝最近免除地方 1756—1761 年间欠赋的意义有些含糊不清。② 他指出:"钱粮截数以奏销为限,二十六年之奏销,乃二十五年之正赋,若二十六年之正赋,其奏销当在二十七年。此时尚未截数,又何得谓之积欠?"乾隆皇帝对这种诡辩显得不耐烦,这一点儿也不令人惊异,尤其它是从一个普通人口中说出的。然而,乾隆皇帝的辩护显得过激,可能表现出了对于地方上(更基层)在备办巡幸中遇到的种种困难,以及民众对南巡看法的一种内在的焦虑。最终,乾隆皇帝下令省里官员彻查,因为他相信"刁健之民,胆敢哓哓滋事,其中或系衙门蠹役播弄丛恿,或别有主使之人"。③

其次,除了规定蠲免田赋和免除欠赋外,朝廷进行了更为直接的经济干预,旨在推动江南地区的粮食、铜钱以及其他基本商品的供应。④ 为了稳定南巡期间的地方市场物价,乾隆皇帝下令官员在江苏和浙江每年截漕一二十万石⑤(视该年份地方收成而定)。⑥ 类似地,为了铸造铜钱,皇帝下令从北京运铜 25 万斤⑦到江苏。⑧ 乾隆皇帝也允许浙江地方官增加他们每年铸钱的数量,投放嘉兴、杭州、石门、海宁、仁和等地市场约

---

① 同前揭书,卷 2,页 29b,页 57b。
② 同前揭书,卷 2,页 56a。
③《大清高宗纯皇帝实录》,卷 657,页 3b—4a。
④《宫中档奏折》(北京),内政类(南巡),乾隆十五年,卷 7,赵宏恩,乾隆十五年五月初二日。
⑤ 一石等于 101.3 公升。
⑥《南巡盛典》,卷 1,页 5a—b;卷 1,页 6a;卷 1,页 10a;卷 2;页 15a;卷 3,页 10a;卷 4,页 4a。
⑦ 1 斤等于 603.3 克
⑧《南巡盛典》,卷 3,页 3a。

八万串①铜钱。② 皇帝前来，一大群人突然齐聚一个地方，必然会引起这些基本商品的价格上扬，上述的一切都是为了缓解这一压力。

然而，上述供应方面的种种措施并未全然奏效。粮食和铜钱的投入可以减轻这些物品涨价的压力，但它们并不能解决其他商品的短缺或是囤积。例如1750年初，黄廷桂奏报"窑户奸商"，借修建行宫抬高砖木等物料价格。尽管基本建筑用料的成本和前一年相比几乎增半，但黄廷桂对此并不担心，他相信，行宫建筑用料很少，任何涨价或价格上的欺诈都将会被限制在一定范围和时段。然而，这位总督错了，他未曾料想当地人口十之八九由于春天大雨需要修缮他们的房屋。建筑用料真的发生了短缺，最终遭殃的还是当地居民。③ 遗憾的是，文献资料并未记载百姓遭受这些困难是否与南巡，以及多大程度上与南巡有关。可是，人们可以很容易想象地方官员、胥役、商人以及地方豪强，在筹办南巡的幌子下的种种敲诈行径，会给普通民众带来怎样的恐惧和憎恨。

最后一点，针对地方上的腐败、勒索，朝廷严厉整饬各级官僚及其属下。乾隆皇帝倚重两淮盐政、心腹旗人吉庆等人，令他们亲自整饬最底层的吏治。④ 从1768年"盐引"案（在第五章讨论）等案件所揭露出的腐败来看，乾隆皇帝信任吉庆，某种程度上是所用非人。然而，1750年乾隆皇帝命令督抚们效仿吉庆亲自督办地方预备南巡事宜。⑤ 这些督抚，接下来向所有地方人员发布严厉禁令，禁止为了囤积粮食等而捏造借口或直接侵盗。两江总督黄廷桂尤其严厉，在他看来，这不是动动嘴皮子就能万事大吉。一接到有违抗者的报告，他立即抓人并予惩处。为了"众

149

150

---

① 1串等于1000文铜钱。

②《宫中档奏折》(北京)，内政类(南巡)，乾隆二十六年四月至十二月，卷7，杨廷璋、庄有恭，乾隆二十六年八月二十二日。

③ 同前揭资料，乾隆十五年，卷7，黄廷桂，乾隆十五年三月二十八日。

④ 同前揭资料，乾隆十五年九月至十二月，卷7，吉庆，乾隆十五年十二月二十七日。

⑤《南巡盛典》，卷1，页3a—b。

役畏法敛迹,小民免致滋扰",黄廷桂将为罪大恶极者"枷示遍游"。①

不过此般严厉措施,也不一定就能安抚普通民众中间那些倾向于将他们种种问题都归罪于长官的人。举例来说,如上所述,1750 年春天,黄廷桂发现许多江苏人由于听到沿皇帝巡幸路线的坟墓可能要立即迁走而忧心忡忡。这位总督将这种道听途说归责于"奸胥地棍""约保里长",他们唯一的目的,是从不知情的老百姓那里骗取保护费。② 然而,在民众的想象中,问题的症结不是这些人的捏造,而是南巡八旗中最精英的队伍——向导的腐败:

> 定制,上巡狩时,预遣大臣率各营将校之深明舆图者往勘程途,凡御跸尖营,相去几许之桥梁道途,皆令有司修葺,名曰向导处。获是差者,皆为美选,沿途苞苴,肆意征索,稍不满意,则以修治道途为名,坟墓陇亩,任其踩践。有司畏之,罔敢拂其意。③

1750 年 3 月,在得到总督黄廷桂的奏报后,乾隆皇帝第一反应是要澄清事实并安抚民众:"民间冢墓所在,安厝已久,不过附近道旁,于辇路经由无碍,不得令其移徙。"④然而到了 1751 年 1 月中旬,离南巡正好还有一个月,乾隆皇帝开始将注意力完全集中在自己随行人员身上,下令"兵丁及随从人等,著该管大臣严加约束",更具体地说,是乾隆皇帝禁止南巡队伍的成员与地方官员交往,强调"经行所至,不得稍有滋扰;春苗遍野,无得践踏"。⑤ 这些言论似乎告诉我们,即便在圣驾离开京城之前,乾隆皇帝也全然意识到了已经离京为他备办南巡的向导给人留下了负面印象。

在 1751 年首次巡幸江南的整个过程中,乾隆皇帝时刻关注民众的

①《宫中档奏折》(北京),内政类(南巡),乾隆十五年九月至十二月,卷 7,黄廷桂,乾隆十五年十月二十一日。

② 同前揭材料,乾隆十五年,卷 7,黄廷桂,乾隆十五年二月二十八日。

③ 徐珂:《清稗类钞》,第 1 册,页 344。

④《南巡盛典》,卷 1,页 3a。

⑤ 同前揭书,卷 1,页 18b。

不满。总督黄廷桂承认"驻扎窎远，闻见难周"，①也不能令皇帝释怀。结果，乾隆皇帝转向他的家产制网络成员（也就是各省军事长官和内务府的一个特别代理人），感觉他们能提供更准确的情报。甚至是在第一次南巡结束前，乾隆皇帝下令两个地区的军事指挥官（福州驻防八旗将军新柱、寿春镇总兵王进泰）："此次南巡，河以南、河以北、江以南、江以北，民情是否实心感戴，随驾人员沿途有无滋扰，经过江浙两省地方官有无派累，尔回任时可一路查明，据实奏闻。"

1751 年 5 月 5 日，新柱、王进泰在江苏北部的叶家庄离开圣驾，返回本任。当新柱经由江苏北部的大运河前往杭州时，奏报说，江苏和浙江的地方士绅商民"感戴皇上教养深仁"，"鼓舞欢忻，祝颂圣明，远近如出一口，实在出于至诚"。总的看，新柱的奏报与其说是乐观，不如说是套话连篇。他向皇帝保证说：巡幸期间所有随从都遵守规定，民众未受骚扰；地方官员必须借取设备物品时，当地居民可以及时得到公平的报酬。新柱将所有问题的责任都归为"惟府厅县书办、衙役往往机乘本官办差事繁，借预备供应之名，向乡民派取鸡鸭等物，或于市肆铺面，勒索钱物，朋比分肥"。②

王进泰的奏报披露得更多一些。他将回任经过淮安府各县时所收集到的情报上报，描述了当地农民某种程度上的狐疑：

> 乡处居民有以圣驾初临之时，不敢出外瞻仰。及至闻皇上天恩宽厚，听其瞻仰，是以回銮之际，穷乡僻壤男妇无不趋赴道傍，争先瞻仰，迄今尚有以未能瞻仰为自误者。③

他也奏报说，负责备办巡幸的官员派遣工匠修缮道路桥梁，工匠们可以及时得到报酬，"虽有一二民人称以日给工价多寡不同，官价收买什物较贱"，但最后，王进泰认为这些冤情不算什么，他又回到了官僚的陈词滥

---

① 《宫中档奏折》（北京），内政类（南巡），乾隆十五年，卷 7，黄廷桂，乾隆十五年二月二十八日。

② 同前揭材料，乾隆十六年四月至闰五月，卷 7，新柱，乾隆十六年五月十八日。

③ 同前揭材料，乾隆十六年四月至闰五月，卷 7，王进泰，乾隆十六年五月十八日。另一条野史记载，一男一女在南巡路上叩阍；然而，圣驾临近时，只允许妇人跪伏瞻仰，命男人返回村里。徐珂：《清稗类钞》，第 1 册，页 341。

调上来。王进泰也像新柱一样,向乾隆皇帝保证,地方官员既没有在当地的买卖中短价,也没有对民众多有需索。王进泰所认为的所有胡作非为最终都可归结为"胥役少给些须"。①

153 　　胥役自然是所有官僚奏报中常见的胡作非为怀疑对象,新柱和王进泰的奏报也不例外。新柱轻描淡写地将轻微腐败问题说成是"均有不免"。② 王进泰以同样就事论事的论调,说"故尔不敢实认"。王进泰奏报结尾对此有某种程度的不确定,显得很抢眼:"似此未便深究。"③乾隆皇帝认为,新柱和王进泰的奏折不可信,不能从中得到慰藉,因为它们充斥着人们熟知的和公认的惯常用语,以推脱责任并避免得出切实的结论,这些用语和官僚制度本身一样古老。④

　　乾隆皇帝最终绕开了文武官僚,试图消除他最为担心的,即他的首次南巡在民众中间已造成广泛的不满。1751 年 6 月,在乾隆皇帝返回北京一个多月后,他亲寄上谕给江南名叫图拉的满洲包衣,措辞严厉:"朕所过江苏地方百姓有何浮议,尔须用心查明,据实具奏。"接到这一指示后,图拉派家仆在淮安到镇江间(也就是在黄河和长江之间)大运河边的茶坊酒肆探听人们的谈话。接着他奏报:"百姓俱云,此次随从官员人等各知严管家人,不敢骚扰百姓。"长江以南的情况更好一些。苏州百姓表达了"欢忭感戴"之情。图拉在奏报的最后,告知皇帝在苏州更东边的地

154 区,即松江和太仓府,没有迹象表明地方官员扰民,一切都很平静。⑤ 图

---

① 《宫中档奏折》(北京),内政类(南巡),乾隆十六年四月至闰五月,卷7,王进泰,乾隆十六年五月十八日。

② 同前揭材料,新柱,乾隆十六年五月十八日。("故尔不敢实认",译作: This cannot be considered unusual,意思是"这并不算太过分",与原意有别。原文:"……虽有一二民人称以日给工价多寡不同,官价收买什物较贱等情节,再加细询,究无短价白要凭据,大概或系胥役少给些须,并无知愚不能遂意,抬价居奇,从中捏词,故尔不敢实认。似此不便深究。"——译者)

③ 同前揭材料,王进泰,乾隆十六年五月十八日。

④ 人们天然倾向于抹黑并控诉最底层官僚的"腐败",见白瑞德《爪牙:清代县衙的书办差役》,页 1—4、11、252—57。

⑤ 《宫中档奏折》(北京),内政类(南巡),乾隆十六年四月至闰五月,卷7,图拉,乾隆十六年五月初十日。

拉告诉主子的，极可能是他自己认为主子想要听的，并试图宽慰乾隆皇帝。但他接受的任务，反映出乾隆皇帝很在意民众对皇帝贴身扈从的看法，特别是对他们在长江北岸时所作所为的看法。

事实证明，乾隆皇帝有充分的理由，关注地方对于他首次南巡的意见。尽管图拉的报告相当乐观，但这一移动的朝廷还不足以完全控制皇帝扈从成员，更遑论能规定民众对于南巡的看法了。1752 年，在南巡结束整整一年后，四川巡抚鄂昌（卒于 1755）①在四川东部发现了一本名为《南巡录》的私人著述。② 鄂昌报告，《南巡录》基本上是由从别处逐字抄来的材料拼凑而成。然而，它也包括一些"诽谤捏造"的东西，这是它主要的冒渎之处。例如，有一整部分都是写前锋营名叫哈喀的喝醉了酒的皇帝亲军。③ 1720 年代以降，在奏折当中，各省醉酒的旗人是民族冲突的一个来源。④ 在南巡途中，亲军肯定干过令人震惊的违纪和毫不掩饰的放荡之事。例如，1765 年 7 月，两江总督尹继善奏报，三等蒙古侍卫阿克敦的仆人王兴，在乾隆第四次南巡途中"诱拐"一个名叫徐辉千的幼童。⑤（这大概是性侵犯，仆人这样做可能是为了他的蒙古主子。）无论如何，政治的合法性主要建立在人们的看法之上，《南巡录》中诽谤记述的真实性尚待讨论，可是在朝廷眼中，这种记述的存在以及不断的传播足以值得关注。

此书是从四川东部名叫董云隆的人那里没收来的，但它先是由江西人陆标买来的，此人原叫卢彪。据曹盛讯的供词可知，陆标在江宁的曹家书铺买了四十本书，时间是 1751 年 5 月 9 日——乾隆首次南巡结束前两星期。令人感兴趣的是，陆标以前当兵，约在 1747 或 1748 年被南昌绿营开除。他的职位是否被一旗人所顶替，史料没有记载，也不清楚陆标离开军队后何以为生，但他可能很绝望并变得极为不满，才会在他的

①恒慕义编：《清代名人传略》，页 602；《清史稿》卷 338，页 11059—11060。鄂昌，西林觉罗氏，是雍正时期著名政治人物鄂尔泰的侄子。
②该书封面所写全称是《圣驾南巡江浙录》。
③《宫中档乾隆朝奏折》，第 2 辑，页 747—748，鄂昌，乾隆十七年四月二十二日。
④欧立德：《满洲之道：八旗制度与帝制晚期中国的民族认同》，页 211 注 5—6。
⑤《宫中档乾隆朝奏折》，第 25 辑，页 148—149，尹继善，乾隆三十年六月初四日。

书中对于旗人在最近南巡中的(非法)作为添油加醋。

在四川被发现身带此书的董云隆,声称不了解书的内容。在供词中董云隆说,他在1751年6月从江西中部的家乡南昌出发前往四川,就是在此前后,乾隆皇帝要求图拉开始派人密查关于他南巡的谣言。董云隆在路经南昌府北面南赣府时,碰到了熟人陆标。现在不清楚董云隆是知何结识陆标的,他们都在南昌住,因此他们大概是在南昌某地认识的。董云隆的供词说,陆标求他带一袋书,有五十本,到四川送给某人。然而,最后省里的官员没收了这些书,仅毁掉了这些有着冒渎内容的书中的四本。① 其余的我们不知下落。

156 《南巡录》不是仅有的擅自印行、嘲弄南巡期间乾隆皇帝仁慈姿态的文献。事实上,外省官员在1752年已在不经意间发现了它,当时正值全国范围内紧锣密鼓地搜查“伪稿”②——一种广泛传播却是非法的材料,它对乾隆皇帝最近种种政策严厉指责,包括首次南巡期间强加于各地方财政上的负担。毫不奇怪,乾隆皇帝视这两种擅自记述是要煽动颠覆清朝在南方统治的合法性。

官方报告说,乾隆皇帝首次南巡几近完美,尽管乾隆皇帝已将南巡构想为民族——王朝行动主义和皇帝仁慈的一场华美表演,但为皇帝巡视所进行的复杂、大范围的动员,经常是加剧了普通民众在经济振荡多变的繁荣之中的不安。③ 地方备办巡幸所带来短期的种种不确定因素和焦虑,激起了民众的不满,这使得乾隆的首次南巡将最终与——通过《南巡录》和“伪稿”案可以看出——更为普遍的不稳定感不可避免地交织在一

---

① 一本是总督策楞在四川东部的云阳县发现的,其余三本在其他省份发现(同前揭书,第2辑,页747—748,鄂昌,乾隆十七年四月二十二日)。

② “伪稿”一词来源于该文献伪称是孙嘉淦(1683—1753)所写章奏,孙嘉淦是知名且受人尊重的官员。更多情况见孔飞力《叫魂:1768年妖术大恐慌》,页60—61;陈东林、徐怀宝:《乾隆朝一起特殊文字狱》;徐珂:《清稗类钞》第1册,页245—247;方濬师:《蕉轩随录续录》,页18—20。中国第一历史档案馆有关的基本文献,见《乾隆年间伪孙嘉淦奏稿案史料选》,载《历史档案》1998年第1—4辑,1999年第1—2辑。孙嘉淦的传记,见恒慕义编《清代名人传略》,页673—675;《满汉名臣传》,第2册,页1919—1927。

③ 孔飞力:《叫魂:1768年妖术大恐慌》,页30—41。

起,这种不稳定感在整个 1740 年代一步步增长,但直到 1750 年代才彻底地将皇帝吞没。

结论

在上面描述皇帝南巡的规模及范围时,[1]我已经触及了一些象征物以及意识形态话语,它们将盛清朝廷置于运动之中的复杂过程赋予了意义。从最基本的后勤和物资供应看,南巡与高度仪式化的军事演练类似,绝对是由家产制的附庸们(满洲、蒙古贵族和八旗精英成员)主导的。出巡期间,每日重建马背之上、营帐之中的朝廷,强调的是非汉起源的统治家族和征服者精英。在这一点上,南巡是有着军事表现形式与嵌入了民族意义的清朝主权——就是我所称的民族—王朝统治的投影。

然而,突显民族—王朝的威权,未必是乾隆皇帝努力塑造民众对于他南巡看法的唯一手段,他也摆出了引人注目的皇仁姿态,其中最重要的是蠲免田赋、物资援助以及展示整肃的官方。

尽管朝廷多方努力,但备办巡幸进展得并不总是很顺利。各省人力财力的大规模动员常常令地方疲于应付,并可能破坏民众对于清政权合法性的承认。当事情出了岔子,负责备办巡幸的各省官员努力减轻损失,并嫁祸给帝制晚期社会秩序内的某些人以保全自身(以及他们的仕途),这些人就是"狡黠""奸诈""令人生厌"的胥吏、"奸商"等。尽管这些最基层官僚等社会人员被指控胡作非为,反映出了清政权行政能力普遍低下,但他们并一定就直接对朝廷自身的权威构成威胁。实际情况是,地方掌权者滥用职权,又因为这些人中汉人占优,故而就使得移动的朝廷通过在地方层面上积极地整饬吏治,以代表公共利益和普通民众自居,将自身表现为更具美德和更宽仁的民族—王朝权威。

然而,在民众意识当中,南巡所造成种种困难的责任归属,可能超出

---

[1] 对与移动朝廷有关的后勤和财政更为技术性、详尽的分析,见本书附录 A 和 B。

了官方报告通常所指控的,人们将此归为皇帝扈从中的高级成员。毫不奇怪,当对滥用职权的指控越出了国家和社会低层人员范围,指向了自己仪卫扈从成员时,乾隆皇帝肯定是极其焦虑不安的。

158   旗人在南巡期间胡作非为的明确记载极少,大多数官员可能不愿意奏报不法之事,因为担心由此造成的政治后果(有时是没有授权他们奏报这种事情)。然而,尽管官府努力压制或怀疑民众的和野史的材料(比如《南巡录》),但这种材料的存在反映出,至少部分民众情愿长久保持着对旗人的负面印象,而旗人恰又被认为是民族—王朝美德的体现者,很多人可能至少是熟悉——即便不是公然地接受——这种对于征服者精英的蔑视。民众对于南巡的看法,与官方营造一个有严密组织和良好纪律的皇帝的方阵队伍的努力背道而驰,因此,它们与乾隆朝廷意识形态的目标格格不入。尤其在 18 世纪中叶的历史情境中,这一点绝非无足轻重。

用孔飞力的话说,乾隆中期"遭遇了一场危机,危机的起因复杂,我们至今仍未全然明白",但我们确实知道的是,"一种罕有的不安氛围"①笼罩着处在一系列灾难性事件中的朝廷,这些事情包括:乾隆东巡山东期间孝贤皇后的突然去世(在 1748 年);上面提到的物价飞涨(也是在 1748 年),这"给全国官僚敲响了警钟";②黄河—大运河水利系统日益不稳及造成的整个 1740 和 1750 年代的水患;最后是与第一次金川之役(1747—1749)和西师(1755—1959)有关的军事上的艰难困苦。我们也可以将围绕备办 1751 年乾隆第一次南巡的种种困难,加入这一困境系列。乾隆皇帝若看到了这最后一句对于历史的断言多少会吃惊的。毕竟,正如我在以后各章详加讨论的,乾隆皇帝开始他的南巡,是为了解决而不是为了加重 18 世纪中叶将中央和地方吞没的政治、经济、军事和
159   社会的不确定性。我已经专门探讨过乾隆皇帝在他南巡期间(以及通过

---

① 孔飞力:《叫魂:1768 年妖术大恐慌》,页 60—61。
② 同前揭书,页 37。争论和变化,见高王凌《十八世纪中国的经济发展和政府政策》,页 124—157。

南巡),不仅为了解决行政问题,而且也为了在治水等领域支持和重申民族—王朝特权的种种努力。[1] 在下一章,我将考察军事领域类似的皇帝行动主义机制。

---

[1] 张勉治:《洞察乾隆:帝王的实践精神、南巡和治水政治(1736—1765)》。

第四章　安不忘危与帝国政治：战争、巡幸、武备

> 百年偃虽可，一日备须明。
>
> ——乾隆皇帝（1757 年）
>
> 上（乾隆皇帝）曰："周以稼穑开基，我国家以弧矢定天下，又何可一日废武？"
>
> ——昭梿（1815 年）＊

上一章关注了移动朝廷的军事色彩，本章考察乾隆皇帝如何利用巡幸，以展现作为满洲人武功榜样的帝室，同时也凸显旗人不是特权在身的慵懒、无功的兵丁群体，而是积极向上、纪律有素的征服者精英。这既是一种行政也是一种意识形态事业。南巡期间，乾隆皇帝通过精心策划向人们展示骑射以及通过阅视江宁、杭州驻防八旗，规划并炫示了满洲人的强大力量。满洲人在江南军事力量的这种壮观场面，提醒着帝国的广大臣子——既有文又有武，既有来自内地也有自来帝国的内亚边疆——巡幸的状态也是一种战争状态。

军务被认为是满洲人和蒙古人的职责和特权，南巡期间支持和庆祝帝国武功的种种努力，就代表着朝廷一以贯之的执着于民族—王朝统治的理念。然而，不断变化的历史条件迫使乾隆皇帝以不同的方式，来实

＊ 两处引文出处分别见：《南巡盛典》，卷 17，页 6b—7a；《啸亭杂录》，页 16。

现这些意识形态使命。事实上，皇帝的修辞语气一个不易觉察的变化——从 1740 和 1750 年代的焦虑到 1760 年代的耀武扬威，与 1720 和 1730 年代以降八旗的急速堕落有关，也与"西师"（1755—1759）最初的艰难困苦（以及接下来的最终胜利）有着直接关系。将皇帝的巡幸置于 18 世纪中叶军事发展，以及随后的行政话语军事化的更大情境之中，我们可以对它有一个更好的认识。

乾隆皇帝推崇军事价值（1785 年）

八旗自负的常胜无敌和纪律整肃，是民族—王朝力量最常为人称道的两种表现。欧立德评论说："所有出生在满洲、蒙古和汉军正身旗人家庭的男子，不论他们是否披甲，都被认为是第一等、最优秀的军人。"[1]在许多方面，清政权还是仰赖再三宣称的满洲人武力。1778 年，乾隆皇帝在第三次巡幸盛京期间，强调了战场胜利对清朝统治建构的重要意义："萨尔浒一战（1619），破明四路之兵二十余万，远近承风震詟，尤为缔造鸿规。"[2]

到 18 世纪末，满洲人军事上不可战胜的这一叙述构成了清民族—王朝例外主义意识形态的根基，在《开国方略》（约 1786 年）中被神圣化，极力渲染。[3] 当收到并展阅 1785 年乾隆皇帝为《开国方略》所作序言时，新近休致的大学士、皇帝的师傅蔡新（1707—1800?）[4]声言："自古开创之隆，未有如我大清者"，当然蔡新承认"汉明为优"，但他问道："我国家肇造……兴基业而定中

162

---

① 欧立德：《满洲之道：八旗制度与帝制晚期中国的民族认同》，页 175。

②《大清高宗纯皇帝实录》，卷 1066，页 3b—4a。

③ 1773 年乾隆皇帝下令编纂这一官方史书，1786 年完成。更多的介绍见乔治忠《清朝官方史学研究》，页 255—261。

④ 恒慕义编：《清代名人传略》，页 734；《清史稿》，卷 320，页 10765—10766；《满汉名臣传》，第 4 册，页 3430—3434。蔡新供职上书房教育皇子近三十年（1757—1785），是清代中期任职最长者。他是蔡世远（1682—1733）之侄，蔡世远是对还在青宫时的乾隆皇帝有着重要影响的师傅，见康无为《皇帝眼中的君主制：乾隆朝的想象与现实》，页 159 注 40。

原,何其盛也!"①蔡新接着说:"自俄朵里以逮赫图阿拉,丁邦家之多难。"②其中主要是"明政之不纲","我太祖③问罪兴师,躬擐甲胄"。更为重要的是,这位休致的朝臣反复溢美乾隆皇帝此前对萨尔浒之战的总结,讲述努尔哈赤"破明四路之兵""四十万"(这里所说的人数,不是前面说的二十万),"辽沈遂定"。在蔡新心中,"开国方略之不可无作"的原因在于"其创业之艰难又如此"。④

163 　　乾隆君臣通常都赞誉武力是善政的一个源头,这极不寻常,毕竟武力和纪律历来被看作是与官僚所秉持的为政之道相对立的。头两部王朝史——司马迁的《史记》(约公元前91年)和班固的《汉书》(约92年)——认为"马上治天下"是非正统的统治模式,因为它只是建立在使用武力的基础之上。贬斥"马上治天下"的经典出处是(重)写于公元200—400年间的陆贾传记。⑤ 陆贾来自南方的楚国,以善辩称,在推翻秦朝的过程中,他为汉朝的开国者刘邦(汉高祖,公元前206—前195年在位)出谋划策。《史记》和《汉书》本传记载,他不停促请这位开国者留意《诗经》和《尚书》所说的宽仁文治,而刘邦显得不耐烦,斥责陆贾说:"乃公居马上而得之,安事《诗》《书》!"对此,陆贾用他著名的话回敬:"居马上得之,宁可以马上治之乎?"⑥陆贾及后来学养深厚的精英们相信文治要优越于单纯的武力。

　　然而,乾隆皇帝对此并不认可。1785年,他写了《读史》一文,宣称:"陆贾对高祖语,今古以为奇谈,而予以为实有所未臻也。"乾隆皇帝明确反对陆贾和刘邦的观点,认为他们同样褊狭:"高祖之言在重武轻文,而

---

① 董诰等:《皇清文颖续编》,卷12,页48a—b。
② 至少满洲发祥神话的一个版本记载,满洲帝室的祖先布库里雍顺,在鄂多里成了女真人的领袖。他的后人在赫图阿拉定居,这里最后成为清朝的缔造者努尔哈赤的第一个城市,时间是1603—1619年(欧立德:《满洲之道:八旗制度与帝制晚期中国的民族认同》,页46)。
③ 即清朝的缔造者努尔哈赤(1599—1626,在位时间1616—1626),见恒慕义编《清代名人传略》,页594—599。
④ 董诰等:《皇清文颖续编》,卷12,页48b。
⑤ 何四维:《史记》,页405。
⑥ 司马迁:《史记》,卷97,页2697—2706;班固:《汉书》,卷43,页2111—2116。

陆贾之言在重文轻武,乃两失之,岂可独以彼为毖乎?"他对朝代更迭给出了有军事蕴意的解释:"创业之君无不以马上得之,而败业之君无不以忘其祖以马上得之以致覆宗绝祀。" *164*

乾隆皇帝认为,对于为政之道的曲解,不是始于"马上治之"(受人尊崇的周公也是赞同这一点的),而是始于陆贾对此的反对:

> 周公之训成王曰:"其克诘尔戎兵",此即马上治之之义。周公之智顾不如陆贾横议之士哉?后世侈言太平,以文恬武嬉,以致有创业马上者,乘其釁而得之,是非陆贾之言为之作俑者乎!

保持警惕与政治的统一难能可贵,尤其在和平与繁荣不再的年代。在乾隆皇帝眼里,陆贾和他的同类很危险,因为他们的文治倾向和对军务的蔑视挑起了内部纷争,懈怠不堪——这两者最终削弱国家政权,面对征服,它无力抵抗,导致了他们所轻视的武力纷争。在这一特定例子中,"马上治之"的,乾隆皇帝主要是指军务,但是我们在第七章将会看到,他也颂扬在文治领域内"马上治天下"的美德和功效,尤其是在他南巡期间。

对这里所提论点更为重要的是,乾隆皇帝将文治精神等同于不负责任的寻求安逸,而将武力的特性等同于坚毅和勤勉:"重文轻武是就逸,重武轻文是服劳也。"在展示了这一简而化之的公式之后,乾隆皇帝利用了典故,间接地贬低他的文臣——他们大多数是汉人,因为他们卑鄙的追逐名利之心以及**民族固有**的追求舒适、安逸生活的习性:

> 设耽逸而厌劳,宽衣博带(也就是文官)论安言吉,动引圣人,几不失其所据,而为武侯所讥耶?① *165*

最后一句与名为《无衣》的诗有关,这首诗出自《诗经·唐风》。②《无衣》,表面上看,是古代晋国的统治精英们请求周天子将"晋侯"的名号赐予武

---

① 《清高宗(乾隆)御制诗文全集》,"御制诗三集",卷14,页1a—2a。
② 理雅各英译:《诗经》,页184;《毛诗正义》郑玄笺、孔颖达疏,卷6,页2,见阮元《十三经注疏》,卷365,页3。

侯,因为武侯刚刚入侵并征服了晋国,晋国精英们主张的内在逻辑是"(武侯所得名号)不如子(周王)之衣"①,换言之,和平最为重要。不过乾隆皇帝的解读是,晋国精英们表面"论安言吉"是虚伪的,目的是避免拿起武器,通过默许和服务于一个新的统治者,确保他们自己个人的安逸与舒适。乾隆皇帝将文臣的"宽衣博带"视作是天真愚笨、政治上的投机,这些人已"失其所据",而为"武侯所讥"。

在乾隆皇帝眼里,善于辞令且仅关注自我利益的文臣(像陆贾和晋国的精英),他们的忠诚都有问题,他们的成见(是民族身份规定了的),对于军务的蔑视(有利于文职官僚享有更高的声望以及安逸生活)最终会破坏国家的安全和稳定。乾隆皇帝的这一腔调重复了他在 1758 年驳斥孙灏反对他到索尔约济巡幸的看法(见第二章)。

乾隆皇帝从值得尊敬的汉人朝臣、自己的师傅、最近才休致返回福建老家的蔡新那里找到了对他观点的支持。就蔡新而言,愿意呼应乾隆皇帝对于历来受到赞誉的、陆贾名言的摒弃:

166

> 窃惟古称戡乱以武、致治以文,世多韪之。故陆贾对汉高马上之语,遂相传以为美谈。一经圣明指示,而其说之罅漏始见。

蔡新也用更多的经典材料支持乾隆皇帝:

> 三代以来开创之君,未有不以马上得之也。既得之后,以开国之规为不可复用,一切去之。试观《诗》《书》,蒐苗狝狩之法,五两卒旅之制,车甲器械之需,步伐止齐之节,何一非马上之事耶!

并非巧合的是,蔡新也强调了"蒐苗狝狩之法",这很容易将一般意义上皇帝的巡幸做法混同于一种古代的但却是被忽略的马上之治的先例。

蔡新的长篇评论,自然从总体上赞誉武备的重要,尤其是乾隆皇帝的武功:

---

① 理雅各英译:《诗经》,页 184。

> 圣武布昭，平伊犁，定回部，剿金川，当木兰行营，军书旁午，而
> 指挥动合机宜，此尤马上之治。智勇天锡，而非汉唐以来令主所能
> 仿佛万一者也。①

人们难以找出比之更能完美表现军事必胜的例子。然而，这种对于清朝
战争机器军事力量的无限信心，既不是先定的也不是一成不变的。相 167
反，康熙、雍正、乾隆皇帝对于18世纪上半叶国家的军事能力极为怀疑。

忧惧八旗衰落（1670年代—1730年代）

清最高统治者对于军事懈怠、衰败的忧惧，尤其对于八旗官兵的担
忧，是关于丧失独有的民族—王朝身份这一更大范围话语的一部分，这
始于康熙朝初年（也可能更早）。② 在平定三藩期间，康熙皇帝发现八旗
官兵既无纪律又无士气。1676年，平叛的最初阶段，康熙皇帝连续发布
上谕申斥陕西懦弱的八旗指挥官，"凡与敌遇，率皆乘间伺隙观望不前"，
他们自己不情愿一同冲锋，却无耻地"令士卒前驱冲突"，此等行径有悖
于久负盛誉的满洲军事领导的高效原则："我朝创业以来，战胜攻取动合
兵机，将帅皆身先士卒，无不立奏肤功。"③简言之，传奇般的八旗军队而
今令人难堪的表现，是由于他们长官的胆怯。八旗军队普遍无能，这种
情况下，必须使用来自陕西的汉人占优势的绿营兵，这玷污了八旗军事
无敌的神话，也削弱了满洲人对于中国内地的权威。④ 陕西两位最高品
级的文职官员（都是旗人）表现平平，同样只能是加速业已脆弱的局势： 168

---

① 董诰等：《皇清文颖续编》，卷12，页49b—50b。
② 事实上，军备一直为清统治者关注，即便是在入关之前。皇太极于1636年首先阐明了他对
　于衰败中"满洲之道"的理解，这是从他阅读《金史》得出的认识（欧立德：《满洲之道：八旗制
　度与帝制晚期中国的民族认同》，页276—277）。
③《大清圣祖仁皇帝圣训》，1册，页504—505。
④ 刘凤云：《清代三藩研究》，页256—257；魏斐德：《清朝开国史》，页1099—1120；曾嘉宝：《乾
　隆朝第一批图绘功臣像中的八幅》。

"督抚等亦多坐失事机,故致劳师匮饷。"①

结果,平定三藩后,康熙皇帝的当务之急,就包括重振八旗,恢复满洲人军事活力的公共形象,为地方行政最高领导层注入新的活力,尤其是对军务的监管。所有这些,对于清朝战争机器的顺利运转并能很好地发挥作用,以及有效地保持满洲人在文武领域的政治特权都极为重要。

康熙皇帝,如同他的先人一样,将军纪涣散归因于民族的同化和独特身份的丧失:

> 近见西安官兵,尚有满洲旧制。杭州驻防满兵,渐习汉俗。此等情事,皆责在尔等,可勉力图之。②

"勉力图之"转化为由满洲八旗将弁亲自监督的军事操练,这些与狩猎一道,被视作保证武备的主要手段。③ 康熙皇帝将每年皇帝狩猎制度化,从1680年代开始经常出巡(见第二章),也是他努力在京城及地方八旗恢复一些"满洲旧制"的内在组成部分。本书第二章及其他地方探讨过,康熙皇帝各种季节性迁移,中间穿插许多引人注目的军威展示,既有来自京城和地方八旗军队的,也有来自皇帝本人的。④ 遗憾的是,考虑到篇幅,这里不可能对康熙时期做更多的分析。

169 康熙皇帝的继承人雍正皇帝,同样注意到,有必要提升八旗的武备和政治意识。令雍正皇帝愕然的是,他在1720年代采取的各种政策,对于减缓军事技能的普遍衰败鲜有作用,这种衰败,据欧立德的研究,始于1680年代,从汉军八旗开始,到1730—1740年代蔓延至满洲和蒙古八

---

① 《大清圣祖仁皇帝圣训》,第1册,页504—505。

② 同前揭书,页514。

③ 八旗生活中军事方面更细致的探讨,见欧立德《满洲之道:八旗制度与帝制晚期中国的民族认同》,页175—191。

④ 张勉治:《马背上的朝廷:建构满人的民族—王朝统治(1751—1784)》,博士学位论文,页235—250。康熙皇帝在南巡期间对于杭州和江宁驻防八旗的印象,见欧立德《满洲之道:八旗制度与帝制晚期中国的民族认同》,页278—279。

旗。① 1731 年秋——在(最终未成功的)针对准噶尔汗首领噶尔丹策零②(卒于 1745 年)的西北战争最高潮时——雍正皇帝对于"各省驻防兵丁,技勇多属生疏"已经十分警觉。他要求大臣、官弁"悉心整理,勤加训练","务令军容严肃、武备周全",宣布:"朕或于明年春月,各差科道等官,前往查看",并警告说:"倘仍蹈故辙,一经参奏,定将该管大臣、官弁严加议处。"③

两年后的 1733 年,雍正皇帝仍没有看到改进的迹象,对此,他将"武备"的界定扩展至包括了普遍性的动员和后勤:

> 古云:"兵可百年不用,不可一日不备。"所谓备者,非徒操练技勇、演习行阵而已。如马匹、军装、炮火、器械,军行必需之物,一一预备于平时。及有事调拨,便可刻期起行。不至拮据延缓,此乃设兵之本意也。**我国家承平日久,武备渐弛,**年来朕屡降谕旨,谆谆训饬。虽该管大臣等稍知以训练为务,然马力不足,资装器具不周,每闻派遣之信,勉强周章,迁延时日。所谓预备者,但有虚名而无实际。④

年轻的乾隆皇帝从乃父"每闻派遣之使,勉强周章"即派人而非亲身前往以整饬军队的做法中,应看到了上上下下的懈怠问题。然而,亲阅军事训练并检阅军队,既不是雍正皇帝的风格也不是他的专长,这可以解释为什么乾隆皇帝选择突出乃父对家产—官僚制进行合理化的成就,特别是公开赞扬的养廉银和奏折的制度化。⑤ 同样重要的是,雍正皇帝重建八旗财务和人口编审。⑥ 然而,等到乾隆皇帝以自己的风格执政,他

---

① 欧立德:《满洲之道:八旗制度与帝制晚期中国的民族认同》,页 278。
② 恒慕义编:《清代名人传略》,页 264—265;庄吉发:《清高宗十全武功研究》,页 12;濮德培:《中国西进:清朝对欧亚大陆中部的征服》,页 240—255。
③ 《大清世宗宪皇帝圣训》,第 1 册,页 156。
④ 同上。
⑤ 《清高宗(乾隆)御制诗文全集》,"御制诗三集",卷 47—48。
⑥ 欧立德:《满洲之道:八旗制度与帝制晚期中国的民族认同》,页 305—344。

认为,仅这些官僚惯常伎俩和制度的改革,不足以解决日益增长的备战和民族—王朝集体荣誉感问题。1757 年第二次南巡途中,乾隆皇帝亲自检阅江南的驻防八旗和绿营军队,并问道:"诘武宁当视具文?!"①考虑到特殊的情境,他质询言辞之急切是毋庸置疑的。皇帝巡幸的做法,部分是乾隆皇帝明显倾向于亲自解决军纪和秩序等诸多问题的直接产物。

乾隆初年的军事危机(1730 年代—1740 年代)

二十五岁的年轻皇子弘历在 1735 年 10 月登上清朝皇位时,敏锐地意识到了武备的衰败,尤其是身为南方各省高级官员的满洲旗人麾下军队的腐败。毕竟,两年前他父亲就已指出,清朝军队"所谓预备者,但有虚名而无实际",乾隆皇帝从即位之初就强调武备,实不足为异。

1736 年 6 月 10 日,身为皇帝才 9 个月,他就指示总理事务王大臣(军机处的前身):

> 自古制治经邦之道,揆文必兼奋武,诚以兵可百年不用,不可一日不备也。国家承平既久,武备、营伍最宜加意整顿。②

约三年半之后的 1739 年 12 月,乾隆皇帝再次论及这一主题:"武备一道,乃国家紧要之事,务于平素演习技能,整齐器械,讲究兵法,使成健壮。"③这一声明是乾隆皇帝实施新的军事计划的一部分,这些军事计划包括对八旗各旗日常军事演练的全面管理,以及检阅整个京营八旗(所谓的"人阅"④)。⑤ 乾隆皇帝重振军威的直接背景,是清朝要与强悍的噶尔丹策零——了不起的首领策旺阿拉布坦(1643—1727)⑥之子及继承

---

① 《南巡盛典》,卷 18,页 17a—b。
② 《大清高宗纯皇帝圣训》,第 2 册,页 768。
③ 同前揭书,页 767。
④ 卫周安:《军礼与清帝国》,页 412—419。
⑤ 《清史稿》,卷 14,页 4123—4124;每年秋训章程规定,春季各旗要分别在各自校场操练两次,并在正黄旗和镶黄旗的校场举行一次合操。
⑥ 恒慕义编:《清代名人传略》,页 757—759;庄吉发:《清高宗十全武功研究》,页 12—14。

人——带领下的准噶尔部落联盟进行长期斗争。

在一首纪念 1739 年首次大阅的诗中，乾隆皇帝暗示，他已经决定于 1741 年恢复木兰秋狝，并隔年举行一次：

> 时狩由来武备修，
>
> ············
>
> 承平讵敢忘戒事，
>
> 经国应知有大猷。①

172

乾隆皇帝相信"骑射和满语是满洲旧道中最重要者"，这种加强八旗军队的军纪和备战的"大猷"有着民族—王朝意义。② 正因如此，当 1741 年 3 月一群科道官员集体反对即将举行的木兰秋狝时，乾隆皇帝强力地回击：

> 古者春蒐夏苗秋狝冬狩，皆因田猎以讲武事。我朝武备，超越前代。当皇祖时，屡次出师，所向无敌，皆由平日训肄娴熟，是以有勇知方，人思敌忾。若平时将狩猎之事，废而不讲，则**满洲兵弁，习于晏安，骑射渐致生疏矣**。皇祖每年出口行围，于军伍最为有益，而纪纲整饬，政事悉举。③

在乾隆皇帝看来，恢复木兰秋狝已是迫不及待，他相信，文武大臣未能完全理解形势的严峻。1741 年 9 月 4 日，在首次前往木兰围场的前夕，他严斥满洲文武大臣的敷衍态度："朕出入观临之际，暂时佩戴（撒袋），经过后随即解卸，并不束佩。"④第二章已说过，"图安逸""求安逸""偷安""耽于安逸"是刻画汉人习性的字眼，尤其是反复用以描述旗人的动机和行为时，这就充斥着民族涵义。

令乾隆皇帝沮丧的是，对八旗兵实施更严格的每年军事操练以及恢 *173*

---

① 《清高宗（乾隆）御制诗文全集》，"御制诗初集"，卷 2，页 12b—13a。
② 欧立德：《满洲之道：八旗制度与帝制晚期中国的民族认同》，页 275—304。
③ 《大清高宗纯皇帝圣训》，第 1 册，页 479。
④ 同前揭书，第 2 册，页 768。

复木兰秋狝,几乎没有明显效果。1741年11月底,首次木兰秋狝回到北京后,乾隆皇帝继续告诫八旗官弁"必身先习劳讲武",以对抗倦怠。①尽管有这些努力,八旗的武备继续滑坡。五年后(1746),即经过了两次木兰秋狝,看到京旗中最为精锐的前锋营和护军营表现糟糕,"弓力软弱,步射生疏",乾隆皇帝感到震惊。他再一次特别批评了那些玩忽职守的官弁:"此皆由该管大臣、章京等平日废弛,不加训练所致。"②帝国最精锐的八旗部队无法履行它们最基本的使命,这肯定令乾隆皇帝惊讶不已,而各省驻防八旗的情况自不待言。

乾隆皇帝早已意识到了各省的问题,1741年夏,就在首次木兰秋狝之前,他颁布了一系列的谕旨,哀叹:"近年以来各省营伍整饬者少,废弛者多。"③东南的驻防八旗——尤其是长江下游省份,在皇帝看来最为重要。早在1736年,乾隆皇帝就已抱怨:"杭州、江宁营伍尽染汉习。"④乾隆皇帝同乃祖一样,将军纪严明的败坏,等同于民族身份的丧失,他将之归为"将弁董率不力"。⑤

174   各省提督和总兵尤有问题,他们"不肯习劳讲武",因为"狃于晏安"。从这些人的年龄以及仕途心态也可看出问题所在:"其中不无年老衰迈之人,精力已颓,而贪恋禄位,不肯为戎行之表率。"⑥尽管这主要揭示了绿营中汉人将弁的追逐名利,⑦但任职于各省文职最高层的旗人也包括在内:"为督抚大员者,又只留心于文事,而视武备为不急不务。"⑧这可能对于为什么"纯皇帝初政时,擢用满洲诸臣为封疆大吏"提供了更深层的

---

① 同前揭书,页769。
②《大清高宗纯皇帝实录》,卷277,页22a—b。
③《大清高宗纯皇帝圣训》,第2册,页767,乾隆六年五月二十七日,乾隆六年六月二十二日,乾隆六年七月初八日。
④ 欧立德:《满洲之道:八旗制度与帝制晚期中国的民族认同》,页280。
⑤《大清高宗纯皇帝圣训》,第2册,页767,乾隆六年五月二十七日,乾隆六年六月二十二日。
⑥ 同前揭书,乾隆六年六月二十二日。
⑦ 1736—1741年六年间,十五位提督中旗人只有三五个(20%～33%)。《清代职官年表》,第3册,2480—2483页。
⑧《大清高宗纯皇帝圣训》,第2册,页767,乾隆六年六月二十二日。

解释。① 乾隆皇帝让各省官僚重新关注军务的种种努力,特别倚重于这些任命,1739—1741 年间,八成以上的总督和近一半的巡抚是旗人。②

乾隆皇帝对此的即刻解决方法是要求:"嗣后各督抚提镇等,当谨遵朕谕,以尽职守,以励戎行",他承诺:"如一二年后,朕派公正大臣前往,验其优劣,如骑射果否娴熟,军容果否改观,皆显而易见,难于藏掩者。倘有仍前废弛之处,朕必将该管大臣严加处分,毋谓朕不教而罚也。"③

三年后的 1744 年 8 月,乾隆皇帝兑现承诺,派遣满大学士讷亲(卒于 1749 年)④到山东、河南、江西、江苏阅视军队。值得注意的是,讷亲(极可能是按照皇帝的要求)特别关注满洲军队的状况,可情况并不理想:"河南、江南、山东驻防满兵,技艺骑射率多废弛,渐失满洲本业。"乾隆皇帝并不惊讶:"此皆朕所周知,不待讷亲陈奏。"⑤

1747—1749 年的第一次金川之役——位列乾隆皇帝所谓的十全武功⑥之首,清朝军队令人沮丧的表现只是证实了乾隆皇帝的感觉:自他即位以来,军事危机正慢慢地酝酿。1747 年,军事指挥官张广泗(卒于 1749 年)⑦率领清军进入四川西部的山势险峻地区,镇压金川部落首领的反叛。张广泗拥有当地土兵、绿营兵以及八旗兵组成的约四万兵力,数量远远占优,对方约三千部落士兵。然而,金川士兵特别熟悉四川复杂的地形,约 300 座把持重要战略位置的碉堡在他们手中发挥了极大的作用。日益推进的清军在一场场代价极大的消耗战中不断损兵折将。

第一次金川之役在僵局中结束,这进一步证明了京营八旗精英以及

① 昭梿:《啸亭杂录》,页 466。
②《清代职官年表》,第 2 册,页 1403—1404、1592—1594。
③《大清高宗纯皇帝圣训》,第 2 册,页 767—768,乾隆六年七月初八日。
④《清史稿》,卷 301,页 10441—10445。
⑤《大清高宗纯皇帝圣训》,第 2 册,页 770—771。
⑥ 金川之役,见昭梿:《啸亭杂录》,页 97—99;伍思德:《乾隆朝》,页 250—281。
⑦ 恒慕义编:《清代名人传略》,页 43—45。

各省的驻防八旗和绿营的衰败,①也激发了乾隆朝廷要进一步加强清朝军事力量。1748 年 2 月,在这场战役初期,乾隆皇帝下令组建一支由家产制忠诚拥护者组成的骨干队伍,交公哈达哈、扎拉丰阿带领,从八旗的前锋营、护军营挑选并训练 300"少壮勇健者"。这支特殊部队——名为健锐营——的成员,要求训练"以云梯登城",如此就重新获得了满洲旧有的精神:"人思奋勇,建功受赏,延及子孙。"②将这种英勇作战("云梯登城")推崇为一种世袭地位标志的做法,既浪漫又有民族—王朝性质。

1749 年第一次金川之役结束时,乾隆皇帝拒绝了这支攀爬与攻战专门人才组成的精英部队复员或解散的请求。③ 他将之扩编,从只有 300 人的队伍扩充到千人编制,这样就将它转化为一种制度上的提醒物:提醒如何一致努力将脆弱的满洲纪律和活力遗产恢复并加以保持:"若将伊等专设一营,演习技艺,均可为精锐兵丁,而于急缓之用,更有裨益。"对目前所探讨的问题来说,更为重要的是,乾隆皇帝令这些特别的士兵驻扎在京城西北,他坚持认为:"即朕遇有行幸,令伊等随往围猎,学习行走,更得娴熟。"④新近创建的健锐营被命令护从皇帝的所有巡幸,这样他们可以"不近繁荣",远离京城"外来诱惑"。⑤ 简言之,乾隆皇帝认为,北京以及其他大城市的生活,正在腐蚀着八旗纪律。欧立德指出:"北京的满洲人最先懈怠。"⑥1746 年初,乾隆皇帝注意到"侍卫、官员内,赌博者甚多",⑦而健锐营的成功,说明八旗军事衰落既非必然,也非不可扭转,

---

① 第一次金川之役,最后在皇后之弟、公傅恒(卒于 1770 年)的指挥下,草草收场。傅恒 1749 年从四川回到京城时,受到了英雄般的欢迎。战役结束时差不多又回到了战前的状态,直到 1771—1776 年的第二次金川之役才解决了金川问题。

②《大清高宗纯皇帝圣训》,第 2 册,页 778。

③ 这一显赫的队伍参加了后来一些的战争,包括在新疆的西师、第二次金川之役以及平定白莲教起义(1796—1804)。见《御制诗文十全集》,页 251;昭梿:《啸亭杂录》,页 59。十三世纪初的蒙古人面对金朝在华北的工事时,也认识到了建立一支专业攀爬和攻战队伍的重要。汉人专家在其中起着关键作用。见奥尔森《蒙古帝国军事技术的传播》,页 276—277、280。

④《大清会典事例》(嘉庆),卷 883,页 1a—b。

⑤《御制诗文十全集》,页 251;昭梿:《啸亭杂录》,页 526。

⑥ 欧立德:《满洲之道:八旗制度与帝制晚期中国的民族认同》,页 282、284—289。

⑦《大清高宗纯皇帝实录》,卷 254,页 16b。

经过不懈的努力，加上良好的外在环境，京旗应该能够重现他们先前的辉煌。

乾隆朝伊始，乾隆皇帝觉得京城和各省八旗军队萎靡不振，日益滑向军事无能。第一次金川之役就惨痛地验证了乾隆皇帝的这种模糊认识。欧立德说过："驻防八旗军事技能真正严重颓败，似乎发生在十八世纪后半叶"，指出"这一时期实际上不见有对于各省驻防八旗武备状况正面的奏报"。① 乾隆皇帝应付这一事态发展，既作为武备管理上的问题，又作为民族认同意识形态的危机。从历史的角度看，这两者都是由长期的商业化、城市化、人口膨胀以及职业分化（所有这些在 18 世纪得以加强）所促成的。此外，西南（四川）金川部落首领以及西北（伊犁河谷）占地辽阔的准噶尔部落联盟所造成的现实威胁，继续令乾隆皇帝焦虑于有着重叠的武备和满洲身份问题。

1740 年代，朝廷对于某种程度实现——尤其是通过皇帝巡幸——重振军事和民族活力保持乐观。第二章已详述乾隆皇帝在 1741 到 1745 年间扩大了对于塞北的巡视，接着在 1746—1748 年间扩大了季节性迁移的范围，包括了中国内地的省份。这不只是简单的巧合。乾隆皇帝预料到了（也可能实际参与了）在帝国西北边疆的军事对抗，这 *178* 至少部分解释了，为什么他在 1740 年代恢复巡幸。这也说明了，南巡是他更广泛地努力稳固武备以及维护京营和驻防八旗声誉不可分割的一部分。

作为满洲人尚武习惯的巡幸

1740 年代和 1750 年代初乾隆皇帝在更大的范围恢复巡幸，至少部分应该理解为，是他解决八旗内部日益加深的武备和身份危机最初种种努力的产物。皇帝短时外出的日常生活中绝对充斥着军事色彩，阅武是

---

① 欧立德：《满洲之道：八旗制度与帝制晚期中国的民族认同》，页 282。

巡幸的一个重要内容。第三章已指出，皇帝巡视，尤其是对于皇帝护卫以及其他的京旗队伍来说，近乎进行着旷日持久的军事跋涉。骑在马背之上，生活在营帐之中，都被认为是促进简朴生活并增进勤奋努力等**民族固有**（和规定）的价值，而清朝又被认为是建立在此之上的。

马上朝廷的壮观场面

1750 年初，备办首次南巡有条不紊地进行着，乾隆皇帝表达了对于高级京官的深切关注，这些人已习惯于乘轿，而不是骑马，这种做法，他视之为懒散和放荡的标志：

近闻文武大臣一味偷安，虽京城至近处所，亦皆乘轿。若云为文大臣等部院行走所宜，而国初部院大臣，何以并未乘轿？此皆由平时不习勤劳之故耳。满洲臣仆，当思旧制，效法前人，如不练习乘骑，猝遇紧急差务，不能乘马，是何道理？①

179

为了让"王等与部院满洲大臣"，不"偷安坐轿而竟不骑马"，乾隆皇帝降旨禁止坐轿，是为了"令伊等勤习武艺，不至有失满洲旧规"。

仅五个月后，乾隆皇帝就大为光火，"闻王大臣内有坐车者"，他不耐烦问道："坐车与坐轿何异？伊等误朕旨，转致相激，岂朕谆谆垂训本意？"乾隆皇帝发现都统有这种行径，尤为令人不安："伊等有何事？又有何等苦差？亦求安逸乎？都统既有训导官兵之责，理宜习勤表率，岂可偷安！"②

昭梿本人是不入八分辅国公*，他告诉我们，乾隆皇帝最终颁布了一系列在京城采取的日益严厉的措施，高潮是 1756 年冬宣布，"武臣无乘轿者"。③ 1757 年 4 月第二次南巡至苏州时，乾隆皇帝将禁止乘轿的

---

* 此处表述有误，昭梿曾是亲王，后革爵。——译者注
① 《大清高宗纯皇帝实录》，卷 356，页 6b—7a。
② 同前揭书，卷 366，页 13b—14a。
③ 昭梿：《啸亭杂录》，页 393。

范围扩大,各省的军事长官首当其冲遭到训斥：

> 外省之驻防将军及绿营之提镇,出行则皆乘舆。夫将军提镇有
> 总统官兵之责,若养尊处优,自图安逸,亦何以表率营伍而作其勇敢
> 之气？

通过暗示八旗指挥官的这种失职使得他们形同汉人同僚,乾隆皇帝在长 180
篇激愤上谕中含有明显的民族意味：

> 况旗人幼习骑射,即绿营中亦必以其弓马优娴,始历加升用。
> 乃一至大僚转致狃于便安,忘故其步,此岂国家简擢之意耶？

最后,乾隆皇帝试图以自身为证,将个人巡幸行为鼓吹为体现满洲人应
有素质的鲜活例子：

> 朕巡省所至,尚每日乘马而行,乃外省武职独相沿陋习,此甚非
> 宜。嗣后将军提镇概不许乘舆,其编设轿夫并着裁革。如有仍行乘
> 坐者,照违制律治罪。①

在乾隆皇帝看来,骑马是民族荣誉的象征,与满洲人武备、行动主义、活
力密切相关。

骑马是乾隆皇帝进入地方城市中心的核心内容,这就不足为异了,
一些宫廷绘画就是如此表现的。通过乾隆时期《南巡图》(约 1750—1760
年代)②的一个细部(图 9),我们看到乾隆皇帝趾高气扬地通过西南门进
入苏州。类似的场面(图 10)也出现在官方宫廷绘画木兰秋狝图中—— 181
统称为《木兰图》(约在 1750 年代)。③ 图 10 中,乾隆皇帝正进入承德避

---

① 《乾隆朝上谕档》,第 3 册,页 18,第 80 号文件。
② 有两套南巡图,每套包括十二长卷,由清宫廷制作。第一套是纪念康熙首次南巡,在宫廷画
　师、苏州府常熟县人王翬(1632—1717)的指导下,1691 年完成。乾隆皇帝下令绘制第二套南
　巡图,在另一位来自苏州的宫廷画师徐扬的指导下,1750—1760 年代完成。更多的介绍,见
　何慕文《文献与肖像:康熙与乾隆南巡图》。
③ 这套由四卷组成的绘画是宫廷画师于 1750 年代的某个时间,在耶稣会士、意大利人郎世宁
　的指导下完成的。见毕雪梅、侯锦郎《木兰图和乾隆秋季大猎之研究》,页 98。

暑山庄，又一次骑在马上，由他的亲军簇拥着。这些图也可以与由耶稣会士画家艾启蒙(Ignatius Sichelbath,1708—1780)创作的、名为《乾隆丛薄行围图轴》的另一种宫廷绘画对照观看。①

图9　乾隆皇帝进入苏州，1751年。徐扬(汉人，活跃时期：1750年至1776年之后)创作。《乾隆南巡图》，卷6，大运河至苏州，清代(1644—1911)，时间1770年。长卷；绢本设色；27 1/8×784 1/2英寸(68.8×1994厘米)。局部。

资料来源：The Metropolitan Museum of Art，Purchase，The Dillon Fund Gift,1988[1988.350]照片©1989大都会艺术博物馆。

这三种马上乾隆皇帝绘画的细微差别，主要源自这三个场景位于极 *182* 不同的地点：第一个是在苏州，这是座典型的繁华、汉人居主导地位的南方城市(图9)；第二个是长城北面的承德避暑山庄(图10)；第三个是木兰围场内的行围地点，坐落在承德北面(图11)。在苏州的场景，乾隆皇帝的亲军装备仗剑，插入的看起来应是玉制剑鞘。入承德宫门的场景中，他们携带弓箭。在第三幅图中，乾隆皇帝携带自己的弓和箭囊，不再由一柄御用伞遮蔽阳光。

这三幅关于马背之上乾隆皇帝的绘画相似，有着同样重要的意义(或许意义更为重大)。首先，三幅图中乾隆皇帝的坐骑都有着与众不同的外表，像从喀尔喀(在1743年)和东哈萨克(在1757年)等内亚部落进

---

① 费赖之：《在华耶稣会士列传及书目》，下册，页864—867，注383。

图 9 局部。乾隆皇帝与贴身扈从

贡的马匹。① 第二、三幅图中乾隆皇帝的亲军着装相同，同皇帝一样，身穿 *183*
素色的马褂和箭衣。这种民族服装反映的是俭朴与实用，这与大草原上的
骑马生活密切相关。最后一点，也是最重要的一点，所有三幅图都强化了
乾隆皇帝作为马背上的内亚统治者形象，由他最忠诚和训练有素的满洲和
蒙古队伍簇拥着——不足为怪，所有这些队伍也都是在马背之上。

**图 10　乾隆皇帝进入热河。郎世宁《木兰图》，约 1750 年（卷 1，局
部）。巴黎吉美亚洲艺术博物馆。**

图片版权：法国国家博物馆联盟；图片来源：纽约艺术资源。

---

① 到 1520 年，这一部落联盟即现在的哈萨克人，已发展至约一百万。哈萨克是由大、中、小三
玉兹组成。1757 年，中玉兹（左翼即东哈萨克，也就是后来的大玉兹）的首领阿不赉抗拒来自
势力扩张的准噶尔的不断施压，派遣了使团与清朝建立贸易关系（米华健：《清朝与哈萨克在
伊犁与塔尔巴哈台的丝绸—马匹贸易（1758—1853）》；濮德培：《中国西进：清朝对欧亚大陆
中部的征服》，页 398—402）。

如果如欧立德所说，"骑马对于保存武德很重要"，①那么，巡幸提供了一种习惯，通过它就可以实现这一目标。乾隆皇帝南巡诗描述他经过府州县治地或是参观扬州、苏州、杭州等主要中心城市郊外名胜时，②到处都是说自己"策马""策骑""居鞍""乘马""按辔"等 。③ 而且，皇帝一行本身的行进就明确表达了强制骑马的做法。确实，"南巡渡黄后即循川途御舟，惟过郡县城郭必遵陆，策骑经行"。④

184
185

图 11　行围中的乾隆皇帝。艾启蒙《乾隆丛薄行围图轴》。北京故宫博物院藏。

资料来源：《清代宫廷绘画》，页 196；复制得到了北京故宫博物院的许可。

我将在第七章中进一步考察乾隆皇帝所赋予马上朝廷这一引人注目和无所不在的壮观场面的种种意义。这里，只需指出马上朝廷（由乾隆皇帝、他的亲军和高级文武官员所组成）唤起了有着军事表现形式的

①　欧立德：《满洲之道：八旗制度与帝制晚期中国的民族认同》，页 280。
②　例如，《苏州府志》，卷首 2，页 70b，《回跸至苏州》："回跸至苏州，夐门白御舟。郡城徐控辔，仄巷不鸣驺。接踵摩肩众，授衣足食谋。万民亲切意，两日得因留。"
③　全面的文献征引，见张勉治《马背上的朝廷：建构满人的民族—王朝统治（1751—1784）》，博士学位论文，页 504 注 147—164。
④　《南巡盛典》，卷 35，页 19a。另一个例子，见卷 23，页 19b。

图 11《乾隆丛薄行围图轴》局部。

民族—王朝统治的遗产。当然，正如上面所讨论的，这是对从陆贾开始 *186* 的汉族士大夫们所赞成、信奉已久的为政之道的极大背离。

身为射手的皇帝

射箭是又一种身体的训练，开国先人们的民族—王朝的美德借此长久保持并得以展现。1742 年中，乾隆皇帝在一首诗中告诫他的亲军：

> 我朝弧矢服天下，
>
> 太平讵敢忘戎马？
>
> 吁嗟荩臣听予言，
>
> 克念尔祖勤劳者。①

乾隆皇帝对弓箭的尊崇不纯粹是功用性的，因为这些特别武器的效能并不决定它们的价值。在乾隆皇帝看来，喜欢火枪的兵丁不一定就能展现出"满洲人应有的素质"。1750 年 12 月 6 日，在西巡途经河南时，乾隆皇帝阅视了开封的驻防八旗，评价了索伦部旗人令人忧虑的趋势：

> 我满洲本业原以马步骑射为主，凡围猎不需鸟枪，惟用弓箭。

---

①《清高宗（乾隆）御制诗文全集》，"御制诗初集"，卷 9，页 24a。

> 索伦等围猎,从前并不用鸟枪,今闻伊等不以弓箭为事,惟图利,便
> 多习鸟枪。夫围猎用弓箭,乃从前旧规,理宜勤习……伊等如但求
> 易于得兽,久则弓箭旧业必致废弛。①

在乾隆皇帝看来,精于骑射证实了八旗兵丁个人的勤奋和道德品
格,这是他文化保守主义的组成部分,是对"真正"满洲身份怀旧的具体
表现。皇帝巡幸和狩猎是两种促成手段,可以保存骑射。武力和民族——王
朝区别的主题给南巡所带来的东西,迄今几乎没有受到历史学家关注。

凭借皇帝的命令,骑射已成为满洲人的身份象征,乾隆皇帝自己身
体力行,体现出他想灌输给他人的理想。在南巡路上,他常常骑在马上
并亲自(或是带领亲军)射箭,为的是展现鲜活的满洲尚武传统,重申清
朝成就所公认的尚武基础。

年轻的乾隆皇帝将自己想象成军人,极其自豪地展示他的箭术。
1749 年秋,赵翼首次来到北京后不久,②这位二十二岁的年轻人——他
后来成了盛清时期著名的历史学家和诗人,目睹了乾隆皇帝"最善射"的
成就:

> 上最善射,每夏日引见武官毕,即在宫殿门外较射,秋出塞外亦
> 如之。射以三番为率,番必三矢,每发辄中圆的,九矢率中六七,此
> 余所常见者。③

在京城时,赵翼与京中大员刘统勋(1700—1773)④、汪由敦(1692—
1758)⑤等一起生活并为他们服务,这种雇佣给他提供了许多观察皇帝的
机会。然而,并非所有的京中士大夫都如此了解他们君主的能力。例
如,来自浙江北部嘉兴府的钱汝诚(1722—1779)⑥在 1749 年末,看见皇

---

① 《大清高宗纯皇帝实录》,卷 374,页 9a。
② 赵翼,见恒慕义编《清代名人传略》,页 75—76。
③ 赵翼:《簷曝杂记》,页 8。
④ 恒慕义编:《清代名人传略》,页 533—534。
⑤ 同前揭书,页 943。
⑥ 同前揭书,页 147;《清史稿》,卷 305,页 10510。

帝"偶在大西门前射,九矢九中","叹为异事,作《圣射记》进呈"。然而,对 ₁₈₈
赵翼来说,钱汝诚"不知圣艺优娴,每射皆如此,不足为异也"。①

赵翼和钱汝诚,对于乾隆皇帝箭术的文字赞颂,自然是具有竞争性
的逢迎行为,但他俩不可能是仅有的试图迎合皇帝嗜好之人。皇帝了不
起的表现也感动了皇帝的师傅齐召南(1706—1768)作诗称颂,②而身在
扈从队伍、前途远大的年轻官员钱维城(1720—1772)③(我们很快还会再论
及此人),创作了许多赞颂乾隆皇帝精于射箭的诗歌。④ 逢迎似乎得到了
回报。

乾隆皇帝开始巡幸后,途经各省更多的汉族士人以及旗人,就有机
会对乾隆皇帝的箭术心怀敬畏。例如,1751 年首次南巡,刚渡过长江,皇
帝的船队经由大运河靠近常州府治地,乾隆皇帝做《射》诗一首以资
纪念:

> 舣棹河滨早,
>
> 捫弦弓手调。
>
> 旅登皆有度,
>
> 连中岂须骄?(原注:是日发十矢九中)
>
> 问俗来南国,
>
> 诘戎重本朝。
>
> 从行诸将士,
>
> 慎尔励勤翘。⑤

在这首寓意民族—王朝活力的诗中,皇帝的队伍方阵启行"有度",皇帝 ₁₈₉
则展示箭术,十射九中。前面说过,射箭对于乾隆皇帝来说,远不止是技
艺,它象征着日益法定化且具体化的满洲人的文化和身份。通过自己的

---

① 赵翼:《簷曝杂记》,页 8。
② 昭梿:《啸亭杂录》,页 13—14。昭梿的记载是乾隆二十射十九中,非十射九中。
③ 恒慕义编:《清代名人传略》,页 158;《清史稿》,卷 306,页 10519—10520。
④ 钱维城:《钱文敏公全集》,卷 2,页 2a—b;卷 2,页 10a。
⑤《南巡盛典》,卷 8,页 2a。

箭术活动以及对此的赋诗描写,乾隆皇帝及朝臣铸造了满洲人实力的政治审美化。

阅武

然而,整个 1750 年代,乾隆皇帝对于甚至是他最为心腹、家产制的在京及各省军队的表现,依旧失望。如前所述,木兰围场是重要的训练、检验并保持骑射的竞技舞台:"朕每年行围射猎,正为使官兵等熟习骑射,不至废弛。"然而情况却是,在近十年的木兰秋狝之后,皇帝精锐的亲军还有各省驻防八旗军队步射技艺仍旧"平庸"。1750 年 6 月乾隆皇帝阅视他的侍卫时,发现仅有七人能射中靶心,其余的都是"半途坠地不能到靶者"。乾隆皇帝尤其恼怒,是因为"侍卫更非寻常武员可比",作为家产制专制统治军队的骨干,在制度上,他们被指定为"满洲旧俗"的旗手。他们负有保护皇帝安全的职责,"马步射尤关紧要"。[1] 因表现令人难堪,侍卫们罚俸三个月,他们的长官领侍卫内大臣罚俸一年。

各省驻防八旗也有着同样的困扰。一年前(1749),第五次木兰秋狝期间,乾隆皇帝考查四个省的驻防八旗,他们与驻扎围场的军队较射。[2] 检阅中,这些省里军队的技艺"生疏","弓软不及布把,甚至半途落地"。如往常一样,乾隆皇帝将怨气发到了各省驻防长官身上:

> 各省将军、副都统,俱有训练官兵之专责,除操演官兵外,并无别项官差。此事尚不经心,将复何事可办?今官兵技艺,该管大臣等不事教演,以致生疏,殊属非是。[3]

乾隆皇帝看到木兰秋狝对于各省驻防八旗的武备没有多少推进作用,遂加强了对于驻防八旗的阅视。[4] 他颁谕:"荆州等四省将军、副都统、城守

190

---

① 《大清高宗纯皇帝实录》,卷 367,页 10b—11a。
② 这些兵丁自来荆州(湖广,今天的湖南和湖北省)、青州(山东)、乍浦(浙江)、开封(河南)。同前揭书,卷 344,页 10b。
③ 同前揭书。
④ 上一章指出,乾隆皇帝也决定从 1751 年开始每年木兰秋狝,而不是隔年进行一次。

尉,令其留心训习各该管官兵",并许诺"朕躬亲看,或特派大臣查看"。①
这并非空头威胁,乾隆皇帝在他西巡和南巡期间,确实检阅了驻防河南、
山西、山东、江苏、浙江的八旗军队。

乾隆皇帝的历次南巡,都在浙江省城杭州和江苏省城江宁的驻防城
内的校场检阅军队。检阅的核心内容实际上主要是驻防八旗和绿营军
队参加的会操。为了联合阅兵,每省八旗和绿营各选 1 500 人,总数共
3 000 人。这种满汉会操的做法是 1751 年初制定的,当时两江总督黄廷 *191*
桂和江宁驻防八旗将军保德认为可供检阅的八旗军队不足。他们指出
江宁四分之一(约 1 000 人)的驻防八旗驻扎镇江(京口),从这个地方出
发巡视长江和大运河的汇合处。其余的 3 000 兵丁,或是参与最后备办
南巡工作,或是忙于他们的日常职责。而总督黄廷桂手下约 2 000 绿营
兵,大多数正在全省各地执行日常任务。② 黄廷桂和保德认为"若满汉各
自分操备阅,为数既少,队伍不密,似不足以壮军威而整肃观瞻",③他们
强调检阅的视觉效果。他们请求举行会操,皇帝俞允。以后乾隆南巡期
间所有检阅各省军队都遵循 1751 年的这一成例。④

军队操演的前一天,驻防八旗将军和总督向行在兵部提交阵图和接
受检阅各部队的名单以供御览。⑤ 第二天,检阅开始,海螺吹响,八旗人
马在阅兵台前各就各位。吹海螺的兵丁在校场左右侍立,信纛插在阅兵
台对面,有五十丈远。火器兵在阅兵台前列队,面向阅兵台,距离四十丈 *192*
远,骁骑兵排列在它的左右。这些队伍后面站立两队绿营兵。在火器兵
前面,精锐的前锋营兵丁站在整个队列的中心位置,驻防八旗的骑兵站

①《大清高宗纯皇帝实录》,卷 344,页 11a。
②《南巡盛典》,卷 85,页 10a。分别有 4 000 名和 2 000 名八旗士兵驻防江宁和杭州。这些驻防
　八旗的确切规模和构成的估算,见欧立德《满洲之道:八旗制度与帝制晚期中国的民族认
　同》,页 369—370;《清会典事例》(光绪),卷 545,页 10b。
③《南巡盛典》,卷 85,页 10b。
④ 同前揭书,卷 85,页 30a—b;卷 86,页 5a—6b。《钦定南巡盛典》,卷 77,页 10b—11a。黄廷
　桂、保德引述了一个在直隶保定府举行满汉合操的更早先例,见《南巡盛典》,卷 85,页 10b。
⑤《南巡盛典》卷 85,页 22a—b;《钦定南巡盛典》,卷 77,页 14a—15a。

分列左右两侧。

操练的第一部分由驻防八旗的步兵和骑兵听命号旗和海螺所给信号进行演操。在这些队伍回到原位后,海螺停止吹奏。红旗摆动,火器兵枪炮齐放,一次两队。海螺吹响,两队火器兵前进一丈五尺。击鼓,两队炮兵前进;鸣锣,止步。如此七遍之后,骑兵开始护卫火器兵回到整个队形的后面。第十遍之后,所有枪炮齐发。红旗给出信号,火器兵列队形成七个开口即"七门"。海螺吹过,绿营兵第一队(排在火器兵后面的)前进入"门",当他们与火器兵队伍并齐时,海螺再次吹响,他们止步,同时呐喊。当第一队向前走出二十丈时,第二列绿营兵也开始如此操练。这两队绿营兵并齐,火器兵——位于队伍后面——前进,而此时绿营兵散开,回到他们的原位。海螺再次吹响,所有的队伍回归原位。①

除了合操,皇帝对于驻防八旗的检阅还包括其他很多活动:步射、骑射、花马箭、藤牌军、摔跤。② 水师、河防标兵(来自京口的八旗兵和驻扎太湖的绿营兵)的检阅,在长江江心的金山岛举行。③ 尽管也为检阅乍浦(位于浙江省杭州湾北岸)的水师作了准备,但他们不是重点,乾隆皇帝或派一位大臣前往乍浦进行检阅或是将检阅取消。④ 南巡期间,福建的一支200人的藤牌水师以及其他特种水师也定期前往杭州以东的钱塘江,接受检阅。⑤ 然而,来自杭州和江宁的驻防满洲和蒙古八旗总是这些检阅的主要对象,甚至在上述的合操中也是如此。

人们一眼就可以看出,乾隆皇帝对各省驻防八旗的检阅是一场高度

①193（页码）

① 这里的描述出自《南巡盛典》,卷87,页 2b—3a;卷88,页 2b—3a。阵图,见前揭书,卷87,页 1b—2a 和卷88,页 1b—2a。
② 同前揭书,卷85,页20b;卷85,页31a—32a;卷85,页33a—b;卷86,页7;卷86,页14a—15a。
③ 同前揭书,卷85,页12a—13a,14a—16a。阵图,见前揭书,卷87,页14a—25b。
④ 同前揭书,卷85,页17a—19a;卷86,页12a—13a。
⑤ 同前揭书,卷85,页21a—22a;卷86,页14a—15a;卷86,页16a—b;卷86,页17a—b。阵图,见前揭书,卷88,页4a—15b。

仪式化的演练,最后必定是每位指挥官与参演人员都得到赏赐。①　然而,在一些场合,乾隆皇帝剥夺那些技艺生疏者的奖赏,②或是额外嘉奖表现突出的兵丁。③　换言之,皇帝的这些阅兵并非了无意义或敷衍之举。乾隆皇帝在纪念他于 1762 年检阅江宁驻防八旗的诗中重申了此点: 194

> 白下扼冲教,
>
> 将军分节符。
>
> 百年久休养,
>
> 一日此陈铺。
>
> 技奏桓如虎,
>
> 恩颁藻跃凫,
>
> 谩云循故事,
>
> 嬉武戒殷吾。④

乾隆皇帝将南巡期间检阅军队,视为评估各省安全机器的机会,并且是必要时在制度层面上予以实质性改变的机会。例如,乾隆皇帝在 1750 年代重组了江宁驻防八旗,这与头两次南巡的阅兵有直接关系。先是 1751 年他取消了江宁驻防八旗的水师。接着 1757 年他在京口建立了一支水师,归江宁驻防将军管辖。⑤

值得关注的是,谈及武备时,汉族士大夫显得急于站在朝廷的立场

----

① 遵循皇帝西巡途经河南时的成例,浙江、江南巡抚得到大缎三匹;总兵官、城守尉得到大缎一匹、丝缎一匹;参将、佐领得到丝缎一匹;都司、守备、防御得到金奖武牌一面;千总、把总得到银奖武牌一面;骁骑校、满洲兵每人得到一月银饷;绿营兵每人得到银奖武牌各一面。此外,展现绝技的五位军官和两位兵丁分别获貂皮一张、武银牌一面。所赏粮佐由(布政使掌控的)藩库所拨,经费来自两淮盐税的捐输经费。赏赐的缎匹及武牌在广储司支领(《南巡盛典》,卷 85,页 20a—21a;卷 85,页 23a—b;卷 86,页 11a—b;卷 86,页 20a—b;《钦定南巡盛典》,卷 77,页 11b—12b;卷 77,页 12b—13a)。

② 一些场合,特别兵种(如来自福建水师的藤牌兵)或个人(如散闲的摔跤手)就没有赏赐。《南巡盛典》,卷 85,页 31a—32a;卷 85,页 33a—34a。

③ 1762 年和 1765 年杭州的检阅军队中,中三枪的枪手五人,每人得银牌两面;另有五人射中两枪,每人得银碑一面。同前揭书,卷 86,页 9a—10a;卷 86,页 18a—19b。

④ 同前揭书,卷 27,页 17b。

⑤《清会典事例》(光绪),卷 545,页 7b—8a。

进行宣扬。例如,乾隆皇帝 1751 年抵达杭州,检阅该地区驻防八旗,当时钱维城(我们前面已谈及这位来自江苏的年轻艺术家和抱负远大的扈从)恭敬做诗一首,记述了这一场面:

195

> 玉帐牙旗天上列,
>
> 金戈练甲日边明。
>
> 新成南国风云阵,
>
> 旧是东方子弟兵。
>
> 七校熊罴储上将,
>
> 六师帷幄仰中衡。
>
> 春蒐讲武仁皇典,
>
> 重听车攻慰众情。①

钱维城描绘了一种无法抗拒的敬畏感与期望,以及适合"东方子弟兵"的一以贯之的活力和纪律。然而,这些辞藻华丽的诗作掩饰了乾隆皇帝自己的忧惧。

乾隆皇帝发现,"行间踊跃倍常情",但他还是念念不忘军备的实际状况:"承平世恐军容驰,文物邦应武备明。……羽林旧将今谁是?"②乾隆皇帝诗作上述最后几句暗指了康熙皇帝早年检阅同一驻防八旗的诗作:"羽林旧将分防重。"③使用过往作战能力和锐气的典故,传递出乾隆皇帝对于当前这一代军事指挥官的疑虑。与乾隆皇帝自己对于形势更为焦虑的记述比照阅读,钱维城的著作似乎是诗歌的油膏,旨在抚慰皇帝深层的关切。

196 ## 领导层危机与八旗持续衰败(1750 年代)

钱维城的文学努力,对于减轻皇帝的担心可能不起什么作用。乾隆

---

① 钱维城:《钱文敏公全集》,卷 1,页 11b。

②《南巡盛典》,卷 10,页 5a。

③ 同前揭书,页 4b。

皇帝关注各省驻防八旗领导层的素质,毕竟源于以下事实:南方最高层八旗官员似乎已处于忘记他们最基本使命的危险之中。1750 年 5 月,当为即将到来的乾隆首次南巡准备检阅军队时,江宁驻防将军保德及属下请求,驻扎各省的满洲和蒙古八旗军队应该被认定——与在北京的满洲和蒙古八旗一起——有资格填补遍布全国的绿营所遗留的空缺。保德请求的核心是,假设**各省**旗人与他们的京城同道一样,拥有同样的任命和升迁机会。乾隆皇帝是如此看待这一问题的:

> 在京旗员准补绿营者,特因人数多、升途较少,且汉仗弓马,原可以表率绿营。是以通融办理。

> 各省驻防人等,皆为数无几,既不比京师之多,且设有协领、佐领、防御等缺,升途并无壅滞。伊等果能奋勉,自可涉历升途,又何必照京师之例,以致多占绿营武弁升用之阶乎!

乾隆皇帝澄清了这些事实,最后说:"看来保德等此奏,非为彼处官员升途起见,明系沽名钓誉,未悉设立驻防本意,甚属冒昧。"

保德请求的最初动机,可能如乾隆皇帝所认为的那样,是为了赢得声望。然而,保德的真实意图,也可能是为自己手下省里的那些旗人谋求实际利益。不论这对于朝廷来说会带来什么样的问题,但开放更多的绿营内部的晋升途径——绿营对于军事技能的审查不会特别严格——对于那些晋升道路上人满为患,以及军事才能实际上已松懈的许多人来说,可能是最直接的拯救措施。

最令乾隆皇帝气恼的是,保德钻营仕途的想法,遮蔽并令他看不到作为驻防将军的最基本职责所在,以及整个驻防体系的历史使命:"各省设立驻防官兵,原以弹压地方。该将军大臣等当思设立驻防本意,不时训练务使骑射娴熟,武备整饬。"如此令人沮丧的认识上的**堕落**,将会破坏武备,乾隆皇帝将保德降职,认为他"不胜将军之任"。[1] 1750 年 6 月

---

[1]《大清高宗纯皇帝实录》,卷 363,页 13b—14b。

13 日,乾隆皇帝任命有经验的将军锡尔璊取而代之,锡尔璊,满洲正蓝旗人,来自奉天。① 直至 1751 年初,保德一直使用江宁驻防将军官衔具奏,这可能是出于要保持备办乾隆第一次南巡指挥权连续性的考虑。② 事实上,直到 1751 年乾隆皇帝亲自检阅江宁驻防八旗结束后,锡尔璊才正式到任。在这次检阅结束时,乾隆皇帝赏赐这位新任将军一块匾额,御笔亲书——"整武钟山"。③

除为保德之事忧虑外,乾隆皇帝更不得不面对如下事实:即便是获允可以担任各省绿营指挥官的那些京营旗人在军事上也证明是无能的。1751 年 4 月 20 日,检阅江宁驻防八旗时,乾隆皇帝发现身任寿春绿营总兵的满洲人常岱"不能骑射"。④ 乾隆皇帝立即将他撤职,剥夺在蓝翎侍卫上行走的特权。⑤

不消说,所有这些,都不会令乾隆皇帝对各省驻防八旗这一安全机器有什么信心。相反地,乾隆皇帝的首次南巡似乎只是证实了他最为担心的:居住在江南繁华城市,给旗人所带来的腐蚀性效果。1751 年 8 月 30 日(南巡结束正好两个月后)乾隆皇帝评价八旗军队的涣散:

> 骑射乃满洲要务,从前旗人练习技艺,皆知以弗及人为耻。近

---

① 锡尔璊 1739 年参加翻译科考试中举。他担任江宁驻防将军六年——从 1750 年直至 1755 年去世。在此之前,1749—1750 年他担任青州驻防将军(《清代职官年表》,第 3 册,页 2281—2286;第 4 册,页 3273)。

②《南巡盛典》,卷 85,页 10b。

③ 同前揭书,卷 12,页 27a。

④《大清高宗纯皇帝实录》,卷 385,页 10b。这一问题贯穿整个 1750 年代。1760 年,乾隆皇帝评论那些已受命担任直隶绿营武职的满洲旗人官员,"难保无有废弛营伍,不能勤练兵丁,并身废骑射,惟图安逸"(《清会典事例》(光绪),卷 623,页 15b—16a)。两年后的 1762 年,他再次申明了并没有能实现旗员补放各省绿营缺的理想:"旗员补放绿营兵缺,特因满洲人员骑射素优,可作绿营兵表率,并非欲令在外安逸,徒占绿营之缺。伊等自应加意勤习骑射,可以为法绿营,何至偷安怠惰,骑射生疏?"(《清会典事例》(光绪),卷 623,页 16a—b。)

⑤《大清高宗纯皇帝实录》,卷 385,页 10b。共有九十名蓝翎侍卫。荣誉性蓝翎,是赏给皇帝的普通侍卫,以及六品以下官员,作为他们尽职尽责的奖赏(卜内特、哈盖尔斯特洛姆:《当代中国的政治组织》,页 27、498)。

来各图安逸,并不留心操练,朕欲挽积习而复旧制,亲先骑射,不惮勤劳,率众行围。①

乾隆皇帝对于旗人"图安逸,并不留心操练"的哀叹充斥着民族意涵。一年后的 1752 年,乾隆皇帝在"东南风土软弱"与"旗员久居其地"间建立起了因果链,这将不可避免地导致"耽于安逸,不得展其所"。② 这是皇帝所认为的极可怕的侵蚀作用,孔飞力称之为缓慢的"同化所造成的腐化变质",是在十足的繁盛而导致对立的社会和自然环境中产生的。③ 巡幸和狩猎是乾隆皇帝偏爱的"挽积习"和"复旧制"方法,以鼓励(甚至是迫使)旗人摒弃他们日益挥霍、放荡的生活方式。概括说来,它们是对于长期的商业化和人口增长趋势的一种文化上保守的无望取胜的"反动",而商业化和人口增长趋势都威胁到了家产制统治所赖以存在的忠诚和依附,使得这些面临着松动。④

南巡与准噶尔问题(1750 年代)

乾隆皇帝在第一次(1751)和第二次(1757)南巡期间全身心关注武备,这不仅是因为他身肩保存与众不同的满洲民族身份的根本使命,而且也因为他重新卷入了内亚复杂的部落政治。随着 1739 年准噶尔首领 *200* 噶尔丹策零与清朝皇帝间达成和平协议,准噶尔部日益壮大、繁荣。⑤ 然而,1745 年噶尔丹策零的死,触发他的次子、合法继承人策旺多尔济那木札尔,与长子喇嘛达尔札的权力之争。策旺多尔济那木札尔在 1745 年

---

① 《大清高宗纯皇帝圣训》,第 2 册,页 783。
② 同前揭书,页 908。
③ 孔飞力:《叫魂:1768 年妖术大恐慌》,页 66—72。
④ 濮德培:《中国西进:清朝对欧亚大陆中部的征服》,页 559。
⑤ 这一协议规定准噶尔与清帝国以阿尔泰山为界(恒慕义编:《清代名人传略》,页 759)。据庄吉发的研究,在 1759 年乾隆皇帝平定伊犁河谷和塔里木盆地之前,准噶尔部与清朝间的冲突是围绕边境和贸易事件。经谈判 1739 年达成协议,稍详的叙述见庄吉发《清高宗十全武功研究》,页 12—14。

取得权力,之后不久就暴露出身为首领能力的不足,1750 年他被一群大臣推翻,随后他的哥哥(庶出的)喇嘛达尔札被选为准噶尔的大台吉,这引发了内战。①

　　1750 至 1755 年间,乾隆皇帝日益意识到了准噶尔联盟内部罅隙日深。随着准噶尔内战持续,联盟内部许多小部落日益衰弱、贫困,一些向东逃至蒙古,携带全部财产,投降了清朝。事实上,乾隆皇帝在 1751 年首次南巡时,就邀请了准噶尔部落的使团加入扈从队伍。② 1751 年 3 月22 日,接见之后,乾隆皇帝在苏州行宫设宴款待准噶尔使者鄂尔钦及随从。③ 依惯常做法,他用诗记下了这一事件:

> 渠搜入贡值巡方,
>
> 后队随行许观光。
>
> 麾去招来遵我约,
>
> 氈裘帕额适其常。
>
> 三巡湛露申欢豫,
>
> 二月东风正艳阳。
>
> 深戒夸奢缠锦树,
>
> 盈宁略足示来王。④

乾隆皇帝自然希望,通过参观江南繁华的都市,给他的准噶尔客人留下深刻印象,然而面对苏州等城市的富庶,他也表达了矛盾心情,这将是下一章要细致探讨的主题。

　　内亚权贵出现在扈从队伍,也有着在更大范围让公众知晓的意图。至少苏州当地名人沈德潜——我们在第六章对他有更多探讨——在鱼

---

① 这一具有决定性的变化最终为清朝平定伊犁河谷和塔里木盆地铺平了道路(恒慕义编:《清代名人传略》,页 759;濮德培:《中国西进:清朝对欧亚大陆中部的征服》,页 270—72)。

② 这群准噶尔人可能是与名叫萨拉尔的宰桑(即大臣)有关系,他于 1750 年归降了乾隆皇帝(恒慕义编:《清代名人传略》,页 10)。

③《大清高宗纯皇帝实录》,卷 383,页 14a。

④《南巡盛典》,卷 8,页 11a。

米之乡目睹了这一部落间外交的特别事例。乾隆皇帝邀请沈德潜步其诗韵写一唱和之作,沈德潜别无选择,只能从命:

> 六龙南服正巡方,
>
> 即叙西戎仰帝光。
>
> 魋结陪臣修觐礼,
>
> 鸿胪大典肃朝常。
>
> 戴毣列席欢蛮语,
>
> 花柳垂筵际仲阳。
>
> 看遍吴氏轮爱戴,
>
> 归途传谕白狼①王。②

沈德潜将他和皇帝的诗作都写进了 1761 版的《元和县志》,他是该书的主纂,因此我们有把握相信,至少是在士人圈子,相当多的人了解这一事件。当然,不论沈德潜还是那些已读过这些诗作的汉族知名人士,都不知晓部落谈判的内部运作机制,不论是在江南中心地区纵深之处还是在长城以北的热河所进行的谈判。然而,准噶尔使团在苏州出现,引人注目又大肆渲染,这定然使人们意识到了乾隆皇帝正日益投入远方草原的事务。

安排并公开宣布要进行第二次南巡的复杂情形,进一步显示出乾隆皇帝日益卷入内亚事务。有材料令人信服地表明,早在 1753 年 12 月,乾隆君臣已开始准备第二次南巡。③ 而实际情况是,这些计划被一些始料未及的事件所打断。1753 和 1754 年,不断有人员归附,准噶尔日益分裂,乾隆皇帝相信,消除长期存在的准噶尔威胁,毕其功于一役的历史性

---

① 《元和县志》,卷31,页9b—10a。

② "白狼"是汉朝的一个县,属右北平郡。从晋朝(265—420)开始,称"白狼城"。古城墙坐落在北京东北约 193 公里的热河府——清避暑山庄和木兰围场的所在地(臧励龢:《中国古今地名大辞典》,页253)。

③ 《南巡盛典》,卷1,页35a。

机会就在眼前。①　心存此念,乾隆皇帝搁置了1755年3月第二次南巡的计划,全力以赴消灭已是摇摇欲坠的准噶尔部。

得知极度衰败的准噶尔现状,乾隆皇帝对于军事取胜踌躇满志,坚信不久之后要进行又一次的南巡。知道了清军即将取胜,乾隆皇帝于1755年6月23日恢复了巡幸的准备。一个月后,当时已是胜券在握,乾隆皇帝公开宣布他将于1756年春天进行第二次南巡。②　然而,这一胜利转瞬即逝。准噶尔的反叛者,也是此前清朝的同盟者阿睦尔撒纳(卒于1757年)③出人意料地在1755年12月反叛清朝,乾隆皇帝被迫再次将第二次南巡计划推迟。

一年后的1756年秋天,平定阿睦尔撒纳反叛成了拖延战,乾隆皇帝开始的对准之役必胜信心渐渐褪去。然而,一些事件又一次迫使乾隆皇帝采取行动。我已在别处探讨过,1756年江苏严重的洪涝威胁着每年的漕运,由于西北进行着始料未及的拖延战,这一形势更为急迫。④　1756至1759年,甘肃当地粮食供应压力尤大,这是持续性打击准噶尔和穆斯林伯克⑤的远征所造成的,这突出了需要解决黄河—大运河水利系统的洪水泛滥问题。这些未曾料及的事件交错在一起以及对于战略的关注,迫使乾隆皇帝公布在1757年春进行第二次南巡。我已另有文章分析了乾隆南巡的治水问题,⑥在这里,我只想指出,准噶尔问题和1755年阿睦尔撒纳的反叛,令乾隆皇帝在1757年第二次南巡期间全身心关注的不仅有水利(进而是来自长江下游的战略性粮食供应),而且还有武备。

---

① 1753年策凌(卒于1758年)的杜尔伯特部与1754年阿睦尔撒纳的和硕特部大量投诚清朝,剩下的准噶尔以达瓦齐(卒于1759)为首,处于衰败和孤立的境地(恒慕义编:《清代名人传略》,页8)。

② 《南巡盛典》,卷2,页3a;卷2,页6a。

③ 恒慕义编:《清代名人传略》,页9—10。

④ 张勉治:《洞察乾隆:帝王的实践精神、南巡和治水政治(1736—1765)》,页90。

⑤ 濮德培:《中国西进:清朝对欧亚大陆中部的征服》,页370—377。

⑥ 张勉治:《洞察乾隆:帝王的实践精神、南巡和治水政治(1736—1765)》。

　　1757 年离开北京后不久，还未到达江南，乾隆皇帝就表达了他决心将武备作为此次南巡的最重要之事：

> 悦心惟是励无逸，
>
> 观德端知重有方。
>
> 驻辇恒因试弧矢，
>
> 承平武备讵宜忘？①

渡过长江进入江南，在常州附近宿营，乾隆皇帝带领他的侍卫射箭： *204*

> 泽国涂泥艰射埒，
>
> 晴明是处得平陵。
>
> 和门适可观群艺，
>
> 破的休夸擅独能。
>
> 敢以升平弛武备，
>
> 讵忘弓矢是家承？②

当在杭州检阅军队时，乾隆皇帝表达了同样的想法：

> 旭丽惠风轻，
>
> 广场试阅兵。
>
> 百年偃虽可，
>
> 一日备须明。
>
> 气励熊罴旅，
>
> 勇轩阻练晶。
>
> 诘戎伊古训，
>
> 讵取诩升平？③

乾隆皇帝显然偏爱使用反问句，他是知道"诩升平"和"忘弓矢"所带来的

---

① 《清高宗（乾隆）御制诗文全集》，"御制诗初集"，卷 66，页 18b。

② 同前揭书，卷 68，页 21b—22a。

③ 《南巡盛典》，卷 17，页 6b—7a。

可怕后果的。

"谧升平"的认识多少有些讽刺意味。1750 年代不是和平的十年,而是有着极大不确定性和极不稳定的十年。黄河冲积平原正经历着一场日益严重的水利危机,许多中国内地人口最多和最繁荣的省份(河南、江苏、安徽)面临接连不断的水涝威胁。① 帝国的西北边疆,由于阿睦尔撒纳反叛以及大小和卓木叛乱,处于不断变动之中,在此无需赘述。② 清朝军事的种种问题解释了乾隆皇帝在 1757 年告诫武备的迫切语气。我们很快会看到,在西师大功告成之后,1760 年代这种急迫感消退了。

在我们转向讨论这一进展之前,还是要重申乾隆皇帝对于清朝军事——这直接关乎保持民族—王朝统治——衰败的忧心忡忡。在第二次南巡期间,当往南行经以前辽与北宋的边界时,乾隆皇帝检阅了一支射箭队伍,写了如下诗句:

> 淳化当年此北巡,③
>
> 阅强弩射铁林军,
>
> 宁知后世浸微弱,
>
> 五国凄凉泣朔云。④

诗中用典,指北宋与骑马弯弓的契丹军队[契丹所建的辽朝是所谓的外来征服政权,以季节性迁移闻名(见第一章)]之间的对抗,描述的是射箭

---

① 张勉治:《洞察乾隆:帝王的实践精神、南巡和治水政治(1736—1765)》,页 84。

② 阿睦尔撒纳、大小和卓木的反叛——由霍集占布拉尼敦(即大小和卓木)领导反对当地的回人伯克、阿訇,细致描述见庄吉发《清高宗十全武功研究》,页 65—104;濮德培:《中国西进:清朝对欧亚大陆中部的征服》,页 289—292。大小和卓木,见谢启晃等编《中国少数民族历史人物志》,页 318—319;恒慕义编《清代名人传略》,页 73。和卓木是苏非派圣人,他们宣称是先知穆罕默德的后人。到 17 世纪晚期,苏非派的一支纳什班底耶,已经来到并控制了塔里木盆地(altishar,突厥语即"六座城"之意)的绿洲。苏非派崇信者间教派的紧张关系以及和卓木与当地管理的伯克制度间关系,见贝杜维《鸦片与帝国:中国内地的禁烟(1729—1850)》,页 81—84。

③ 淳化是宋太宗年号(990—994)。乾隆皇帝指的可能是宋太宗(976—997 年在位)980 年针对契丹人的辽朝的战役(北巡)(脱脱等:《宋史》,卷 254,页 8899)。

④《清高宗(乾隆)御制诗文全集》,"御制诗二集",卷 66,页 16b。

与巡幸等做法所具有的对于民族—王朝而言更为丰富的意义。在乾隆皇帝看来，巡幸和射箭携手，都是军事演练的形式，而它们的荒废，对于清朝极其有害。编年史充满了引以为戒的军事衰败故事，而最吸引乾隆皇帝的，是那些强调因忽视军事所招致的民族—王朝危险。作为清史的研究者，我们应该将这些民族的意义和始料未及事件的影响，很好地融入我们对乾隆南巡以及一般意义上皇帝巡幸的理解。

帝国与南巡中的耀武扬威（1762 年）

1760 年代早中期是清朝重要的分水岭，这时乾隆朝六十年过半，乾隆皇帝业已基本上稳定了黄河—大运河体系，平定了西北，解决了长久以来被认为难以对付的两大问题。人们会认为，这些事件的转变极大地影响了乾隆皇帝在中国内地的统治进程，这在 1762 年第三次南巡中表现得尤其明显。

乾隆皇帝认为，八旗内部的军事衰败威胁着整个清朝政体。在他看来，以清朝帝室及旗人为代表的士气和纪律，就是盛世、开明政体以及广袤帝国的坚实基础。换言之，乾隆皇帝将清朝统治的辉煌成就——全体人民所享有的文明、稳定与繁荣——归因于征服者精英在所有国家事务尤其是军事事务中纪律严明的积极行动。

从最开始，乾隆皇帝就将武备吹捧为盛世和开明政体出现（大概还有保持）的前提条件。在此过程中，他有效地将军事衰败的危害认识推广至普通民众，包括汉族百姓。第一次南巡期间，乾隆皇帝在检阅了江宁驻防八旗和绿营军队后，书写了一副匾联。

> 匾：整暇精严
>
> 联：诘戎宜豫升平日，
>
> 　　振武**先**殷文物邦。①

这副匾联悬挂在江宁驻防八旗校场的阅兵台。 *207*

———————————
①《南巡盛典》，卷 12，页 24b。

　　许多汉族士大夫已欣然接受武备和仁治**彼此依存**，尤其是因为这一表达，能够从经典政治理论找到根据。在"阅武"一卷充满赞美的序言中，《南巡盛典》(约 1771 年)编纂者强调了文武权力间的**互补**(但不必然是因果)关系，所引用的权威说法正是孔子自己的话："臣闻：有文事者，必有武备。卫国安民之道，莫要于此也。"①他们引据更多经典，强调军务的重要：②

　　　　《易》之"师"曰：容民畜众；③"既济"曰：思患而豫防之。④

　　"既济"卦辞中的预防思想是显而易见的。"思患而豫防之"就是告诫要保持军事警惕，甚至是在和平时期或是军事行动"既济"之后。卫礼贤认为，这一段强调的是在文武力量间达致并保持和谐的**平衡**。⑤

　　对于"师"，卦辞释意则远为直接，值得进一步讨论。"容民畜众"背后是一种假设，即军事力量源自经济强大和人口繁盛，而这反过来又是宽仁统治的结果。⑥ 这一逻辑自身植根于从全体人民征兵的思想。⑦

　　然而，《南巡盛典》的编纂者，改编了这些经典原则。在"阅武"卷的序言中，清朝官员祝贺乾隆皇帝近来对于金川土司、准噶尔部以及回部的军事胜利，作为"生民未有之丰功骏烈"，在和平、繁荣与武备之间搭建了密切的联系，他们接着说：

　　　　六幕之内耕凿宴如，不知钲鼓铙镯为何事。内地如江浙之间益

---

① 同前揭书，卷 85，阅武序言。这句话源于司马迁《史记》中孔子的传记(司马迁：《史记》，页 1915)。
② 卫礼贤译：《易经》，页 31—35、420—25；理雅各英译：《易经》，页 71—72、220—21、275—277。
③ 卫礼贤译：《易经》，页 244—248。
④《南巡盛典》，卷 85，阅武序言。
⑤ 卫礼贤译：《易经》，页 245。
⑥ 同前揭书，页 33."'水不外于地，兵不外于民。'当危机来临，百姓都可以披甲出战；战争一结束，他们又都解甲归田。君主对百姓宽容，就会赢得百姓爱戴，百姓享受仁政，就会变得强大。殷实的百姓对国家军力是很重要的。随着百姓经济状况的改善和宽政的施行，这种力量必将会发展壮大。只有当国家和百姓之间形成了无形的纽带，百姓像地水受大地荫庇那样得到国家的保护，战争才有可能取胜。"
⑦ 同前揭书，页 422。"因为古代的军役是强制性的，所以兵源才能像地水一样源源不断。'故能养民，则可以得众矣。'"

复优游太平，乐其乐而利其利，自古兵民鲜若斯之**相安**、不相耀也。①

将近来在遥远战场的胜利归因于"皇上广运圣神，仁育义正"，这是征服的一种标准的委婉说法；然而，这些取胜的战役"生民未有之丰功骏烈"，这种认识，显然与上述所讨论的经典注释相背离。尤其后一句断语与一个全面繁荣的国家最终源于仁政而非武力的思想相矛盾。《易经》的这些注释包含有强大武力是繁荣社会的结果，而非原因的认识，而《南巡盛典》的编纂者完全颠倒了这一逻辑。

他们在兵丁与百姓之间划出一条清晰的界线，这样做背离了经典注疏。战时从普通民众之中招募兵丁的想法完全不见于他们的思想。18世纪，居住在中国内地的帝国普通臣民不服兵役（也不要求他们这样做）。相反地，由于他们"耕凿宴如，不知钲鼓铙镯为何事"，只是"乐其乐而利其利"。在这段话中，"内地"特别是江南地区的普通汉人，被刻画为独立（而且对于满洲人来说，是世袭的）军事力量（即八旗和绿营，他们肩负着保卫清帝国安全）的受惠者。说完这些后，序言作者继续激发起一种文武力量两个领域互补的理想，因此也为下述的可能性留有了空间：中国内地农业和商业经济的蓬勃发展，可能对于清朝在帝国内亚边疆的胜利做出了贡献。②

然而，乾隆皇帝公开声明，清朝的军事胜利，与江南的繁荣，或者说与绿营兵没有多少关系，甚至一点关系都没有。乾隆皇帝将平定新疆只是作为**民族—王朝**一长串胜利中的又一个而已。乾隆皇帝在1760年12月8日的上谕中重申了这一点：③

---

① 《南巡盛典》，卷85，阅武序言。

② 赞成这种立论的，可见濮德培《十七、十八世纪中国、俄国与蒙古的军事动员》，页775—781。濮德培集中讨论"中国不断增长的一体化市场"以及清政府加强获取粮食能力的问题。可能与目前讨论极有关系的，是他指出："清初统治者真正的取胜之处，是他们能够从急速商业化的经济中取得资源，满足国防需要，而没有造成对农村经济的过度破坏。"（页779）戴莹琮近来的著述也支持了濮德培观点，见戴莹琮《金川之役中的清政权、商人和战争夫役》《盛清军队中的营运生息（1700—1800）》。

③ 欧立德（《满洲之道：八旗制度与帝制晚期中国的民族认同》，页205、453注141）将这一上谕的时间定为1752年。

若论我国家用兵,自开创以来暨近日平准夷,荡回部,皆我满洲及索伦勇将健卒,折冲万里,葳成大功,绿营兵尚无所用。①

可以说,在皇帝和官员的话语中,武备与和平繁荣之间不是互相依存关系,而是因果关系。换言之,乾隆皇帝将民族—王朝的军事力量描述为一个重要的(即使不是**唯一**)有创生能力的原则,支撑着江南臣民所享有的和平繁荣。

对乾隆 1759 年平定新疆,与江南、浙江等富裕省份所享有和平繁荣间的因果关系的阐述,是这种耀武扬威的典范。这种类型的耀武扬威自然就成为 1760 年代南巡的特色,而乾隆皇帝急于提醒内亚和长江下游的精英,将"新疆"纳入帝国,这是民族—王朝例外主义和武力的最好、最直接的证明。②

在乾隆皇帝的扈从人员中,内亚部落当权者引人注目的现身及精心安排的亮相,令乾隆 1762 年第三次南巡有着炫耀胜利的氛围。乾隆皇帝在 1762 年 3 月 8 日抵达扬州后,接见了哈萨克的策伯克③及随员,赏赐他们不同品级的冠服。④ 这些哈萨克人不是此次南巡中仅有的最近归附的内亚部落首领。一同接见的还有以回部伯克和投诚的霍集斯为首的一班维吾尔贵族,他们来自塔里木盆地绿洲和阗、乌什(位于阿克苏西面、喀什噶尔东北)等地。⑤ 在扬州,乾隆皇帝宴请他的哈萨克和维吾尔

---

① 《大清高宗纯皇帝实录》,卷 622,页 3b;欧立德:《满洲之道:八旗制度与帝制晚期中国的民族认同》,页 205。

② 对乾隆朝这些官方庆祝胜利方式的更全面描述,见卫周安《十八世纪中国的纪念性战争》。

③ 新疆的伯克制度,见林恩显《清朝在新疆的汉回隔离政策》,页 68—108。

④ 《大清高宗纯皇帝实录》,卷 654,页 17a;《清史稿》,卷 12,页 458。

⑤ 《清史稿》记载,实际上,霍集斯最初是和阗而不是乌什的伯克(和阗在塔里木盆地的西南部,见谭其骧主编《中国历史地图集》第 8 册,页 52—53 的⑦- 6)。然而,在第一次对准之役中,1755 年在乌什擒拿达瓦齐问题上他起着关键性作用,达瓦齐(与阿睦尔撒纳一起)是准噶尔汗位的争夺者(《清史稿》,卷 76,页 2388)。霍集斯于 1758 年 10 月 28 日投降清朝。两天后(1758 年 10 月 30 日),绿洲城市乌什投降。1758 年 12 月 21 日,霍集斯因功赏赐贝勒爵位(《清史稿》卷 12,页 445)。霍集斯在平回战争最后阶段继续起着极重要作用。1759 年 3 月 30 日,乾隆皇帝令霍集斯陪同舒赫德占据其家乡和阗,以切断敌军可能逃跑的路线(同前揭书,页 447)。塔里木盆地大小和卓木更多的历史背景,见史华兹《东突厥斯坦的和卓家族》。

客人，其他的皇帝高级扈从以及来自江南和浙江的地方官员。[1]

与既往的做法一样，皇帝在南巡诗歌中展现了这些内亚权贵的存在。一首名为《哈萨克使臣到，因携观广陵风景》的诗写道：

哈萨朝正贡马频，
路遥迟到值南巡。
因教驰驿来江国，
便挈行春阅绮阛。
昔岁观光称使者，(原注：辛未，准噶尔使臣曾命至苏州赐谕。尔时准夷尚未剿灭，哈萨克原属准夷，不通中国也。)[2] 212
今番优赉实陪臣。
广陵鄂畚(原注：哈萨克地名)何南北，
总我心怀抱保赤人。[3]

扬州郊外览胜时，乾隆皇帝继续描述来自内亚的朝贡者。[4] 除让他们参观江南名胜外，乾隆皇帝也希望通过其他方式给他的内亚臣民(维吾尔人、哈萨克人)留下深刻印象，从展现内地百姓的祥和幸福到更为明确的武备展示。[5] 1762 年，哈萨克部落首领随行，向南最远到达长江的金山岛，在那里检阅了水师，这是为了教诲他们："奚缘阅水操？"乾隆皇帝问道，"哈萨扈巡艘，欲示诘戎制"。[6] 后来，这些新归附的哈萨克"陪臣"被护送北上回京，在那里等候，直到皇帝 5 月初返回。而郡王霍集斯，这位来自和阗、乌什的穆斯林伯克，及其随员继续跟随圣驾

---

①《大清高宗纯皇帝实录》，卷 654，页 17a。
② 清朝与东哈萨克间直接外交和贸易关系的正式建立，要到第二次平准之役期间的 1757—1758 年。米华健：《清朝与哈萨克在伊犁与塔尔巴哈台的丝绸—马匹贸易(1758—1853)》；濮德培：《中国西进：清朝对欧亚大陆中部的征服》，页 398—402。
③《南巡盛典》，卷 23，页 13b—14a。
④ 同前揭书，页 14b。
⑤《南巡盛典》，卷 3，页 19a。
⑥《乾隆起居注》(台北)，乾隆二十七年二月十六日(1762 年 3 月 11 日)；《南巡盛典》，卷 23，页 20b；卷 23，页 22a—b。

到达杭州,那里他们目睹了另一场检阅军队——这一次是杭州的驻防八旗。①

乾隆皇帝个人对于1762年杭州驻防八旗表现的评论,与1750年代检阅的评论有着显著差别。一首用作纪念的诗作反映了皇帝心绪上的变化:

> 时巡江国驻行骖,
>
> 武备于今阅已三。
>
> 敢际定遐忘要政,
>
> 实关计久讵常谈。
>
> 扈随况有新乌什,(原注:回郡王霍集斯,旧为乌什部长,今居之京师,扈跸来此,命预观。)
>
> 统制由来旧耿弇。②(原注:杭州将军福禄曾为西路军参赞,③事毕命驻杭州统兵。)
>
> 未御射侯缘臂病,(原注:自去秋偶患病艰,致弯弧马上犹可勉为,为步射不能如式命中,故遂弗为。)
>
> 诘戎身先略怀惭。④

乾隆皇帝继续告诫要防止军事松懈,尤其是在“定遐”即平定了远方之后。然而,他也显得不怎么对武备焦虑了,而是更满足于陶醉在最近武功的胜利余辉之中。

一改1751年和1757年般对于杭州驻防武备的严重质疑,乾隆皇帝选择在1762年推出与最近结束的西师有关系的两位重量级人物:八

---

① 《南巡盛典》,卷25,页13b。

② 就是说,他是位战争英雄。耿弇(2—58)是帮助建立东汉王朝的有功之臣。王莽(9—23)篡立期间,耿弇是刘秀坚定的支持者,刘秀后来成了东汉的第一位皇帝(光武皇帝)。耿弇打败了张步,平定了山东,立下非凡军功(臧励龢:《中国人名大辞典》,页837)。

③ “参赞”也可译作“military consultant”或是“grand minister consultant”,见贺凯《中国古代官制辞典》,页519,第6892—6893条。(本书的翻译是“aide de camp”。——译者注)

④ 《南巡盛典》,卷25,页13b。

旗将领福禄与回部首领霍集斯。当然，武备本身自然仍是"要务"，但乾隆皇帝让人们关注霍集斯的在场，是为了具体地表明自己军队的作战本领。很显然，乾隆皇帝旨在让人们注意这位乌什回部统治者。然而，考虑到西师最后的结果与霍集斯很早就归降了清朝，人们会好奇，他或其他任何的内亚首领是否有资格作为清朝军事实力的具体明证？214 情况是，人们只留有独特的印象，就是乾隆皇帝也意欲将维吾尔和哈萨克部落首领的现身南巡，作为清朝军事力量的小小纪念物，以供更广大的民众消遣。乾隆皇帝对于福禄安排也相当精心，决定任命这一"老耿弇"、西师的坚定支持者为杭州驻防将军，这是为振作军队而采取行政上的努力，并是象征性姿态，旨在向江南臣民提醒满洲人的英勇。最后，乾隆皇帝自己身体有恙，这可以解释他为什么如此热衷于展现维吾尔郡王霍集斯以及满人领将福禄，作为他诗作中意识形态的重点。然而，我们也可从乾隆皇帝明确承认自己不能以身作则率领军队，读出这不仅是个人遗憾的标志，而且也是他有着根本信心的标志。乾隆皇帝诗作中多少存在有补偿性的语气，好像是他感觉到，需要显得谦逊一些，对于他最近的军事胜利，避免过于洋洋自得，或表达得过于直接。而且，只有头上胜利的光环无比夺目，乾隆皇帝才会如此公开承认身体上的虚弱。

乾隆皇帝想要庆祝在新疆的胜利，不仅可以通过向他的维吾尔和哈萨克陪臣炫耀武力，而且可以通过强迫汉族精英为他鼓吹。例如1762年，乾隆皇帝选择"观回人绳技"作为江宁召试的诗赋题目（对于召试的详细讨论见第六章）。回人达瓦孜（绳技）表演者是乾隆皇帝扈从中霍集斯手下的维吾尔人，这些人于1762年和1765年在扬州近郊的高旻寺和叉北桥做了表演。① 乾隆皇帝选择这一主题很显然意在从汉族学者那里得到对近来军事征服的赞扬。乾隆皇帝并没有失望。

① 《录副奏折》（北京），巡幸行围类，缩微胶卷020，号0649—0651，高恒，乾隆三十年元月二十四日（1765年2月13日）。

扬州富裕盐商子弟、富有学识的程晋芳（1718—1784），是来自安徽歙县的监生，①他在辞赋的起首写道："圣天子统金瓯而敷治"，接下来说：

> 翠辇巡春，番长观寰中之盛，珠绳献技，南民获意处之观。维此回部至自西台，神威率服……②

程晋芳自己当然顺从清廷的权威，因他的颂辞而被取中一等。下两章详细讨论在南巡期间，乾隆皇帝使用寻求得到汉族精英支持的各种办法。这里，我们只是指出，汉族士人也完全认识到了乾隆扈从中的内亚人士，以及这一事实的更广泛意义。

乾隆皇帝不仅想向非汉族的部落首领炫耀江南的繁华，而且也向他的南方臣民展现他在内亚军事统治的切实证据。皇帝所编排的内亚人士和汉族精英在长江下游地区的见面，意在提醒双方，他们只是一个幅员更为辽阔、多民族帝国的一部分，这一帝国不是任一特定疆域所构成，而是由一个移动满洲朝廷的军事力量和美德所建立。这正是民族—王朝主权的意义所在。对于我们立论来说更为重要的是，乾隆南巡期间，内亚陪臣现身江南，给学者及商人留下的印象是：这些人来自塞外极远的被征服地区，表明了朝廷对他们的胜利与统一。更直白地讲，清朝当权者在南巡期间所要表达的，既有军事的**又有**民族的意义。

结论

从中国中心视角看，随着三藩和台湾郑氏集团的失败，清朝的征服表面上结束于 1680 年代初。然而，从更广义上讲，征服的过程仍在继

---

① 18 世纪时，扬州盐商家庭的商业财富如何日益负担士人的生活方式，程晋芳是这方面绝好的例证。更多介绍，见恒慕义编《清代名人传略》，页 114；何炳棣《扬州盐商：中国十八世纪商业资本主义的一个研究》，页 159。

②《南巡盛典》，卷 82，页 3b。

续，这一王朝政权在下一个百年间长期保持战争状态，一直到 1780 年代。整个 18 世纪，对于蒙古草原和西藏高原、四川西部的山地以及塔里木盆和伊犁河谷的沙漠和绿洲，也有热带气候的缅甸、安南、台湾岛，清朝军队继续进行征服战争（成功的程度各不相同）。这一持续性的战争状态不可避免地影响清朝在中国内地统治的进程，尤其是当该地区成为 18 世纪中叶清朝战争机器的一个后勤供应不可分割的组成部分时。[1] 卫周安近来将这一历史进程的意识形态层面，描述为"清朝的一个长期战略：将军事胜利的意识与称颂，灌输进中国的主流文化"，"有意重塑文化，以突出一种更显著的军事气质"。[2] 本章已详述了巡幸尤其是乾隆南巡，在 18 世纪清代政治文化的军事化中所起的作用。

乾隆朝初年（1740 和 1750 年代），皇帝对满洲人武力的信心渐渐褪去。清朝征服中国内地对于江南大多数居民来说，已是遥远的记忆，对于许多旗人来说也是如此。[3] 就乾隆朝廷而言，清朝对于长江三角洲的 _217_ 百年统治根本不是庆祝的原因，情况恰恰是，和平时代的开始以及征服中国内地记忆的消退——加之西师的不确定性——引发了朝廷的深度焦虑。这些历史发展，在 1740 和 1750 年代交汇，似乎既对军队的效能也对满洲人军事领导无可置疑的地位造成了威胁。换言之，清政权在 18 世纪遭遇的武备和民族身份的危机，在本质上是制度的、行政的以及意识形态的，一切都吉凶难料。

乾隆皇帝于 1740 和 1750 年代初，在更大范围内复兴巡幸，包括他的南巡，至少部分应该理解为，是他努力解决在不同的层面交织在一

---

① 濮德培：《中国西进：清朝对欧亚大陆中部的征服》，页 400—402、522—23.

② 卫周安：《十八世纪清帝国变动的空间》，尤其是页 326—328。这一看法其他的表述，见卫周安的《十八世纪中国的纪念性战争》《军礼与清帝国》。

③ 概述乾隆时期明清易代问题的官方史学编纂，见司徒琳《明清冲突：史学与史料指南（1619—1683）》，页 60—68；乔治忠《清朝官方史学研究》，页 255—271。司徒琳具体指出，"在十八世纪中期，社会没有积极的动力去从事明清冲突历史的研究"（页 59）。她接着说，"在乾隆中期（1760 年代）……对于这段冲突的历史人们鲜有兴趣。可以说，我们得到的事实，令人震惊：写作和出版明清冲突历史的谷底，是在臭名昭著的'乾隆文字狱'之前的二十年，而不是其后；而乾隆文字狱一直被认为是对于明清易代历史记述和研究具有毁灭性的影响"（页 59—60）。

起的武备与满洲身份问题的直接结果。在 1750 和 1760 年代最初的南巡中,通过检阅这一地区主要的军事基地,以及通过安排引人注目的骑射表演,乾隆皇帝努力支持并同时炫耀与众不同的纪律和武备。

到 1760 年代,在西师之后,朝廷的焦虑已有所纾解,耀武扬威流行开来。结果,朝廷及其官员将"武备"提高到有创生能力的首要原则的地位,不仅是对于满洲人身份和武功,也是对于和平繁荣以及为政之道。简言之,满洲人的武力被誉为善政的一个必要的前提条件。乾隆皇帝坚持这一信条,既是要表达他不断坚持民族—王朝例外主义的意识形态,而且也是他最近意义重大的平定新疆的直接结果。最后,这种胜利的话语,旨在强化朝廷对于一个商业、人口、地理、民族多种多样且日益扩展的帝国实行家产制统治。

218　武备问题以及在帝国西北边疆的持久战争,仅是 1750 年代渐次展开的全面危机的一个方面。还有一个方面是水利,突出的表现是 1740 和 1750 年代黄河—大运河体系肆虐的洪水。[①] 和上面所论述的军事危机差不多,水利突发事件也涉及许多制度、行政和意识形态的问题。在南巡中,乾隆皇帝仅是从宽仁与加强吏治方面,表达了在水利问题上所做的种种努力。然而,乾隆皇帝在水利上很多的积极行动,是出自对军事战略和强化民族—王朝统治的考虑,与出自对皇帝宽仁的考虑同样多,毕竟他急于治理混乱不堪的水利体系与西北战争的令人沮丧的事变(阿睦尔撒纳反叛以及粮食供应短缺)是同时发生。

在这一点上,乾隆皇帝的南巡和西师在历史上是交织在一起的——他在 1784 年承认:"予临御五十年,凡举二大事,一曰西师,一曰南巡。"[②]这里,乾隆皇帝承认 1750 年代所面临的水利和军事困难间的相互联系,也趾高气扬地庆祝,他(及其官员)在 1760 年代已成功地解决了二者。耀武扬威之感在乾隆第三次南巡期间最为明显。

---

① 张勉治:《洞察乾隆:帝王的实践精神、南巡和治水政治(1736—1765)》。
② 《钦定南巡盛典》,卷首上,页 1a—b。对《南巡记》一文更细致的分析,见张勉治《洞察乾隆:帝王的实践精神、南巡和治水政治(1736—1765)》,页 100—101;本书第八章。

除此之外，在南巡期间，乾隆皇帝也努力设法解决新出现的其他重要的社会文化问题。第五章至第七章探讨朝廷用以寻求包容江南精英同时也能够完成强化民族—王朝统治使命的各种方法及其具体历史背景。

第五章 "还淳返朴"：南巡与商业化时代精英内部竞争

> 每一种规则都是社会冲突的结果。
>
> ——埃利亚斯 *

在南巡中,乾隆朝廷如何笼络日益分化然而却是极重要的汉族精英集团? 朝廷和地方权贵间权力不断博弈的条件是什么? 地方精英如何申张他们的特权,并对谁拥有这样的特权? 地方精英在清朝统治的范围内,是如何追求他们自己的特别利益的? 这些是本章及下章所要解决的问题。

然而,要回答这些问题,就要求改变所关注的对象,从朝廷阐述的民族—王朝统治变为乾隆皇帝对于精英社会身份所使用的话语,以及他对文化趋势的包容。乾隆朝廷在这些领域显著的成功背后,不仅是它承认和重新确立汉族精英在地方社会的霸权(经济上和文化上的优势)地位,而且也是商业化、人口膨胀、职业多样化以及社会流动性的作用日益加强的结果——所有这些都促使有抱负的精英,要对皇帝的暗示做出回应,尽管态度有些矛盾。

本章首先探讨商人和乾隆朝廷间不断变化和日益发展的关系,尤其是南巡所揭示的关系。商业精英(尤其是以扬州为基地的盐商)地位的抬升

---

* 引文出处见埃利亚斯《宫廷社会》,页146。

与重新抬升,是备受赞颂的 18 世纪盛世的一部分,并对清朝家产制统治有着重要的意义。一方面,南巡有利于乾隆皇帝将商业精英培植为家产制统治收入的一个来源,尤其是在 1740 和 1750 年代的危机时期。另一方面,正如本章所要阐述的,商业精英在家产制统治网络中的作用和地位日益成了问题,尤其是在 1750 年代末,乾隆皇帝日益认识到扬州最富有的商人和他的八旗官员相互勾结。在 1750 年代的水利和军事危机退却之后,乾隆皇帝在 1760 年代使用了一种反对商人的"还淳返朴"话语。人口增长和商业所驱动的社会日益增强的流动性和竞争,是这一话语的历史大背景,而地位更为稳固的学术精英,赞赏皇帝这一话语,为的是巩固并扩张他们自己在科举以及整个地方社会的霸权地位。在这一点上,南巡极大地促成乾隆皇帝为了朝廷的利益从而利用了精英间的紧张关系。

培植商业财富

18 世纪中国最具意义的发展变化之一是,商人积累了大量财富,而后他们寻求有品位的士人文化圈对于他们的社会承认。两种趋势都在位于扬州的徽州盐商身上得以体现,他们的上升既反映也影响着清朝家产制统治的运作。① 因为食盐的生产和销售从法律上讲乃政府垄断,盐商的作用是清廷的赋税代理人,或更确切地说是"包税商",到 18 世纪清廷通过内务府,已有效地控制了利润丰厚的食盐贸易。② 然而,这些制度

① 这方面开创性的英文著述是何炳棣的《扬州盐商:中国十八世纪商业资本主义的一个研究》。近期的研究见安东篱《说扬州:1550—1850 年的一座中国城市》,页 43—68,117—147,236—269。

② 食盐每年以固定额数,通过"盐纲"制,在两淮地区生产和销售。生产和销售食盐的权利,分配给能事先拿出足够资本、提前支付盐课的商人。食盐生产和售卖的获准,是通过政府出售盐引进行的。马若孟、王业键(《1644—1800 年的经济发展》)估计 1753 年食盐专卖的赋税达 880 万两,占到整个国家赋税收入的 12%。明末出现盐引和盐纲制度,详见何炳棣《扬州盐商:中国十八世纪商业资本主义的一个研究》,页 135—136;安东篱《说扬州:1550—1850 年的一座中国城市》,页 43—56。康熙末两淮盐课的征收概况,见史景迁《曹寅与康熙皇帝:奴才与主子》,页 166—84。近来对盐税的分析,见马若孟、王业键《1644—1800 年的经济发展》,页 624—626;关文斌《天津盐商:帝制晚期中国的国家形成与市民社会》,尤其是页 29—49。用韦伯的术语看,这是一种典型的家产制专制统治做法,因为有着好处赠予与指定地区的受益特权。

性安排,带来了商人和负责盐政的家产制官员的相互勾结。

何炳棣估计 18 世纪时扬州有 230 位盐商。这一高度分化的团体是由 200 左右的"散商"以及二三十位"总商"组成,后者在行业里权势很大,占主导地位。[①] 在对这一问题的经典研究中,何炳棣估计"大盐商仅从食盐生意中每年就能攫取 300 000 两",这些最富裕和最有权势的商人,多年来可能已积累了一千万两的财富。[②] 这是一个惊人的数字。1750 年代,户部银库的白银年均是四千万两,1760 年代这一数字升至六千万两,到了 1780 年代达到七千万两(表 B1)。[③] 这些家庭或家族,积聚的财富达到了国库财富的七分之一到四分之一,这肯定给乾隆朝廷留下了深刻印象,并可能是提出了警示。很显然这种情况很少见,但何炳棣、安东篱都估计,在 18 世纪扬州三十位最富有的盐商惯常每年赢利达到五万到十万两。[④] 比较而言,著名的并且理财也很成功的诗人袁枚(1716—1798),在去世前估计有白银三万两左右。[⑤] 在那个继承六七万两白银就被认为是很大一笔财富的年代,这些盐商无疑极其富有。

两淮盐商在经济和社会中崭露头角是在 1720 和 1730 年代,1740 和 1750 年代地位迅速上升。此前,扬州的盐商经济既不稳定,也没有积累足以表现 18 世纪中后期特征的那么巨大的财富。事实上,17 世纪晚期许多盐商收入状况相当糟糕,许多人无力完成每年的盐课,主要是贪婪的税收官员对他们的加派毫无节制、名目繁多。[⑥]

[①] 安东篱(《说扬州:1550—1850 年的一座中国城市》,页 123)注意到了总纲数目的变化。1677 年有 24 名,1720—1730 年代有 30 名。18 世纪末总商数目跌至 25 名,19 世纪初,再减至 16 名。

[②] 何炳棣:《扬州盐商:中国十八世纪商业资本主义的一个研究》,页 150。

[③] 法式善:《陶庐杂录》,页 25—26;陶博:《康雍乾内务府考》。

[④] 何炳棣:《扬州盐商:中国十八世纪商业资本主义的一个研究》,页 152;安东篱:《说扬州:1550—1850 年的一座中国城市》,页 125。我的计算是依据何炳棣的看法:"十三个左右的场商可能每年攫取 15 万到 20 万两"。

[⑤] 施吉瑞:《随园:袁枚的生活、文学批评与诗歌》,页 55。

[⑥] 例如,1678 年官府向各类盐商强征更多加派,以资助平定三藩之乱。王定安等:《重修两淮盐法志》,卷 6,页 3a。史景迁《曹寅与康熙皇帝:奴才与主子》,页 181—182)估计两淮盐商在康熙朝末每引的利润仅 1.2 两,但到了 1730 年代利润已升至每引 2.47 两。

商人财富直到 1720 年代才开始稳步增加,当时雍正皇帝增加官方授权运输和销售的每引食盐的标准重量,这是一个多方受益的赋税征收办法。这一政策的改变,达到了预期效果,既增加了每年的食盐销售额数,又提高了两淮地区的盐课,也强化了清廷与盐商间日益的互相依赖,商盐们在政府财政拮据时可以提供稳定的经费来源。① 到了 1730 年代,两淮盐商,用史景迁的话说是"已度过了最艰难岁月"。② 1740 和 1750 年代,他们可以支配的收入以及积聚的利润,日益稳定增长。这一发展,如下所述,是由于朝廷日益依靠商人资本作为家产制收入的一个来源。

民族—王朝和家产制特权的维持,有赖于朝廷从繁荣的中国 18 世纪经济中获取收入的能力。然而,乾隆朝廷对于农业部门强征更高税率的能力,受到了根本性制约。1713 年,康熙皇帝以一种仁慈姿态,正式固定了地丁钱粮——这是清朝最大宗的收入。③ 同样重要的是,雍正皇帝通过 1720 年代的财政改革,试图改善并使国家财政正常化,但并不成功。这招致了许多反对和反抗,因为它代表的是"中央政权宏大认识",这种认识最终"挑战了以士人为首的社会自我管理这样的'封建'理想,而这种理想得到了有影响并常常是反满的汉人思想家的支持"。④

面对 1740 和 1750 年代必须要解决的水利和军事危机,以及要长期养育人口日益膨胀的征服者精英,乾隆皇帝在这些问题的经费筹措上没有多少选择余地。由于这些急需经费事件的出现,他开始极倚重帝国有着持久偿付能力及长期兴盛的商人,最著名的是以扬州为基地的两淮盐商。1749 年,乾隆皇帝同意内务府接受江西、汉口、扬州盐商 110 万两的"捐输"银,弥补与第一次金川之役有关的开支。这些款项中的 80 万两来自一个以总商程可正为首的扬州盐商团体。六年后(1755),程可正再

① 曾小萍(《雍正朝》,页 203)认为,1722 年,"户部银库,也就是中央政府收入的主要贮存之地,仅存银 800 万两",这是"中央政府每年额定赋税收入的约 27%"。
② 史景迁:《曹寅与康熙皇帝:奴才与主子》,页 183。
③ 王业键:《清代田赋刍论》,页 27、72;马若孟、王业键:《1644—1800 年的经济发展》,页 595。
④ 曾小萍:《雍正朝》,页 213。

次组织商人捐输 100 万两,在经费上支持第一次平准之役。1758 年,另一群由总商黄源德为首的扬州盐商,又捐输 100 万两,支持对位于塔里木盆地、桀骜不驯的回部采取的军事行动。① 除了捐输支持这些战争外,1746、1753、1755、1759 年洪水肆虐破坏黄河—大运河水利时,扬州盐商也捐献约 85 万两以作赈济之用。②

这些慷慨表现是更大历史趋势的一部分。两淮盐商影响日增的一个重要指标,是他们"捐输"数目稳步增长。两淮盐商的所有捐献,都进入了皇帝的私囊(而不是国库),这始于 1717 年,1720 和 1730 年代逐渐增加。③ 学者们估计,1738 年至 1804 年的六十六年间,两淮盐商向皇帝内库贡献了约 364 万两白银。④

这些"情愿"或"自发"的捐输实际上是家产制征收,或是作为政治献金的勒索,掮客就是内务府,它垄断着许多值钱商品的生产和销售,包括食盐。⑤ 长芦盐政丽柱认为,盐商富豪们,与身拥功名的精英不同,乃卑颜屈膝的依附者,无尊严可言,听从于皇命。1749 年初,丽柱援引 1675 年的办法,提出向天津、扬州、广东、武汉、杭州的商人,每斤食盐增税五分,以补充第一次金川之役后的国库。

然而,乾隆皇帝断然否决了丽柱的建议,认为"殊属猥琐鄙陋"。在乾隆皇帝看来,丽柱援引的 1675 年先例并不适用,因"今时势悬殊"于昔日。乾隆皇帝解释,1675 年时需要这种措施,是因为"三孽(三藩)煽动,兵连数省"。乾隆皇帝也已承认"金川用兵供亿固为浩穰",但接着就指

---

① 王定安等:《重修两淮盐法志》,卷 145,页 2a—3a。
② 同前揭书,卷 146,页 3a—b。对水利危机的更多描述,见张勉治《洞察乾隆:帝王的实践精神、南巡和治水政治(1736—1765)》,页 62—67、73—78、84—89。
③ 史景迁:《曹寅与康熙皇帝:奴才与主子》,页 182—183。
④ 何炳棣:《扬州盐商:中国十八世纪商业资本主义的一个研究》,页 154。安东篱(《说扬州:1550—1850 年的一座中国城市》,页 302)认为,以扬州为基地的盐商在 1738—1771 年间总共捐献了约 1000 万两,1773—1804 年间捐献了约 2700 万两。
⑤ 张德昌:《清朝内务府的经济作用》,页 259—263;陶博:《康雍乾内务府考》,页 89—106、111—113;祁美琴:《清代内务府》,页 134—145、160—165、216—244。

出："公帑所储尽足敷数年之用。"①1747 年至 1750 年时国库的确充盈，②但这些库帑并不一定是拜法定赋税的更高税率所赐，而是由于经济总量的增加，以及家产制征收（伪装为"捐输"）日益频繁。这可以解释，为什么乾隆皇帝很快就否决了丽柱增税的提议，却很乐意接受山东、浙江、江苏商人的"捐输"，他将这些捐输总结为"感沐频年蠲免恩膏"。③

官府将商人捐献描述为"情愿""自发"地"踊跃济公"，这至少有两种意识形态的效果：一是，人们对商人有着缺乏社会良心、自私、唯利是图的成见，而上面描述则提供了商人的正面形象；第二，它们实际上委婉地道出了皇帝对商人财富的依赖与控制。尽管这样的描述会赢得一些社会的尊重，以及朝廷与商人财政上合作的正当性，但它们没有从根本上改变这种交易的家产制特点。乾隆皇帝的这一表扬言辞，只不过是证明了朝廷和商业精英杰出团体间日益增长的互相依存关系。④ *226*

到 1750 年代，扬州的主要盐商已经取得了乾隆皇帝家产制组织的信任，乾隆皇帝确实指望着这些扬州盐业巨头们，视他们是清朝民族—王朝统治的必要辅助人员。1750 年代中期的一段时间（也可能更早），乾隆皇帝将给两淮盐商的"借贷"增至 50 万两，这些钱来自户部和宗人府。这绝不是皇帝的慷慨，乾隆皇帝是要他们带息归还的。1757 年，军机处请求将两淮盐商应缴这笔贷款的利息转交户部，弥补旗人和皇族成员所增加的津贴和奖赏。⑤ 换言之，对于旗人和皇族的养育费用，依赖于皇帝向盐商的贷款利息的归还。具有讽刺意味的是，商人可以向朝廷欠息，既包括通常的借贷（这对于资本密集的食盐买卖来说极为重要），也包括答应朝廷而"未付"的经费，如上面所描述的捐输，最大笔的是依所设定

---

① 王定安等：《重修两淮盐法志》，卷 6，页 22b—23a。
② 法式善：《陶庐杂录》，页 25。1747 年户部白银存量 32 363 440 两，1748 年是 27 463 645 两，1749 年是 28 073 043 两，1750 年是 30 796 177 两。
③ 王定安等：《重修两淮盐法志》，卷 6，页 22b—23a。
④ 扬州盐商与清廷间的互相依存关系，见安东篱《说扬州：1550—1850 年的一座中国城市》，页 118—121、124。
⑤ 王定安等：《重修两扬盐法志》，卷 6，页 31a—b。

年份分次缴付的。

最大笔捐输中的一些与 1750 和 1760 年代乾隆头四次南巡有关,两淮盐商为此集体"捐输"了约 467 万两白银。其中许多用于基础设施建设和一般性备办事务。然而盐商的捐输,也用于乾隆皇帝的恩赏,给那些他认为值得赏赐之人。南巡期间皇帝许多礼物和赏赐所用的经费,都是直接从两淮运库拨付的,运库是国家府库的组成部分,但到 18 世纪事实上已变成了内务府的附属物。[①] 商人资助皇帝巡幸,如同所有此类的商人捐输一样,是彼此受益的政治献金。乾隆朝廷能够通过控制商人财富和权势,带来大量所需的收入;反过来,商人可以获得持续性的优待和皇帝公开的认可。简言之,从象征性资本和财务资本两方面看,向清廷的"捐输"都带来了明显的好处和回报。

在象征性资本方面,扬州盐商因资助乾隆南巡,从而获得了所垂涎的地位标志。从第二次南巡开始,乾隆皇帝认可了"所有两淮商众"的"承办差务,踊跃济公"。那些拥有三品以下荣衔(也就是低于按察使衔)的商人各加一级。[②] 那些已得到三品衔的商人被授予宸苑卿衔。[③] 在随后 1762 和 1765 年的南巡中,乾隆皇帝通过一并提升扬州十六位最富有商人品级不等的荣衔,[④]继续促成他们"社会地位彻底变化"。[⑤] 扬州盐商也可以通过在家款待皇帝以提升他们的声望。1762 和 1765 年,乾隆皇帝参观了七位举足轻重的商人的私家花园,他们所有人也都得以提升

---

① 祁美琴:《清代内务府》,页 135—145、184—186。1762 年乾隆第三次南巡,两淮盐商捐助的 100 万两,30 万两拨付江南备办巡幸,20 万两用于修缮行宫,10 万两用于巡幸中的赏赐,剩余的 40 万交付河南省用于维护水利基础设施和赈灾。《南巡盛典》卷 3,页 3a。

② 加级、纪录等议叙,见李鹏年等《清代六部成语词典》,页 13—14。

③《南巡盛典》,卷 69,页 8a。

④ 何炳棣:《扬州盐商:中国十八世纪商业资本主义的一个研究》,页 165。

⑤《南巡盛典》,卷 70,页 8a;《大清高宗纯皇帝实录》,卷 354,页 18b。四位最重要的两淮商人黄履暹、洪徵治、江春(也就是江广达)、吴禧祖已是宸苑卿衔,他们各加一级。三位商人徐士业、汪立德、王勖从按察使衔升至宸苑卿衔。另外四位商人李志勋、汪秉德、毕本恕、汪泰加按察使衔。程徵荣升至正六品衔,另有四位荣衔低于六品的商人程扬宗、程玓、吴山玉、汪士馨,各加一级。

了荣衔,这不是巧合。①

　　同等重要的是,商人们从皇帝南巡中得到了财务上的益处。1750 年 9 月,即乾隆首次南巡前的五个月,两淮盐政吉庆请求 1751 年冬季总数约 40 万引的盐纲,提前数月分配给商人。② 吉庆认为,这一做法将防止食盐由于南巡及南巡打断正常食盐运输而出现的短缺。乾隆皇帝完全同意他的这位满人盐政的意见。更重要的是,他决定每引增加二十斤盐,但不向商人征收引费。③ 乾隆皇帝对于扬州盐商的慷慨在巡幸过程中依然继续。1751 年 3 月,当圣驾正欲离开扬州渡江时,乾隆皇帝授予 ²²⁹ 两淮盐商特别待遇,该年盐纲每引盐另增加十斤,而无须缴额外引费。④ 皇帝的这两次恩惠加在一起,仅 1751 年就给两淮盐商带来了约 12.8％(668 520 两)的额外利润(表 5.1)。乾隆皇帝心中自有盘算:首先,他希望防止食盐短缺,这样可以避免人口稠密的江南和湖广地区(现今的江苏、安徽、江西、湖北、湖南)民众的不满。⑤ 第二,通过将冬季盐纲提前销售,乾隆皇帝(和吉庆)希望冬天的盐课能够更早地缴付以支付与南巡有关的开支。第三,通过给予扬州盐商额外的利润,他希望进一步确保日益成为家产制政权收入重要来源的这些人的忠心。⑥

　　一年以后的 1752 年 8 月,扬州一群最重要的商人,由总商程可正率领,向新任两淮盐政普福呈递书信,说他们已准备捐献 30 万两白银"稍

---

① 七位商人是黄履暹、洪徵治、徐士业、汪立德、李志勋、汪长馨。《大清高宗纯皇帝实录》,卷 354,页 18b;安东篱:《说扬州:1550—1850 年的一座中国城市》,页 188—203;梅尔清:《清初扬州文化》,第七章。

② 引是食盐的标准重量单位(由官府设定)。1644—1831 年间一引盐各地方从 200 斤至 400 斤不等。1740 年,通行的一引盐是 344 斤(何炳棣:《扬州盐商:中国十八世纪商业资本主义的一个研究》,页 144—145,146 表)。关于盐引的历史以及明末出现盐纲的详细介绍,同前揭文章,页 135—136。

③ 《大清高宗纯皇帝实录》,卷 371,页 13a—b。何柄棣(《扬州盐商:中国十八世纪商业资本主义的一个研究》,页 145)没有说明这一增长背后的原因,但他确实注意到了这一点。

④ 《南巡盛典》,卷 68,页 13a—b。

⑤ 《大清高宗纯皇帝实录》,卷 371,页 13a—b。两淮盐区包括"整个江苏除了长江以南的四个府,安徽的绝大部分,整个浙江除了最南部的数县,河南东南部,以及几乎整个湖北和湖南"(何炳棣:《扬州盐商:中国十八世纪商业资本主义的一个研究》,页 131)。

⑥ 安东篱:《说扬州:1550—1850 年的一座中国城市》,页 121 注 18。

供内库公事之需"。① 这一做法是对第一次南巡中乾隆皇帝恩赏的报答，也是给这位新任盐政的见面礼，这开启了在扬州盐商和朝廷间捐输和赏赐的循环，并在下一个十年间稳步升级。六年之后，朝廷扩大了1751年的做法。为准备1757年第二次南巡，乾隆皇帝增加了两年（1757和1758）的盐额，而不是一年的（表5.1）。② 这一交换在1761年12月达到顶峰，当时乾隆皇帝接受了扬州盐商为备办第三次南巡的一笔惊人

230　　　**表5.1　恩准两淮盐商每年增加的盐额（估）（1751—1765 年）**

年	1751	1757	1762	1765
每引增加斤数	30	30	10	0
增加的年份	1	2	2	0
每引重量增加				
百分比（估）[a]	8.72%	8.72%	2.91%	0
增加的利润（估）（两/引）[b]	0.383	0.383	0.128	0
每年利润的增加（估）	668520	668520	222840	0
利润增加总量（估）（两/年）[c] 668520	1337040	445680	0	
每年利润增加的百分比（估）[d]12.8%	12.8%	4.26%		

资料来源和注释：何柄棣《扬州盐商：中国十八世纪商业资本主义的一个研究》，页146 表。1740 年汉口标准是 344 斤/引，依 4.395 两/引销售。

1751 年：《大清高宗纯皇帝实录》，卷 371，页 13a—b；《南巡盛典》，卷 68，页 13a—b。

1757 年：《南巡盛典》，卷 2，页 3a；卷 69，页 10a。

1762 年：《南巡盛典》，卷 70，页 9a。

1765 年：《南巡盛典》，卷 71，页 16a。

[a]依 1740 年汉口标准即 344 斤/引计算（何炳棣：《扬州盐商：中国十八世纪商业资本主义的一个研究》，页 146 表）。第一行"每引增加斤数"，是除以 344 斤/引，再乘以 100% 所得。

[b]依汉口 1740 年的估价（价低时）4.395 两/引计算（何炳棣：《扬州盐商：中国十八世纪商业资本主义的一个研究》，页 146 表）。第三行"每引重量增加百分比（估）"，是除以 100%，再乘以 4.395 两/引所得。

[c]依每年估计销售食盐数计算：6 亿斤除以 344 斤/引，等于 174 万引[何炳棣：《扬州盐商：中国十八世纪商业资本主义的一个研究》，页 145（每年销售 6 亿斤），页 146 表（1 引等于 344 斤）]。第四行"增加的利润（估）（两/引）"的数字是乘以 174 万引所得。

①《宫中档奏折》（北京），普福奏折，乾隆十七年七月十一日（1752 年 8 月 19 日）。
②《南巡盛典》，卷 2，页 3a；卷 69，页 10a。

^d依每年估计利润 523 万两计算。1. 每年估计销售数目等于 6 亿斤。2.1740 年汉口
标准：1 引等于 344 斤。3. 每年估计销售引数等于 6 亿斤除以 344 斤/引，等于 174
万引。4. 每年估计利润等于 3 两/引乘以 174 万引，等于 523 万两[何炳棣：《扬州盐
商：中国十八世纪商业资本主义的一个研究》，页 145（每斤销售 6 亿斤）、页 146 表（1
引等于 344 斤）、页 148（每引平均利润等于 3 两）]。第五行"每年利润的增加（估）"
的值是除以 523 万两所得。

捐输──一百万两。[1] *231*

不是所有的扬州盐商所得到财务上的好处都是正当的。为了能更
全面理解乾隆南巡时商人捐输如此大笔款项的动机，我们应视此为一种
"压榨"行径。这起码也是一种盘剥，盐商群体中最有势力、最有身份的
成员和地方官员（包括吉庆、普福等满人盐政），通过向小商人施压（也就
是压榨），加强他们自己的权力和特权。何炳棣对这种"压榨"做法的扼
要描述值得全文引用：

> 由于他们（大商人）与盐政官员的密切关系，他们可以将大部分
> 的匣费据为己有，匣费是有关款待官员以及各种捐助地方行政的各
> 种花费的统称，这些花销由全体商人共有的资金库支付。匣费只能
> 由位于汉口、江西、扬州的商人司库们处置，他们或是总商或是总商
> 的心腹代理，匣费从未严格审计，这一负担必然转嫁给全体运商。[2]

南巡是为这种压榨行径"量身订做"的。难道还有比"款待"皇帝及
大批随从向更大范围的商人群体劝捐更好的借口吗？扬州商人举办的
庆典，尤其是那些为了迎接 1757 年乾隆第二次南巡的庆典，精心筹备，
包括了一个熠熠闪光的巨大桃型花朵的机械装置的舞台、烟火、戏剧表
演以及丝绸装点的街道，还有众多的龙船和灯船。[3] 由于压榨的存在，扬
州盐商中大多数散商，承担着这些活动最多的支出，而更有权势的总商
却坐享其成。

---

① 同前揭书，卷 3，页 3a。
② 何炳棣：《扬州盐商：中国十八世纪商业资本主义的一个研究》，页 142—143。
③ 刘耿生：《乾隆二十二年南巡史料研究》，页 643；徐珂：《清稗类钞》，第 1 册，页 341。

232 　　江春(1725—1793 年,号鹤亭,商号广达)就是这种压榨大师。① 何炳棣描述他"是十八世纪下半叶的一位诗人,极富雅趣的总商"。小部分的商业富豪,在乾隆皇帝六次到访扬州的款待中捞得了大多数好处,江春就是其中的一个。他甚至得到恩赏,参加了皇帝举行的宴会,有着"不同寻常的荣耀"。②大张旗鼓备办巡幸,这成为江春等有权势的总商勾结盐政并中饱私囊的便利借口。

　　乾隆皇帝逐渐认识到了正在实施中的欺骗行为,他目睹了 1757 年第二次来扬州前后肆无忌惮的挥霍,决定制止在这种巨大支出幌子掩盖下的各种侵吞。1761 年 5 月 22 日,当时第三次南巡还在筹办中,乾隆皇帝特别批评前任及现任盐政在扬州处理事务不当,而这些人都是他的心腹包衣或满洲旗人:

　　　　朕恭奉皇太后慈辇南巡,途次建设行宫,不过足供顿宿,原无事过于劳费。乃扬州所建行宫,从前吉庆为盐政时,其缮葺已觉较华,
233　　而普福任内求争胜于吉庆,今闻高恒所办,则又意在驾普福而上之。③

乾隆皇帝担心这种开支的增加最终会危害盐商的集体利益:"商人亦吾赤子,岂于百姓则恤之,而于商人累之耶? 虽伊等抒诚襄事,实出于至诚,亦应量为节制,以省糜费。"乾隆皇帝在上谕中就这一点,直击问题的要害:

---

① 江春是扬州的头面人物。他是一些名园的主人,与著名的马氏兄弟——马曰琯、马曰璐一道,是学术的最重要资助人。王昶:《蒲褐山房诗话》,页 131;何炳棣:《明清社会史论》,页286—289。

② 何炳棣:《扬州盐商:中国十八世纪商业资本主义的一个研究》,页 160;马克林:《京剧的兴起:清代戏院的社会考察(1770—1870)》,页 79。人们肯定会好奇,江春喜欢射箭是否因为乾隆皇帝对他的偏爱,或是因他得宠而喜欢射箭。1765 年 4 月 13 日,乾隆皇帝在第四次南巡中,赏赐江春(他称为江广达)貂皮四张,大小荷包各一对(《南巡盛典》,卷 71,页 36a)。江春(也见他的商号江广达)对乾隆皇帝恩赏的感谢,见《宫中档乾隆朝奏折》,第 26 辑,页 162—163,普福奏折,乾隆三十年九月二十六日(1765 年 11 月 9 日)。

③《大清高宗纯皇帝实录》,卷 635,页 2b。这种情况下出现腐败是常事。吉庆、普福、高恒是亲戚。高家与内务府,见祁美琴《内务府高氏家族考》。

至于两淮盐务,经费浩繁,商力不无拮据,如豫提余引一事,从前吉庆系派之通纲,而普福、高恒则择其奋勉办事者,以为酬奖之地。[1]

乾隆皇帝已经指出了问题的关键所在,然而他并不质疑全体两淮盐商的动机,并避免(至少是在当时)指控商人和他心腹满洲官员的勾结,他赞扬了商人的热忱并下令大学士就此问题与吉庆、高恒、两江总督尹继善商议,令这一高层旗人圈子制定新的盐务章程,解决这一问题。乾隆皇帝语气平和,但从中显然可以看到他对此的疑虑。第三次南巡减少了给予扬州盐商的额外好处(表5.1),这反映出了皇帝日益的不满。

乾隆皇帝内心深处,怀疑扬州总商们侵占经费,他最心腹的满洲官 _234_ 员也牵连其中。1762年5月5日,当第三次南巡即将结束时,乾隆皇帝公开表明了他对于这一情况的全部看法。他明确认定那些"奸诈之人"要为两淮盐务中的全部开支和糜费负责。问题的根本是乾隆皇帝在南巡期间受邀的"一切交接应酬甚多",这些应酬是公然的"馈遗"。然而,乾隆皇帝指出"往来之人,颇有因此渔利者"。令乾隆皇帝很失望的是,"盐政、运使竟习以为常而不之禁"。更为恼人的,是他认识到"不肖之人,且有吹嘘授意者,于政体风俗大有关系"。

前面已指出,早在1761年,乾隆皇帝已命令两江总督尹继善和两淮盐政高恒来京与军机大臣商议并制定一套管理这种事情的新制度和章程,这些条例旨在消除"公项名色动支"。新的章程已经制定出来,但乾隆皇帝"第恐日久奉行不实,或仍有授意众商,以为往来官员资助者,则是累商力而徇私情"。[2] 乾隆皇帝哀叹"两淮纲商旧习相沿",下令盐政官员展开调查。

1762年第三次南巡结束时,乾隆皇帝已经查明了某些言不由衷的纲

---

[1]《大清高宗纯皇帝实录》,卷635,页3a。
[2] 同前揭书,卷659,页9b—10b。

商的压榨问题,这解释了他为什么突然开始拒绝盐商的捐输并断然取消了他们 1765 年的增加盐额(表 5.1)。乾隆皇帝已精心摘出了某些最重

235 要的商人及他们的劣迹,作为该问题的症结并要严惩盐政官员们的玩忽职守;然而,他突然罢手,没有公开指控热衷于与盐商串通的盐务高官,因为这么做会牵连地位很高的满洲旗人,并将玷污他南巡的公众形象。朝廷直到三年后乾隆朝最大贪污案件之一的"提引案"中,才全盘揭露了此种恶劣侵吞并予以惩治。

提引案发生在 1768 年年中,当时新任命的两淮盐政尤拔世,赴任扬州,他很快发现,两淮运库一大笔经费不见了。[1] 因前任普福和高恒是地位很高的满洲旗人,与皇帝关系密切,因此尤拔世没有直接弹劾他们的不法行径。[2] 他只是上报两淮运库现有的总盈余为 19 万两,请求将这笔钱交内务府银库。乾隆皇帝很快注意到,新任两淮盐政报告的数目与从 1746 年开始运库应该积累的数目间差异巨大,他立即命江苏巡抚彰宝调查。[3] 彰宝的调查结果令人惊骇,两淮运库亏空约银 107.1 万两。在卷入此案的官员辩词中,对于如此巨大的亏空,他们有两种解释:第一,两

236 淮盐商还没有向运库偿付总数达 600 多万两的借款(或拖欠);第二,在过去十五年间,为备办南巡已开销了约 467 万两。[4] 最终,高恒因贪污受贿被处死。1768 年提引案的骇人结局,必定令乾隆皇帝清醒了许多,因为它是"商人—地方官勾结"的典型事例,这种勾结通过盐商的这一替代性的私人财富和权力之源来打点乾隆皇帝的心腹满洲官员,从而破坏了他的家产制组织的完整和有效。[5]

---

[1] 陈捷先:《乾隆肃贪研究》,页 199—200。
[2] 高恒是军机大臣高斌(1683—1755)之子,是皇帝心爱的一位皇贵妃之弟。
[3]《大清高宗纯皇帝实录》,卷 812,页 13a。彰宝,见《满汉名臣传》,第 2 册,页 1413—1426。
[4]《大清高宗纯皇帝实录》,卷 813,页 20a。为了前任两淮盐运使们着想,很显然要夸大这些数字,这样就解释了巨额经费的亏空;然而,他们不能过分夸大南巡上的开支,以免引起皇帝更多的批评,因为皇帝从开始就主张节俭。因此,我认为 467 万两这一数字应该可信。
[5] 濮德培:《中国西进:清朝对欧亚大陆中部的征服》,页 562—564。

乾隆皇帝抑制奢靡的话语

研究 18 世纪的现代学者急匆匆地否定了乾隆皇帝在南巡期间反对表面文章和铺张、提倡节俭的连篇累牍上谕，认为这只是动听的口头文章。① 许多人指责乾隆皇帝本人在南巡期间鼓励铺张。然而，这样的铺张场面也可能不是皇帝本人的意愿，而是来自富裕商人和地方官员所进行的更为根深蒂固和体制上存在着问题的压榨。这里，我将对乾隆皇帝在南巡期间对奢靡的批评予以更为细致的解读，我认为，这不是虚伪的辞令，这是他在南巡期间为对付地方精英和官员所遭遇特定困难的反应。伍思德近来提醒我们："对于乾隆皇帝的'奢靡'问题，必须要意识到，他本人对于其生活时代奢靡所作的谴责，是他统治期间言论中反复出现的一个主题。"② 在许多方面，乾隆皇帝运用反对奢靡的话语，作为解决盛世对于他的家产制组织明显具有腐蚀作用的一种手段。以此来看待他的南巡，自然也是正确的。

1751 年年中，首次南巡即将结束时，乾隆皇帝宣称，不赞成地方上打着他巡视的名义所进行的日益精细的备办事宜："朕省方所至，戏台、綵棚、龙舟、灯舫，俱可不必。"正如他所说，这种无节制始于 1748 年首次"东巡"泰山的备办："该省巡抚等于省会城市稍从观美"，乾隆皇帝抱怨说："后乃踵事增华。"为铺张备办的辩护（想必是来自省级和地方官员）说是为了"巷舞衢歌，舆情共乐"，这只能引发乾隆皇帝更严厉的驳斥。最令乾隆皇帝不安的是，这些欢庆活动"旬日经营，仅供途次一览，实觉过于劳费。且耳目之娱，徒增喧聒，朕心深所不取！"③

苏州城所见备办巡幸的富丽奢华，备受人们关注。这是人们常用的

---

① 高翔：《乾隆下江南》，页 25。
② 伍思德：《乾隆朝》，页 269。
③《南巡盛典》，卷 1，页 33a—34a。

词藻,早在 1684 年,康熙皇帝已将苏州的地方习俗归结为"奢侈浮华"。① 近七十年后,乾隆皇帝在第一次南巡时得出了相同结论,指出,苏州的铺张,就连杭州也相形见绌。1751 年 4 月中旬,在离开杭州北上返京时,乾隆皇帝评论说,浙江北部"风土虽与三吴绣壤相错,而间阎趋尚较吴稍朴",这样的评语乍看来似乎无伤大雅,然而,乾隆皇帝意在对苏州精心备办南巡的特别批评。

乾隆皇帝最关心的事情之一,是各地方精英为得到朝廷褒奖和关注而展开竞争,极尽铺张之能事。1751 年 4 月,他有些不悦地指出:"朕省方观民,茂求上理。"* 乾隆皇帝特别批评了积极备办的地方官员,"浮竞之习,举所不免"。①他特别挑剔那些"专欲仿而效之,以为增华角胜"官员的过错。② 在皇帝看来,一旦官员"玩视民瘼,专务浮华,此风一开,于吏治民风所关者甚大"。③这些警告貌似很笼统,事实上,它们是由当时的历史环境所引发,尤其源于 1750 年发生在两江总督黄廷桂④和苏州有权势的蒋家间的争论。

黄廷桂是汉军旗人,以前是皇帝的侍卫,他认识到 1750 年地方备办乾隆第一次南巡出过差错(见第三章),故而决定将备办任务分配给当地的绅富。这样的备办很好地遵循了通常就是由地方名流来承担的做法,但这位总督的专横态度,引起了苏州最具权势家族的强烈不满。⑤准备皇帝巡幸的任务,突然变成了高高在上傲慢的强加,而不是拿出财富并表达忠心的心甘情愿。然而,苏州精英畏惧总督的权势,他们只是嘴上不满,不敢付诸行动。而娄关蒋氏族人,是以更直接和更为对抗的态度表

---

* 后半句英文,意为"备办迎驾,人人踊事增华,力压对方",与原意不符。——译者注

① 徐崧、张大纯:《百城烟水》,页 172。

① 《南巡盛典》,卷 1,页 29a。

② 《大清高宗纯皇帝实录》,卷 657,页 20b—21a。

③ 《南巡盛典》,卷 1,页 33a—34a。

④ 恒慕义编:《清代名人传略》,页 349—350。

⑤ 韦伯:《经济与社会:解释社会学大纲》,第 2 卷,页 1022—1025;卜正民:《为权力祈祷:佛教与晚明士绅社会的形成》,页 13。更多关于"礼治"的讨论,见周启荣《明清儒家仪礼主义的兴起:伦理道德、经典与谱系话语》,页 71—72。

达了自己的感受。[1]

娄关蒋氏原籍扬州,据说在 15 世纪末就移居苏州。[2] 从蒋灿 (1593—1667)开始,蒋氏声望渐著,他 1628 年中进士,最后升至明朝的 天津兵备道。[3] 蒋灿的科举成功,加之清初政权企盼笼络这一"书香门 第"成员,由是蒋灿的后人,1658—1775 年间另有十二人中进士。[4] 在家 谱 1728 年序言中,蒋灿的重孙蒋深(1668—1737)指出了家族所取得的 诸多成就。[5] 蒋氏成员越来越多:有数辈拥有功名者,有沙场老将及战争 中伤亡之人,牌坊旌表的孝义之人,现任各级官员,以及拥有深厚学术与 文学才能的博学之士。[6] 这里值得注意的是,蒋氏成员职业的多样性以 及所采取的成功策略。特别重要的是,家谱"孝义"部分常常提到家族中 从事商业活动的成员。[7] 1716 年,家族领袖们在苏州有名的虎丘建造一 座规模宏大、装饰华美的祠堂纪念蒋灿,庆祝家族的成功。[8] 如此地位显 赫的家族拥有的不仅是财富和权势,而且还有着高贵和自尊。这样的望 族、当地名流,有着他们自己相对独立的地方权势和声望基础,不像商人 那样对于家产制统治赤裸裸的指令俯首帖耳。[9]

239

240

---

[1] 娄关蒋氏是居住在苏州府蒋氏的三支之一。其他两支是金雀弄蒋氏、邓巷蒋氏(蒋忠鐕等 编:《邓巷蒋氏宗谱》,卷一,凡例)。

[2] 对这一家族全面的概述,见蒋坤纂修《娄关蒋氏本支录右编》。我感谢 Judy Lu 帮我查找到收 藏于国会图书馆(亚洲部)的这一作品。

[3] 《吴县志》,卷 68 上,页 17a;蒋坤:《娄关蒋氏本支录右编》,卷 3,页 1b—3a。

[4] 顾震涛:《吴门表隐》,附记,页 355。乾隆皇帝 1765 年参观虎丘期间,称蒋家为"念书人家"。 徐锡麟、钱泳:《熙朝新语》,页 611—612(卷 15,页 10b)。

[5] 蒋深以前支持过编纂一些文化项目——包括康熙朝时皇帝资助的项目(《佩文斋书画谱》《佩 文韵府》《全唐诗》)以及两部地方志(《余庆县志》《思州府志》)。他也是第三次编修族谱(约 1729 年)的主要资助者,还写了"凡例"与"序"(时间是 1728 年),见蒋坤《娄关蒋氏本支录右 编》,卷首,缘起,页 1a—b;卷首,纂修捐刻名氏,页 1a;卷首,原例,页 1a—4a;卷 1,页 58a;及 卷 10,页 31a—b。

[6] 同前揭书,卷首,缘起,页 1a。

[7] 卜正民:《家庭传承与文化霸权》,页 30。

[8] 《长洲县志》,卷 6,页 17a;徐锡麟、钱泳:《熙朝新语》,页 611—612(卷 15,页 10a—b)。1765 年参观苏州时,乾隆皇帝注意到了这一祠堂——当地居民后来称之为"旗杆场"(正式地位的 标志)。

[9] 韦伯:《经济与社会:解释社会学大纲》,页 1009。

1750 年,总督黄廷桂对于翰林蒋恭棐(1690—1754,1721 年进士)期望甚高,认为应该可以承担相当多备办皇帝临幸的任务,此时六十岁的蒋恭棐已致仕在苏州老家。[1] 然而,黄廷桂真的要大失所望了,蒋恭棐及三位族人,态度坚决却又镇定地拒绝接受他的命令。[2] 黄廷桂痛斥蒋家的傲慢反抗。1750 年夏,御史钱琦风闻此事,震惊之余,弹劾总督黄廷桂。最后,乾隆皇帝斥责了黄廷桂,令他改正言行。[3]

名士袁枚熟知这一争论的原委,他从 1750 年夏开始就在苏州休养,且是御史钱琦的老同窗。[4] 1751 年末,乾隆第一次南巡结束后,袁枚致书黄廷桂,这时黄廷桂已改任陕甘总督。[5] 袁枚的这封长信,是要辞去黄廷桂新治下的知县一职。王昶(1725—1806,下文和下一章还要谈到他)的记载说,袁枚已发现与这位上司"臭味差池"。[6] 袁枚不喜欢这位总督,因而提前结束了在陕西的短暂任期。在袁枚看来,总督黄廷桂的一些缺点,在备办乾隆第一次南巡过程中暴露无遗,令人不快。袁枚觉得黄廷桂在许多方面简直就是一个粗鲁的旗人,他批评黄廷桂:一是,无故不信任南方的汉族百姓,实行严厉政策——尽管可能对于统治边疆地区合适,但这些政策不适用于内地;二是,任用小人而不是君子进行管理;三是,无自知之明,不知自身问题或自己作为上的不足。[7] 与我们目前问题关系极密切的是,袁枚批评黄廷桂根本无视皇帝要地方节俭备办南巡的旨意:

241

---

① 蒋恭棐是苏州知名学者何焯(1661—1722)的弟子,何焯见恒慕义编《清代名人传略》,页 285。蒋恭棐的更详细传记,见《吴县志》,卷 68 上,页 17a;王昶:《蒲褐山房诗话》,页 13;蒋坤:《娄关蒋氏本支录右编》,卷 10,页 12b—13b。

② 其他三位家族成员,与蒋恭棐一道反抗的是两个堂兄弟——户部郎中蒋曰梅(1689—1752)、刑部员外郎蒋棻(1695—1755)——以及一个远房侄子、内阁中书蒋应煟(1699—1754)(钱泳:《履园丛话》,丛话一,旧闻,页 28b)。这些人的简略传记,见蒋坤编纂《娄关蒋氏本支录右编》,卷 4,页 47a—48b;卷 6,页 1a—2a;卷 9,页 1a—b。

③ 钱泳:《履园丛话》,丛话一,旧闻,页 28a—b。

④ 袁枚,见恒慕义编《清代名人传略》,页 955—957。王昶:《蒲褐山房诗话》,页 51—53;韦利:《袁枚:十八世纪中国诗人》。

⑤《清经世文编》,卷 20,页 16a—21a。黄廷桂的改任,见 186 页注①。

⑥ 王昶:《湖海诗传》,卷 7,页 7a,转引自施吉瑞《随园:袁枚的生活、文学批评与诗歌》,页 49—50。

⑦《清经世文编》,卷 20,页 16b。

上南巡所治桥梁山川，原许开除正供，不必门征户罚。诏书重
叠，惟恐累民。而公欲反之，以为心知微旨，君行制而臣行意。①

袁枚等地方精英认为，黄廷桂已经越权，误解了皇帝的旨意。第一次南
巡期间，乾隆皇帝亲口承认这一事实，当时他表示，注意到了一些官员
"不知朕心者，未必不以办差华美求工，取悦为得计"。② 这种哗众取宠违
背了中庸之道，乾隆皇帝在《赐两江总督黄廷桂》一诗中，明确斥责道：

> 迎銮卫警跸，
>
> 建节久旬宣。
>
> 体我勤民德，
>
> 嘉卿率属贤。
>
> 何须张锦帐，
>
> 惟喜阅鳞田。
>
> 细验刚柔俗，
>
> 周咨丰歉年。
>
> 咸中方有庆，
>
> 虚己自无偏。
>
> 此地人义盛，
>
> 还淳尚勉旃。③

242

其实，乾隆皇帝斥责的是总督黄廷桂鼓励奢侈。他的评语既不是空洞的
说辞，也不是事出巧合，而是针对黄廷桂苏州备办巡幸的不当。乾隆皇
帝通过公开指责总督，试图缓解当地名流的不满，这含有一些民族仇恨
色彩的情绪在内，故云："虚己自无偏。"鉴于"人地相异"难以回旋，乾隆
皇帝最终将黄廷桂从江南的职任上调离，但这已是在 1751 年 7 月 7
日——第一次南巡结束两个多月后，可能是他担心会引起进一步的政治

---

① 同前揭书，页 18b。
②《南巡盛典》，卷 1，页 33a—34a。
③ 同前揭书，卷 7，页 2a—b。

麻烦或是管理上的混乱。①

　　甚至在 1751 年黄廷桂调任之后，南巡期间铺张浪费并未收敛。如前所述，直到 1757 年第二次南巡之后，乾隆皇帝才开始认识到，糜费大部分来自两淮盐务中的压榨行为。皇帝在 1760 年代开始将批评奢靡指向商人，这不是偶然的，指出这些特别事态发展的发生时间是很有意义的。前面已经指出，考虑到 1740 和 1750 年代的军事和水利危机的财政需求，乾隆皇帝感到自己越发依赖于两淮盐商群体和最重要富豪们的"捐输"，是他们精心编排了这些"给予活动"，但商业精英在乾隆家产制网络中的作用日益堪忧。水利和军事危机在 1750 年代末消退后，乾隆皇帝就使用了"还淳返朴"反商业的话语，试图控制腐败的蔓延以及扬州富商与负责两淮盐务的家产制(旗人和包衣)官员间的勾结。

　　乾隆皇帝尤其关注扬州备办的奢靡，这是帝国最富有商人的活动基地。在写于 1762 年南巡途程、名为《驻跸天宁寺行宫作》的诗中，他批评了行宫"今年胜昔年"的装饰，怒斥盐商和官员未能认识到(或可能是破坏他自己的主张)"巡方更切还淳意，不为怡然为怃然。"②1762 年 4 月，在返程经过扬州时，他又对此斥责曰："今来驻跸，实觉过华不为喜也。"③乾隆皇帝游览扬州郊外的平山堂，看到盐商为了取悦他而安排的激水成泉，尤为生气。他在《四月朔日游平山堂》一诗中描述了一番田园景象：

　　　　画舫轻移邗水滨，

　　　　人思六一④重游巡。

　　　　阴阴叶色令迎夏，

① 黄廷桂最终调回边疆地区，任陕甘总督，表面原因是针对准噶尔人进行备战(《大清高宗纯皇帝实录》，卷 401，页 23b)。尹继善取而代之，接下来的十五年，任职两江总督(《乾隆朝上谕档》，第 2 册，页 545，文件第 2188 号)。

② 《南巡盛典》，卷 23，页 13b。

③ 同前揭书，卷 27，页 25a。

④ 宋代著名官员、文学家欧阳修(1007—1072)在 1048 年最早建造平山堂，当时他是扬州太守。平山堂及其与欧阳修的历史关系，见梅尔清《清初扬州文化》，第四章，尤其是页 128—130、144—145。

　　　　　　袞袞花光昨饯春。

不幸的是,他关于欧阳修和季节变换的想法被飞瀑毫不留情地破坏了。在诗注中,乾隆皇帝抱怨:"商人引水为飞瀑,激为趵突高尺余,虽称新巧颇失天真。"①

　　这不是美学问题,而是权力问题。乾隆皇帝已经令耶稣会士在占地面积广大的皇家苑囿圆明园设计并建造了喷泉。他不反对喷泉的俗丽,而是反对这种俗丽所掩饰的违法钱财交易。乾隆皇帝开始指责扬州和苏州的商人所"编造"的这种铺张:

　　　　朕车驾所经,惟桥梁道路葺缮扫除,为地方有司所宜修补。其綵亭灯棚,一切饰观之具,屡经降旨斥禁。**今江浙两省涂巷尚有踵事因仍者,此在苏扬盐布商人等出其余赀,偶一点缀。**②

1765 年,乾隆皇帝在第四次南巡中,继续斥责商人的活动,这一次是由苏州的布商所倡导。当他在马背之上游览苏州著名的景点虎丘时,写了一组短诗,其中第二首说:

　　　　河里龙舟更鼓鸣,
　　　　布商藉以献其诚。
　　　　欲思返朴申严禁,
　　　　矫枉兼虞拂物情。③

像三年前在扬州看到的激水成泉一样,乾隆皇帝感觉到龙舟喧闹的场面只能是使人无法欣赏苏州西郊的自然美景:

　　　　庆桥那畔水村连,
　　　　绿竹红梅总净娟。
　　　　自是三春真景物,

245

----

① 《南巡盛典》,卷 27,页 25b—26a。
② 《大清高宗纯皇帝实录》,卷 657,页 20b—21a。
③ 《南巡盛典》,卷 32,页 8b—9a。

那须先节划龙船。

最后的诗注公开表达了皇帝对此的蔑视："布商有呈龙船之戏者,亦无暇观也。"乾隆皇帝对商人的日益失望在同一组诗前面有一句表达得明白无遗:"富矣教之教岂易?"[1]

诚然,并不是商人每一种活动都会遭到皇帝的指责,某些更为基础的备办形式,如整修河道、道路和桥梁,反而会被欣然接受,尤其是在1750年代。例如,1756年苏州知府赵酉利用在苏徽商的捐献经费,开凿了一个渡口。[2] 这一工程,位于南濠中,为了纪念这位知府,人们将它命名为"赵公义渡",这可能是备办1757年乾隆第二次南巡时修建的。乾隆皇帝称赞扬州和苏州商人这种使用他们的社会红利的做法,尤其是他们可能提供"工匠贫民,得资力作,以沾微润",所谓"分有余以补不足"。[3]然而,乾隆皇帝很快就否认,他会运用他的家产制特权"强取之以赡贫民",因为这样的行动"非王道所宜也"。[4]

246　　　当然,这最后评论的逻辑建立在如下(相当偏见的)假设之上,即商人若依其本愿,将不会散财,以循为社会谋利之道。乾隆皇帝将商人描绘成"惯于奢靡",这一成见,既反映也强化了对商人肆意挥霍这种根深蒂固的认识。[5] 不过,商人富有但无社会责任感,这种成见基本上是社会的假想。然而,对于许多人来说,这种假想很有用,能解释它在建构社会现实中所起的作用以及它何以长久存在。乾隆皇帝发现商人可以很方便地成为他南巡铺张浪费的替罪羊。炫耀式消费,在乾隆皇帝看来,简直就是他们社会出身和性格的写照。斥责商人为挥霍者,至少部分也反映出了乾隆皇帝试图解决上面所讨论过的商人和官员间存在的腐败问题。更为重要的是,乾隆皇帝不满商人的连篇累牍言辞,也引起学术精

---

① 同前揭书,页11a。
② 顾震涛:《吴门表隐》,卷2,页20。
③《大清高宗纯皇帝实录》,卷657,页20b—21a。
④《南巡盛典》,卷31,页16b。
⑤ 同前揭书,卷15,页16b。

英在一个以社会边界不断改变与流动以及激烈社会竞争为特点的时代，对于他们自己特权地位的焦虑。

士人的焦虑与皇帝话语的"为我所用"

社会和文学史家都认为，汉人精英成员职业日益多样化，对于自己地位的焦虑明显增强，这是 18 世纪中国的显著特点。[①] 商人财富的大量聚积以及日益增大的人口压力，使得长江下游地区的社会和文化图景日益具有流动性和竞争性。被认为是将商人与士人区分开来的界线越来越可渗透，界线两侧的人们中间弥漫着对于地位的焦虑情绪。

徽州盐商是典型的暴发户，受内在根深蒂固的社会自卑感驱使而进行炫耀式消费，追求表明正当性与名望的"凭证"。如前所述，扬州的盐商捐献了巨额金钱以资助南巡以及乾隆皇帝的其他事业，被慷慨地赏赐更为优渥的贸易条件和荣衔。那些怀有渴望，不想被人称自己为"盐呆子"的商业富豪，试图通过资助有名望的学者或是通过自身成为收藏家或鉴赏家，购买社会的尊重。[②] 在整个 18 世纪，许多江南的文化名流都进入了富有商人的资助轨道，比如扬州有名的马氏兄弟——马曰琯（1688—1755）和马曰璐（1697—1766?），都从利润丰厚的食盐交易中致富。[③]

247

[①] 曼素恩：《缀珍录：十八世纪及其前后的中国妇女》，页 37；韩书瑞、罗友枝：《十八世纪中国社会》，页 57—58；斯定文：《帝制晚期中国士人身份及其虚构表达》；伍思德：《政治中心和教育创造性的分离》，页 472—473。

[②] 有权势的扬州商人家族如洪氏、马氏、程氏、江氏、李氏、曹氏，所使用的更为精妙的提升社会地位的方法，见何炳棣《扬州盐商：中国十八世纪商业资本主义的一个研究》，页 156—165。马氏兄弟，见徐澄淇《十八世纪扬州之地绘画的售卖》，页 17—63。天津的长芦盐商，见关文斌《天津盐商：帝制晚期中国的国家形成与市民社会》，页 4—82、85—88。

[③] 王昶：《蒲褐山房诗话》，页 43—44；何炳棣：《扬州盐商：中国十八世纪商业资本主义的一个研究》，页 156—165。徐澄淇：《十八世纪扬州之地绘画的售卖》，页 44—49、142。王昶：《湖海诗传》，卷6，页 128。除王昶（1725—1806）、王鸣盛（1722—1798）、钱大昕（1728—1804）、袁枚之外，与扬州盐商有密切关系的知名人物，还包括厉鹗（1692—1752）、杭士骏（1696—1773）、惠栋（1697—1758）、戴震（1724—1777）、全祖望（1705—1755）、齐召南（1706—1768）。王昶指出全祖望、厉鹗、杭士骏、陈撰（约 1670—1740）、金农（1687—1764）等人出没于马氏兄弟的文学聚会。这些学者的传记，见恒慕义编《清代名人传略》。

当然,18 世纪时,在有着商人和士人背景的人之间存在着大量的合作和融合,尤其是在长江下游地区。在考察了 17 和 18 世纪考据学者的社会出身后,艾尔曼认为:"商人背景不是学术和研究事业的主要障碍","我们可以看到一个新的社会群体,包括了从事考据的商人和士人的子弟"。① 艾尔曼提醒我们,18 世纪的社会流动具有双向性:"不仅是商人子弟可以成为士人,而且士人家庭有时也**沦落**为商人。"②冉玫烁也认为:"商业化鼓励商人和士绅融为一个充满活力、在数目上日益增大的精英集团。"不过,她也承认,"这种融合……从不彻底"。③ 卜正民则认为:"只要士绅声望和商人财富间的融合不彻底,那么士绅乃保守典型的认识,在十九世纪之前还远未行将就木。"④可以说,尽管商人和士人的身份在十八世纪有一定的模糊性,但社会对它们的区分以及显而易见的紧张关系依然存在。安东篱近来认为,历史学家必须提防,错误地认为扬州最重要的盐商有着很大社会流动性,这或是将盐商大而化之视为一般商人,或是因为更广泛存在着的模糊了中国帝制晚期社会中商人和士大夫的社会区别。⑤

在更为商业化和人口拥挤的时代,尽管差不多所有的精英包括皇帝,毋庸置疑,必须使他们自己适应商人们不断增长的权势,然而并不是每个人都心甘情愿如此。亲近所带来的不仅是情趣相投,也有彼此嫌隙,后者常常以社会出身的形式表达出来。⑥ 伍思德就指出,在 18 世纪横扫一切的商业化中,当时许多人忧虑,士人值得尊重的各种标志,越来越多地可以购买,而不是去赢得。"很显然,学者阶层变得越更来越焦

---

① 艾尔曼:《从理学到朴学:中华帝国晚期思想与社会变化面面观》,页 95。
② 同前揭书,页 92。
③ 冉玫烁:《浙江的精英行动主义与政治转型(1865—1911)》,页 7。
④ 卜正民:《家庭传承与文化霸权》,页 31。
⑤ 安东篱:《说扬州:1550—1850 年的一座中国城市》,页 262—263。
⑥ 安东篱的观点有启发意义:"盐商在科场上的成就,根本不能阻挡他们继续成为贬损与讽刺的笑料。中国社会继续能在商人和士人中区别出盐商来,即便两类人中间确实有谱系混同情况。另一方面,盐商继续追求士人地位,证实了士阶层在中国社会等级中的重要"(同前揭书,页 263)。

虑,以保护自己的尊贵名号和尊贵身份特征。"① 下一章对于文化多样性 *249*
的描述,不能同意伍思德对于单一的"学者阶层"的概括,他的说法可能
有些夸张。不过,士人个人对防止商业精英蚕食的表述并不难找。

事实上,许多学者准确地表达出了真正的"士大夫"和只是有着金钱
的社会攀爬者间的社会区别。例如,苏州汉学的重要人物王昶(第六章
会更多地论及他)写道:"扬州盐商凡有聚会,辄喜招揽名流以抬身价。"
王昶所说商人的矫揉造作,是指由他自己的资助人——扬州马氏兄弟所
召集的文学聚会。② 19 世纪时再回首乾隆朝,有人重申了王昶的观点,
不怎么喜欢"殷富素封之家",说他们"喜交结士大夫以为干进之阶"。③
郑燮(1693—1765)④是位有影响的文人画家,扬州八怪之一,在给朋友的
信中也说出了学术独立的强烈感受,以及对商人的蔑视:"学者当自树其
帜,凡米盐船算之事,听气候于商人,未闻文章学问,亦听气候于商人
者也。"⑤

对于商人精英的社会文化"蚕食"抱有的类似自卫态度,在苏州也很
明显。1753 年版《长洲县志》的编纂者,以下面的方式描述了苏州士大夫
的行为:

> 吴下士大夫多以廉耻相尚,缙绅之在籍者无不杜门扫轨,著书
> 作文以劝课子弟为务,地方官吏非有公事不谒,盖素所矜然也。士
> 子读书咸知自好,有终身不履讼庭,只字不入公门者。⑥ *250*

1761 年版《元和县志》的编纂者呼应了邻近的长洲县同仁的主张:

> 近数十年来,缙绅先生杜门堚轨,兢兢自守,与地方官吏不轻通

---

① 伍思德:《政治中心和教育创造性的分离》,页 473。
② 王昶:《湖海诗传》,卷 6,页 128。
③ 昭梿:《啸亭续录》,卷 2,页 434。
④ 恒慕义编:《清代名人传略》,页 112。
⑤ 郑燮:《郑板桥集》,页 197。
⑥《长洲县志》,卷 11,页 2b—3a。

谒。或间相见，备宾主之礼以去。学宫士子多读书自好，鲜履讼庭。①

当然，苏州学者和士绅的这些自我描述，很大部分是一种文化姿态。它们代表了作者理想化的自我形象，这些人属于苏州最有影响的学者和文人圈中的人物。事实上，《长洲县志》和《元和县志》是在著名诗人和文学评论家沈德潜的主持下编纂的——下一章我们会对他有更多的了解。② 与晚明的士大夫很相似，18世纪苏州的士大夫"喜欢在市场和学问之间划一条倨傲的界线"。③

在上面所引段落中，不喜词讼、不与官员交接（喜词讼、与官员交接这两种社会习俗，至少在16世纪就贬损性地与商人联系在一起④），反映出对于士人身份的深深焦虑。这些段落所起的作用，不仅是直接描述，而且也是一套士人得体举止的理想规定，这种举止是对人们所公认的商人行为无声的激烈争辩。因此，它们可以解读为士人对于18世纪中叶社会地位日益显赫（在某些情况下是居优势地位）的商业暴发户们的防卫以及具有高度思想意识的反应。

这些自我认定为士人的人，发现乾隆皇帝反对商人铺张浪费习惯的多次禁令，以及他的"还淳返朴"要求，相当具有吸引力。苏州士人为了重申自己在地方社会中的特权地位，将乾隆皇帝的这一话语"为我所用"，在1753年版的《长洲县志》中，沈德潜及同仁吹捧南巡是"道德齐礼之世"的体现，"还淳返朴，转移有机"。他们称颂乾隆皇帝是"圣天子"，"轸念元元，观风问俗"，"首以崇淳朴去奢华为训"。在这些陈词滥调的

① 《元和县志》，卷10，页3b。
② 沈德潜是1753年版《长洲县志》的总裁，同时他知名的学生、监生顾诒禄担任编纂。褚廷璋身列编纂第二位置，后来在1757年乾隆第二次南巡江苏召试中考取一等（《长洲县志》，页16，纂修人员名录，页1a—b）。沈德潜最初担任《元和县志》初稿的分纂，当时（可能1730年代）他还是长洲县学廪生。1750年代沈德潜休致回苏州后，成了1761年重修《元和县志》的总裁，顾诒禄担任编辑。《元和县志》，重修姓氏，页1a—b。
③ 卜正民：《纵乐的困惑——明代的商业与文化》，页211。
④ 同前揭书，页127—128。

颂扬之后，士人们最终申张他们自己的社会显赫地位："士大夫为庶民表率，移风易俗，亦与有责焉。"①当时有着自觉意识的士人，在再现一个理想化的社会秩序中，将他们自己想象成地方的领导者——这一任务的前提是"教化之隆"，反过来可以说成是"风俗之厚"。②

对乾隆皇帝来说，他通过迎合士人作为地方文化保护人和统筹者的自我形象，以积极培植精英。更准确地说，他试图减轻地位优越的士人间与日俱增的忧惧，因为他们正逐渐地被来自长江北岸的富裕暴发户们所遮掩。他通过资助两座江南地区的著名书院达到此目的：苏州紫阳书院（第六章会谈到更多）和杭州敷文书院。③ *252*

1751 年 3 月 27 日，乾隆皇帝首次南巡刚刚抵达杭州后，就宣布："经史，学之根柢也。会城书院聚黌序之秀而砥砺之，尤宜示之正学。"他下 *253*令："江宁之钟山书院、苏州之紫阳书院、杭州之敷文书院，各赐武英殿之所刊之十三经、二十二史一部，资髦士稽古之学。"④乾隆皇帝想赞助这些地方书院的愿望一点也不令人吃惊，尤其是用沈德潜、齐召南等学者为

---

① 《长洲县志》，卷 11，页 1a。

② 同前揭书，页 3a。《元和县志》，卷 10，页 3b。

③ 杭州敷文书院比紫阳书院历史更悠久，敷文书院始于明朝弘治朝（1488—1505）。书院建于 1498 年，位于万松山岭的凤凰山脚报恩寺——因此它最初的名字是万松书院。书院面积很大，接近官方的学宫，远远大于同期大多数的普通书院。明清易代它遭到破坏。浙江巡抚范承谟（1624—1676）在 1671 年重建书院，改名泰和书院。1716 年，康熙皇帝赠给书院亲笔御书匾额"浙江敷文"，敷文书院从此得名（季啸风：《中国书院辞典》，页 71—72）。

尽管历史相当悠久，但直到 1751 年第一次南巡乾隆皇帝前来，敷文书院作为学问第一流书院的声望才得以确立。乾隆皇帝亲笔御书一首诗并赐予书院，是恩宠的标志，这是书院获致声望的关键事件（《南巡盛典》，卷 9，页 8a—b）。同样重要的是，1750 年乾隆皇帝任命齐召南——他毕业于敷文书院，为书院山长。齐召南担任山长达十年。像沈德潜一样，他是全国闻名的诗人，起初跻身于学术和官僚晋升渠道，却徒劳而返，直到后来才被承认有非凡文才。齐召南与敷文书院的联系，像沈德潜与紫阳书院的联系一样，将敷文书院从一个书院变为了皇帝赞助的焦点。齐召南，见恒慕义编《清代名人传略》，页 129—130。更多乾隆南巡至杭州与沈德潜及弟子的交往，见《清高宗（乾隆）御制诗文全集》，"御制诗二集"，卷 70，页 22b—23a；"御制诗三集"，卷 33，页 14a；卷 48，页 25a—b。沈德潜与乾隆皇帝在南巡时相遇的故事（可能是虚构的），见陈康祺《郎潜纪闻初笔 二笔 三笔》，下册，页 391，第 135 条。齐召南另一个与沈德潜不可思议的相似之处，是他晚年也卷入一桩文字狱，最终使他失宠于朝廷。

④ 《南巡盛典》，卷 3，页 28a。

这些学院掌舵。然而,这一上谕所遗漏的,比其积极的内容更有意义:扬州的学院不在乾隆皇帝"聚黉庠之秀而砥砺之"的书院名单之列,这很不寻常。扬州的书院被排除在乾隆皇帝这次慷慨赠予的行动之外,可能因为扬州不是省城;而乾隆皇帝所宣称的"会城书院聚黉庠之秀",也可以解读为是对扬州商业精英学术追求的冷落。

在扬州其实有许多机会可以获得高质量教育,何炳棣将徽商家庭培养获取功名的非凡成就归因于"盐商家庭的孩子可能得到了帝国最好的学校教育"。[①] 他还指出,扬州最著名学术机构——安定和梅花书院的山长,身列整个国家"最负盛名的学者"之列。[②] 我们能够从乾隆皇帝的声明中推断出,扬州最有名书院的问题不在于它们山长的才干,而是在于它们学生的社会背景,许多学生是富裕盐商的子弟。所有这一切都再次确认了知名士人阶层心目中早已扎根的认知,即苏州和杭州仍旧是高雅艺术和经典学术高高在上的中心,这是虚荣的扬州及其权势日增的商人高不可攀的。到 18 世纪中叶,这不过是一种社会自负罢了,而乾隆皇帝无意去挑战它。

《过紫阳书院叠旧作韵》一诗写于 1757 年第二次南巡至苏州之时,乾隆皇帝激励沈德潜在紫阳书院的弟子,要依他们被认可的社会地位行事:

> 紫阳道应振。
>
> 性理无奇言,
>
> 躬行敦至训。
>
> 人已审所为,

---

① 何炳棣:《扬州盐商:中国十八世纪商业资本主义的一个研究》,页 16。

②《扬州府志》,卷 49,转引自何炳棣《扬州盐商:中国十八世纪商业资本主义的一个研究》,页 165 注 104。"例如,安定书院的山长包括著名学者杭世骏(1725—1785)、知名诗人和剧作家蒋士铨(1725—1785)、杰出的史学家和诗人赵翼(1727—1814)。梅花书院第一任山长是当时最著名的古文大师姚鼐(1723—1813)。"安定和梅花书院的历史,见安东篱《说扬州:1550—1850 年的一座中国城市》,页 247—248。

改过要不吝。

去华以就实，

素位惟守分。①

1762 年乾隆皇帝到访苏州并写作了一首《过紫阳书院示诸生》诗，意思表达得更为明确：

士惟首四民，

名在副其真。

道重继濂洛，②

地宁拘歙闽？③

研精味经训，

晰理守彝伦。

莫慢虚车饰，

吾方企化淳。④

255

他在敷文书院又重复了这些意见："牖民先迪士。"⑤

乾隆皇帝赋予了士人作为"还淳"的引导性媒介地位，这与他对于商人作为不负责任的挥霍者的负面评价相反而相成。总而言之，乾隆皇帝的这些言论代表了朝廷意识形态的一种努力，在监督商人和地方官员财富和权势的滥用上，谋求地方士人的支持。地方士人和绅士成员已将这一设想变成了自己的内在认识，感到有必要按此行动，可以说，乾隆皇帝在这方面取得了成功。

总督黄廷桂与娄关蒋氏的冲突，阐明了为取得在朝廷上的政治优势地位，商人和士人为了社会地位和公众认可所进行的精英间竞争是多么

① 《南巡盛典》，卷 18，页 4a。

② 濂洛是指濂溪、洛阳，濂溪是周敦颐的号，洛阳是程氏兄弟即程颐和程颢的家乡。

③ 另有两个紫阳书院，分别在安徽歙县和福建。安徽歙县是许多居住在扬州的徽商的老家，这不是巧合。

④ 《南巡盛典》，卷 24，页 16a。

⑤ 同前揭书，卷 26，页 14a。

激烈。袁枚在 1751 年致总督黄廷桂的信中,强调了黄廷桂不能理解江南精英的动机及他们的感情。这位总督以为"彼绅士者当捆载而来,为有司者当拒绝而去"。最令袁枚气愤的是以下这种自以为是:家产制政权代理人能够支配并命令自视甚高的绅士,似乎后者就是商人。只有富裕的商人才会向皇帝的私囊巨额捐献,如盐商巨富江春在 1758 年所做的那样,却"不敢仰邀议叙"。① 袁枚指出,这种奴颜婢膝,不适用于绅士,他们"不肯捐费于无名之地"。② 而两江总督黄廷桂,根本不这么想,这是判断上的极大错误,与娄关蒋氏的争论就是明证。

256　　黄廷桂未能赢得蒋氏的合作,因为他们期望能以礼相待,得到尊重;当不被尊重时,就会进攻。袁枚指出,天下总有"见微色而深耻,受刑罚而恬然者",同时也有"受千金而不感,得一言而驰驱者"。③ 袁枚的意思很清楚:鼓励地方精英捐助,不是通过恐吓或是用金钱的刺激收买他们,而是要通过迎合他们的荣誉感和尊严,以及人们能够理解的、他们想得到公共承认的愿望。总之,像娄关蒋氏等家族("受千金而不惑者"),不应该像一群顺从、奉承的商人那样同样对待。

　　尽管黄廷桂的不明智之举造成了苏州极受尊重、极有影响家族的强烈不满,但至少有一位蒋家的高级成员强烈感到要予以弥合。身为刑部员外郎的蒋楫,④是蒋氏四位德高望重者之一,这四位在 1750 年带领家族与总督黄廷桂对抗。当御史钱琦在 1750 年弹劾黄廷桂时,蒋家三十多位在苏州以外做官的年轻成员同意提高赋税加派,以支付他们辖区内备办南巡支出。蒋楫反对这种做法,"吾承先人余业,衣食稍给,理宜报效朝廷于万一",明确宣称蒋家"衣食完全来自官俸",这不只是事实的声明,还指明了社会身份:这是世家大族,**不是**商人之家。蒋楫敦促他年轻的族人拿出更多善款,履行礼仪上他们应尽的职责:"弟侄辈居官在外,

---

① 王定安等:《重修两淮盐法志》,卷 145,页 3a。
②《清经世文编》,卷 20,页 18b。
③ 同前揭书,页 17a。
④ 见 184 页注②。

一郡有一郡之政,一邑有一邑之政,学校民农桑,有关国计民生者,事事
可取之家财,以利用地方。"蒋楫认为,家族财富的这种支出不应该以狭 *257*
义的物质所得(商人可以这样做),而要从更广阔的社会荣誉和地方声望
进行评价:"果能罄家为国,百姓受福,吾荣多矣。"这里,蒋楫支持高度地
方化的家产制。并不是将家族的财源,如商人所做的一样,输送给朝廷
的家产制组织(内务府),他提出将家族经费直接捐献给地方上真正的
"公共"事务,作为一种确保家族声望和荣誉的手段。最后,蒋楫不仅说
到(或是用笔写出)而且做到了。在 1750 年的争论中,他捐出约 3 万两
修建一条御路,供第一次南巡至苏州使用。[1] 通过这次行动,蒋楫确保了
自己作为无私和一心为公之人的地方声誉。[2] 然而,尽管蒋楫付出了努
力,富裕的商人最终似乎占得上风。对蒋楫的认可毕竟只是局限于 19
世纪的家谱和文人笔记,这些都比不上南巡中乾隆皇帝公开大量赏赐扬
州的商人捐输者。

然而,蒋楫的作为,代表了精英们在更具地方意义的层次上,在更多
商业化和竞争的社会环境中,努力将南巡转变为他们自己的优势。尽管
有着与总督黄廷桂的公开对抗,但社会的发展和商业精英的地位上升可
能迫使蒋楫捐助经费,这从而也就证明了,与他们的商人对手不同,蒋家
明白如何去正确处置他们的财富。因此,我们可以将蒋楫的慷慨举动,
视作针对的是一种更广阔的历史条件:在 18 世纪的江南,长期的商业化
和人口增长驱动着的精英间日益激烈的竞争。

结论

258

乾隆朝廷寻求的,是既鼓励又控制商业精英的地位上升,乾隆南巡
是这一精细博弈的一部分。将盐商培植为家产制统治在中国 18 世纪繁

---

[1] 这条路约 100 里长(33 英里),从葑门(苏州东南口)经苏州城到太湖岸边。顾镇涛:《吴门表
隐》,卷 2,页 22。

[2] 钱泳:《履园丛话》,丛话一,旧闻,页 28b—29a。

荣的经济商业部门的代理人，只是在一定程度上符合朝廷利益。当商业财富的诱惑和追求腐蚀了依赖和忠诚的关系——这是乾隆家产制组织保持完整和有效的前提，朝廷以及其他在文化上和社会上更保守的精英，在猛烈抨击"奢靡"以及促成"还淳返朴"上找到了他们共同的目标。

乾隆皇帝在南巡期间促进了商业精英和学术精英的利益。然而，正如我在本章中所讨论的，他也试图在社会身份问题上利用一种完全二分的话语，使得两个精英集团相互争斗。当乾隆皇帝日益认识到商人和地方官员间的腐败，而这种腐败威胁到了他南巡公开表述的目标，以及他的家产制网络的独立存在时，他就开始更多地批评物质上的摆阔，将此主要归因于商人。乾隆皇帝试图遏制勾结以及腐败，也提倡节俭并回到淳朴。学术精英（在高度商业化的时代，许多人自身特权地位都遭到了侵蚀）发现皇帝的这种话语具有吸引力，就将之"为我所用"，在一个更为地方化的舞台，为他们自己的社会特权辩护。

可以说，在长江下游地区对待汉人精英时，乾隆皇帝援引了两种同样强有力和深入人心的社会成见：对于"士大夫"的以及对于商人挥霍者的成见。这种区别加重了精英间潜藏的紧张关系，以至乾隆朝廷通过南巡将自己确立为可以解决社会文化合法性的国家机制：通过它，焦虑不安和心存抱负的精英（不论他们的社会出身如何），能够寻求将自己作为真正的"士大夫"和受人尊敬的地方社会的支柱，从而将自己与其他人区别开来。故而，在南巡期间建构和加强清廷在江南的权威，不仅是以朝廷同时迎合士人和商人利益集团，而且也是以这种迎合加剧了精英间的对抗作为前提的。

259

第六章　南巡的文化包容：推崇诗歌与迎合汉学

　　地方精英既在"礼仪"又在"文化"领域争夺名誉和声望。上一章分析了在礼仪领域的竞争，本章主要关注文化方面的争夺。南巡期间，乾隆皇帝及扈从的现身，有效地改变了此前就存在的精英间竞争，常常使竞争对朝廷有利。然而，如同在治水和武备方面一样，乾隆朝廷不得不对更普遍的趋势以及经常不可预知的特别事件做出反应。换言之，用老生常谈的话说，就是朝廷和地方精英间的互动必有历史原因。除了促成围绕着社会身份的激烈对抗和紧张关系，日益商业化与人口增长也带来了文化和思想的多样性。本章考察在南巡过程中，乾隆朝廷通过推崇诗赋写作以及赞助汉学——此在 1750 年代的苏州盛极一时——以笼络学术精英的种种努力，尤其集中于分析召试活动，还有沈德潜所起到的关键性作用，他是来自苏州的著名诗人和文学评论家。

召试

　　中国历史悠久的科举制度是形成精英的典范机制，通过此，清廷和地方汉族知名人士互相迎合对方的利益。然而，到了 18 世纪，参加科考的人数远远超过了能够赐予的功名额数，甚至科考中式也不能保证在官僚体系中谋得一席之地,身拥功名者远远超过了可以得到的官缺数。
1761 年为庆祝皇太后七旬万寿举行恩科,217 名考生(从参加考试的
5059 人中脱颖而出)中进士,但在三年内,只有 78 人(占 36％)[1]膺获他
们的首次任命。1761 年这一科大多数进士在得到正式授官之前,不得不
等待十年以上。[2] 举人的形势更为严峻,这一点乾隆皇帝也非常清楚。
"无知"士人的愤愤不平和流言蜚语,迫使他在 1765 年将之公布于众,当
时乾隆对这一问题给出了量化评估:

> 每科中额一千二百九十名,统十年而计,加以恩科,则多至五千
> 余人。而十年中所铨选者,不及五百人。除各科会试中式外,其曾
> 经拣选候选者尚余数千,经久愈多,遂成壅积,而直省员缺本只有
> 此数。[3]

乾隆皇帝估计,各省大多数举人不得不等候"动至三十余年"才能得到首
次任命。这种情况加剧了汉族精英的窘迫和焦虑,不过,他们继续追逐
科名,以作为地方特权和声望的标志,即便不一定能保证得到一官半职。
乾隆皇帝也感到这种情势的棘手,"朕常中夜思维,筹所以疏通壅滞之
法"。[4] 对此的一种改善措施是召试,这在乾隆每次南巡、三次东巡山东
(1771、1776、1790)、四次巡幸天津(1773、1776、1788、1794),以及 1761
年西巡山西五台山举行过。[5]

　　召试是一种经典的家产制赞助形式,由康熙皇帝早期试图招揽一些
地方杰出人物的做法演进而来,尽管当时还不成体系。这一做法可能来

---

① 文朵莲:《乾隆二十六年辛巳科进士:十八世纪的科举、国家与精英》,页 21。

② 文朵莲:《乾隆二十六年辛巳科进士:殿试政治》,页 294(表)、296。

③《大清高宗纯皇帝实录》,卷 745,页 17b—19b,转引自伍思德《政治中心和教育创造性的分
　离》,页 473;英译参考了文朵莲《乾隆二十六年辛巳科进士:殿试政治》,页 278。

④《大清高宗纯皇帝实录》,卷 745,页 17b。

⑤《清史稿》,卷 109,页 3178;《大清会典事例》,转引自文朵莲《乾隆二十六年辛巳科进士:殿试
　政治》,页 281。乾隆三次东巡举行的召试共录取了 17 名一等中式者;四次巡幸天津共录取 4
　名一等,西巡五台山共录取 9 名一等(陈康祺:《郎潜纪闻初笔 二笔 三笔》,下册,页 584—
　285,第 502 条)。

自(至少是部分)1699 年康熙第三次南巡时对于苏州士人吴廷桢的处理方式。[1] 正式的召试在 1703 和 1705 年康熙第四次和第五次南巡时举行,当时取中七十三人,康熙皇帝赏赐白银并命他们到京师担任内阁中书。[2]

18 世纪召试的种种规定见于《大清会典》。宣布巡幸后,皇帝将要前往之省的进士和举人以及贡监生,可以向所在州县的地方官员呈献自己的诗作。接下来,士子的名册及诗作,会上呈学政。巡幸路线之外的邻省(江西、安徽、福建)拥有功名者以及学子,要向他们家乡所在地的官员报名,这些地方官员将士子名册和诗作,一并交给皇帝将要巡幸省份(江苏和浙江)的学政。然后,学政和上司督抚商量,一同从各种名册中选择他们认为适合参加召试的士子。

这一规定,确保了在乾隆南巡期间,江苏和浙江学政,与江南督抚一道,在决定谁能参加召试问题上有很大的权力。然而,这些大员所享有的挑选权力并不是绝对的。召试公开讲,旨在吸纳来自下层(也就是非官宦、无科名)家庭的有才能的拥有功名者和学子,因此对资格的要求相当严格。那些来自有功名家庭的最低等的官学生即生员,就不允许参加召试。此外,现任官员的族亲(兄弟、子侄、叔伯等)允许呈献诗作以迎圣驾,但不得参加召试。[3] 这些限制与 18 世纪有名的繁复科举回避制度一致。[4] 乾隆皇帝的目的很明确,是帮助相对少有特权之人:"此等士子,因其父兄已登仕籍,均得邀恩以官卷入场应试,则自有出身之途,又何必于巡幸时进献诗赋,冀图录取,侵占寒畯之路?"[5]

①《长洲县志》,卷 25,页 24b—25a;顾公燮:《丹午笔记》,页 191,第 271 条;顾震涛:《吴门表隐》,附记,页 350;钱泳:《履园丛话》,丛话一,旧闻,24b—25a 页;昭梿:《啸亭杂录》,页 338—339。

②《清史稿》,卷 109,页 3178;《大清会典事例》,卷 375,页 9804,转引自文朵莲《乾隆二十六年辛巳科进士:殿试政治》,页 281。

③《清会典》(光绪),卷 33,转引自杨学为等《中国考试制度史》,页 367。

④ 文朵莲:《乾隆二十六年辛巳科进士:十八世纪的科举、国家与精英》,页 119—128;魏秀梅:《清代之回避制度》,页 168—195。

⑤ 文朵莲:《乾隆二十六年辛巳科进士:十八世纪的科举、国家与精英》,页 55。

264　　　乾隆每次南巡召试,先是在杭州(圣因寺行宫),接着在江宁(钟山书院)举行。在考试当天,钦命的监临官和考官前往考点检查。考试期间,一支亲军陪同这些官员以保证安全并维护秩序。①

　　召试的中式者分成一等和二等。赏赐依中式等第有高下之分。取中一等的举人或进士(这两者间没有区别)即刻被任命为内阁中书(从七品)。② 由于中式的人太多,因此取中一等的一些举人就被授予候补的头衔,凡京城或地方有适合的出缺,即行补授。③ 中式一等的贡监生(也就是监生和贡生)钦赐举人,同时在内阁学习行走。最后,中一等的生员,

265 径直钦赐举人。④ 中二等的人数更多,他们得到皇帝赏缎二匹。⑤ 首次南巡,乾隆皇帝(听取了谋臣傅恒、梁诗正[1697—1763]、汪由敦的建议),在1751年4月初杭州召试中就建立了这些规章。⑥ (这些召试的量化分析,见附录C。)

　　归根结底,乾隆南巡期间举行的召试并不是要扩大官僚任命的渠道,也不是要繁育地位已确定的士大夫阶层。这些召试遵循严格的回避制度,旨在吸引在地方上享有名望且仍相对独立自主的人物进入朝廷。因此,召试仅加速改变了一些名列一等(表C1)的中式者的命运——他们中的许多人,我们下面会看到,都已在地方享上有一定名望。家产制赞助必然使得这一考试生机勃勃,通过这种方式,相对独立自主并在地

────────────────

① 每次考试有两到三位主考。这些人通常是督抚、学政以及高品级的京官(大学士、各部院堂官及御史等)(《钦定南巡盛典》,卷75,页5h—18a;张勉治:《马背上的朝廷:建构满人的民族—王朝统治(1751—1784)》,博士学位论文,页448—449表6.1)。

② 内阁中书,最早是"明朝中书科的一群写手"。清朝时,这一职位上的人数"显著增加,包括了70名满人、8名汉军及30名汉人文职人员"。这些人是"在那些被挑选进入翰林院当庶吉士之后,每三年一次从最有前途的进士中挑选出来的"。这些人在一段固定的任期之后,"必须外放成为州的属员,而在18世纪,成为军机章京"。见贺凯《中国古代官制辞典》,页347,第4194条。

③ 文朵莲:《乾隆二十六年辛巳科进士:殿试政治》,页284—285。

④《清会典》(光绪),卷33,转引自杨学为等《中国考试制度史》,页367。

⑤《清会典》(光绪),卷33,转引自杨学为等《中国考试制度史》,页367。

⑥《南巡盛典》,卷76,页4a;文朵莲:《乾隆二十六年辛巳科进士:十八世纪的科举、国家与精英》,页161—163。梁诗正、汪由敦担任浙江召试的主考官,并非偶然。

方上有影响力的知识分子变得更依赖皇权。当我们注意到人数也不是特别众多的二等(表 C2)人群时,这一家产制的机制就更为明显,分发给他们的声望标志物(缎二匹),成了任官的有意义的替代物。对于那些南巡召试中式的大多数有抱负的地方人士来说,召试主要是增强象征性声望,以及加强他们在地方上作为"士大夫"地位的一个渠道。

推崇诗画以笼络精英

这一提升声望的原则,也塑造了这一移动朝廷与那些从未进过杭州或江宁考棚进而拥有声望的人之间的互动。1751 年 3 月 12 日,首次南巡到达扬州之日,乾隆皇帝赏赐了二十个人(可能是两淮富裕盐商的族亲),他们此前已向圣驾进呈了诗作。他们每人都得到一个荷包;此外,有五人的诗作得到了更高的等第,他们每人得到缎一匹。① 圣驾 1751 年 4 月抵达江宁时,来自江苏和安徽热情的士人学子呈递了他们的诗作,希望能被挑中参加即将举行的召试。这些热心追求者中有许多人会失望,然而,并非所有的人都空手而归。1751 年 4 月 21 日,乾隆皇帝恩赏了七十二人(其中三十人来自江苏,三十九人来自安徽)。② 还是依诗作质量予以赏赐:所有人都得到了荷包,另有二十人额外获缎一匹。这些荷包是满洲文化内在的组成部分,③因此具有高度象征意义,而接受赏赐的人数也具有高度象征意义(孔子有七十二弟子)。事实上,这是为了得到作

---

① 《南巡盛典》,卷 68,页 3a。

② 同前揭书,页 38a。

③ 标准的满洲射猎和打仗服饰包括挂在皮带上的一些荷包(满文 fadu)。这些荷包最初是用兽皮做成的,相当实用,可以用来装粮食、烟袋、烟叶或点烟的东西(比如燧石和火绒)等。到了18 世纪,它们由丝绸织成,日益成了清朝军事和民族遗产的象征。有个可能是虚构的故事说,蒙古人官员松筠(1752—1835)(见恒慕义编《清代名人传略》,页 691—692)扈从皇帝出行,问同行人说:"君等所知荷包、佩帉所由始乎? 我朝初以马上得天下,荷包所以储食物,为中途充饥之用,佩帉所以代马络带,恐带偶断,则以帉续之。"(《清朝野史大观》,第 2 册,页21。)更细致的讨论及插图,见王云英《清代满族服饰》,页 18—21;何翠媚、班臣:《紫禁城的辉煌:乾隆盛世》,页 30—31(图表 16—17)、页 57—59(图表 49,53)。荷包是乾隆皇帝巡幸中衣饰不可少的部分,见吴相湘《清内务府档案中的乾隆衣饰》,页 16。

为皇帝认可的物质标志而展开的诗作竞赛,发生在钟山书院的墙外,而
南巡中的江南召试则安排在书院之内。乾隆皇帝后来的南巡吸引了同
样的大量诗作,它们得到了同样的恩赏。每次南巡中都有大量这种
事例。[1]

可以说,乾隆南巡为地方名流将他们"士大夫"的地方身份合法化,
提供了许多的公开机会。第二次南巡,1757 年 4 月 2 日,乾隆皇帝刚渡
过长江抵达南岸就宣布,那些巡幸路线沿途呈献诗赋和绘画的人,能相
应地得到恩赏。结果,当地士人与圣驾的沿途相遇,就如同由物物交换
的机制主导着,通过此,一个人在诗赋或是绘画上——这是两项最典型
的士人活动——的才能可能被推崇并公之于众。呈献一种的,赏缎一
匹;呈献两种的,赏缎两匹。具有讽刺意味的是,一些参与这一用诗赋和
绘画交换象征性声望的人,与那些享有参加南巡召试而享有特别待遇的
一样成功,或许更胜一筹。1757 年规定,非正式呈献两首诗作或是两幅
绘画所得恩赏的数量,等同于召试取中二等的奖赏,有时还会更多。例
如,画家罗学旦呈献了一幅画敬贺皇太后六旬万寿,士人查开著呈献苏
轼诗作的注解,他们每人都得到赏缎四匹。[2]

苏州画家张宗苍、徐扬的经历,解释了在南巡中所获得的家产制或
说是"官僚体系之外"的认可形式并不限于绸缎和荷包。1751 年 4 月 29
日,乾隆皇帝由江南返回京师后,赏赐给张宗苍、徐扬,还有另一位画家
严宏滋,每人缎一匹。[3]《南巡盛典》(约 1771 年)中的恩赏上谕并没有说
明张宗苍和徐扬何以被选中而得到这些象征着圣恩的物品,好在《苏州
府志》等地方材料提供了更多的细节:

> 吴县人张宗苍,献吴山十六景画册。御笔每幅题诗一首,命充

---

① 《南巡盛典》,卷 69,页 15a;卷 70,页 4a;卷 70,页 30a;卷 71,页 7a;卷 71,页 30a;卷 71,页 39a。

② 同前揭书,卷 69,页 15a。乾隆皇帝对宋朝诗人、政治家苏轼的欣赏,见第七章。

③ 《南巡盛典》,卷 68,页 43a。

画院供奉。监生徐扬献画册，命充画院供奉。[1]

张宗苍笃信佛教，起初担任低品级的主簿（这是佐贰官），有文学才能，擅长山水画。1751 年召入画院，在年老休致回苏州之前，升至户部主事。1751 年时徐扬是监生，1753 年乾隆皇帝赐他举人，擢升至内阁中书。[2]徐扬在画院多年，一直指导着表现乾隆南巡的绘画作品，这最终形成了一套十二卷的《南巡图》（约 1771 年）。[3]张宗苍和徐扬都没有参加规定极为严格的召试，而且两人都是在京师得到了朝廷的任命，这很显然抬升了他们在地方上的声望，他们出现在地方志中就是明证。然而，他们的擢升，完全听命于乾隆皇帝个人，两人彻底依附于他。

在许多地方精英看来，除了上述规定严格的召试外，南巡更像是一种"滚动着的"考试。这种持续进行、非正式的"召试外考试"的参加之人的定位，是要捞取皇帝恩宠的象征地位，作为增强他们声望的手段。 269

能够增强在地方上的声望，对于那些依规定不符合召试资格的人更为明显。如上所述，现任官员的族亲禁止参加召试，但允许他们呈献诗作，以迎圣驾。[4]这些进献并非没有得到认可或奖赏，事实上，现任和前任官员的亲属是皇帝恩赐实惠的受众。1751 年 3 月 16 日，在苏州的北面，乾隆皇帝赏赐了三位休致的朝廷官员——詹事府少詹事习嶲、翰林院编修叶长扬、庶吉士韩孝基（1664—1753）——每人缎一匹、貂皮两张，他们三人都献诗迎接圣驾。[5]韩孝基出自苏州望族。[6]长洲韩氏始于明末担任礼部侍郎的韩世能，韩氏在清朝以三人入翰林而闻名：韩菼（1637—1704，1673 年进士）、韩孝基（1700 年进士）、韩彦曾（1730 年进

---

[1]《苏州府志》，卷首 2，页 4a。也见何慕文《文献与肖像：康熙与乾隆南巡图》，页 117。清朝的画院，见杨伯达《清代画院》。

[2] 顾震涛：《吴门表隐》，18 卷，页 299。

[3] 何慕文：《文献与肖像：康熙与乾隆南巡图》。

[4]《清会典》（光绪），卷 33，转引自杨学为等《中国考试制度史》，页 367。

[5]《南巡圣典》，卷 68，页 18a。

[6]《元和县志》，卷 25，页 21b—22a。

士)。① 乾隆皇帝确实是挑选出这一"官宦世家",予以特别承认。除了绸缎、貂皮外,他还赏给韩孝基御笔"家法耆儒"以表彰韩家,称赞他弘扬乃父的家法。② 八天后,1751 年 3 月 24 日,乾隆皇帝一入浙江,就表彰了另一士大夫望族——这次是钱塘梁氏,将同样的承认之物,赏赐给了梁文濂和翰林院编修梁启心(1695—1758)。③ 这两人分别是乾隆皇帝极宠信的大臣梁诗正的父亲(一介平民)和兄长。④

乾隆朝廷在南巡期间推崇诗歌——通过与召试和更为非正式、沿途交换的诗赋进献,直接促成了在 1750 年代诗歌重新成为科举考试的科目。⑤ 波拉切克认为,1751 年是一个重要的转折点,当时"乾隆皇帝亲自强调诗歌作为进入翰林院的标准",有抱负的朱珪(1731—1897)、翁方纲(1733—1818)等士人随之开始了他们自己认真而系统的诗歌研究。⑥ 乾隆皇帝开始他的南巡也发生在 1751 年初,这不是时间上的巧合。乾隆第二次南巡也与 1757 年重新确立在乡试和会试中考试赋诗同时发生,⑦ 接下来的 1760 年,这一做法扩至乡试及以下考试。⑧ 艾尔曼认为,重新确立诗(尤其是律诗)作为科举必考内容,"对于强调制义的元明科举体制来说是重要的转向"。他将这一对于诗(尤其是唐诗)的重新调强,归因于"恢复古代学问,尤其是宋以前士人的写作和评论形式","令清朝士人日益关注唐宋科举中诗与文的作用"。⑨ 同样重要的是,如文朵莲所指

---

① 顾震涛:《吴门表隐》,附记,页 360。

②《元和县志》,卷 25,页 22a。

③《南巡盛典》,卷 68,页 23a、24a;《清朝野史大观》,第 1 册,页 37。

④ 梁文濂受过教育,但未取得功名。梁启心在弟弟梁诗正之后于 1740 年中进士,随即入翰林院。然而可能因为回避的原因,他谢绝了任命,回到杭州管理家族事务。对梁诗正、梁启心的更多介绍,见恒慕义编《清代名人传略》,页 503、505。

⑤ 科考科目中诗歌的恢复,见艾尔曼《清前中期士人的社会角色》,页 406—411.

⑥ 波拉切克:《鸦片战争与清廷的内部斗争》,页 294 注 14。朱珪,见恒慕义编《清代名人传略》,页 185—186;翁方纲,见恒慕义编《清代名人传略》,页 856—858。

⑦ 法式善:《清秘述闻》,上册,卷 6,页 198。

⑧ 法式善:《槐厅载笔》,卷 2,页 13a,转引自波拉切克《鸦片战争与清廷的内部斗争》,页 294 注 14。

⑨ 艾尔曼:《明清科举文化史》,页 541—542。思想界名人如阮元(1764—1849),认识到诗歌是唐科考科目的例子,见梁章钜《退庵随笔》,卷 6,页 7b。

出的：“南巡中的考试让人想到这似乎是宋朝以前的做法，即要求考生写作诗歌（在科考程序中，这通常是很次要的要求），取代了清代科举科目的核心：评价儒家的伦理纲常。”①乾隆皇帝可能“很欣赏礼部在1750年代的考试中多使用诗歌的请求”，这显然是因为，在1751和1757年他头两次南巡期间，皇帝赞助诗歌已经变成了一种深入人心、有效地笼络江南精英的手段。江南望族很可能会欢迎这一科目的改变，因为跟一帮令人气恼、渴望被人承认是真正“士大夫”的暴发户相比，考试诗歌，会使他们处于绝对的优势位置。毕竟，如艾尔曼所指出的，“这一新的诗歌问题……在考生人数激增的年代，增加了童生试、乡试及会试的难度”。②这很显然是对来自高雅艺术和经典学术荟萃的苏州、杭州、江宁甚至日益重要的扬州等重镇的富裕、享有很高地位并接受传统教育的人的让步。

苏州的文化经纪人沈德潜

任何对于南巡中乾隆皇帝努力影响并赢得当地精英的探讨，若离开了考察著名诗人、文学评论家沈德潜（1673—1769），那都将是不完整的。③乾隆朝廷与沈德潜之间复杂的互动关系，揭示了南巡如何推崇诗歌以及朝廷如何将某些学术品味为其所用。艾尔曼认为，沈德潜“可能影响到了上述所讨论的朝廷在诗歌上的新举措”。④

沈德潜并非出自苏州望族，⑤他出身于一个相对寒微但相当有名气

---

① 文朵莲：《乾隆二十六年辛巳科进士：十八世纪的科举、国家与精英》，页162。

② 艾尔曼：《明清科举文化史》，页556。

③ 沈德潜的传记，见《满汉名臣传》，第2册，页2051—2055；沈德潜：《沈德潜自订年谱》；恒慕义编：《清代名人传略》，页645—646；《吴县志》，卷68上，页19b—20a；王昶：《蒲褐山房诗话》，页53—55。感谢Jessica Eykholt、马小鹤的帮助，我得以查阅哈佛燕京学社图书馆善本室所藏《沈德潜自订年谱》。

④ 艾尔曼：《明清科举文化史》，页550。

⑤ 《沈德潜自订年谱》（页1a）记载，沈家在苏州的先祖在明洪武朝（1368—1398）时最早于葑门外居住。

的家庭。他的父祖都是有修养的士绅,以教授苏州更为富有家庭的子孙为生。沈德潜十二岁成为塾师,可能是由于家境窘迫。[1] 他六岁时,诗作水平之高已得到苏州士人圈的承认。[2] 不走运的是,天才和早熟的文学才能并不能保证科考中第,也不能谋得官职。沈德潜参加了十七次乡试,最后于 1738 年中举,时年六十六岁,早已不再年轻。即便是以当时的标准看,这也非同寻常。他的百折不回大概可能揭示他的家庭是何等执着于科名。[3]

接下来的十年间,沈德潜找回了失去的时光。他 1739 年中进士,接着在乾隆内廷以及鄂尔泰(1680—1745)赞助下的私人关系网中迅速升迁。1742 年他任翰林院编修,第二年入詹事府。在主持乡试和会试后,他入内阁(1746),任上书房皇子们的师傅(1747),最后担任礼部侍郎之职(1748)。1749 年七十七岁时,沈德潜因病休致回到苏州。此时,他已与乾隆皇帝关系密切,建立了文学通信联系,这在他休致后还很好地保持着。[4]

1740 年代显然是沈德潜一生的转折点。之前,他成年的大部分时间身为廪生,准备乡试,追求他的诗歌研究(这一点下面会更多谈及)。[5] 康熙皇帝后三次南巡时,即 1703、1705 和 1707 年,他三十多岁。他从未得到康熙朝廷的注意,这一事实反映了他在当时相对来说名气不大。[6] 当然,到 1739 年,沈德潜已获得了足够的社会声望,因为乾隆皇帝称他是"江南老名士"。然而,他随后在苏州及围边地区的文学地位和社会声望也极大有赖于他蹭蹬场屋——晚至 1730 年代末才中举,有赖于 1740 年代十年在京城为官,以及此后他与乾隆皇帝密切的关系,直到 1769 年

---

[1] 同前揭书,页 4a—b。(按年谱,沈德潜十一岁时就已代其父课徒。——译者注)
[2] 沈德潜 1678 年六岁初读书,据他的曾祖父说:"是儿他日可成诗人。"(同前揭书,页 3a。)
[3] 沈德潜的弟子王昶(《蒲褐山房诗话》,页 53)这样描述他的老师:"先生潦倒名场,晚登科第。"
[4] 恒慕义编:《清代名人传略》,页 645;《吴县志》,卷 68 上,页 20a。
[5] 《元和县志》,页 9,重修姓氏(页 1a—b)。
[6] 这里我说"相对",是因为苏州权势人物如彭定求(1645—1719)、巡抚汤斌、宋荦在 1680、1690 及 1700 年代初听说过或赞助过沈德潜。

去世。

　　沈德潜著作出版的剧增可以视作他社会声望日隆的指示器。1740
年以前,沈德潜的著述出版仅限于三种文选(1717、1725、1739),一部篇
幅很小的文学批评作品(1731),以及《浙江通志》中地图的解释性文字
(1736)。这不是他作品的全部。然而,1750 和 1760 年代,沈德潜凭借声
望出版了他的大多数重要著述:诗文集(1752 年有御制序、1759、1766、
1767)、自订年谱(1764)、四部重要的诗选(1752、1753、1759、1761)。① *274*
1757 至 1760 年间诗歌重新作为科举考试科目,当时整个帝国的士子们
开始勤奋学习他的诗选,作为准备考试的一部分,这愈加巩固了沈德潜
的地位和影响。②

　　1749 年沈德潜休致,成了苏州精英的正式一员,这可以从他积极从
事各种活动看得出;苏州精英通过这些活动,培育着他们的集体认同。
1750 年代,他主持了长洲、元和两县方志的编纂,两者都位于苏州府。③
此外,苏州精英家庭,为了他们自己的敬宗收族事业,也借重沈德潜的高
超文学技艺。1759 年,蒋仙根(1698—1762)——苏州极富有家族的子
弟,他既不缺乏有权势的同宗④,也不缺乏文学的同道⑤——邀请沈德潜
为《娄关蒋氏本支录右编》写序。⑥ 曾抗拒总督黄廷桂的娄关蒋氏(见第
五章)是苏州最著名的家族之一,与沈德潜的关系密切。同一年蒋仙根
也邀请沈德潜参与另一项重要的事业——重建送春会。在蒋仙根看来,

---

① 恒慕义编:《清代名人传略》,页 645—46。这是沈德潜著作集《沈归愚诗文全集》(教忠堂,
　　1736—1795 年)的一部分。
② 艾尔曼:《明清科举文化史》,页 550。
③ 《长洲县志》,页 16,纂修人员(页 1a—b);《元和县志》,页 9,重修姓氏(页 1a—b)。沈德潜、顾
　　诒禄在这些方志编纂中的作用,见 192 页注②。
④ 蒋仙根的族亲包括第三代的堂兄弟蒋恭棐、蒋月梅、蒋楫、蒋棻,侄子蒋应焜——其中一些人
　　我们在上一章遇到过。他们都是蒋灿——娄关蒋氏始祖的第四、第五代孙,见蒋坤《娄关蒋
　　氏本支录右编》,卷 1,页 9b、10a、11a、29a、55a、58a。
⑤ 蒋仙根与苏州最有权势的家族——陆氏、顾氏交好。这可以从以下事实推得:他和顾祖镇常
　　常光顾涉园,这是宝宁知府陆锦建造的一座花园。蒋仙根、顾祖镇用他们的书法作品为涉园
　　增色(顾镇涛《吴门表隐》,卷 5,页 65)。顾镇祖,见前揭书蒋恭棐的传记,卷 17,页 266。
⑥ 蒋坤:《娄关蒋氏本支录右编》,卷首,原序,页 15a—16a。

重新召集这一诗社是非常重要的家族传统,因为诗社最初是由他的父亲蒋深,①恰在六十年前(1699)发起的。② 沈德潜同意加入,将自己日隆的声望借给了重建的送春会,同时也加深了他与顾奕禄③、彭启丰(1701—1784)④等诗社成员的关系——两人是苏州最受尊重的两个家族的后人。极可能是沈德潜与顾奕禄、彭启丰的结识,使得后二人邀请他为顾氏宗祠和纪念彭启丰曾祖彭正乾的宗祠撰写纪念性文章。⑤ 当沈德潜为自己家族在苏州葑门外的东南郊建造一座沈氏宗祠时,他已将自己视作苏州极有影响的人物了。⑥

当沈德潜在整个1750年代忙于巩固他作为文学名士与地方社会中坚分子的地位时,乾隆皇帝公开强调了沈德潜与朝廷的联系,尤其是在他南巡期间。1751年乾隆皇帝首次到苏州,就赠诗给他的这位昔日朝臣:

水碧山明吴下春,

---

① 蒋深是蒋灿的重孙,是娄关蒋氏第五代族长。蒋深的文学活动,见183页注⑤。

② 送春会最初的成员包括一些苏州最受尊重的文化人物,如尤侗(1618—1704)、张大受(1660—1723)、画家王翚,见顾镇涛《吴门表隐》,附集,页363。

③ 顾奕禄是进士顾三典的重孙,主要作为古文大师而闻名。他也有点像地方志专家,协助编纂《长洲县志》《元和志》及《虎丘山志》(约1767年)(见209页注③)。顾奕禄极善辞令,社会声望很高,有亲和力,能够调解当地纠纷。他与沈德潜关系密切、友好。他是沈德潜出众拔萃的弟子中的一员,在沈德潜1749年休致后,身为记室,代笔处理沈德潜所有社会交往的信件。顾奕禄为沈德潜自订年谱撰写了序言,可能也写了年谱的大部分内容,见《吴县志》,卷68上,页20b;蒋绍甲等:《(重修)虎丘山志》,凡例,页3a。顾三典,见《长洲县志》,卷25,页23b。感谢国会图书馆亚洲部同意我查看1767年版的《虎丘山志》。

④ 彭氏最早服军役,明初已从江西移居长洲县(彭文杰:《彭氏宗谱》,序,页4a,彭定求1703年序)。他们上升成为望族,始于晚明的彭汝谐,彭汝谐是1616年进士。彭氏在1616—1799年间有11人中进士。彭氏一支(葑溪彭氏)更给人留下了深刻印象:在很短的28年(1761—1789)间不可思议地出了3名进士和2名举人(顾镇涛:《吴门表隐》,附集,页355、361)。彭氏,见《吴县志》,卷39下,页13a—b。

彭启丰是彭汝谐的五世孙,是康熙朝著名士人官僚彭定求之孙。他科场表现出众,会试中第一名即会元,1727年殿试中第三名即探花。彭启丰在1740年代到1760年代在京城和外省一直担任高官。彭启丰仕宦生涯令人瞩目,可乾隆皇帝对他很冷淡,评价他是合格的学者但非干练的官员。

⑤ 《长洲县志》,卷6,页19a;顾镇涛:《吴门表隐》,卷10,页140。彭正乾,见《长洲县志》,卷25,页36a。

⑥ 《元和志》,卷6,页30b。

　　三年契阔喜相亲。

　　玉皇案吏今烟客,

　　天子门生更故人。

　　别后诗裁经细检,

　　当前民瘼听频陈。①

　　老来底越精神健,

　　劫外胎禽雪里筠。②

皇帝的尊重及揄扬,同样也是力图抵消沈德潜在休致后所获致的独立权威和声望。当乾隆皇帝称现在享有很高的"烟客"声望的沈德潜为"玉皇 ²⁷⁷案吏"和"天子门生"时,他提醒人们注意沈德潜以前(并继续)对于朝廷的依赖。在这一精妙的意识形态策略中,乾隆皇帝力免使用民族例外主义的话语,而是将自己装扮成有德的天子。

　　除了赠诗,乾隆皇帝也通过一连串的官衔和物质奖赏,将沈德潜紧紧与朝廷联系起来。在头两次南巡中,1751 年乾隆皇帝恢复了沈德潜的原有薪俸和礼部侍郎衔职,③接着在 1757 年擢升沈德潜为礼部尚书(从一品)。④ 1765 年,在第四次南巡中,乾隆皇帝赠沈德潜太子太傅荣衔,并恩准将此(以及与他作为尚书应得休致薪俸)传于其孙。⑤ 休致的沈德潜还依赖这些官衔和薪俸,人们一眼就看得出他依然是朝廷的休致薪俸领取者。而内阁学士职衔,是追赠给源自苏州的沈氏一支的三位耆老的。⑥

　　沈德潜非常善于接受乾隆皇帝的主动表示,对于上面所引的御制诗,他以谦恭腔调步韵唱和:

① 这句是指乾隆皇帝同意召见沈德潜,时值乾隆皇帝在大运河与黄河在清江的交汇处驻跸的前一天。在这次会面中,沈德潜回答了乾隆皇帝对于他的健康及苏州居民困难的垂询(沈德潜:《沈德潜自订年谱》,页 44b—55a)。

②《元和县志》,卷 31,页 4a—b。

③《南巡盛典》,卷 68,页 34a。

④ 同前揭书,卷 69,页 3a。

⑤ 同前揭书,卷 71,页 29a,32a。

⑥ 同前揭书,卷 6,页 30a。

归来游泳砚山春，

三载瞻云谊倍亲。

帝许林泉就闲客，

臣为歌啸太平人。

选言恐落元和后，

前席难忘宣室陈。

老去敢云颓晚节，

寸心窃比耐雪筠。①

沈德潜跟随着乾隆皇帝，重申了他与朝廷的密切联系。同时，他设法降低日隆的独立声望和在当地积极活动的重要性。当乾隆皇帝提及由于沈德潜离开朝廷而天各一方时，沈德潜强调他不曾改变对于皇帝的忠心以及与皇帝日益的亲近。他称自己是"闲客"，而不是日益独立自主和活跃的地方精英，通过使用第一人称的"臣"，重申他与朝廷的密切关系。最后沈德潜谦恭并公开承认难以忘怀以前的职位，将自己的休致形容为处于被朝廷流放的严冬之中，如同雪中之竹一样忍耐着。

当然，其中许多都是必须要做出的姿态。苏州毕竟不是寒冷、萧煞的边地。而且，这种明眼就能看出的亲近迎合，是某种程度的矛盾情绪的标志，可能也掩饰了地方社会长期存在的根本性的民族（意识形态）紧张关系，这一点我马上就要探讨。而且，我们不应草率地将沈德潜的和诗摒斥为不真诚的奉迎之作。他将许多都归功于他与朝廷持续不断的联系，情况的确如此，在1751年南巡期间与乾隆皇帝联系后，"海内今为盛事，吴中传作美谈"。② 尽管沈德潜在地方上的地位不必然直接随朝廷恩惠而变化，或最受此影响，但若离开了这一点，他在苏州将不复享有如此崇高的地位。如同任何地方的精英一样，他将皇帝的认可作为"地方硬通货"进行交易，积极设法在其他更多地方性权威和声望的形式中，利

①《元和县志》，卷31，页4b。

②王昶：《蒲褐山房诗话》，页54。

用他作为朝廷宠臣的身份。沈德潜自己也承认,若不是有以前给他
的种种恩宠赏赐,乾隆皇帝就不可造访他在苏州的家。他的家包括一座 279
皇帝赐名的书斋——教忠堂,以及一座佛塔,储藏着御赐金佛。[1] 他也在
家以及苏州东南郊所建祠堂的突出位置悬挂御赐诗和匾额。最后,他进
一步公开他与乾隆皇帝的关系,将上面所引诗歌唱和写进 1761 年版《元
和县志》——这是在他主持下编纂的,以及他的自订年谱(约 1764 年)。[2]

　　南巡使得乾隆皇帝和沈德潜再度公开确认他们的关系,对于乾隆皇
帝来说,重申了沈德潜对于他的倚赖。然而,沈德潜也利用南巡进一步
加强了他身为地方领袖的地位,以及他与过去和现在的苏州精英重要人
物的密切联系。他通过一系列的礼仪活动达此目的。例如,在备办乾隆
第四次南巡中,沈德潜率领一群当地名流分别请求长洲、元和知县许治、
周凤歧,建造一座广乡贤祠。[3] 该祠坐落在长洲、元和共有儒学的东侧,
敬奉七位当地乡贤,包括康熙以来苏州最著名的四位人物:汪婉(1624—
1691)、[4]韩菼、[5]张大受(1660—1723)、尤侗(1618—1704)。通过倡议此
工程以及撰写最后刻入祠中石碑的祭文,沈德潜强化了他与这些最著名
人物后人的密切关系,将自己置于一个文化的与平民领袖的长长脉络之
中,从而巩固了他自己在地方的地位。

　　为了全面理解乾隆南巡时的地方机制,我们必须同时在内心中要有
沈德潜的两种形象,首先,我们必须能够将沈德潜视为被拉拢的士大夫, 280
他来自中等地位的家庭,为了在苏州及周边地区的崇高地位,他要依赖
朝廷。同时,我们也必须承认,他是有学识的士绅,有成就的诗人,拥有
独立的自尊和权威意识,这种意识是在一种深具地方性以及日益竞争的
环境中滋育并得以维持的。这两种形象并不冲突,而是相互补充——不

---

① 《元和县志》,卷 17,页 10a—b。
② 沈德潜:《沈德潜自订年谱》,页 44a—45a。
③ 顾镇涛:《吴门表隐》,卷 11,页 159。
④ 恒慕义编:《清代名人传略》,页 840。
⑤ 汪、韩是一流的文学家,都提倡古文(《元和县志》,卷 10,页 4a)。韩菼的更多介绍,见《满汉名
　 传臣》,第 2 册,页 1713—1714。

是互相排斥,而是一枚硬币的两面。

苏州紫阳书院与迎合汉学

最早体现沈德潜日隆的文化影响的,是他在 1751 年出任苏州紫阳书院山长一职。[1] 这座书院靠近苏州府学,由时任江苏巡抚张伯行(1652—1725)在 1713 年建成。在张伯行的赞助下,它起初是为了传播"正统"的程朱对于经典的注解(书院的名字既是指朱熹的老家,也与朱熹在福建武夷山主持过的书院同名)。[2] 在 1750 和 1760 年代沈德潜主持苏州紫阳书院近二十年的时间里,学院的指导方针开始发生变化,这所帝国最好的学校之一,成了汉学和考据学的中心。

281　　　鉴于沈德潜 1750 和 1760 年代的地位,他无疑是中间人的最佳人选,乾隆皇帝可以通过他影响更多的苏州学术精英,当时支持蓬勃发展的汉学的这些著名人物多已麕集紫阳书院。[3] 乾隆的头四次南巡,每一次沈德潜都得到了带领弟子迎驾的特权,乾隆皇帝也借此向紫阳书院及这位著名的山长赐诗。[4]

在 1751 年迎驾中,沈德潜积极寻求乾隆皇帝对于紫阳书院的支持。乾隆皇帝已准备好恩赐"白鹿遗规"匾额,也赋诗纪念:

---

[1] 这一任命是由时任江苏巡抚的王师(卒于 1751 年)做中间人安排的(沈德潜:《沈德潜自订年谱》,页 44b)。

[2] 李啸风:《中国书院辞典》,页 45。张伯行,见恒慕义编《清代名人传略》,页 51—52;《满汉名臣传》,第 2 册,页 1669—1674。这一书院是为了传播程朱理学,当时的科举考试仍是对于经典的正统解释。康熙皇帝赐匾额,上书:"学道还淳"。1725 年江苏布政使鄂尔泰重修并增扩书院。四大原则决定了它的新使命:(1)立志投身学术,(2)正心追求学术,(3)崇典光大学术,(4)师生相互砥砺。

[3] 关于汉学,艾尔曼(《从理学到朴学:中华帝国晚期思想与社会变化面面观》,页 59)指出,"将十七世纪的学者描述为汉学先驱是准确的,因为他们拒绝理学的材料,而赞同更早的汉朝的材料,但'汉学'的名称所揭示的与它所带来的混淆同样多。严格说来,汉学是指十八世纪时惠栋(1697—1758)所引领、在苏州流行的学派"。

[4]《南巡盛典》,卷 8,页 20b—21a;卷 18,页 4a—b;卷 24,页 16a;《清高宗(乾隆)御制诗文全集》,"御制诗三集",卷 47,页 18a。沈德潜在自订年谱中记述了他迎接乾隆皇帝头四次南巡的情况。

德潜纵悬车，

乡教犹能振。

乞我四字额，

更无他语训。

白鹿有芳规，

气贵消鄙吝。①

考虑到这时紫阳书院已是汉学的中心，乾隆皇帝提及白鹿洞书院，可能显得多少不合时宜，因为这使人想到一个人，就是朱熹这位程朱派理学的创建者，而汉学支持者却是要反对他。但乾隆皇帝认同朱熹，这暗示朱熹在制度史上而非学术史上的位置。朱熹毕竟已为书院的发展能得到皇帝的支持铺平了道路。②　可以说，朱熹所创立的制度先例以及白鹿洞书院，有效地使沈德潜与苏州紫阳书院一方，和以乾隆朝廷为另一方的日益发展的密切联系合法化了。

　　并非乾隆朝廷对于沈德潜及学生的所有讨好都是公开的。比如，南巡召试就是迎合那些处于苏州学术生活中心的人的更为普及和隐晦的手段。紫阳书院的学生在这些召试的中式者中占大多数，这是沈德潜至少是在苏州，在乾隆皇帝与学术精英间的文化迎合的博弈间，所起着关键性作用的进一步明证。

　　作为紫阳书院的山长，沈德潜自然要在学生中间宣扬自己的文学理论和鉴赏，包括培育一种对于宋以前文学——**尤其是汉赋和盛唐律诗**——的深层鉴赏。高信生认为，沈德潜对诗的感受受叶燮（1627—1703）③、王士

①《南巡盛典》，卷8，页20b—21a。

②《中国儒学百科全书》，页586。"白鹿洞书院学规"的部分英译，见狄培理、卜爱莲编《中国历史资料集》，页742—744。

③ 在叶燮那里，沈德潜向过去的诸多文学大家学到了很多。对叶燮的更多介绍，见倪豪士编著《印第安纳中国古典文学指南》，页920—921。

祺(1634—1711)①影响,中心是促成(1)诗的"说教"和"格调";(2)诗是"模效过去的杰作"的计量器;(3)琢磨不留痕迹的艺术品质。② 有学生记述说,沈德潜认为文学灵感之源在汉魏时期(220—265),唐代则是最高峰。③ 仅在成为山长两年之后,沈德潜就编辑了他的七位最有才华学生的诗集《七子诗选》。他在这部诗选的序中(时间是在 1753 年 8 月),追述了"复古"的文学运动,这一运动在 16 世纪达到了顶峰:④

> 前弘治时(1488—1505),李献吉⑤、何仲默⑥结诗社,共得七人,称前七子⑦。嘉靖时(1522—1566),王元美⑧、李于鳞⑨复结诗社,亦共得七人,称后七子⑩。诗品虽异,指趣略同。⑪

沈德潜提到明代"前七子"和"后七子"的共有倾向,包括"强调将已往杰作选集作为他们自己写作的范本并特别拒斥明代诗歌"。⑫ 李梦阳

---

① 沈德潜从王士禛那里吸取了诗的神韵说。王士禛,见恒慕义编《清代名人传略》,页 831—833;《满汉名臣传》,第 2 册,页 1628—1631;倪豪士编著:《印第安纳中国古典文学指南》,页 876—877。

② 倪豪士编著:《印第安纳中国古典文学指南》,页 678—679。事实上,沈德潜从 1698 年开始与叶燮一同(师从叶燮)研究诗歌。

③ 王昶:《蒲褐山房诗话》,页 54。

④ 余宝琳(《帝制晚期中国经典的形成》页 91)认为,明代的复古"根植于一个有着更多渠道得到声望和权力的时代,这是由于一些观察者所认为的科举考试已经简化,以及由于迅速发展和日益多样性的经济。复古是计划将中国文学史化减为几种类型,以供揣摩并效仿,这对于那些在相当近期才获得社会声望的人会产生强大的吸引力"。

⑤ 即李梦阳(1473—1529),见富路德、房兆楹编《明代名人传》,页 841—845;倪豪士编著:《印第安纳中国古典文学指南》,页 543—545。

⑥ 即何景明(1483—1521),见富路德、房兆楹编《明代名人传》,页 510—513;倪豪士编著:《印第安纳中国古典文学指南》,页 401—403。

⑦ 对这一群体更多情况的介绍,见吉川幸次郎《金、元、明五百年诗歌史》,页 140—153;倪豪士编著:《印第安纳中国古典文学指南》,页 543—544。

⑧ 即王世贞(1526—1590),见富路德、房兆楹编《明代名人传》,页 1399—1405;倪豪士编著:《印第安纳中国古典文学指南》,页 874—876。

⑨ 即李攀龙(1514—1570),见富路德、房兆楹编《明代名人传》,页 845—847;倪豪士编著:《印第安纳中国古典文学指南》,页 545—547。

⑩ 这一群体的简述,见吉川幸次郎《金、元、明五百年诗歌史》,页 154—169;倪豪士编著:《印第安纳中国古典文学指南》,页 545—546。

⑪ 沈德潜《〈吴中〉七子诗选》,序,页 1a。感谢国会图书馆亚洲部允许我查阅这一诗集。

⑫ 倪豪士编著:《印第安纳中国古典文学指南》,页 546。

(1473—1529)是"前七子"的领袖,坚定地表示"不读唐以后的任何作品",特别提倡回归秦汉时期的文章类型和形式以及盛唐时的诗歌。① 沈 *284*
德潜更是明确地将"南皮七子"也就是"建安七子",视作文学灵感的一个共同来源:"岂偶然七子耶? 抑慕南皮七子之风而兴起者耶?"②更重要的是,沈德潜声称,他所选诗作的紫阳书院七名学生正高举着明朝复古思潮的火炬:

> 今吴地诗人复得七子,曰王子凤喈③、吴子企晋④、王子琴德⑤、黄子芳亭⑥、赵子升之⑦、钱子晓徵⑧、曹子来殷⑨。此七子者数应偶符,然亦不可谓非风闻兴起者也。爰合钞而刻之,为《七子诗选》,请予为序。⑩

吴中七子的文学倾向不仅与沈德潜自己的 16 世纪复古运动审美联系有关,⑪而且也与他主持下的紫阳书院普遍存在的汉学转向有关。江南的 *285*
这七子,其中"三位是十八世纪最有影响的汉学家"⑫,即钱大昕、⑬王昶、

---

① 吉川幸次郎:《金、元、明五百年诗歌史》,页 141;倪豪士编著:《印第安纳中国古典文学指南》,页 544。对明代复古运动以及复兴唐代文学的更多介绍,见余宝琳《帝制晚期中国经典的形成》,页 90—91;周质平:《袁宏道与公安派》,页 3—14。

② 沈德潜:《(吴中)七子诗选》,序,页 1a。对建安七子更多情况的介绍,见倪豪士编著《印第安纳中国古典文学指南》,页 232。

③ 王鸣盛(1725—1798),见恒慕义编《清代名人传略》,页 828;《清史稿》,卷 481,页 13196—13197;王昶:《蒲褐山房诗话》,页 99—100。

④ 吴泰来(1760 年进士,卒于 1788 年),见《清史稿》,485 卷,页 13381—13382;王昶:《蒲褐山房诗话》,页 149—150。

⑤ 王昶(1725—1806),见恒慕义编《清代名人传略》,页 805—807;《清史稿》,卷 305,页 10523。

⑥ 黄文莲(1750 年举人),见《清史稿》,卷 485,页 13382。

⑦ 赵文哲(1725—1773),见王昶《蒲褐山房诗话》,页 166—168。

⑧ 钱大昕(1728—1804),见恒慕义编《清代名人传略》,页 152—155;《清史稿》,卷 481,页 13193—13195。

⑨ 曹仁虎(1731—1787),见《清史稿》,卷 485,页 13381;王昶:《蒲褐山房诗话》,页 158—161。

⑩ 沈德潜:《(吴中)七子诗选》,序,页 1a。

⑪ 沈德潜看不上宋诗,他仅有唐以前、唐朝、明朝和清朝的评论式诗选。

⑫ 艾尔曼:《从理学到朴学:中华帝国晚期思想与社会变化面面观》,页 122。

⑬ 钱大昕的地位,戴密微在几十年前就认识到:"就博学而言,钱大昕(1728—1804)似乎是其时代最伟大的学者,比章学诚和戴震还要伟大。"见戴密微《章学诚及其史学》,页 170 注 7。

王鸣盛，对于他们，我们马上会有更深入的了解。

除进一步强化皇权外，乾隆南巡期间举行的召试也迎合了沈德潜及学生的文学和学术偏好。召试要求考生用三种不同的形式完成皇帝指定的题目：赋①、论、诗②。更为重要的是，最初挑选参加召试的考生全部是看作诗的才华。这种形式在乾隆南巡中得以保持（只有一次例外）。③

召试中钦定的赋的题目，常常是用来赞颂王朝的成就和巡幸活动的，而赋这种体裁本身正适合于此。例如，要求参加 1751 年浙江杭州召²⁸⁶试的考生们写作的是"无逸"——这是强化民族—王朝问题所钟爱的题目（见第二章）。④ 谢墉（1719—1795）是年轻的贡生，后来成了上书房师傅，⑤他当时称颂皇朝"沛时巡之令，舒游豫之衷；惟循览乎方俗，勿晏处乎深宫"。⑥ 谢墉的解释与乾隆皇帝对于无逸原则的意识形态改造相匹配，因此他能取中召试一等本不足为奇。第四章已指出，乾隆皇帝选择"观回人绳技"作为 1762 年江宁召试的赋的题目，这是乾隆皇帝大胆然而却是成功获得人们颂扬他近来辉煌军事征服的种种努力的一部分——这一次最好的颂扬来自程晋芳，他是扬州富裕盐商子弟，很有学识。⑦

---

① 对赋的更多介绍，见倪豪士编著《印第安纳中国古典文学指南》，页 388—391；华兹生：《中国早期文学》，页 254—285。

② 对诗的更多介绍，见倪豪士编著《印第安纳中国古典文学指南》，页 682—689。

③ 1762 年南巡召试，"时务策"取代了"论"，要求士子们回答海塘和耗羡归公政策的效果，耗羡归公是雍正朝的一种财政政策（《南巡盛典》，卷 81，页 1a；卷 82，页 1a）。艾尔曼（《明清科举文化史》，页 544）指出了 1760 年代的 一种趋势，当时"努力强调策论与八股文同等重要"。艾尔曼认为，这些努力是"不成功的"。这一努力可能与乾隆皇帝有关，1760 年殿试时他评价，这些士子关注书法风格而不是实质内容，见梁章钜《退庵随笔》，卷 6，页 7b—8a。

④ 乾隆皇帝甚至要求沈德潜重申"无逸"这一话语。1751 年末沈德潜在京参加皇太后六旬万寿盛典时，乾隆皇帝命他为御制文《无逸》写评语，我在第二章详述过。见沈德潜《沈德潜自订年谱》，页 47b。

⑤《清史稿》，卷 305，页 10521—10522；《满汉名臣传》，第 4 册，页 4278—4283。

⑥《南巡盛典》，卷 77，页 5a。乾隆前四次南巡（1751、1757、1762、1765 年）中江宁和浙江召试的前三名的论及诗赋可以在《南巡盛典》，卷 78—84 找到。《钦定南巡盛典》删去了全部文章，仅有取中一等士子的名字（《钦定南巡盛典》，卷 75，页 6a—19a）。

⑦ 乾隆皇帝继续在 1760 和 1761 年科举中出有关军事胜利的题目（文朵莲：《乾隆二十六年辛巳科进士：十八世纪的科举、国家与精英》，页 171）。

　　像谢墉、程晋芳一样,许多考生奉承乾隆皇帝。在朝廷看来,赋的引人之处,在于这种体裁合适,并且有作为一种夸张性颂扬以及表现皇帝洋洋自得的工具的历史传统。① 然而,在考场之外,一些地方士人暗暗流露出他们对于以赋这种体裁测试他们文学才能的矛盾心情,尽管他们显然能够从这样的活动中受益。这种矛盾心情,源自对于赋自身所固有的歧义理解,这也使得一些地方精英间接地影射一种可能性,即对于那些 _287_ 掌控政治权力的人要有更多的批判立场。

　　例如,1751 年王昶作诗一首——《送张鸿勋栋、凌祖锡、褚揝升、钱晓徵、曹来殷赴金陵召试》。② 当时王昶是位二十六岁的举人,进入紫阳书院,成为沈德潜的弟子。③ 他写这首诗是为了纪念五位同窗要离开苏州去参加乾隆首次南巡在江宁举行的召试。王昶的这首诗不应只作为饯行来读,而是他对于南巡召试,尤其是对考试辞赋的矛盾心情的细微表达:

> 柳外东风度翠旄,
>
> 恰宜献赋向銮舆。
>
> 璇宫方上升恒颂,
>
> 碧海频传赐复书。
>
> 建业莺声新雨后,
>
> 沧江骊影夕阳余。
>
> 自怜抱病风尘下,
>
> 遥望凌云重子虚。

王昶提到了崔骃(字亭伯,约 30—92 年)、司马相如(字长卿,公元前

---

① 龚克昌著、康达维英译:《汉赋研究》,页 2、、10、13。近来西汉辞赋的研究,将它置于自身发展脉络考察,认为它是"一种修辞、娱乐和道德说教的表现体裁",见柯马丁《西汉审美与赋的起源》。

② 沈德潜:《(吴中)七子诗选》,1753 年序,卷 6,页 8a—b。

③ 王昶,见恒慕义编《清代名人传略》,页 805—807;《清史稿》,卷 305,页 10523—10524;《满汉名臣传》,第 4 册,页 3568—3570;钱泳:《履园丛话》,卷 6,页 5b—6a。

177—公元前 117 年),这很难说是偶然。写这两个人反映出王昶敏锐地
意识到赋不仅是文学修饰而且还有道德说教的潜在功能。崔骃,
"璇宫方上升恒颂",是东汉文学家,以劝谏闻名。①康达维称司马相如是
"汉代最著名的辞赋家",②是著名的讽谏范本《子虚赋》的作者(约公元前
150 年),这篇赋将两种对立意见并置,辞藻华丽。③ 司马相如此赋的主
人公子虚先生,被楚派往齐,一抵齐国,他通过将齐王不停的打猎与楚王
更令人敬佩的出巡相对比,间接地批评齐王。在这个意义上说,我们能
够读出王昶诗作最后的所指,是请求他的同窗,要记住子虚先生的例子:
对于贪求颂扬的统治者,能够保持批评(尽管是间接批评)的立场。

　　然而,在召试辞赋的应试中持有批评立场,不是件易事,谢墉、程晋
芳的表现就是例证。赋毕竟不是一种纯粹进行说教的模式,而是"辞藻
装饰和劝说的结合",这使作者有很大的灵活性,追求纯粹审美并更关注
道义。④ 然而,时移世易,审美掩蔽道义,赋演变成了一种广被蔑视的文
学形式,人们认为它"道德的训诫混乱、歪曲"。甚至汉代文学辞赋家比
如扬雄(公元前 53—公元 18)⑤——"他是辞赋乃一种修辞工具的最重要
支持者",最终也在后半生,"否认它是一种有效的说教手段"。⑥

　　王昶与紫阳书院的同窗,对于文学史以及对赋这种体裁的批评,不
可能无所闻知,因为他们全都精通汉代的文化和学术史。乾隆皇帝在南
巡中使用赋似乎引发了一些质疑,至少是在王昶的心中,他没有与同窗
一道参加 1751 年的召试。然而最终,这并没有阻止王昶及同窗参加南
巡期间的召试。到 1750 年代末,王昶可能感受到的任何犹豫似乎已荡

---

① 龚克昌著、康达维英译:《汉赋研究》,页 125;《辞源》,页 0508 第 4 栏,第 6 条;萧统编、康达维
　英译:《文选》,第 1 册,页 516 注 287。
② 康达维:《司马相如的〈长门赋〉》,页 47。
③ 龚克昌著、康达维英译:《汉赋研究》,页 125;此赋全文见萧统编、康达维英译《文选》,第 3 册,
　页 53—72。
④ 康达维:《司马相如的〈长门赋〉》,页 367;华兹生:《中国早期文学》,页 262—270。
⑤ 倪豪士编著:《印第安纳中国古典文学指南》,页 912—913。
⑥ 康达维:《司马相如的〈长门赋〉》,页 371。

然无存。事实上,王昶自己与六位紫阳书院的同窗——钱大昕①、褚寅亮(1715—1790)、曹仁虎②、褚廷璋③、吴省钦、徐曰琏④——1751 和 1757 年高中江苏的召试。⑤ 此外,另两位同窗,也是吴中七子的成员——赵文哲⑥、吴泰来⑦——1762 年江苏召试中分列第二名和第三名。⑧

　　沈德潜及学生最终与乾隆朝廷达成和解,这不是发生在历史或文化的真空中,而是当时士人间内在紧张关系与对立的产物。在一个以对于唐诗与宋诗或是明朝复古派与袁宏道及公安派(下一章有更多的介绍)等等问题的优缺点进行激烈争辩为特点的学术蓬勃发展的时代,沈德潜及追随者,利用朝廷以实施他们自己的学术和文化规划。袁枚的观点显示出了士人间的这种激烈竞争,对于许多士人来说,这种竞争越发增强了赢得朝廷承认的重要和向往。 290

　　18 世纪晚期,袁枚已是当时"三大诗人"之一,其他两位是赵翼和蒋士铨。直到今天,袁、赵、蒋仍合称"乾隆三大家"。⑨ 对我们当前的讨论更具重要性的是,袁枚也是沈德潜的头号反对者。⑩ 用文学艺术家钱泳

----

① 恒慕义编:《清代名人传略》,页 152—155;《清史稿》,卷 481,页 13193—13195;王昶:《蒲褐山房诗话》,页 101—102。
② 王昶:《蒲褐山房诗话》,页 158—161。
③《吴县志》,卷 68 上,页 23a;王昶:《蒲褐山房诗话》,页 177—178。
④ 沈德潜:《沈德潜自订年谱》,页 56b。
⑤ 王昶在 1757 年江苏召试取中第一名。钱大昕在 1751 年召试取中第二名,褚寅亮是第四名;曹仁虎在 1757 年召试取中第二名;吴省钦,1757 年第四名;褚廷璋,1757 年第五名;徐曰琏,1757 年第七名(《钦定南巡盛典》,卷 75,页 7a—b,9a—b)。褚寅亮,见《吴县志》,卷 68 上,页 22a—b。钱大昕,见恒慕义编《清代名人传略》,页 152—155;《清史稿》,卷 481,页 13193—13195;钱泳:《履园丛话》,丛话六,页 5a—b。曹仁虎,见《清史稿》,卷 485,页 13381。褚廷璋,见《吴县志》,卷 68 上,页 22b。
⑥ 王昶:《蒲褐山房诗话》,页 166—168。
⑦ 吴泰来也是蒋仙根 1759 年重建惜春会的成员,1760 年中举。他的郊外园林——遂初园,有大量藏书,包括许多宋元珍本。吴泰来也因与江苏和浙江两省著名文人的日常联系而扬名。见《苏州府志》,卷 89,页 17a—b;王昶:《蒲褐山房诗话》,149—150 页;钱泳:《履园丛话》,卷 8,页 8b—9a。
⑧《钦定南巡盛典》,卷 75,页 11a。
⑨ 恒慕义:《清代名人传略》,页 141;施吉瑞:《随园:袁枚的生活、文学批评与诗歌》,页 102。
⑩ 施吉瑞:《随园:袁枚的生活、文学批评与诗歌》,页 263—267。

的话说:"沈归愚宗伯与袁简斋太史论诗,判若水火。宗伯专讲格律,太史专取性灵。"①袁枚反对沈德潜陈腐的形式主义以及过分崇信诗歌的说教和政治功能,提倡美学的创新和个人的自我表达。因为这些诗歌理论和实践的不同,沈德潜及学生得到了皇帝的宠信,而袁枚却没有,尽管袁枚文学上声名籍甚,并在乾隆首次(1751)和第三次(1762)南巡中与圣驾有直接的接触。② 虽说袁枚从未直截了当地批驳沈德潜的诗歌,但他不满于这位前辈诗人的"卖弄学问和自满"姿态,猛烈批评沈德潜与朝廷的亲密关系以及那些从中获益之人:"当归愚极盛时,宗之者止吴门七子耳,不过一时借以成名,而随后旋即叛去。此外偶有依草附木之人,称说一二,人多鄙之。"③

291 在南巡召试中,紫阳书院沈德潜的学生势不可挡的成功引人注目,但这并不是多令人惊讶的事。他们自己秉持汉学信条的文化倾向以及在王峻(1694—1751)、沈德潜等紫阳书院山长们的监管之下所得到的训练,毕竟让他们拥有与众不同的优势;最重要的是南巡召试,在很大程度上极重于赋以及赋这种体裁所要求的对于古代历史的精通。与赋有关的"辞藻华丽的文体"和创作技巧,部分要归功于精通汉代的词汇学与语言学。④ 大多数汉代辞赋家都是有学识的士人和诗人。18 世纪清代的汉学支持者,也接受了建立在博学基础上的古老和华丽的文学形式——袁枚会斥之为僵化的形式主义和卖弄学问。南巡召试中的文学题目使得一些有影响力的士人向乾隆朝廷靠拢,因此,乾隆朝廷有效地包容了 1750 年代发源于苏州的新的文化和学术趋势。钱大昕和王昶的经历尤其验证了来自苏州的汉家学和乾隆朝廷间,经由这些召试居间的迎合之举。

---

① 钱泳:《履园丛话》,卷 8,页 1b。
② 1751 年袁枚向乾隆皇帝呈献含四首诗的诗册,1762 年与他人一同在淮河迎驾(施吉瑞:《随园:袁枚的生活、文学批评与诗歌》页 48、72)。
③ 同前揭书,页 267,注 64。
④ 龚克昌著、康达维英译:《汉赋研究》,页 13;华兹生:《中国早期文学》,页 270—271。

　　钱大昕,江苏嘉定人,出身于富裕的书香门第。从十二岁开始,人们就认为他大有前途,1742年十五岁时成为生员,1745年开始在吴城顾家做教席。[①] 作为苏州最著名家族一房的教席,钱大昕能够接触到大量图书,[②]他开始熟悉新的考证学派方法——可能是受他的嘉定同乡王鸣盛的影响。[③] 1749年,钱大昕和王鸣盛由江苏巡抚雅尔哈善招入紫阳书院,在那里他们结识了前辈学者,包括苏州汉学最德高望重的两位:惠栋[④]、沈彤(1688—1752)[⑤]。钱大昕发现身边都是情趣相投之人,包括同为"吴中七子"者——王鸣盛、王昶、曹仁虎、吴泰来、黄文莲、赵文哲——以及褚廷璋、褚寅亮兄弟。事实上,钱大昕此前已与这些年轻学者中的一些相过从。他已认识王鸣盛(他的同乡)和曹仁虎(他的表亲),[⑥]当他和王鸣盛在1744年前往江宁参加乡试时,也可能结识了其他一些人。[⑦]在苏州紫阳书院,这些才俊集中学习十三经(包括汉唐时的注疏),以及唐以前的语言和历史。如前所述,这一群体中除了两人(王鸣盛和黄文莲)外,全都参加南巡召试并被录取。

　　前文讨论王昶的饯行诗时指出过,钱大昕与紫阳书院四位同窗在1751年春参加了南巡的召试。钱大昕位居第二名,随后在1752年初被授予内阁中书,接着在1754年通过了殿试,成为盖博坚所说"十八世纪最著名的进士科"[⑧]的一员。除钱大昕外,1754年的进士还有其他汉

① 下面的记述来自施吉瑞《随园:袁枚的生活、文学批评与诗歌》,页152—155;邓尔麟:《嘉定忠臣:儒学在17世纪中国的领导地位及社会变革》,页334—337;钱大昕:《竹汀居士自订年谱》,页7—14。
② 钱大昕显然醉心于《资治通鉴》和一套"不全"的二十一史(钱大昕《竹汀居士自订年谱》,页7)。
③ 1742年钱大昕、王鸣盛首次会面,当时两人都接到了通过童生试的通知。此后,两人以一对搭档("钱、王")被人提起——这一关系在1750年冬天钱大昕迎娶了王鸣盛之妹而进一步巩固(钱大昕《竹汀居士自订年谱》,页6—7、10)。王鸣盛,见恒慕义编《清代名人传略》,页828;《清史稿》,卷481,页13196—13197;邓尔麟:《嘉定忠臣:儒学在17世纪中国的领导地位及社会变革》,页335—337。
④ 恒慕义编:《清代名人传略》,页357—358。
⑤ 钱大昕:《竹汀居士自订年谱》,页9;沈彤,见恒慕义编《清代名人传略》,页647—648。
⑥ 文朵莲:《乾隆二十六年辛巳科进士:十八世纪的科举、国家与精英》,页170。
⑦ 邓尔麟:《嘉定忠臣:儒学在17世纪中国的领导地位及社会变革》,页336。
⑧ 盖博坚:《四库全书:乾隆后期的学者与国家》,页50。

学家,有的投身于考证,有的最终在学术上有着广泛影响与声望。这些人包括王鸣盛、王昶、朱筠(1729—1781)①、纪昀(1724—1805)②——后二人在 1770 和 1780 年代《四库全书》的编纂中起着关键作用。③

钱大昕在 1750 年代初抵达京城后,他的才能得到了京城大员的普遍赏识,这些人很快就将他的学术专长用于实际。他在与吴烺、褚寅亮一起研究梅文鼎的数学和天算理论后,取得了突破性进展,而吴、褚二人也是在 1751 年召试中取中,分列第三名和第四名。④ 1754 年,礼部侍郎秦蕙田(1702—1764)⑤邀请钱大昕协助编辑重要的著述《五礼通考》。⑥两年后的 1761 年,工部尚书汪由敦任命时任翰林院学士的钱大昕,与纪昀一同编纂热河方志。正是由于这种身份,这两个人——现在人们广泛称之为"南钱北纪"——被任命跟随圣驾前往每年秋狝的所在地围场,为的是获取该地区的第一手材料。⑦ 钱大昕在朝中任职,也受到有着同等情趣的何国宗(1712 年进士,卒于 1766 年)等老一辈官员的极大赏识,何 国宗是算学、天算以及历法的权威,不久之后于 1755 年率领一班官员去测量伊犁地区。⑧ 钱大昕善算,其名声高于何国宗。当何国宗听到钱大昕在翰林院任职,就前去拜访,说:"今同馆诸公谈此道者鲜矣。"⑨

钱大昕在朝时的学术活动很显然推动了清政权的利益。他在京时,也能够进行研究,提高自己的学术地位。这一时期,钱大昕结识了戴震

---

① 恒慕义编:《清代名人传略》,页 198—199。
② 同前揭书,页 120—123;王昶:《蒲褐山房诗话》,页 100—101。
③ 盖博坚:《四库全书:乾隆后期的学者与国家》,页 39—366。
④《清史稿》,卷 481,页 13193;《钦定南巡盛典》,卷 75,页 7a—b。梅文鼎,见恒慕义编《清代名人传略》,页 570—571。吴烺是吴敬梓(1701—1754)的长子,吴敬梓是著名小说《儒林外史》(约 1701 年)的作者(恒慕义编:《清代名人传略》,页 866—67)。褚寅亮和钱大昕,前面已提到,在紫阳书院是要好的同窗,一起参加了 1751 年召试。
⑤ 恒慕义编:《清代名人传略》,页 167—168;《满汉名臣传》,第 2 册,页 2002—2003;王昶:《蒲褐山房诗话》,页 31—33。
⑥ 恒慕义编:《清代名人传略》,页 168;王昶:《蒲褐山房诗话》,页 102;钱大昕:《竹汀居士自订年谱》,页 13。
⑦ 钱大昕:《竹汀居士自订年谱》,页 13。
⑧ 恒慕义编:《清代名人传略》,页 285—286。
⑨《清史稿》,卷 481,页 13193。

等著名学者,戴震于 1754 年抵京时就与钱大昕有往来。① 此外,钱大昕也常去南城琉璃厂书肆,搜罗了约二三百张拓片。② 在钱大昕自己看来,任职翰林院学士,能够很好地与自己学术兴趣的发展与追求相契合。

王昶也视追求学术与服务朝廷相得益彰。王昶是江苏南部青浦人,如上所述,人们认为他(与王鸣盛、钱大昕一道)是"十八世纪最具影响力的汉学家"。③ 与钱大昕一样,王昶在 1754 年中进士后,在秦蕙田的全面指导下编纂《五礼通考》。④ 然而,与钱大昕不同的是,王昶未能入翰林院清华之选,在北京停留了约一年后,最终还是回到了青浦老家,对于前景则多少有些不确知。1756 年末,他应两淮盐运使卢见曾(1690—1768)⑤ 的聘请,担任卢见曾族亲的老师,卢见曾也曾在秦蕙田《五礼通考》的编纂班子工作。⑥

这一系列波折所带来的日益窘迫和失望,可能促使王昶参加了 1757 年的南巡召试,在苏州作为塾师毕竟不可能是一位三十一岁进士的终极抱负。无论怎样,在乾隆第二次南巡期间,王昶重申了他要将汉学用于经世。1757 年江苏召试中的论的部分,要求试子们写作"经义制事异同论"。⑦ 王昶的文章具有说服力:"古无经术、治术之分也。"王昶认为,在秦朝焚书后,"经生仅仅守其空文",因此"经与事遂判然为二"。在王昶看来,到宋朝时"经义""治事"依然为二,"终以虚文传世",只有"经术与治术合大道,其不分同异也"。⑧

---

① 钱大昕:《竹汀居士自订年谱》,页 13;恒慕义编:《清代名人传略》,页 695。

② 钱大昕:《竹汀居士自订年谱》,页 14。

③ 艾尔曼:《从理学到朴学:中华帝国晚期思想与社会变化面面观》,页 122。

④ 王昶自己说,他能够成为秦蕙田私人班子的一员,归功于朋友的父亲(吴士功)。王昶在为他的同窗及朋友吴玉纶所写墓志铭中回忆了这一恩遇。王昶:《翰林院检讨前兵部右侍郎吴君墓志铭》,见《春融堂集》,卷 56,页 12—13,转引自文朵莲《乾隆二十六年辛巳科进士:十八世纪的科举、国家与精英》,页 173。

⑤ 恒慕义编:《清代名人传略》,页 541—542。

⑥ 同前揭书,页 805。

⑦ 《南巡盛典》,卷 80,页 1a。1737 年孙嘉淦所呈递的"经义"和"制事"以及它们对于教育革新的关系,见伍思德《政治中心和教育创造性的分离》,页 480—481。

⑧ 《南巡盛典》,卷 80,页 4a—6a。

王昶对于文本研究的强调以及他对胡瑗(993—1059)等宋代学者的不满,使得他在关于科举考试内容更广阔、持续性的争论中,表达了明确的立场,而这争论已经"在程朱'宋学'的追随者和'汉学'的赞成者间日益分化"。① 他对于"空文""虚文"的贬斥,也与乾隆皇帝的关注有着共鸣,有着重合。乾隆皇帝自己不仅反复指出科举文章中的"虚文"问题,认为此已腐蚀了汉族士人和满洲旗人,而且"叹息人们过于关注科举文章,尽力鼓励关注更为实际的东西"。② 在1757年应试文章中,王昶实际上提出了一种新的综合:一方面是严格的语言学,以考证方法为基础,旨在复原他及其他汉学家所认为的被汉代以来所误读的经文原意;另一方面则是关注实政。在这一点上,王昶的文章,反映出在汉学的倡导者和乾隆朝廷之间的一种渐进却是日益增长的利益迎合。王昶在1757年江南召试中位居一等,这进一步支持了这种看法。

王昶同钱大昕一样,发现有大量的机会去实践他将考证与实政重新结合的认识。1758—1768年在北京的十年间,他协助编纂了一些官方著作,这些著作对于伊犁河谷和塔里木盆地的治理至关重要,包括多语言的词典《西域同文志》(1766)以及《满汉蒙古西番合璧大藏全咒》。③

王昶和钱大昕值得特别关注,是因为他们在苏州汉学中的卓越地位以及他们与沈德潜的密切关系,而他们的发展轨迹也合乎一个更宽泛的笼络士人模式。许多人包括王昶和钱大昕,最初他们的博学及文学才华得到认可与称赞,如同南巡召试中所证明的那样,然而,一旦为官,他们就会受到邀请(以及被要求)将他们的广博知识和学术专长服务于家产

① 艾尔曼:《明清科举文化史》,页542。汉学与宋学更详细的解释,见盖博坚《四库全书:乾隆后期的学者与国家》,页140。
② 艾尔曼:《明清科举文化史》,页541—542。多少有些讽刺意味的是,乾隆皇帝也明确将诗歌再度引入,作为科举考试科目的正式内容。
③ 恒慕义编:《清代名人传略》,页805—806;艾尔曼:《从理学到朴学:中华帝国晚期思想与社会变化面面观》,页16。

制政权。① 作为关于日益扩大的清帝国边疆的官方编纂工程的贡献者，王昶和钱大昕都深深卷入了文朵莲所说的"创造国家文本空间的学术活动"和"为帝国**做解说**"中，②他们因此成了清朝民族——王朝统治的积极代理人。

模棱两可的迎合

前文已经说过，视朝廷和学者间的互动完全通畅或不存在什么问题，这是不准确的，也是极其错误的。1757 年发生的浙江人章知邺一案，十足地提醒朝廷和士人间内在的可能冲突，尤其是在 1750 年代这样的战争时期。章知邺是台州府临海县儒学训导(正七品)，③1757 年乾隆第二次南巡期间，章知邺同其他许多人一样，向浙江学政窦光鼐呈献自己 298 的诗册，希望获得参加杭州召试的资格。④ 然而，因为诗的格式和内容存在问题，窦光鼐没有推荐章知邺，他未能通过进一步的挑选。章知邺认为受到了不公正对待，决定自我行事以解决问题。他向皇帝的驻跸营地进发，为的是直接向皇帝提出正式申诉，结果遭窦光鼐羁押。窦光鼐审讯章知邺后，向仍在南巡中的乾隆皇帝奏报此事。乾隆皇帝下令将这位低级官员带往驻跸营地召见。使乾隆皇帝不乐的是，他发现章知邺的诗

---

① 乾隆皇帝也通过南巡召试，吸纳蒋雍植(1720—1770)、孙士毅(1720—1796)、陆锡熊(1734—1792)为国家服务。蒋雍植在 1751 年南巡召试中中式，结束了在武英殿(宫廷刻书机构)以及在平准方略馆中的编纂工作。朱筠认为，这些编纂档案事务造成了蒋雍植的辞世(文朵莲:《乾隆二十六年辛巳科进士：十八世纪的科举、国家与精英》，页 178)。孙士毅在 1762 年南巡召试中中式，他在平定台湾林爽文起义以及安南之役中起到了积极作用(同前揭书，页 184—190)。陆锡熊在 1765 年南巡召试中中式，与纪昀一起，是四库全书的总纂，并积极参与编纂《历代通鉴辑览》(同前揭书，页 176—177)。

② 同前揭书，页 175。

③ 下面的记述基于《大清高宗纯皇帝实录》对此事的概述，见卷 650，页 6b—8a，乾隆二十六年十二月初十日(1762 年 1 月 4 日)。此案件另两个描述，时间约在一星期之前[乾隆二十六年十二月初四日(1761 年 12 月 29 日)]，可以在《乾隆朝上谕档》中找到，第 3 册，页 788，文件第 2204 号；页 789，文件第 2206 号。郭成康、林铁钧《清朝文字狱》(页 328)对此的简要记述，是依据《大清高宗纯皇帝实录》的记载。

④ 王昶:《蒲褐山房诗话》，页 60。

作"俚浅荒鄙","不堪入目",而且,在查看了章知邺呈献的其他作品后,发现了更为"狂诞恣意"的言论:"西陲用兵,久稽成功,情愿从军。"从乾隆皇帝后来"俾伊悉知军营情形果如所言否"的决定,我们可以推测章知邺(隐晦或无意中)批评了乾隆皇帝的军事行动。[1] 尽管章知邺声言,目的是表露忠心并愿意为君主效力,但乾隆皇帝却大为光火,一个微员竟敢对本朝在遥远西部正在进行且仍胜负难料的战争说三道四;第四章已讨论过,1757 年时西师前景未卜,清朝远未胜券在握。乾隆皇帝对此事相当暴躁的处置,不仅反映出了章知邺评论的政治影响,而且也反映出乾隆皇帝对于当前政务的疑惑和焦虑。

299 乾隆皇帝气愤不已,但还是决定以宽大为怀,褫夺了章知邺的卑微官职,处罚他在西部边疆的辟展(即吐鲁番,位于新疆东部,在乌鲁木齐和哈密之间)服役。[2] 章知邺被流放了五年。就在 1762 年开始第三次南巡的前夕,乾隆皇帝想要赦免章知邺,因为"军务久竣,此等无知之人,别无可效用之处"。如果辟展地方官员可以保证章知邺已经悔过,乾隆皇帝就准备"加恩",允许他回原籍。然而,满洲官员安泰在检查章知邺私人著述时,发现他对之前的作为无悔改之意,相反"妄引关帝文昌"以为报复计,尤其是对于他往日的仇家窦光鼐。乾隆皇帝极为恼恨:"岂能逃朕洞鉴乎!"最后,章知邺为"悖逆之言"付出了生命的代价,乾隆皇帝下令在辟展就地公开处决示众。[3]

章知邺的故事诚然是乾隆朝廷和普通士人间公开对抗的极端事例,然而,甚至乾隆朝廷与沈德潜等极受恩宠之人错综复杂的迎合举动也充满着相互间的狐疑及潜在的紧张。如前所述,在朝廷和地方间,由于沈德潜的学识以及在苏州的社会地位,他是有吸引力和有效的文化经纪人,可是,介入地方越深,沈德潜在礼仪上和在文学上的事业也似乎更加政治化。

---

[1]《大清高宗纯皇帝实录》,卷 650,页 6b—7a。
[2] 同前揭书,页 7a。当时对章知邺的判决,见《乾隆朝上谕档》,第 3 册,页 21,文件第 95 号。
[3]《大清高宗纯皇帝实录》,卷 650,页 7a—b。

例如，1765 年沈德潜首倡重建祠堂以纪念徐汧（1597—1645），徐汧是长洲人，出身于极贫寒之家，在明末升任高官，位居詹事府少詹事。[1]徐汧的地方声望源自他对于清朝征服者剃发令的坚决抵抗，此令要求每个 *300* 成年男子要遵循满人的发式（剃光前额并编辫子），否则就处死。徐汧没有屈服，选择了殉道，从虎丘的桥上投水身死。[2] "徐忠节公祠"建在虎丘苏州城墙西北，但 1700 年代初就已圮废。1707 年，皇帝的著名包衣曹寅（1658—1712）[3]，还有彭启丰（沈德潜的密友）的祖父彭定求（1645—1719），[4]重建徐忠节公祠，它靠近当时新近修葺的长洲县儒学——这也是彭定求近来指导完工的又一项重要民事工程。[5] 曹寅和彭定求在 1707 年重建徐忠节公祠的态度极其含糊，[6]沈德潜在 1765 年做同一事情也同样如此。我们可以将沈德潜的姿态解释为，是向在民事和文化上 *301* 居领袖地位的彭定求致敬，彭定求在苏州享有盛誉："禀承家学，键户揣摩"，"民间政事有不便者，必言于官，请罢之"。[7] 同时，很显然，沈德潜及同仁向明朝烈士徐汧和他的两个儿子徐枋（1622—1694）、徐柯（1627—

---

① 徐汧的官方传记，见张廷玉等《明史》，卷 267，页 6887—6888。

② 同前揭书，6888 页；"国立中央"图书馆编：《明人传记资料索引》，页 461 第 2 栏。

③ 恒慕义编：《清代名人传略》，页 740—742；史景迁：《曹寅与康熙皇帝：奴才与主子》。

④ 恒慕义编：《清代名人传略》，页 616—617；《清史稿》，卷 480，页 13115；《元和县志》，卷 25，页 5a—b；《吴县志》，卷 68 上，页 9a。

⑤ 顾镇涛：《吴门表隐》，卷 8，页 101—102。重建徐汧祠的落成时间极可能是 1707 年康熙最后一次南巡期间。

⑥ 由此人们很容易想到，彭定求参与这一事业，是潜在的反对清廷和满洲人统治的信号；然而，曹寅涉身此事，极大地将事情复杂化了：是谁发起这一工程以及这实际上是为谁的利益服务。难以想象康熙皇帝对此事毫不知晓，或是曹寅我行我素，因为对于明末烈士徐汧这种人的纪念，在政治上是很敏感的。康熙皇帝亲自命令心腹包衣曹寅，将徐汧祠移至长洲儒学附近，为的是抵消最近对于烈士的怀念，阻止他成为更具普遍性的反满情绪的一个聚合点。这应该不是第一次，康熙皇帝令曹寅和彭定求暗中这样做。事实上，就在两年前，康熙皇帝1705 年巡幸苏州时，就令彭定求协助曹寅编纂《全唐诗》（史景迁：《曹寅与康熙皇帝：奴才与主子》，页 157—165）。因此，在评判 1707 年搬迁并易地重建徐汧祠的得失时，可能最好就是不要将之绝对化。无论如何，曹寅等人推动这一迎合机制，既非得失相抵的游戏，也非苏州仅有的现象。皇帝的利益和地方的利益并非互不相容，而可能相一致，不仅是在苏州，而且也包括扬州等地（梅尔清：《清初扬州文化》，页 94—96）。

⑦ 《元和县志》，卷 25，页 5a—b。

1700)表达敬意——这两兄弟,诗人袁枚公开颂扬他们"秉承遗志,拒不入仕"。①

从沈德潜 1760 年代文学事业的背景看,他在 1765 年纪念徐沂,包含有另一层政治意义。沈德潜 1761 年与朝廷有了最早的冲突,这是在他向乾隆皇帝呈进《国朝诗别裁集》(36 卷,初版约在 1759 年)之后,这一著作是清初诗歌的选本。乾隆君臣仔细检查,发现沈德潜编定的集子包括忠于明朝的人士比如钱谦益(1582—1664)②的诗作。乾隆皇帝表现出了相当的宽容,认为沈德潜有别于这些人,如此做,或是年老昏愦或是他的门生所为。③ 然而,在 1769 年沈德潜去世后,面对越来越多的证据,乾隆皇帝难以视而不见或径直原谅。在收集和阅读这位已故诗人的全部作品后,乾隆皇帝发现选本中有更多的政治倾向上有问题的诗人作品。而且,乾隆皇帝也听说,沈德潜作过一首《咏墨牡丹》诗,包括以下诗句:

> 夺朱非正色,
>
> 异种也称王。④

任何受过教育的读者都会注意到,有关颜色的"朱"字与明朝统治者的姓氏是相同的。

³⁰²可以说,在整个 1760 年代,乾隆皇帝有充分理由怀疑沈德潜的政治同情心。然而,即便对这位前朝臣及文学对话人有过怀疑,他也没有将这些公之于众。事实上,直到十年以后,当诗人徐述夔悖逆案的细节大白于天下之时,乾隆皇帝似乎认识到,他早年对于沈德潜的忠诚过于信任了。第八章将在 1770 年代末的历史环境中,考察徐述夔悖逆案。这里,我们只需指出一点:1778 年 12 月初,乾隆皇帝意识到 1760 年代沈德

---

① 施吉瑞:《随园:袁枚的生活、文学批评与诗歌》页 381;徐枋、徐柯,见恒慕义编《清代名人传略》,页 313—14。

② 恒慕义编:《清代名人传略》,页 148—150。

③ 富路德:《乾隆文字狱》,页 171。

④《清朝野史大观》,第 3 册,页 194。

潜就与徐述夔关系密切,甚至为徐述夔作传。① 当时,沈德潜也向另一位徐姓之人——忠诚于明朝的徐沂——致意以及选编那些对于明朝怀有同情心的清初诗人的诗作,这不只是巧合。很显然,眼见不一定为实。

可以想见,乾隆皇帝在处置 1778 年这些事情时,感到了一种深深的背叛。他怒斥沈德潜的"卑污无耻","玷辱缙绅",之后下令剥夺已死去的沈德潜所有的御赐物品和赠予荣衔,也将他从京师的名宦祠和苏州地方乡贤祠中撤出,依律剖棺戮尸。②

结论

这一章和上一章所提供的材料,从许多方面表明了乾隆朝廷的民族—王朝意识形态对江南及汉族精英的影响还是有着限度的。在笼络汉族精英方面,乾隆皇帝避免使用明确的民族—王朝例外主义话语。他自称是天子,而不是爱新觉罗的子孙。他推崇绘画、诗赋和学术——所有这些是士人身份的检验标准。他积极地寻求赞助和笼络沈德潜及学生所代表的相对自主的学术转变和文化趋势。从这一点看,清朝统治者似乎是以朝廷重新阐释和重申士人的文化和政治理想为前提的,都支持了士人在地方社会以及科举中的霸权地位,而这些理想根本没有承认(甚至没有默认)朝廷同时所主张的民族—王朝例外主义。

然而,沈德潜一案使得在民族问题上"空白"或"中立"的迎合情况复杂化了。沈德潜在 1760 年代地方上的积极活动及 1779 年他死后的下场,都是围绕着对于民族—王朝诋毁的怀疑和指控。这表明,尽管汉族士人,包括像沈德潜这样的朝廷宠信之人,既不承认也不接受朝廷意识形态上所宣称的民族—王朝例外主义,但他们对皇室的非汉起源,保持着相当敏锐的认识。简言之,民族仍然是个问题。因此,朝廷宣称意识

①《大清高宗纯皇帝实录》首次记载沈德潜卷入徐述夔案,是在 1778 年 12 月 3 日,卷 1068,页 42b—43b。
② 同前揭书,卷 1071,页 24a—b、27a—28a。

形态上的民族—王朝例外主义及统治,尤其是在 1760 年代平定新疆后乾隆皇帝的耀武扬威,这些并非没有人注意到。毋宁说,皇帝的意识形态可以不经意地引出了对于意识形态(民族—王朝)批评的"初始形式"①——这一问题将在第八章中探讨。无论如何,朝廷主张民族—王朝意识形态,可能强化了本已根深蒂固的反满情绪。

乾隆朝廷与江南士人——甚至是与宠信有加的沈德潜等个人——的关系极其微妙且矛盾,这不仅是源自未曾预料的突出事件(战争、洪水)以及长期的趋势(人口增长、商业化),而且也是由于清廷要保持对于占霸权地位的精英的民族—王朝统治的基本(可以说是建制)使命,这种统治是家产制统治的一种意识形态承载方式。尽管乾隆皇帝寻求一种包容汉族精英的精妙平衡,但他会毫不犹豫从他所笼络的人那里抽身而去,尤其是当他感觉到原来的互动,可能使民族—王朝统治基本原则打折扣时,借此可以敲打他们——例如,当商人威胁到了他的家产制(旗人和包衣)组织(第五章),或是当发觉士人秘密怀有反满认识或是忠于明朝的情绪时(第六章)。换言之,如果说朝廷在江南主张民族—王朝例外主义意识形态和统治的能力确有局限的话,那么,乾隆皇帝情愿屈从于汉人的经济或文化的霸权也是有限度的。

乾隆皇帝运用"还淳返朴"话语,推崇诗歌创作以及赞助汉学,能够重申汉族士人的特别群体在地方社会的文化理念和社会身份(也就是霸权地位);然而,作为一个多民族帝国的君主以及作为征服者精英的头号代表,乾隆皇帝肯定不能够完全表现士人所具有的社会身份,尤其是游览之时。我们将在下一章看到,乾隆皇帝与江南汉族士人间很深的矛盾情绪,这也可以在他与江南风景名胜的关系间找到。

---

① 汤普森:《意识形态理论研究》,页 68。

第七章 乾隆皇帝巡幸江南的诗歌写作与政治

第五章和第六章详细探究了乾隆皇帝在南巡中所利用的寻求包容汉族精英的种种办法。如同所有的统治形式一样，相当数量的人要表现出自愿（即便可能是矛盾地）承认中央权威。当然，这带来了一种错综复杂的互惠机制，既对朝廷也对精英有益，至少是那些对朝廷姿态做出积极回应的精英。上两章所描述的许多迎合做法，主要是以汉族精英将乾隆皇帝（误）认作是一位既承认他们各种利益又认同他们深深所秉持价值的有德天子而予以接受为前提的。由于这一点，我们可能会想到这样的结论：面对汉人经济和文化上的霸权，清朝在中国内地的统治，最终而且也只有建立在清廷所采取的文化安抚的姿态之上。然而，对于乾隆御制诗的更深入考察，显示出情况并非完全如此。

品读乾隆皇帝南巡的诗作，可以看出，清朝权威的建构，不仅通过一种文化的迎合，而且也通过明确主张民族—王朝特权。此外，乾隆朝廷利用士人文化的内在紧张，以维护这些特权。如前所述，乾隆皇帝借助潜在的社会交恶——在已绅士化的商人和享有盛誉的士人之间，以及在诸如沈德潜和袁枚这样对立的文学家之间——以实现其利益。另一种竞争，也就是适宜的文学活动问题，使得乾隆皇帝既否认"抒情论"所要求的诗歌创作，同时占有服务于明确的民族—王朝利益的一种替代性的诗作的声音和政治准则。在这方面,清朝统治的建构并**不是**简单的文化让步,毋宁说是赋予了更为复杂的文化挪用和修正的机制。

本章的讨论从观光问题开始,这是长期存在且未得到解决的紧张关系的一种表达,不仅存在于乾隆朝廷和汉族精英之间,而且也在汉族士人文化的**内部**。巡幸江南——公认的中国士人精英的基地——对乾隆皇帝意味着什么? 乾隆皇帝是如何与作为风景胜地、久负盛名的江南"达成协议"的? 其中,他是如何自我定位的? 如何与这一地区居主导地位的社会文化环境相妥协? 他为应付极负盛名的风景所采取的是怎样的模式?

如同之前的许多士人一样,乾隆皇帝写诗,意欲展示他的思想和动机。在此过程中,他也阐释了民族—王朝权威的一种特别形式。但这究竟是如何发挥作用的? 乾隆南巡诗歌中所阐述的、18 世纪清朝统治江南的特定条件是什么? 我们不是将乾隆皇帝的文学作品视作孤立的著述,而是看作包括着旨在专门调和上面所说的紧张关系的叙事计划的整体性作品,从而缕析出清朝合法性的积极建构——它的意识形态的特征以及复杂性。

愉悦在前:皇帝的矛盾态度

1784 年最后一次巡幸杭州期间,乾隆皇帝评价他首次南巡的时机选择:"南巡之典始行于十六年辛未,即迟也。"[1]承认了他开始南巡的延迟,这是重复了约 35 年前江南地区民众和官员的感受。1749 年 11 月中旬,江南各省大员上奏:"群情爱戴,浃髓沦肌,其瞻云向日之诚,亦倍深于他省。"当书写奏折时,各省官员都是代表他们自己和当地权势家庭的利益:"延颈企足,朝夕以祈。"虽然如此,他们还是将此归为广大民众的共同感受:"众口同心,欢迎恐后,此实出于全省绅耆士庶之至诚。"尽管这

───────────────

[1]《清高宗(乾隆)御制诗文全集》,"御制文二集",卷 14,页 10b。

些官员的这种自我认定的、作为"百姓呼声"代表的角色肯定会引发争议，但他们的言论有一个区域对比的前提。许多士绅和官员可能奇怪，为什么"前者西幸云中，晋水、台山共仰光华之盛；东巡泰岱，青齐、鲁甸同沾雨露之膏。惟兹江淮之地，带水非遥，独不得一邀翠华之临幸？"①江南不是帝国皇冠上的宝石吗？它不是远远超过（从景色和经济繁荣看）那些圣驾已巡幸过的省份吗？若是如此的话，为什么皇帝还没有做出与江南在帝国内堪以自豪的地位相一致的举动呢？换言之，为什么乾隆首次南巡如此姗姗来迟？

在会奏中，地方官员们指出了乾隆皇帝以前巡幸过的内地北方省份。然而，他们故意无视作为乾隆皇帝恢复巡幸起始的塞外出巡，也就是到热河的避暑山庄和木兰围场（始于 1741 年）以及满洲旧都盛京（在 1743 年），只是说到后来巡幸北方的山西（1746 和 1750 年）、山东（1748 年）以及河南（1750 年）（见第二章）。不论我们使用中原还是塞外作为地理参照系，有一事是可以肯定的：乾隆皇帝最早的巡幸活动有效地降低 ₃₀₈了江南在帝国礼仪等级中的地位。

我们仅能猜测江南精英是否对这种象征性冷落而生气。地方官员声称已"采听风谣、谘诹舆颂"，但是，他们即便无意中听到了对于这种轻蔑所表达出的任何不满，肯定也不会在 1749 年 11 月的正式请求南巡中上报。这样做，不可接受，根本不是审慎举动，地方官员重复诉说的是民众强烈盼望皇帝的巡幸，并评论：

> 一经銮辂亲临，黄运河湖之全局、江冲海汛之戎政，悉在圣明睿照之中。诸凡修守机宜、操防要领，臣等亲承指示，庶几知所遵循。

以上强调了，皇帝一现身就能发挥重要的行政功用，鉴于此，乾隆皇帝可以将监管官僚径直地作为他开始的南巡的理由。然而，在很多人看来，皇帝到江南巡幸不只是阅视河工以及检阅地方驻军，因为毕竟江南乃风

---

① 《南巡盛典》，卷 106，页 2a—b。

景胜地。严格说来,一旦圣驾离开江苏北部进入江南,行政的理由就显得牵强了,这可能解释了为什么地方官员也建议将"行见山川草木"作为南巡的又一个理由。[①] 观光乃必然之事,这也解释了乾隆皇帝为什么在南方停留了那么长时间。[②]

　　乾隆皇帝对于官员南巡请求的最初反应是不置可否,这令人惊讶。乾隆皇帝向臣民保证:"朕……不惮躬勤銮辂,江左地广人稠,素所厪念。"而且,这一地区的富庶也使得南巡的前景有了多重意义,其中一些是与公认的善政理解相对立的。尽管乾隆君臣可以指出一些等待皇帝亲自关注的重要行政任务,但巡幸南方仍旧被预言是"得闲"才为之:"官方戎政、河务海防,凡闾阎疾苦无非事者,第程途稍远,十余年来未遑举行。"[③]1749 年末,当时,乾隆皇帝还未将地方行政的最基本任务跟需要南巡联系起来。他毋宁显得更乐于重申一种与生俱来的关系:江南作为风景秀美之天堂以及休闲之地,在空间和时空上,都远离尘世间日益紧迫的行政事务。

　　乾隆皇帝没有否认江南秀美景色的诱惑,那样做会触犯这一地区精英的文化敏感和自尊,他是将观光描述为适宜女性的活动并将之改变为他向母亲——皇太后尽孝的意识形态的表现(见第二章)。乾隆皇帝在1749 年 11 月最初的言说值得再次引述,作为这一关键认识的提示:

> 朕巡幸所至,悉奉圣母皇太后游赏。江南名胜甲于天下,诚亲披安舆,眺览山川之佳秀、民物之丰美,良足以娱畅慈怀。[④]

然而,动用皇太后作为推崇江南美景的意识形态烟幕,丝毫无助于解决

① 同前揭书,页 2a—3a。

② 除意识形态上的观光问题外,乾隆皇帝还可能会推迟他的南方之行,因为运河—黄河水利系统的危机,在 1730 和 1740 年代一步步升级。事实上,乾隆皇帝在 1749 年宣布他首次南巡,是在对于这一水利危机有了全面了解以及 1748 年完成了一系列治水措施之后。这些历史进程,见张勉治《洞察乾隆:帝王的实践精神、南巡和治水政治(1736—1765)》,页 62—79。

③《南巡盛典》,卷 1,页 1a—1b。

④ 同前揭书,页 1b。文中的英译,部分源于康无为《皇帝眼中的君主制:乾隆朝的想象与现实》,页 91。

根本问题:乾隆皇帝南巡的两个意义框架即勤勉政事与闲暇观光间的矛 *310*
盾。① 乾隆皇帝开始南巡的日程安排,与皇太后 1751 年六旬万寿的时间
相重合,这是精心安排的,可这样做只能是强化了人们关于他前往江南
就是游玩享乐的看法。就在 1757 年,即第二次南巡结束的第二年,乾隆
皇帝痛苦地反驳汉大臣间普遍的认识:他**自己**(而不是他的母亲)巡幸南
方的动机是游山玩水。乾隆皇帝严厉地反驳了御史孙灏(他在 1758 年反
对皇帝所提出的出巡):"南巡之举,岂仅为山水观览之娱?"②

乾隆皇帝借重皇太后,将她视为自己恪尽孝道的性别化人物,又是
观光代言人,但这并不完全奏效,部分是因为民众对于尽孝和观光间关
系的认识,十分复杂且模糊不清。有一个(可能是虚构的)故事讲,1765
年第四次南巡期间乾隆皇帝召见了著名的士大夫齐召南。③ 当皇帝询问
浙江北部的风景时,齐召南回答,他未曾去过。齐召南是附近台州人,乾
隆皇帝觉得很奇怪。据说齐召南回答:"山势牟嵝,溪流深险。臣有老
母,孝子不登高,不临深,是以不敢往游。"闻此,乾隆皇帝——他刚刚奉 *311*
皇太后第四次南巡到达风光旖旎的南方——决定不再前往浙江东北
部。④ 事实上,尽管母亲不在了——她已于 1777 年去世,1780 和 1784
年乾隆皇帝又两度巡幸浙江(见第八章)。不过,这一故事仍提醒我们,
在 1750 和 1760 年代,将恭奉皇太后化为便利游览的手段,可能不像乾

---

① 康熙皇帝在 1699 年为同样的意识形态问题斗争过,当时他的嫡母(不同于生母)——孝惠章
皇后——在第三次南巡中首次同他一起(见本书第二章)。尽管有这样的意识形态困难,乾
隆皇帝在 1750 年代还是遵循了康熙皇帝的先例。直到 1783 年(乾隆皇帝的母亲去世约 6 年
后)他写下一篇名为《宋孝宗论》的文章——本书第八章将全面剖析此文(《钦定南巡盛典》,
卷 24,页 37a—39a),才明确指斥陪同父母观光外出为"小节",是王朝孝道不能接受的一种表
达。一年以后(1784),在著名的文章《南巡记》中,乾隆皇帝最后表达了明确的立场:"南巡之
事,莫大于河工"(《清高宗(乾隆)御制诗文全集》,"御制文二集",卷 14,页 10b)。
② 《乾隆朝上谕档》,第 3 册,页 273,文件第 818 号。
③ 恒慕义编:《清代名人传略》,页 129—130。
④ 陈康祺:《郎潜纪闻初笔 二笔 三笔》,页 391,第 135 条。

隆皇帝所想的那样可以成为一个令人信服的理由。①

总之,乾隆皇帝自己和汉族精英在南巡与观光关系问题上态度矛盾。许多地方官员和精英似乎领会了朝廷承认江南风景"甲于天下",他们编纂了一些寺志以及名胜的专门便览书。在扬州,漕运官员赵之璧,对扬州西北平山堂及周围景点,"以其暇日,与一二好古之士,流览山川,网罗载籍,汰旧志之繁冗",②编纂出了 11 卷的《平山堂图志》,包括了所有主要景点的木刻插图以及唐至清初的大量诗文。③ 在官方资助下,赵之璧在 1765 年 8 月或 9 月刊印此书,这是在乾隆皇帝结束第四次南巡的数月后。然而,赵之璧及同仁,不可能在如此短的时间内编纂一部如此部头的著作,因此起码是从 1760 年代初就开始着手了,也可能在 1750 年代。

两淮盐运使卢见曾(1690—1768)④在编纂《金山志》时遵循同样程序,此书在内容、版式以及主观目的方面与赵之璧的《平山堂图志》相同。⑤ 卢见曾休致后在 1762 年刊行了《金山志》,极可能是他将此书作为乾隆 1750 年代头两次南巡的便览书。⑥ 有关苏杭地方名胜的著作都是

---

① 我们将在第八章解释接受的问题,也就是说,民众看法与皇帝言辞间的歧异,并非没有意义。然而,这里为了能清楚分析起见,应该暂时搁置我们所透露的对于皇帝声明的不信任,而是接受乾隆皇帝自己的说法。这可以使我们了解乾隆朝廷自己公开所说的清朝统治是什么。

② 赵之璧:《平山堂图志》,序,页 4。宋代著名官员、文人欧阳修(1007—1072)最早在 1048 年做扬州知府时修建了平山堂(《南巡盛典》,卷 97,页 32b)。

③ 除康熙和乾隆皇帝的诗歌外,这一著作包括重要文学家的作品,如李白、白居易、欧阳修、王安石、苏轼、文徵明,以及清初许多著名人物,如王士禛、朱彝尊、汪琬、孔尚任、毛奇龄、彭定求。赵之璧的著作,见梅尔清《清初扬州文化》,页 187—188;梅尔清:《17 世纪以来的扬州观光》,页 233—235。

④ 恒慕义编:《清代名人传略》,页 541—542。

⑤ 金山是长江与运河交汇处两座大岛中的一个(另一个是焦山),是通往江南的象征性门户(《南巡盛典》,卷 98,页 2b—3a)。卢见曾的《金山志》也包括木刻插图,此岛的地理描述,碑刻以及唐至清初的大量文学作品。1700 年代初,康熙皇帝将金山(满文 Altahatu)的名字作为热河避暑山庄园林区的中心点。事实上,有许多地方叫金山,但只有位于镇江府的金山是岛屿。金山的名称以及它在避暑山庄的象征意义,详见傅雷《绘制承德:清朝景观事业》,页 68—79。

⑥ 如同《平山堂图记》一样,卢见曾的《金山志》包括乾隆皇帝头几次南巡中所创作的作品,见此书卷首,页 11b—25a。

如此,比如顾奕禄的 24 卷《(重修)虎丘志》(约 1767 年),①翟氏兄弟的 12 卷《湖山便览》(即《西湖便览》,约 1765 年),②沈德潜的 12 卷《西湖志纂》(约 1765 年)。③ 我们还可以再加上一些著作,如金友理的《太湖备考》(16 卷,约 1750 年)④,王镐的《灵岩志略》(一卷),⑤这两部著作——从它们的内容和出版时间判断——是为迎接乾隆第一次和第二次南巡而编纂的。这里所举的一小部分地方志和便览书不仅代表着乾隆早期南巡所推动的地方知识创作的强劲之风,而且也代表了皇帝巡幸江南所带来的混杂意义。

　　上述七种著作中有五种是便览书,是供皇帝本人以及南巡结束后那些对追踪圣驾行程路线有兴趣者准备的。另外,《平山堂图志》《(重修)虎丘志》《山湖便览》《灵岩志略》都有大量木刻插图,从内容看也很具文学性。它们的作者通过文学上的各种展现方式渲染景致,并且假定(或可能是命令)它们的读者——皇帝和士人游览者——会做同样的事情。⑥

　　同时,金友理《太湖备考》、沈德潜《西湖志纂》等著作保持了标准的方志风格,当金友理及四个弟弟在 1747 年开始编纂《太湖备考》时,他们有意识地秉承清初大学问家顾炎武"经世致用之学风",完成一部实用的

---

① 更多的文献信息,见李学勤、吕文郁《四库大辞典》,页 1075。虎丘位于苏州西北 9 里(3 英里)(《南巡盛典》,卷 99,页 9b)。

② 翟瀚、翟灏:《湖山便览》。此书更多的文献信息,见李学勤、吕文郁《四库大辞典》页 1080 的《西湖便览》条,这是此书的另一名字。

③ 梁诗正等:《西湖志纂》。在此著作的提要中,《四库全书》的编纂者明确指出,沈德潜同傅王露一道,增订了李卫的《西湖志》(约 1728),期望乾隆皇帝的首次南巡(永瑢等:《四库全书总目》,页 618 下栏)。

④ 金友理:《太湖备考》。此书的更多文献信息,见 1998 年重印本序言及永瑢等《四库全书总目》,页 655 上栏。

⑤ 王镐:《灵岩志略》,序,页 3—5。灵岩山位于苏州以西 30 里(10 英里)(《南巡盛典》,卷 99,页 11b)。

⑥ 晚明,尤其是在扬州,"闲暇游玩以及迷恋名胜"作为"精英活动的标志"的出现,以及木刻插图的普及和发展,见梅尔清《17 世纪以来的扬州观光》,页 216—220、232—236。康熙和乾隆皇帝南巡对于精英观光的影响,见梅尔清《清初扬州文化》,页 162—164、185—193。

参考著作,备地方行政之用。① 尽管《太湖备考》包括一些地方文学作品,但在整体上反映了地方志标准结构。② 甚至记述 1699 年康熙皇帝巡幸此地的内容也集中于赋税蠲免和行政区划等问题。③ 与这些做法相同,沈德潜对于李卫《西湖志》(约 1728 年)④的增订,强调的是生产和水利工程。当然,沈德潜将"名胜"卷和"御制诗"卷置于《西湖志纂》之首。然而,他也将其他卷用于记述紧迫的"水利"和"海塘"等行政问题。换言之,沈德潜所呈现出的西湖不仅是景致的天堂,而且也是一个行政和经济的实体。⑤ 可以说,汉族官员和精英,完全预料到了乾隆头几次南巡将包括行政和观光活动。然而,这两种与江南密切相关的模式彼此间处于持续的紧张状态。

315

朝廷并非没有注意到围绕着观光的矛盾态度和紧张关系。就在首次南巡前数月,于敏中(1714—1780)——江南人,时任起居注官和上书房师傅⑥——试图弥缝乾隆皇帝最初所做出的"凡间阎疾苦无非事者"与南巡"未遑举行"间的区别。他在《圣德歌十章》序中陈述了理由,序写于 1750 年 12 月或 1751 年 1 月:

> 皇帝即阼以来,绍庭阐绎,式训四方,庸庸祇祇,不遑暇逸。爰乃东历辽沈(也就是盛京,1743 年),瞻天作之基;旋祀阙里,至于岱

---

① 金友理:《太湖备考》,前言,页 2。金友理自认是吴县人,实际上他来自东山——太湖南面的一个岛,在苏州西南约 80 里(26 英里)。东山约有 2 万户,重实干,当然是繁荣之地,据说居民七八成从事贸易。许多居民也种桑叶,这是苏州养蚕业的关键(同前揭书,卷 5,页 193;卷 6,页 296)。东山的社会经济环境可以部分解释金氏兄弟所采用的这种相当实用的观点。最后一点,知道了金氏来自东山,就不会奇怪《太湖备考》所展示的东山地区居民及其各种成就。

② 此书各卷包括地理、治水、兵防、田赋、寺庙、古迹、风俗、物产、人物、书目、灾异等。金友理(同前揭书,前言,页 2)选择书名为"备考",仅仅是因为太湖作为地理实体,不像府或县这样的标准行政单位。否则的话,他会使用"志"。

③ 同前揭书,卷首,页 1—2。

④ 此书的文献信息,详见永瑢等《四库全书总目》,页 667 上栏。

⑤ 这里还值得指出的是,在乾隆头几次南巡期间,沈德潜也积极投身于两部苏州地方志《苏州府志》和《元和县志》的编纂。沈德潜作为文化的中间人与地方精英的作用,见本书第六章。

⑥ 恒慕义编:《清代名人传略》,页 942—944;《清史稿》,卷 319,页 10749—10752。于敏中身为起居注官,见《乾隆起居注》(台北),乾隆十六年正月十三日(1751 年 2 月 8 日)。

宗(都是在山东省,1748 年);西登五台(位于山西省,1750 年);中陟
嵩高(在河南省,1750 年)。惟是东南一隅,翘企望幸。①

与地方官员不同,朝臣于敏中将乾隆首次巡幸盛京包括在对到他写作时
为止的乾隆巡幸的概述中。② 更为重要的是,于敏中尝试将乾隆皇帝近
来大量的出巡活动,以及作为其合理的逻辑扩展的即将进行的南巡描述
为皇帝勤政和得体的礼治,从而使之合法化。正因如此,他强调对于王
朝缔造者和五岳的献祭。与此前的解释相比,这有些许不同,但意义重
大,不仅在于于敏中突出巡幸中的礼仪问题,而且也因为他对于观光问 ³¹⁶
题彻底略去不谈。

乾隆皇帝从于敏中的言辞中获得了重要暗示,然而,对于巡幸江南
潜在的游乐方面,乾隆皇帝却无法缄口不言。江南作为士人娱乐之地,
声望籍甚。我们将在下面看到,乾隆皇帝试图通过与江南名胜维持一种修
辞上的不自在距离,以缓和这一紧张状况,这令他的南巡诗歌中有一种分
辨得出的矛盾态度。这种矛盾态度源于他无法忽视也无法称颂所经由的
景色。正因为如此,乾隆皇帝花费了许多时间——更不用说笔墨了——尽
量表达正确的语调和姿态,尤其是在 1751 年 2 月初首次南巡开始之时。
更准确地说,随着圣驾南行,乾隆皇帝使自己远离江南如画风景的努力就
越发强烈。

精英文化内部的紧张:18 世纪对“抒情论”的贬斥

乾隆皇帝自己对于观光这一文化上的必行之举的矛盾态度,与汉族
士人文化本身内在的张力桴鼓相应。这一张力基本的来源是高友工所
称之为的“抒情论”。这一观点影响着经典与世俗的叙事风格,尤其是在

---

① 董诰等:《皇清文颖续编》,卷 51,页 25a—b。

② 然而,同样重要的是,于敏中不愿意将乾隆皇帝每年的木兰秋狝(始于 1741 年)包括在内,作
为君主一贯勤政的又一证明。这里于敏中感到难以将这些狩猎浓厚的民族和军事色彩,与
作为经典所阐述的巡幸的理想看法一致起来。

18世纪,但它首先是"所谓抒情诗文化现象背后的诗歌意识的一部分"。[1] 更准确地说,抒情论是"抒情内在化长期演进过程的发展顶点,这是一种源于六朝时期(约386—598)的博采众长、特立独行的思想"。[2]

在高友工看来,"这一'内在化'的认识,最好从两种意义上来理解,这两者浓缩在如下简单的格言中:'诗言志',这是中国古代对于诗歌功用的界定。"[3]一方面是对于这一诗歌共同认识的十分直白的解释:"诗人直抒胸臆"。在这里,诗歌创作的目的是要公之于众:指向外部世界的说教式主旨的清晰表达。另一方面是旨在表达"特定个人在特定时刻的全部体验,包括所有的精神活动和特征"的"对于'诗言志'格言的更为细微的阐述"。这第二种解释源自对于"话语性表达的内在不信任"以及"认为内在体验才是绝对重要的",包括了对于一个人外部环境的强烈情绪反应。高友工认为,抒情诗是这第二种、更为广义理解"诗言志"格言的顶峰。因此,诗歌创作的抒情模式"并不是关于表面上所展现的环境世界","其意义是内指的,指向……一个理想的或理想化的、不受外界影响和自满自足的世界"。将"抒情论"理解为一种抒情"时刻"——这"可以定义为短暂的和个人私有的"——可能更准确。而且,抒情诗人接受"当下的体验要比其他任何有意义的东西更具意义"这样的信条。这样就与"抒情时刻过后,将永远'淹没'歌咏它的诗人"的更为"客观"的现实间产生了张力。[4] 江南的景致,当然是完美的环境,身在其中,士人在这种内在化的抒情幻想中可以暂时忘形。

与这种探讨更直接相关的是高友工的结论:到18世纪上半叶,"抒情传统早已处于停滞状态",已变成了"感性上更为纯粹的审美"。[5] 高友工分析了18世纪两部备受推崇的著名小说——曹雪芹的《红楼

---

[1] 下面的探讨主要依据高友工《中国叙事传统中的抒情观:读〈红楼梦〉和〈儒林外史〉》。

[2] 同前揭文,页228。

[3] 这一格言在中国早期文学批评中得到了更广泛的讨论,见刘若愚《中国文学理论》,页67—86。

[4] 高友工:《中国叙事传统中的抒情观:读〈红楼梦〉和〈儒林外史〉》,页228—230。

[5] 同前揭书,页233。

梦》(约 1760 年, 也叫《石头记》)和吴敬梓的《儒林外史》(约 1750 年)。 ³¹⁸
他指出, 抒情与"游戏"的概念有着密切的联系, 意味着"实际判断的悬
置"以及"这些价值的主要方面是'游戏性质'、'自给自主'和'自我满
足', 这些价值居主导地位", 这反过来带来了"作为审美体验基石的感
官愉悦"以及"对于莫大冲动反应的强调", ①尤其是在闲暇外出遇到名
胜之时。

　　不消说, 许多汉族士人强烈批评, (早期抒情家所秉持的)坚忍、禁欲
的"自给自主"已被纵情声色所遮掩。晚明小说《金瓶梅》(约 1618 年)的
最早出现, 及随后的大量注评, 可以同时解读为, 既反映也是对于日益追
求感官刺激趋势的一种批评。② 18 世纪官方所树立的对于晚明文学家
袁宏道(1568—1610)③极低的评价, 可以作为更普遍和公开地不齿于感
官抒情的证据。

　　袁宏道及两兄弟——袁宗道(1560—1600)和袁中道(1570—
1623)——是公安派文学的创立者。④ 他们并称"公安三袁", 秉持相似
(不一定完全相同)的观点: 为表达作者的"性灵", 要培植诗文的"真"和
个人文学风格。⑤ 他们因而被赞颂为"明代文学个人主义运动的先
锋"。⑥ 袁宏道的游记影响很大, 他本人因此名声大噪, 参与了晚明将"游 ³¹⁹
山水"推崇为一种净化以及摆脱官宦生涯内在的情感郁闷以及道德困境
的行动。⑦ 以北宋著名诗人苏轼(即苏东坡, 1037—1101)为榜样, 袁宏道

---

① 同前揭书, 页 236—237。
② 对于这部小说作为一种直接的批评形式的解读, 见芮效卫英译《金瓶梅》, 页 xvii—xlvii, 特别
　是页 xxxvii—xlii。
③ 富路德、房兆楹编:《明代名人传》, 页 1635—1638。
④ 对公安派的概述, 见倪豪士编著《印第安纳中国古典文学指南》, 页 955—956;吉川幸次郎:
　《金、元、明五百年诗歌史》, 页 181—184.
⑤ 周质平:《袁宏道与公安派》, 页 11—17。
⑥ 石听泉:《文字化的景观:中国历史上的游记》, 页 303。周质平(《袁宏道与公安派》, 页 113)将
　公安派短暂的繁荣期(1595—1610 年)称为"表现运动"。
⑦ 周质平:《袁宏道与公安派》, 页 105—112;石听泉:《文字化的景观:中国历史上的游记》, 页
　303—312。

"将游客表现为对于赏心悦目景致的自主消费者,已将自己从朝廷政治和儒家说教中解放出来",也表现为"雅致美景的鉴赏家"。[1] 在这方面,袁宏道力挺含蓄反官方的抒情传统。[2]

现代学者经常将公安派归结为"反对王世贞的正统地位和'前后七子'的经典诗歌",反对"正统作家的拟古主义立场,认为这些做法是与现实无关的模仿和风格的复兴"。[3] 这种观点的准确性会(已经)遭到质疑,不过,袁氏兄弟文学观点的复杂性以及形成这些观点的确切历史环境,并不关涉我们这里的讨论。[4] 对于我们当前讨论更为重要的是,18 世纪中后期得势的汉族士人将公安派标榜的个人主义和上述的"感官抒情"混同看待(随后是拒斥)。

在 18 世纪许多有影响力的文学家心中,公安派是异端,是中国文学一切旁门左道的代表。[5]《四库全书》的编纂者指责袁氏兄弟,缺乏严肃的学术,无视公认的文学传统。[6] 诗人、文学评论家沈德潜嘲笑袁氏兄弟"重在性灵"而显然忽视了秦汉以及盛唐时期的著作,他将明代诗歌的粗俗和浅薄也归作公安派的两种倾向。[7] 在此过程中,沈德潜提出自己喜好"前七子"的复古主义(见第六章)。

在这里有远比文学风格重要的东西。沈德潜评论道,诗歌的公共作用是悬置未决的问题。在沈德潜看来,公安派的兴盛有深刻的政治含义,因

---

① 石听泉:《文字化的景观:中国历史上的游记》,页 305。

② 可以举袁宏道的一首诗为例以说明问题。《暮春同谢生、汪生、小修游北城临水诸寺,至德胜桥水轩待月,时微有风沙》:"无才终是乐官闲,何地何宾不解颜。乍叠乍铺风里水,半酣半醉雾中山。御沟板落金鳞出,宫树花翻乳燕还。浅绿疏黄是处有,泥人真自胜姬鬟。"(由 Timothy Wixted 英译,见吉川幸次郎《金、元、明五百年诗歌史》,页 183。)

③ 石听泉:《文字化的景观:中国历史上的游记》,页 303、305;吉川幸次郎:《金、元、明五百年诗歌史》,页 181。

④ 周质平《袁宏道与公安派》,尤其是页 3—14)用描述前后七子与公安派之间的对立关系,来处理这一问题。

⑤ 当然,这是极端的立场;反对的观点见前揭书,页 31—32、67。

⑥ 在袁宏道文集《袁中郎集》条,《四库全书》的编纂者写道:"七子犹根于学问,三袁则唯恃聪明。……学三袁者乃至矜其小慧,破律而坏度。"(永瑢等:《四库全书总目》,卷 179,页 1618 第 3 栏,转引自周质平《袁宏道与公安派》,页 70、135 注 1)。

⑦ 周质平:《袁宏道与公安派》,页 34。

为"诗教"的衰落直接与明代社会政治的崩溃有关。他特别将袁宏道的诗归结为"亡国之音"。① 当然，袁宏道文化上的敏感，可以从另一个角度，理解为是个人对于以邪恶和压抑为特点的晚明政治**做出的反应**（是反对邪恶和压抑背后的原因），何况，并不是每个人都同意沈德潜的评价。即便如此，沈德潜等人——这些人视自己乃亟需的文化革新的代言人（见第五 *321* 章）——以一种更具论战性的眼光重新审视袁宏道。在许多 18 世纪的行家眼中（当然不是所有的人），袁宏道所代表的就是抒情爱好以及个人主义思潮这样的颠覆性危险。② 当然，公安派所支持的表达理论从未根绝，但在 18 世纪，它们只是以一种被修改过的形式由零星的个人所信守，其中最著名的是沈德潜的老对手——袁枚。③

　　诗歌创作基本上已遭道德说教的古典主义者胁迫，原本是充满活力和具有创造性的媒介——人们借以探求个人化的情感表达——已极大地削弱了。若说诗歌的敏感性，18 世纪时在文艺评论家沈德潜等人的日益影响下变得狭隘，那么，不受人推崇的小说，却创作出了更为边缘的人物，以一种少受约束的方式，反映了当时的社会文化困境。在小说中，曹雪芹、吴敬梓等穷困作家，思索当时令人不安的社会文化趋势，为了"能在每一回都体现出全本小说的意义"，从而使用了传统的"框架叙述"的方法。④

　　汉族士人文学中的这些更广泛的运动和张力，也在乾隆皇帝南巡作品的整个叙事结构和计划中留下了它们的印迹。我们下面会看到，乾隆皇帝描写江南的诗作，极大地受此框定和影响。乾隆皇帝及官员利用文学的框架叙述的设计，在以地方行政的庄重和实际的"工作"与更为闲暇的观光"游戏"之间，达到了一种微妙的平衡。质言之，乾隆皇帝处心积虑地努力克制与他在南巡中所见进行抒情式互动，而这些 *322*

---

① 沈德潜：《明诗别裁》，序，页 1，转引自周质平《袁宏道与公安派》，页 70。

② 周质平（《袁宏道与公安派》，页 118—119）将清初这一表达趋势的式微，归结为包括经典的复兴与清政府处心积虑地将公安派的影响降到最低在内的历史因素的结合——两者在 18 世纪都达到了顶点。

③ 同前揭书，页 118—119；施吉瑞：《随园：袁枚的生活、文学批评与诗歌》，页 232—236。

④ 高友工：《中国叙事传统中的抒情观：读〈红楼梦〉和〈儒林外史〉》，页 237。

与上面所讨论的 18 世纪对于自发流露和唯情论的批评有着重叠。

解读乾隆皇帝南巡诗作

乾隆皇帝以做皇子和皇帝期间所写诗文的绝对数量而闻名（或曰声名狼藉，这视每人的看法而定）。他的文章有四集，约 92 卷，诗作则有六集，总数达到惊人的 454 卷。① 房兆楹认为：“乾隆皇帝名下的诗作总数超过 4.2 万首。如果全部是他一人所写——这几乎是不可能的，他无疑是中国历史上最多产的诗人。”②如此多产，正如人们所想，肯定会影响文学品质。房兆楹估计，乾隆皇帝“从根本上说，不是诗人。他所写作品的价值，主要在于提供了乾隆时代的文化和历史背景”。③ 在乾隆皇帝去世后编纂的《实录》以及更具同时代性质的《起居注》更关注行政和政策，作为史料的乾隆皇帝的全部文学作品，是它们的重要补充。六集诗作中的五集是在他生前（不是死后）以一定的时间间隔编纂而成的（在 1748、1761、1771、1783、1795 年）。④

---

① 乾隆皇帝诗作概述，见戴逸《乾隆帝及其时代》，页 389—407。更详细的讨论，见稽穆《诗人乾隆皇帝：御制作品的注解》，页 24—25、35—78、121—130。此书提供了十九位在朝官员的有用名单，这些人协助收集并编辑了乾隆皇帝作品；还有一篇文章扼要介绍研究这一重要文学作品的著述情况。此书第二部分是对汉文和满文本的《（御制）全韵诗》细致的语言学研究（见页 79—120）。

② 恒慕义编：《清代名人传略》，页 371。康无为（《皇帝眼中的君主制：乾隆朝的想象与现实》，页 11 注 10）引述杉村勇造的话，指出约 1260 篇文章以及 4.3 万多首诗出自乾隆皇帝之手。戴逸认为：“五集《御制诗》已收诗四万一千八百首，加上皇子时代的《乐善堂全集》及去世后刊行的《御制诗余集》，总数达四万三千六百三十首。”（《清高宗（乾隆）御制诗文全集》，第 1 册，序，页 1。）

③ 恒慕义编：《清代名人传略》，页 371。戴逸是乾隆皇帝研究的权威，大体同意这些早期的有关乾隆皇帝文学作品的数量、质量以及意义的评价（《清高宗御制诗文全集》，第 1 册，序，页 1）。

④ 大体说，乾隆皇帝每十二年下令编辑他的诗作。当然编辑的过程要用数年时间。例如，初集的编辑始于 1748 年，在蒋溥的指导下，直到 1750 年才完成并呈进乾隆皇帝。只有第六集也就是御制诗余集是在乾隆皇帝去世后出版的，时间是在 1800 年。关于此的更多信息，见乾隆皇帝纪念蒋溥呈进御制诗初集的诗作，收录在孙丕任、卜维义《乾隆诗选》，页 95—96。

乾隆皇帝在出巡江南期间的那些诗作,可能构成了我们所拥有的最贴近他私人记述南巡的东西。当乾隆皇帝仍在这一地区时,就下令编辑诗作,作为一种叙事记录,不仅是为了后世子孙,而且也是为了同时代的读众。① 这些御制作品的确流传很广。例如,梅尔清就描述了"一种巾箱本的《江南名胜图咏》,全由乾隆皇帝的诗作组成",它的对象似乎是"大众或至少是当地的御制作品读众,同时为那些皇帝亲临和所描述过的地方提供了指南"。② 许多当地的便览书籍,包括前面开列的那些,以及扬州(1810)、苏州(1824)、杭州(1784)等府志,它们的开头数卷,全部由南巡中的御制诗构成。③ 最后,乾隆皇帝写下了许多为了刻于碑碣之上的作品。④ 大致以时间为序,这些诗作提供了探究 *324* 乾隆皇帝与他所游历过、所描述过的景致之间关系的视窗。

初相遇:在江北厘定"江南意"

有一首诗很好地表现出了乾隆皇帝努力应付他现身江南所招致的常常矛盾的意义。从京城出发的一星期后,即1751年2月14日,乾隆皇帝写下了一首《江南意》:⑤

---

① 1780年4月17日,乾隆皇帝从杭州北上开始返程时(这是他第五次南巡),在一首诗中直接提到这一编辑过程。他的南巡诗共分为三卷。第一卷记录的是他从京师经直隶和山东两省的诗作。第二卷是往南经江南和浙江时的诗作。第三卷将包括所有北上返回京师时所写的诗作(《钦定南巡盛典》,卷17,页32b—33a)。

② 苏州当地人郭衷恒在1763年编成了此书,就在乾隆第三次南巡一年之后(梅尔清:《清初扬州文化》,页186)。

③ 《扬州府志》,卷1—4;《苏州府志》,卷首1—3;《杭州府志》,卷首1—5。

④ 在碑碣上镌刻文字,是一种文学传播形式,游客借此能够将他们自己投入此间从而拥有了这一景点。更详细内容见石听泉《文字化的景观:中国历史上的游记》,页5—7。

⑤ 皇帝一行于1751年2月8日离开京城;这首诗写于1751年2月14日。从汉文看,这首诗实际上是三重意思,能够同时理解并译为:"The Meaning of Jiangnan"(江南的意义)、"Our Purpose in Jiangnan"(在江南的目的)、"Expectation in Jiangnan"(在江南的企盼)。

毛嫱①白台②及西子③，

不必谋面人知美。

吴越山川毫画中，

传闻争羡亦如此。

吟诗好景说江南，

前此何曾一税骖。④

观风问俗式旧典，

湖光岚色资新探。

早来小雪千林缀，

梅信依稀速邮置。

邓尉孤山似此无，⑤

迎人畔路江南意。⑥

身为心存批判意见的历史学家，我们最好要对乾隆皇帝这些想法中最后的几点保持怀疑，若仅仅关注最后数句所表现出的诚实或真挚，那么对于此诗的解读就过于简单了。我们毋宁可以这样问：从修辞、思想性以及象征意义来看，这首诗是要达到什么样的整体效果？回答这一问题，要求我们关注这首诗的主旨和寓意。

首先，乾隆皇帝将江南著名景点的诱惑比成是毛嫱、白台、西施的性吸引力——她们是三位传说中的南方吴国和越国的美人。诗的第二节

---

① 毛嫱是春秋时期（前722—前486）越王的爱姬（《汉语大词典》，中卷，页3807第2栏）。

② 白台是战国时期（前403—前221）著名的美人（同前揭书，页4798第1栏）。

③ 西子是西施（又名先施、夷光）的简称，春秋时期南方的美人（同前揭书，页5040第3栏）。据传说，越王将西施作为礼物送给邻近的吴国。吴王当时在灵岩山（今天苏州城外）为西施专门建了一座宫殿。

④ "税骖"通"脱骖"——字面意思是"离开坐骑"——与《礼记》的一段记载有关，记述的是孔子如何加入一支葬礼队伍，并令他的门徒子贡离开队伍，去取一份赙金给死者家属。后来此词有了更为普遍的参加丧葬或是纪念某人去世的意义（同前揭书，页4765第3栏）。

⑤ 邓山是一座寺庙的名称，位于离苏州西南约70里（23英里）太湖岸边山中（《南巡盛典》，卷99，页13b）。孤山是在杭州西湖北岸的一座山（同前揭书，卷102，页7b）。

⑥ 同前揭书，卷5，页10b。

（第3—4句）表达说："吴越山川罨画中，传闻争羡亦如此。"这里乾隆皇帝仿用了一个至少可上溯至十一世纪的古老传统，将他自己和读者与江南风景的关系，赋予性别（甚或是性）的意义。①

这将我们引向第二点。乾隆皇帝明确将江南负有美景的声望，视作士人阶层社会文化建构出来的，也就是说，通过绘画和诗歌的创作建立 *326* 并传播，而诗画是与士人雅兴联系密切的领域，这至晚也是从 11 世纪就开始了。② 乾隆皇帝知道"吴越山川"，不是因为他亲身经历过，而是因为它们已"罨画中"，并且如诗中所说让人"传闻争羡"。在这个意义上，江南名胜的吸引力很像三位美女——毛嫱、白台、西施。人们不需亲见她们，就知其美丽。质言之，在开始南巡之前，乾隆皇帝与江南及其景致邂逅与认可，大半已经通过士人观光文化的棱镜折射了出来。

在阐述了这些并达到该诗的中心内容后（12 句中第 6 句），乾隆皇帝也建立了一个修辞支点。通过精心设置的修辞，他否定曾经"税（脱）骖"而观光。乾隆皇帝以第一人称的语气（作为马背上的统治者，这不是偶然的，这一点我们后面还会讨论），用经典用语"观风问俗"——两者都是"式旧典"——来表达他现身南方。"湖光岚色资新探"，尽管亲自来了，但他还是费尽苦心要表明，虽然肯定做得到，但他不完全乐意投身于那种"已内在化"的士人游客所表现的抒情。考虑到写此诗的情境，这需求一个微妙的触点。乾隆皇帝小心翼翼地避免径直否认江南美景。然而，他（在第 9 句）表现出了士人审美的得意（"早来小雪千林缀"），但这只是为证明他的文学功力。接下来，在下一句诗中，他又一次将自己与这一写作美景诗歌的癖好保持距离："梅信依稀速邮置"。这首诗的结句部分，乾隆皇帝将他巡幸邓尉、孤山等同于因紧急事务而疾速经过驿站时 *327* 所看的梅花一样。最后，他断言，"江南意"不是在著名景色中而是在"跸路"的"迎人"中。易言之，皇帝巡幸江南的目的不是观光，而是观察出巡

---

① 这一传统最有名的例子，是苏轼在杭州西湖所写《饮湖上初晴雨后》中的两句："若把西湖比西子，浓妆淡抹总相宜。"（吉川幸次郎：《宋诗概述》，页 46。）
② 卜寿珊：《中国文人画：从苏轼到董其昌》，页 8—9、22—28、77—79。

路线沿途百姓的感受。

这里值得我们注意的是马背上统治者的形象,它喻意着勤政,也有着人们能感觉到的意义:"观风问俗"(第 7 句和第 12 句)和否认观光(第 6 句和第 10 句)。乾隆皇帝和他的心腹满洲大臣、两江总督尹继善,精心阐述了 1765 和 1780 年第四次和第五次南巡中"速邮置"的喻意。1765 年,在苏州西郊支铜山、寒山游览时,乾隆皇帝写道:"几称片时间,大吏称驰驿",在诗注中他解释:

> 游览所至,略观大意即行,尹继善比之"驰驿看山",然过而不留,片时间适足矣,谓之"驰驿",固当。①

数星期后返程回京,圣驾在扬州停留时,乾隆皇帝游览扬州西北郊的平山堂,写道:"去时春仲来春暮,真是春光马上看。"他继续写道:"坐惟片刻未斜晖,问景听称驰驿飞。"乾隆皇帝又一次在诗注中解释了这一看法:"尹继善每称游山似驰驿,然过而不留,实予本意耳。"②15 年后的 1780 年,当第五次南巡回程至苏州西郊,乾隆皇帝重复了同样的认识。③ 我们下面还会回到这一马背上的比喻。现在,可以总结我们对于《江南意》的解读:乾隆皇帝意欲强调体察民情,而不是悠闲地欣赏梅花。

我们也需很好地体察乾隆皇帝诗歌创作更具体的历史情境。"江南"当然是一个不确定的指称,其含义可以是地理的、行政的和文化的。④ 乾隆皇帝本人敏锐地意识到了这些不同并留下了相应的诗作。最引人注目的是,他写作《江南意》时根本不在江南。其时皇帝一行还在京畿地区,甚

---

① 《南巡盛典》,卷 32,页 12a。

② 同前揭书,卷 35,页 6a—7a。

③ 《钦定南巡盛典》,卷 16,页 42a—43a。在这一例子中,乾隆皇帝的用词是"驰驿观山"而不是前面的"驰驿看山"。这可能源自他更为系统地使用一种意识形态话语,以"观"和相关的"观我""观民"卦辞为中心。这些意识形态的建构,我们下面将详尽讨论。

④ "江南"作为一个行政单位可以上溯至唐朝贞观(627—649)中期"江南道"的设立。这包括目前的浙江、福建、江西、湖南省,江苏、安徽、湖北省的长江以南地区,四川东南和贵州东北部。宋朝的"江南路"指现在江苏南部,安徽南部以及江西。清初(1645)建立"江南省",包括今天的江苏、安徽。具体见臧励龢《中国古今地名大辞典》,页 326;牛平汉:《清代政区沿革综表》,页 120;富克斯:《十八世纪乾隆皇帝南巡图册》,页 9 注 2。

至还没有向南进入山东省。1751 年 2 月 28 日，**确切地说**，在写下《江南意》的两星期后，圣驾才进入江南地界。乾隆皇帝写了一首十分切题、名为《入江南境》的诗，以纪念这一场合。其中他写道："江南至矣犹江北。"①**正好**过了两星期（只是巧合吗?），圣驾就渡过长江，进入了地理—文化意义上的江南，即《江南意》中所指的江南。换言之，在圣驾抵达"江南"之前的整整一个月，乾隆皇帝已经预料到了他个人会采用士人游客的立场，而这通行的立场对他来说就成了问题。人人铭记于心的江南著名景致，**实际上**要求他完全分享精英观光文化。在《江南意》中，乾隆皇帝不仅寻求认可，而且也抑制并抵消这一套共用的假设和意义。

　　如上所述，乾隆皇帝不能并且也没有否认江南不容否认的灿烂辉煌。若那样做，将冒着破坏那些来自这一地区汉族精英文化情感的风险，更不必说甘冒显得不熟悉古老的中国风景画和诗歌的文艺传统的风险了。他小心翼翼地将偶尔且有限的对于当地环境的欣赏，混入到对高尚的孝道和勤政的表白之中。乾隆皇帝框定并由此抑制了他对于江南胜景的承认。《入江南境》很好地解释了这最后一点，值得抄录全诗：

> 袅袅东风拂面春，
> 春乘鸾辂举时巡。
> 江南至矣犹江北，
> 我地同兮总我民。
> 祗厪观方怀保切，
> 岂难解泽惠鲜频。
> 更欣余事寻文翰，
> 秀丽山河发藻新。②

这首诗的主体部分扼要重述乾隆皇帝到达江南并重申他自以为高尚的目的：对臣民"观方"，"怀保切"，施"泽惠"。作为诗人和君主，乾隆皇帝

---

① 《南巡盛典》，卷 7，页 1a。
② 同上。

事实上仁爱地拥有着江南及其居民("我地同分总我民")。这些都是老生常谈的话题。然而,这首诗的最后两句特别令人惊讶,因为它们不仅与其他诗句明显不同,而且也与就在两周前的《江南意》中所表达的观光思想相抵牾。当然,在《入江南境》中,乾隆皇帝陈述他"寻文翰"乃"余事"。然而,"秀丽山河发藻新",表明他依然承认这有着一定的欢娱。我们如何理解乾隆皇帝用诗表达景致的突然热情呢?

一种可能性,乾隆皇帝**没有**将他的观光活动公之于众。这种解释的基础是,"寻文翰"不是指乾隆皇帝自己的文学创作,而是指移动的朝廷吸引了地方士人的写作。毕竟,如在第六章所详述的,这种诗歌交换是南巡的重要内容。这种推理的逻辑结论是,是地方士人,而不是乾隆皇帝本人,通过文学的创作,使"秀丽山河"长存。

表面上看这种解读有一定道理,但仍难以服众,站不住脚,因为就在同一天,乾隆皇帝创作了另一首诗《恭依皇祖示江南大小诸吏诗韵》,其中写道:"余暇寄山水"。① 这是说乾隆皇帝在南巡中不只是沉溺于观光,但是,他没有否认自己"余暇"时的欢娱。然而,同样重要的是这首诗的结尾两句,这是他向江南地方官僚所讲:"兹来匪豫游,前徽勉无负。"②乾隆皇帝就是这样,在迎合地方士人的品味和习惯以及否认观光欲望之间来回游移,所有的一切都在一首诗中。

那么,我们能否假定乾隆皇帝愿意——当然有些勉强——公开赞扬江南的美景呢?这也存在着问题:我们如何能将乾隆皇帝对于观光的热情,与他约两周以前在《江南意》中如此清晰表达的矛盾情感一致起来?这一难题的解答在于,要看乾隆皇帝写作时身处的位置。我们(以及乾隆皇帝本人)上面已指出了,这时圣驾还未进入作为地理—文化上的江南地区,进入的只是江南省**行政管理**的范围:"江南至矣犹江北"。③ 更准确地讲,"江北",也就是江南省位于长江以北的地区,是黄河—运河水利

---

① 同前揭书,页 2a。
② 同上。
③ 同前揭书,页 1a。

体系的重要基础设施网络的关键。在继续向南经过江北的两星期内,乾隆皇帝将大部分时间用于亲视这一防洪、灌溉以及平稳运输漕粮所依赖的水利基础设施。① 在这种特殊背景下,"余暇"观光,对于乾隆皇帝作为勤勉统治者的公众形象来说构不成什么威胁。当身处或靠近江北时,乾隆皇帝极乐于承认他享受地方的景致,这就无足为怪了。②

然而,当再往南,乾隆皇帝抑制住了称颂"秀丽山水"的意愿。当圣驾接近并日益深入江南,乾隆皇帝缄口不言他自己的爱好(但没有说他没有能力),不同于士人游客惯常所做的那样赞美宜人的环境,他将一切观光动机归结为了恭奉皇太后。 *332*

与金山相遇(一):引出景致与否认欲望

乾隆首次南巡中的一次关键活动,发生在 1751 年 3 月 13 日。这一天,皇帝一行进入江南。作为地理—文化地名的"江南",使人想到旖旎风光、城市发达、消费繁荣、悠闲惬意、文化底蕴——所有这些可能会败坏乾隆南巡作为勤政、爱民、仁政活动的官方叙事。鉴于此,乾隆皇帝用一篇名为《恭奉皇太后驾临金山记》的文章纪念他进入江南。③ 金山是长江江心两座主要岛屿中的一座(另一座是焦山),这里与大运河交汇,因此它是江南象征性的门户。

1749 年 11 月,乾隆皇帝已经宣称要恪尽孝道——也就是恭奉皇太后欣赏江南景色,以庆祝她的六十寿辰——作为开始他首次南巡的基本理由(见第二章)。乾隆皇帝这篇金山文章的题目是将观光变成了一种性别化的活动以及称颂他对于母亲的孝心。然而,一年多以后的 1751 年 3 月,当圣驾到达江南的入口时,乾隆皇帝却在言辞上做了一些微调,

---

① 张勉治:《洞察乾隆:帝王的实践精神、南巡和治水政治(1736—1765)》,页 79—83。
② 数月后,当圣驾北上返京向长江进发,乾隆皇帝靠近或身处江北,又一次表白自己为景致所吸引。当时,他写作了《闻京师得雨志喜》诗,我将在下面作详尽分析。
③《钦定南巡盛典》,卷 24,页 3b—6b。

没有将孝道置于最重要的位置——如同他早先所做的那样，而是将巡幸描述为帝王行动主义的最新例证：

333

> 朕惟省方观民，先王所重，时巡之典，虞夏以来尚已。我皇祖圣祖仁皇帝抚御九有，匪居匪康。

这里，巡幸是作为一种古老的活动以及身为统治者——不论古今——应有的勤政出现的，且给出了最近的事例。而且，考虑到江南省和浙江省在文化和经济上的重要地位，乾隆皇帝声称，他"涉河渡江，不惮数勤"，为的是省方，获知百姓的疾苦。乾隆皇帝回应了于敏中在《圣德歌十章》（本章前面引述过）序中陈述的内容，重申他的巡幸只是始终如一的行动主义和仁政的证明。正因如此，皇帝早该巡幸"东南"了。更为重要的是，这一南巡不含闲暇雅致，相反地，它——以及所有的巡幸——象征着乾隆皇帝对于"居康"的拒斥：

> 朕临御以来十有六年，于兹蚤作寤思，宵衣旰食，兢兢惧一夫之不获，罔敢稍自暇逸。谒盛京（1743 年），幸三晋（1746 和 1750 年），巡齐鲁（1748 年），游河洛（1750 年），所在周察民隐，广敷解泽，而东南士民尚未得邀清问。

乾隆皇帝直到突出了这一最主要的意义和动机后，才又一次将向母亲以及祖父尽孝道作为第二位的理由：

> **然**岁辛未（1751 年）恭遇皇太后六袠万寿，朕将合亿兆望幸之欢心，以祝无疆。爰敬循皇祖旧典，躬奉慈舆届春南幸。①

334 可是，乾隆皇帝立刻就回到了他自己在北方善政的话题：

> 上元②前二日，发自京师。渡济、漯、汶、沂至黄河，周览堤工。遂泛舟逾淮以达于江，采民谣，询土俗。③

---

① 同前揭书，页 3b—4b。
② 上元，指的是正月十五（也就是元宵节）。
③《钦定南巡盛典》，卷 24，页 4b。

当圣驾继续南行，乾隆皇帝对于他最主要行政使命的描述随之发生了改变，从江北的"视察河工"，变成了在江南的"省方问俗"。质言之，一进入长江南岸的江南地区，乾隆皇帝就宣布他来此的主要原因，是"观民"，这是长期以来形容开明以及宽仁统治——我们将在一定的时候进行分析——的一个用语。

作为有提示作用的《恭奉皇太后驾临金山记》，包括冗长的王朝强化的陈述，旨在从修辞上减弱周边环境的伟大。当然，乾隆皇帝乐于承认，"顾瞻金山，上凌太虚，下瞰洪流，为江南诸胜之最"。很显然，这是他恭奉皇太后登高赏景的原因所在。然而，到达了金山顶，就在乾隆皇帝本应醉心于整个景色之时，乾隆皇帝的语气发生了改变。他描述了在江声山色间欢愉的人，接着指出："丰水有芑，数世之仁也。"① 确切地说，乾隆皇帝指着康熙皇帝书写的碑铭，将眼前的和平繁荣追溯到康熙皇帝，当时，1699 年康熙皇帝恭奉**乃母**孝惠章皇后南巡。② 乾隆皇帝看到康熙时期的这一碑铭，促使他将"嗣徽笃祜"称颂为清朝兴盛的根本原因。在乾隆皇帝看来，他正在撰写的此文以及南巡的主要目的，是庆祝圣母的母仪天下，**而不是**赞扬金山的自然美景。这里，在长江江心，在旖旎江南的制高点，恪尽孝道在意识形态上优先于迷人的景色。乾隆皇帝在文章的最后充分说明了这一点：

> 若夫江天之浩荡，风烟云树之郁苍，与夫鳞昆甲族之神奇而变化，虽遇目赏心，偶一寄兴，然朕之所以俯仰而忻惬者固不在此也。③

乾隆皇帝的意思十分明确。尽管他也承认在金山之顶得到短暂愉乐的可能性，但他最终未从这里得到什么长久的满足。他对于王朝过去以及现在的皇太后持有真正的尊敬和赞扬，朝廷和社会的兴盛最终还要仰赖

---

① 同前揭书，页 5a。

② 这里乾隆皇帝将 1699 年康熙第三次南巡的时间误作 1697 年（康熙三十六年）（同前揭书，卷 24，页 5a）。康熙皇帝所写碑文和文章可以在卢见曾《金山志》中找到，见卷首，页 4a—7a。

③ 《钦定南巡盛典》，卷 24，页 6b。

她们。

　　我们能够注意到,乾隆皇帝努力维持自我形象和权威的明确性别化内容。至为显然的是:勤政被认为是一种艰辛**以及**严格说来是属于男性的活动;观光被描述为给予身处政务和公共事务的官方场合之外的女人的自由放任。当然,人们希望女人在**国内**政务和家内事务中能起到积极的作用,尤其是随着她们年龄的增长、地位的变化。家庭或家族的治理也意味着王朝的治理,皇太后作为爱新觉罗家族的女性家长,要为整个国家妇道作表率。但是这里,在长江江心,**皇帝**顺从他的母亲,而**不是**皇太后表面上的看景愿望,乃至为重要之事。质言之,通过摆正自己与两种完全不同的女性形象的位置,乾隆皇帝寻求加强他自己的道德威信。一方面,他在《恭奉皇太后驾临金山记》中庆祝王朝为母之道的美德,另一方面,他已将江南景致比作仅仅一个月前在《江南意》中所写的诱人的南方美人:"吴越山川……传闻争羡。"通过将孝敬皇太后凌驾于任何他可能已感受到的江南美景之上,乾隆皇帝用具有高度性别化的术语肯定了他自己的孝道。① 在此过程中,乾隆皇帝强化了江南的性感,接着否认它许多诱人的装束——它的南方美女和撩人的景致(在文人的诗画中都享有盛誉)以及它华丽、优雅的环境,尤其是它郊外的"休闲之地"和娱乐之区。② 我们在下一章会看到,这些关于性别的以及孝道的表白最后证明只是幻想罢了。但即便如此,乾隆皇帝

336
337

---

① 高居翰《三张、扬州美人与满洲宫廷》,页 67)以一种更为揣测的方式,对此已有评论:"清朝的满汉关系,可以说性别化了:坚毅、好斗的北方人侵入并征服了柔弱的南方人,在乾隆时期,久已存在的这一蹂躏关系已公开由满洲人转化——多少有些成功——成了仁慈的管理。"我上面的解读,进一步深化了性别是如何向我们透露出清朝的权力和统治关系的认识。实际上,乾隆皇帝通过公开的自我约束及否定欲望的姿态,强化了他自身的道德威信。虽然如此,高居翰《皇帝的色情艺术》,页 24)仍坚持认为,也有证据表明"江南(长江三角洲)城市的浪漫和色情文化,强烈吸引着满洲皇帝,皇帝寻求将其中一些引入自己的生活,有时是与他们的谕旨和政策相背离。"

② 梅尔清认为,这些地方"至少部分专注于休闲文化,包括寺庙、游船、饭庄、茶肆、酒馆、青楼"。关于苏州的"休闲地带",她引用了袁宏道书写虎丘的文章(约 1597 年),这不是偶然。江南休闲地带,见梅尔清《清初扬州文化》,页 133—135。

相信(或至少想使他的读众相信)江南的魅力转瞬即逝,像那些著名的美人一样,在由皇太后们所体现出的坚贞不渝的美德面前,相形见绌。还有,如第二章所述,由于皇太后被设定为乾隆皇帝狩猎的民族—王朝严格纪律信奉者的角色,因此她的美德,至少部分地嵌入了民族意义。

与金山相遇(二):调和并抒怀月下长江

乾隆皇帝从未走到嘲笑江南胜境的地步,他只是尽量使自己与它们保持距离。甚至当他看似赞同审美的休闲精神时,也要使用其他知名文人的——过去和现在的——艺术创作,作为文化上的缓冲器,令他至少在言辞上能够远离过于颓废或是放纵的环境。例如,乾隆皇帝经常在自己的诗中向苏轼致敬,在孙康宜看来,苏轼是"中国文人中少有的""真正掌握了所有的文学形式——诗、词、赋、文、书、画——的人"。① 苏轼是感情自然流露和"豪放"的倡导者,强调艺术的表现功能,然而他的作品也以精确和客观见称。② 尽管"后世的中国评论家有时抱怨他的诗缺乏启示意义",③但公安派④的支持者对他评价极高,可能因此他被视作"抒情传统的组成部分",至少在 18 世纪中期是这样认为的。⑤ 苏轼的地位令乾隆皇帝更多地利用他诗人的表面形象而不是采用其诗句,作为一种可以与景致安全交流的文学预防之物。

就在写作《恭奉皇太后驾临金山记》的同一天(1751 年 3 月 13 日),

338

---

① 倪豪士编著:《印第安纳中国古典文学指南》,页 729。

② 同前揭书;华兹生英译:《苏东坡诗选》,页 9。

③ 华兹生英译:《苏东坡诗选》,页 10。

④ 袁宗道、袁宏道都崇拜苏轼(周质平:《袁宏道与公安派》,页 34—35,40—42)。17 世纪以后,苏轼在士人中的偶像地位,见梅尔清《清初扬州文化》,页 45—47。

⑤ 在这里引用苏轼的一首诗可能会有帮助。1079 年苏轼写了下面的诗,其中他叙述了乘坐游船去看湖州城附近两条河上盛开的荷花:"清风定何物,可爱不可名。所至如君子,草木有嘉声。我行本无事,孤舟任斜横。中流自偃仰,适与风相迎。与杯属浩渺,乐此两无情。归来两溪间,云水夜自明。"(华兹生英译:《苏东坡诗选》,页 70。)

乾隆皇帝还写过一首《游金山寺用苏轼韵兼效其体》：①

平生不戒游览兴，②

西浮③于洛④东观海。

轻舟风利过维扬，⑤

此间初识有江在。

中流滞潆如补陀，⑥

八功德水澄无波。⑦

精蓝信宿可留憩，⑧

层楼阿阁何须多。

青雀黄龙尽收楫，⑨

笳吹笙歌送西日。

339

---

① 这首御制诗有汉文注释的版本，见孙丕任、卜维义《乾隆诗选》，页108—110。如标题和诗注（第14句后）所示，乾隆皇帝这首诗是唱和另一首标题同为《游金山寺》的诗，这是苏轼在1701年冬天从开封到杭州的悠闲行程中所写。苏轼的原诗，见王文诰《苏轼诗集》，卷7，页307—308。这首诗的英译及详细分析，见傅君劢《东坡之路：苏轼诗歌表达的发展》，页139—144。

② 这首诗的首句也可以解读为："朕一生从不克制游览兴情。"〔作者在正文中给出此句的英文，直译为"朕平常强烈反对游览兴情"。诗中"平生"作者译为ordinarily，这与ordinary（平常、普通）相近。——译者注〕然而，这种翻译没有什么道理，尤其是考虑到乾隆皇帝在其他作品中对游览所清晰表达出的矛盾态度甚至是忧虑。

③ "浮"字，暗含乘船悠闲游荡。

④ 洛阳府（洛阳属河南府——译者注）位于河南省，是中国传统五岳中的中岳嵩山所在地。

⑤ 即扬州。

⑥ 乾隆皇帝在这里将金山岛比作补陀（布达拉），后者应是指佛教地理上的四圣山之一：(1)印度的一海港，有人认为是Thattha，说是释迦牟尼先人的家乡；(2)株罗矩咤东南的一座山，这里是观世音的家乡，负有盛名；(3)宁波东面的普陀岛，观音的重要道场；(4)西藏拉萨的布达拉，观世音的化身达赖喇嘛的驻锡地。（苏慧廉、何乐益编：《中国佛教术语词典》，页412。）乾隆皇帝来到江南，这意味着最应该指的是地点(3)；然而，诗的第六句中提到"八功德水"，这也说明可以同时指西藏或是印度。

⑦ 汉字"八功德水"字面上意思是有功德的八水，指的是《无量寿经》中提到的流向极乐世界之水（丁福保：《佛学大辞典》，页926第1栏；苏慧廉、何乐益编：《中国佛教术语词典》，页382—383）。

⑧ 这里"精蓝"应是"精兰"，指佛寺。乾隆皇帝在此停留了两晚。

⑨ 是说停泊在河边装饰华美的休闲船只。

帆樯远近挂红灯，

照入江天星点赤。

髯翁醉醒风雅魄，①

奇句孤吟深夜黑。（原注：苏诗有"二更月落天深黑"及"江心似有炬火明"，"非鬼非人竟何物"之句。②）

信耶非耶漫强明，

律中要使神鬼惊。

六百年没人莫识，

我偶拈赓答风物。

滥觞远忆巴岷山，

土鼓云门拳石顽。③

清赏凭高兴未已，

烹茶更试中泠水。④

340

在这首诗的第一部分（1—4 句），乾隆皇帝摆出了平民姿态，好像他只是"游览"人群中的一员。但是乾隆皇帝在第一句使用"平常"一词，多少与他自己的身份不符。很显然，身为皇帝，他的生活和出巡绝非平常。即便如此，他声称不反对，可能甚至是喜爱游览的"平常"愉悦。他在第二句选择的动词"浮"——这暗示不是以匆忙的速度——以及他在第三、四句中对于乘坐由运河南下船只的描述，更支持了这种解读。这似乎表明，乾隆皇帝在他南巡期间，难以超然于接受士人热爱闲暇外出。

---

① 这里乾隆皇帝指的是苏轼。吉川幸次郎（《宋诗概述》，页 102—103）认为，苏轼是"喜酒但似乎酒量不大。"苏轼自己也说："我虽不解饮，把盏欢意足。"

② 这三句诗是 1071 年苏轼原作《游金山寺》的第 14、15、18 句（见傅君劢《东坡之路：苏轼诗歌表达的发展》，页 139—140）。

③ 这一句和上一句，乾隆皇帝指的是苏轼 1071 年原诗的第 7、19、22 句，想念故乡四川。这首诗最后四句主语不甚清楚（或是故意为之？），可能是指苏轼或是乾隆皇帝本人，也可能是他们二人。

④《南巡盛典》，卷 7，页 19a—b。中泠泉就在金山寺的西面。

　　但情况真的如此吗？这种解释的一个显然困难是，乾隆皇帝将他的出游描述为悠闲乘船游荡，这与他此前和随后的喻为勤政的骑在马背以及他反复否认游览，形成了明显的对比。我们很快将在乾隆皇帝其他南巡作品的更广阔的脉络中分析这首特别的诗作。然而首先要对这首诗 *341* 做更为正式的分析，如下所见，在南巡期间乾隆皇帝避免完全采用文人游客的声音和姿态，有的是将苏轼的诗人形象构建为一种文学的代理形式，借此可以安全地与成为问题的景致相交流。

　　在叙述了（第3—4句）乘船首次到达扬州和抵达长江后，乾隆皇帝描述了（第5—7句）他登临金山的佛寺，感觉到寺庙（第6—7句）"水澄无波"，"宿可留憩"。然而，这一恬静的氛围却相当短暂，乾隆皇帝转向了（第9—10句）自在却是嘈杂的景致，成群的游客泊靠游船，在余晖中尽情欢乐。第11—12句显然是这首诗的中心部分，描写的是忙碌之后的休闲之地："帆樯远近挂红灯，照入江天星点赤。"至此，无论是这首诗的主题还是格调，与我们先前的解读都没有矛盾。

　　然而，从第13句开始（也就是这首诗的后半部分），乾隆皇帝在修辞上将自己与高度审美化、夜幕中的长江形象——这形成了此诗的主题——保持着距离。他借用苏轼这个人——"髯翁"刚刚"醉醒"——完成了这一距离的保持。苏轼的原诗（约1071年）写道（第9—10句）："羁愁畏晚寻归楫，山僧苦留看落日。"①接下来，在描述了（第11—12句）一幅如画风景后（"微风万顷靴文细，断霞半空鱼尾赤"），苏轼开始（在第13句）②迷失于晚景以及思念四川家乡的思绪中。③ 与苏轼的诗作相比，乾隆皇帝在**他**诗作 *342* 的第13句，抑制了任何直接的和个人的对于他周边环境的神秘色彩及意义的思考。正如我们在《恭奉皇太后驾临金山记》以及很快在《江月》中所见，乾隆皇帝完美地在其他场合阐述了他自己关于风景有着更重大意义的

---

① 以下苏轼原诗的英译转引自傅君劢《东坡之路：苏轼诗歌表达的发展》，页139。

② 这句是"适时江月初生魄"。

③ 更准确地说，奔流到海的江水形象让苏轼沉浸于从未能返回家乡的思绪中。详尽的解释，见傅君劢《东坡之路：苏轼诗歌表达的发展》，页140—142。

想法(或曰在《恭奉皇太后驾临金山记》中所缺乏的)。然而,在 1751 年的作品《游金山寺》中,乾隆皇帝通过评论苏轼在六百多年前对于同样景色的诗歌创作中的情感投入,保持了更远距离、作为第三者的视角。更确切地说,乾隆皇帝(或他的捉刀人)在第 14 句后面的诗注中直接引用苏轼的诗句:"二更月落天深黑","江心似有炬火明","非鬼非人竟何物"。① 如此一来,乾隆皇帝有效地在苏轼耽于昏睡和好饮,和他自己的对于这一情势的貌似客观理解之间形成了对比,如他在第 11 和 12 句中所表达的("帆樯远近挂红灯,照入江天星点赤")。这一修辞上的叙述做法,反过来,在乾隆皇帝和他北宋代言人的观点间,产生了更深的区隔感。

最后,在这首诗的末尾几句,出现了一种模糊的诗歌声音。19—20 句的主题多少有些(可能是故意为之?)不明确。谁"滥觞远忆巴岷山,土鼓云门拳石顽"? 谁"清赏凭高兴未已,烹茶更试中泠水"? 苏轼还是乾隆皇帝,抑或两人都是?

如果我们认为苏轼是主语,那么乾隆皇帝就将读者的注意力从他自己身上挪移开来。是苏轼"滥觞远忆巴岷山",而不是乾隆皇帝;是苏轼(而不是乾隆皇帝)"清赏凭高兴未已";是苏轼"烹茶更试中泠水",而不是乾隆皇帝。② 然而,这最后几句将乾隆皇帝读为主语也完全讲得通。 *343*

由于有着这种不确定,乾隆皇帝作品的主旨变得极为含混。一方面,通过步苏轼的诗韵和用字,乾隆皇帝能够证明,他既熟悉又欣赏一位受人尊敬的著名文学人物的作品;另一方面,他在自己与沉湎江南休闲景色间画上了界线。在这首诗的前半,看得出乾隆皇帝容许(如果不是

---

① 这三句是苏轼原诗的第 14、15、18 句。

② 这间接提到了苏轼欣赏用泉水泡茶,也指出了晚明士人流行的习惯和品味。张岱(1597—1689)"因其朴素而备受尊敬,在浙江被满洲人占领后,他余生作为浙江群山中的隐士继续着创作",实际上,他也"喜于铺张奢华,早期因喜住精美屋宇、漂亮女人、艺术以及作为用泉水沏茶的鉴赏家而赢得声名"。张岱的消费习惯,据吴讷逊(《董其昌:远离政治,醉心艺术》,页 260)研究,是"富人的典型"。更多关于晚明鉴赏与物质文化的研究,见柯律格《长物志:明代物质文化与社会地位》;卜正民:《纵乐的困惑——明代的商业与文化》,页 134—139、218—237。

支持的话)"游览"。当乾隆皇帝将自己的巡幸用休闲的"浮"等字进行描述时,他完全沉浸在对自己经历的叙述之中。然而,在诗的中间部分,他回撤到作为第三方、更远距离的观察者位置,使用苏轼成为诗歌代言人。如此,乾隆皇帝就阻止了当夜幕降临长江之时,他会(将会)投身于眼前欢庆场面的任何想法。这里乾隆皇帝有效地叙述并使自己远离士人和大众文化,他们绝对是闲适抑或是颓废的。仅仅在诗的最后几句,乾隆皇帝似乎重新回到了第一人称的叙事者位置。然而,这是不明晰的。当然,乾隆皇帝像苏轼一样,可能"滥觞远忆巴岷山"。然而,他肯定没有体验过大概是令苏轼喝酒的那种思乡感伤之情。像苏轼一样,乾隆皇帝"清赏凭高"可以"兴未已",但是很清楚,这并没有包括身处长江下游的普通游客的陶醉。乾隆皇帝更乐于在金山佛寺这样的幽静隔绝之地"烹茶"。易言之,在南巡期间,就眼前景色本身而言,乾隆皇帝经常将自己不是扮成直接鉴赏者,而是作为有着距离的观察者,却全然熟悉其他人的文学和艺术作品中对于江南的远为抒情的描述。①

344

当将《游金山寺用苏轼韵兼效其体》与以后所写《江月》参读时,这种用修辞拉远距离的手法,就表现得更为明显。在后一首诗中,乾隆皇帝传递出他经历过相同的夜景,但没有依赖一个像苏轼那样起媒介作用的文学名人。这首诗的名称《江月》,是相当传统的诗境,像乾隆皇帝自己在首句中所说:"水月亦常见。"在上一首诗里,苏轼因醉酒恍惚,只是被他处所的奇异黑暗吸引并痴迷其中。与苏轼不同,乾隆皇帝在《江月》中所表达的是,在这样一个吸引人的环境之中盘桓过久所带来的可怕后果:

> 水月亦常见,

---

① 乾隆皇帝更抒情的诗常常与画相随。例如 1751 年,乾隆皇帝创作了一组短诗,共十六首,名为《吴山十六景》。过了些日子,他为明中期的艺术家文徵明(1470—1559)也创作了一首很短的题咏,名为《题文徵明〈春雨晚烟图〉,即用其韵》:"烟重长林水涨汀,善传吴景是徵明。姑苏不到安如此,解使江山气韵生。"(《南巡盛典》,卷 8,页 21a—b。)文徵明以及乾隆皇帝对他画作的欣赏,见柯律格《长物志:明代物质文化与社会地位》,页 104—116。

江月见乃初。

我来望后夜，①

娥御来徐徐。②

坐待破初更，③　　　　　　　　　　　　　　　　*345*

乍觉金波浮。④

焦山及象山，⑤

对峙海门虚。

团团烂银镜，

高悬只须臾。

击鼓罢冯夷，⑥

吹浪戢天吴。⑦

鳞昆及甲族，⑧

摄仰光明珠。⑨

拟欲问纤阿，⑩　　　　　　　　　　　　　　　　*346*

---

① 也就是阴历的十六日。

② 这指的是第 15 句中的仙娥女神。

③ 午后 7—9 时，也就是入夜了。

④ 这一句也可以同时解读为："突然间，朕想到了金朝的混乱。"（正文中这一句的英文，直译为"突然间，朕感觉到了月色之下浪的波动。"——译者注）

⑤ 象山位于江苏省丹徒县东北，面对焦山。因此，这两个岛常常作为一个地名（臧励龢：《中国古今地名大辞典》，页 942 第 3—4 栏）。

⑥ 冯夷是河神，出自《庄子》（《词源》，页 1877 第 4 栏）。在这里，我将冯夷译作隐喻长江（正文中此句英文，直译为"战鼓止于长江"。——译者注），但它应更依字面译作"渡江的蛮夷"，如是，这一句诗就语意双关，也可以译作"击打战鼓使渡江的蛮夷止步"。

⑦ 天吴是《山海经》中的河神（《词源》，页 0317 第 2 栏）。《李贺歌诗编》中有唐代的一首歌："南风吹山作平地，帝遣天吴移海水。"这里的形象是长江——这是河神天吴所代表的——作为自然的仁慈力量，为宋代日益衰退的军事力量提供了庇护。动词"戢"，常常译作"储备"或"取消"，但这里根据字面更应译作"聚集军事力量"或"休兵"。

⑧ 考虑到前面的诗句，更具战争色彩的解释也有道理，这句也可以同时解读为"武装起来的兄弟和贵族大姓"（见施吉瑞：《随园：袁枚的生活、文学批评与诗歌》，页 83 注 70）。

⑨ 这句诗可以译作"被吸引，注视发光的珍珠"。表现的是一支着迷于诱人景致进而闲游放荡的军队形象。

⑩ 纤阿是传说中的女神，掌握着月亮的运动，但这词通常指美人（《汉语大词典》，下卷，页 5750 第 3 栏）。这里我们可以又一次注意到乾隆皇帝所思所想的性别化表达。

> 三山究何如。①
>
> 水仙乘赤鲤，②
>
> 导我亲证诸。
>
> 长揖谢未能，
>
> 劳逸终殊途。③

这首诗的第一部分(第 1—10 句)意思比较直白。乾隆皇帝到达长江(第 3 句)并描述了他看到如华满月的情形。修辞的核心又出现在这首诗的中间部分(20 句中的第 10 句)。在第 7—10 句，乾隆皇帝描述了静谧的景致，他并未称颂它的美丽，而是突出了满月短暂，必然会开始月亏最后成为残月。长江(第 11—12 句)在皇帝看来，不再是美丽的月下江流，而已变成了具有战略意义的战场分界线。同样，月亮(第 14 句)也不再被描述为有审美魅力的对象或是山水绝佳视觉的补充，而是变成了"光明珠"，它的美丽震慑住了"鳞昆及甲族"(第 13—14 句)。这里乾隆皇帝大概是指宋朝军队，它们在 1127 年将京城迁至长江以南，并从未全力重新集结力量，从女真人的金朝——被认为是满洲人的祖先——手中夺回北方。身为满洲统治者，乾隆皇帝也敏锐地意识到了江南在表面上对他自己的"鳞昆及甲族"，也就是对于清朝征服者精英的有害作用(见第四章)。怀着此等想法，乾隆皇帝欲问月神即纤阿："京口三山"(第 16 句)，它们的主要作用是供游览，还是防御要地("海门")？但水仙先行一步，召唤他亲自去视察它们(第 17—18 句)，乾隆皇帝有礼貌地回绝了(第 19 句)。总而言之，乾隆皇帝视月下长江的壮美乃军纪整肃、果敢和活力的威胁。王朝在江南的颓废渐渐显露，这促使他在结句发出警告："劳逸终

---

① "京口三山"，是指金山、焦山、北固山——都是位于长江的战略要地，护卫整个长江下游地区，尤其是江宁(今天的南京)。究其实质，乾隆皇帝似乎是质疑京口三山的主要意义到底是审美还是战略。

② 是说河神召唤前往游览，这是用典，指李商隐(813—858)《板桥晓别》诗的结句："水仙欲上鲤鱼去，一夜芙蓉红泪多"(宇石等《常用典故词典》，页 480，"水仙"条)。

③ 《南巡盛典》，卷 7，页 20b—21a。

殊途"。乾隆皇帝对于南方风景所暗含的民族—王朝认识,与苏轼远为抒情的表达之间的差别,是至为明显的。

在乾隆皇帝的话语中,苏轼在意识形态上所起的作用,并不只是作为他自己的文学土壤,它也包容了一个远为正面的形象。1751 年 3 月 27 日乾隆皇帝抵达杭州,又一次引用了苏轼的形象,这次是解决他自己现身西湖这一难题,西湖是士人游客历来的目的地,以美景著称。① 在组诗《题西湖十景》的第一首《苏堤春晓》中,乾隆皇帝写道:"通守钱塘②记大苏,③……长堤万古传名姓,肯让夷光④擅此湖?"⑤这里,苏轼 *348* 不是醉酒和轻松自在的诗人,而首先是关注治水问题的勤政和注重实际的管理者。⑥ 在这点上,乾隆皇帝将苏轼描绘成他的真正代言人,苏轼的看法和目的与自己的完全相同。皇帝的这种几乎不加掩饰,虽有些可笑,但应不会失去文学读众,特别是因为苏轼有名的诗句"若把西湖比西子,淡妆浓抹总相宜"这一对西湖高度情色化的称颂已被奉为经典。⑦ 当然,乾隆皇帝并没有提及此。乾隆皇帝对此隐而不语以及对于这种偏激的重新写作的冲动,暗示出他在江南核心地带游览的矛盾态度。

---

① 1275 年,也就是在蒙古进攻(1279 年)的前夕,吴自牧(活跃于 1300 年)在《梦粱录》(20 卷)描述了南宋都城杭州和西湖:"临安风俗,四时奢侈,赏玩殆无虚日。西有湖光可爱,东有江潮堪观,皆绝景也。"(林顺夫:《中国抒情传统的转型》,页 15。)对《梦粱录》的更多介绍,见倪豪士编著《印第安纳中国古典文学指南》,页 833。西湖所唤起文学情感的更多例子,见石听泉《文字化的景观:中国历史上的游记》,页 310—312(袁宏道)、页 342—345(张载)、页 367—371(邵长蘅)。

② 也就是杭州。

③ 苏轼与父亲苏洵(1009—1066)、弟弟苏辙(1039—1112)并称"三苏"。苏洵、苏辙分别被称为"老苏""小苏",苏轼被称为"大苏"。苏轼两度出任杭州,一次是在 1072 年作为通判,一次是在 1089 年作为太守。见贺凯《中国古代官制辞典》,页 555,第 7497 条;页 482—483,第 6221 条。

④ 西施的另一名字。

⑤《南巡盛典》,卷 9,页 8a。

⑥ 苏轼在杭州为官时,发起了一些疏浚和建设工程,旨在治理日益淤积的西湖;这包括一座长堤,后人称为"苏堤",它极利于杭州水利资源的管理。更多的介绍,见艾朗诺《苏轼的言、象、行》,页 113—115。

⑦ 吉川幸次郎:《宋诗概述》,页 46。

日益深入:宣称勤政,拒斥愉悦

与这种矛盾态度相随的是挥之不去的焦虑,被一再的否认所掩饰着。乾隆皇帝的诗作到处都否认他只是在外出游乐。1751 年,一抵达苏州,他就写道:

> 牙樯春日驻姑苏,
>
> 为问民风岂自娱?
>
> 艳舞新歌翻觉闹,
>
> 老扶幼挈喜相趋。
>
> 周谘岁计云秋有,
>
> 旋察官方道弊无。
>
> 八耳信疑还各半,
>
> 可诚万众庆恬愉。①

乾隆皇帝的意思直截了当并以说教为上,这实际上颠覆了他说的内容。这种为了农事和地方政务起见,郑重其事要求地方不要庆贺迎接,听起来空洞无物,却是最受喜欢的主题。

第二天,乾隆皇帝"恭奉皇太后"游览苏州郊外的寺庙等名胜。其间,他处心积虑地避免作为士人可能会有的、用辞藻华丽的诗句对风光的赞美,他紧扣着的是平淡无奇的主题,例如,在游览位于苏州城墙西北著名的虎丘时,乾隆皇帝写道:

> 闲登海涌峰,
>
> 雨洗绿鬐浓。②
>
> 古岭多留咏,

---

① 《南巡盛典》,卷 8,页 4b。

② 这里乾隆皇帝继续将南方的景色女性化。鬐是妇女用以在顶髻装饰头发的梳子。

春郊尽力农。①

海涌峰给乾隆皇帝提供了很好的机会,可以使他步许多士人游客及其留下的对于薄雾烟袅及翠绿欲滴景致的赞美的后尘。但是他力戒抒情的幻想,转向更为日常的农业话题。

数天后,在一首名为《夜雨》的诗中,乾隆皇帝更清晰地表达了他萦怀天气与农事间的密切关系:

> 北方此际惟虞少,
> 南国今来却虑多。
> 只论游观无不可,
> 重因农务望晴和。②

350

在上面两首诗中,乾隆皇帝感知着周围的一切,但避免士人诗歌创作的情感喷涌。由纯粹文学标准判断,他诗歌性质的这种转向,可能解释了为什么在文学史家那里他声名不佳。乾隆皇帝在南巡期间并非对创作抒情山水诗不感兴趣,问题是,他的兴趣在别处。乾隆皇帝对于天气极为敏感,不是因为这会对他——或是他的母亲——的游览计划有影响,而是因为天气对于农事极为重要。当圣驾返程北上抵达长江,他在《闻京师得雨志喜》一诗中就回到了这一主题:

> 江南恒苦春雨多,
> 冀北恒苦春雨少。
> 苦少常年我惯经,
> 苦多今年始略晓。
> 江南冀北皆赤子,
> 目击耳闻究殊道。
> 麦将欲秀菜绽花,

———————————

① 《南巡盛典》卷 8,页 5a。
② 同前揭书,页 11b。

267

春雨正佳未致潦。

苦多即目已纾怀，

苦少驰望燕云表。

351　　置邮喜复接佳音，

一犁普偏令春早。

顷刻兼消两地愁，

况复溟濛烟景好。①

在这首诗中,乾隆皇帝对于自然环境——雨、草、云、花——的认识和描述,通过关心行政和政治的棱镜折射出来。从文治角度看,农事最为重要,巡幸只是收集每年农事活动重要信息的一种手段而已。当然,乾隆皇帝简要地表达他对于面前"烟景"的欣赏,但那只是他诗作的最后一句,是在他的行政忧虑,通过他个人对于江南适量雨水的观察以及得到喜人的早种报告从而内心宽慰**之后**。换言之,乾隆皇帝对于"为诗而诗"不感兴趣。他诗作的决意不加修饰以及**非抒情**的风格,是精心规制的,意在公之于众,即便是通过风景如画的江南核心地区时,他也一直关注政务,不仅是南方的而且是整个国家的。

在后来的南巡中,乾隆皇帝保持着勤政的公共形象。例如在直隶与山东交界的德州,在1757年第二次南巡中,他写了一首诗给山东的大小官员:

未敢深宫自宴居,

省方展义每厪予。

352　　接程移帐安犹便,②

择向开轩费则虚。③

---

① 同前揭书,卷11,页6b—7a。

② "展义"出自《左传》,"庄公二十七年:天子非展义不巡守,诸侯非民事不举"。见《汉语大词典》,上卷,页2165第3栏(第7条),也引了唐人皮日休的《忧赋》:"非有事于名山,即展义于群牧。"

③《南巡盛典》,卷14,页1a—b。

乾隆皇帝在 1757 年 3 月 20 日写给两江总督尹继善的一首诗中,继续强调道路艰难:"幕府山边开幕府……清跸宁求一己娱?"①接下来是更多的对寻求愉悦的否认,甚至当他在 1757 年又一次写杭州西湖十景之时亦然——第一首还是《苏堤春晓》:

> 重来民气幸新苏,
>
> 灾后犹然念厪吾。
>
> 此是春巡第一义,
>
> 游堤宁为玩西湖?②

1762 年第三次南巡写给江南官员的诗,可以作为乾隆皇帝相当程式化的驳斥闲暇游览并致力于勤勉和宽仁的最后一个例证:

> 别馆运河侧,
>
> 南巡此重经。
>
> 闲堪阅书史,③
>
> 乐不在池亭。
>
> 惟切盱宵志,
>
> 匪耽月露形。
>
> 申咨大小吏,
>
> 有惠莫屯停。④

353

考虑到篇幅(还有读者的耐心),这里就不再列举了,人们可以引述乾隆皇帝这种感受的更多表达。这样的诗作在乾隆皇帝众多的南巡诗中到处都是。

　　乾隆皇帝笔下流淌(没完没了)的这种大量的呆板诗作,不会令人惊

---

① 同前揭书,卷 15,页 2a。
② 同前揭书,卷 17,页 9a—b。
③ 正史中书名"书"与"史"专门用法背后的史书编纂原则,具有说服力的看法,见杨联陞《二十四史名称试解》。
④《南巡盛典》,卷 23,页 18a。

诧,乾隆皇帝毕竟有着意识形态的使命:反击任何对他是肆意挥霍和不负责任的君主的暗示。他将自己表现为勤政、仁慈和恪尽孝道的统治者,通过他的诗作为媒介达到目的,我们会看到任何巡幸中的君主都会如此。即便乾隆皇帝朝此方向的种种努力显得矫枉过正了(他也非常反对),我们也应认识到,这一表白的激烈程度,与江南在文化上被认可并推崇作为欢娱和惬意生活之地的程度相匹配。更重要的是,乾隆皇帝将汉族士人文化自身固有的张力转化为朝廷的有利条件。这一张力沿着18世纪中叶两种人,即推崇归隐山水的"私人"和富于表现力的当下抒情高于一切的人,与支持更加"公开"或是有着文化革新以及说教的诗歌社会使命的人之间的裂缝表现出来。清廷自然与后者为伍,在此过程中,贬损或至少是削弱了前者。最后要说的极重要的一点是,乾隆皇帝的南巡诗也包括明确的民族—王朝内容。

正统话语:马上"观民"

乾隆皇帝是以勤于政务而不是耽于游乐现身江南的,作为种种努力的一部分,他抓住了经典的"观民"准则。上面我们已见过这一词语,这
354 里我将从乾隆皇帝 1757 年第二次南巡诗里再多引用一些例证。1757 年3 月 20 日,一进入江南,乾隆皇帝就向该省地方官员讲:"国本重为民……省方为观民。"①后来,骑马经过常州府(位于苏州北面)时,乾隆皇帝再次设问:"南来缘观民,讵为赏烟景?"②接下来,在到达苏州后,他宣称:"南来两务重,视河及观民。"③最后,乾隆皇帝在到达杭州后,重复了同样的主张:"前岁灾鸿今稍安,观民不为事游观。"④很显然,在出巡途中,这些倾向于日益紧迫的"观民"任务的主张,与努力驳斥皇帝巡幸江

---

① 同前揭书,卷 15,页 1b。
② 同前揭书,卷 16,页 1b。
③ 同前揭书,页 26a。
④ 同前揭书,卷 17,页 5b。

南主要是为享乐的认识,紧密交织在一起。

在《晴》这首诗中,乾隆皇帝阐述(回顾性地提炼)自己对于"观民"的理解,这首诗作于 1780 年 4 月 25 日,是在第五次南巡回程的途中:

> 快雨复时晴,
> 润暄①欣适平。
> 行宫背北麓,
> 晓驾指南京②。
> 巡狩巡所守,
> 观民观我生。
> 幸逢诸事吉,
> 惟益懔持盈。③

与我们这里的讨论最相关的是第五句的一个长注,详述了相互联系的"观我"和"观民"的准则。乾隆皇帝自己指出,这一注释以朱熹④给《易经》"观九五之象"⑤的卦辞的一个注解为基础:"人君观己所行,不但一身之得失,又当观民之善否,以自省察。"这里的"观民",包括了三层意思,每个最终都会对统治者的行为有影响:(1)观民心赞同还是反对你;(2)观民风是有益还是有害;(3)观民生是有序还是混乱。⑥

朱熹对于"观民"的解释,与著名注疏家郑玄(127—200)⑦、孔颖达⑧

---

① 这里既是说春雨也是指圣恩。
② 今天的南京,当时称江宁。
③《钦定南巡盛典》,卷 18,页 9a—b。
④ 邓广铭等:《中国历史大辞典·宋史卷》,页 133;脱脱等:《宋史》,卷 429,页 12751—12770。
⑤ 对《易经》的更多介绍,见夏含夷《易经》。相关部分的英译,见卫礼贤译《易经》,页 8—85。卫礼贤评论说:"语调上的轻微变化赋予这一卦辞("观")的汉字两种意思。就所给的例子而言,它的意思既是思考又是被看见。……这一卦辞表明了这样的统治者:思考其上的天之道以及其下的民之道,并利用好的政府,为百姓树立崇高榜样。"(页 82。)
⑥《钦定南巡盛典》,卷 18,页 9b。乾隆皇帝在另一首诗《再题大观堂》也用了此经典说法,诗作于 1870 年返京过长江时。
⑦ 臧励龢:《中国人名大辞典》,页 1557 第 3—4 栏;范晔:《后汉书》,卷 35,页 1207—1216。
⑧ 杨志玖等:《中国历史大辞典·隋唐五代史卷》,页 148;刘昫等:《旧五代史》,卷 73,页 2601—2604;欧阳修、宋祁:《新唐书》,卷 198,页 5643—5645。

对于《易经》①、《诗经》②、《礼记》③注疏中经典的善政和仁政若合符节。我们应该将乾隆皇帝对于"观民"话语的使用,理解为文化安抚(或甚至"蓄意汉化"),他借此寻求确立自己成为经典及标准注疏中神圣政治原则的"儒家"卫道者地位。这种分析当然有道理。所有接受过经典教育的学者和官僚——不必考虑他们学术上或学说的不同(也就是宋学与汉学的对立)——都熟悉"观民"的准则,甚或在这一政治上受欢迎且文化上宽慰人的经典用语中,已找到了清统治的合法性。然而,尽管这种将南巡解释为一种文化的默认形式,不能说完全不准确,但这并不是问题的全部。

只关注清廷迎合汉族士人理想的这种分析,会妨碍我们全面地理解乾隆皇帝行动于其间的更广阔的政治文化的复杂性。……柯娇燕已证明,清政治文化包括但不仅限于汉人或"儒家"的王权观念。④ 更具体地说,乾隆皇帝是通过什么将民族—王朝的有效、开明领导权的要求扩展至文治领域,而无须放弃或"掩饰"一种明确的民族身份和差异的意识的? 认真分析乾隆皇帝是如何娴熟地将经典所认可的"观民"准则与他南巡诗中明确谈到骑在马背上交织在一起,为认识这一活跃的行进队伍提供了重要的切入点。

357

欧立德近来描述了骑射在乾隆初期到中期(1740 至 1760 年代),已转化成了满洲民族身份的一个重要标志。第四章也已详述了,乾隆皇帝将骑射作为精练表述的"满洲之道"(Manchu Way)的一部分,这个

---

① 孔颖达对于与巡狩有关的"观"的卦辞的注疏,以及"观我"和"观民"的观念,见《周义正义》,收录于阮元《十三经注疏》,卷 36,页 3。

② 郑玄、孔颖达关于古代"观民"和"巡狩"关系的注疏,见《毛诗正义》,收录于阮元《十三经注疏》,卷 264,页 588 第 3 栏。这一经典的原文,见鲁惟一《诗经》。

③ 郑玄的注,见《礼记正义》,收录于阮元《十三经注疏》,页 1609 第 3 栏。更多内容,见李斗《礼记》。

④ 柯娇燕:《中国皇权的多维性》;柯娇燕:《透镜:清帝国意识形态的历史与认同》,页 1—14、18—19、36—45、50、137、185、192、224—246。

词同时被认为显示并灌输了武力和更具一般意义的活力特性。[1] 巡幸活动深深地与这一意识形态目标捆绑在了一起。

需重申的是,在整个 1750 年代,乾隆皇帝日益关切满洲高级官员乘轿的趋势,视此是征服者精英懒散和堕落的标志。对此,他竭力以多种形式鼓励骑马。首先,他发布了一系列谕旨,明确禁止**满洲**官员乘轿。禁令的必然结果是,**所有满洲大员**,不论文武,都要骑马。[2] 第二,乾隆皇帝通过亲身在始于 1740 年代的多次巡幸中骑马,努力树立更为正面的榜样。在乾隆皇帝看来,巡幸——包括他的南巡——乃是**惯常做法**,满洲例外主义体现其中,并通过它得到了保证。质言之,通过将他的朝廷置于马背之上,乾隆皇帝掌握了表现、保留以及促进民族—王朝身份和美德的机会。

在巡幸中骑马,符合朝廷在意识形态上执着于民族—王朝统治原则,但也加剧了某些意识形态的紧张状况。汉族官员和精英都同意朝廷视骑马为军事实力象征的看法,然而,他们视武力和纪律乃官僚的为政之道(也就是仁政)理想的对立物。又回到第四章所讨论的,头两部正史——司马迁的《史记》和班固的《汉书》——将单纯以使用武力为基础的"马上治天下"的做法视为非正统的治理模式。乾隆皇帝十多岁在上书房读书时就已经学过这两部书,[3]他像大多数汉族精英一样,自然熟悉陆贾这一由来已久的认识表述:"居马上得之,宁可以马上治之乎?"对此的熟悉,使得乾隆皇帝将"马上治天下"从一个非正统军事统治的、受人蔑视的标志,转变为民族—王朝正统和权威的特别标志。[4] 因此,乾隆皇

358

---

① 欧立德:《满洲之道:八旗制度与帝制晚期中国的民族认同》,页 8、275—304。"'满洲之道'的表述,常常出现在清期对于古老满洲习俗和活动的讨论中……最典型的,它们包括射箭、骑马、能说满语、俭朴。尤其是在 18 世纪,涵化正对满洲人的生活方式产生了明显的影响,朝廷极力推动这一满洲之道,作为真正旗人应该拥有的一系列美德。"满洲人身份的历史变迁,见滕绍箴:《清代八旗子弟》,页 220—221、226—232;柯娇燕:《透镜:清帝国意识形态的历史与认同》,页 298—299、306—309。

②《大清高宗纯皇帝实录》,卷 356,页 6b—7a;卷 366,页 13b—14a;昭梿:《啸亭杂录》,页 339。

③ 康无为:《皇帝眼中的君主制:乾隆朝的想象与现实》,页 117、119、125。

④ 乾隆皇帝在《读史》的文章中讨论文治与武治的问题,见本书第四章。

帝通过他在出巡帝国时所写的诗作,实现这一意识形态的转型,人们对此就无可奇怪的了。

乾隆皇帝通过诗作推动"马上治天下"正统化,既在内地也在塞外推进了朝廷的民族—王朝特权。1754 年 9 月,乾隆皇帝在科尔沁境内狩猎,时值第一次平准之役,他得到消息,一群内亚的部落首领与大批追随者要臣服清廷,就立即下令军机处撰拟上谕,表示将为这些降附的首领及随从提供草场。为纪念此事,乾隆皇帝作《即事》诗一首,最后为:"因思陆贾有名言,马上之治却又可。"①结合 1750 年代的历史背景,当时清朝军队正在开疆拓土,远远超出了内地,那么,马上治天下的能力自然值得称颂,而陆贾的观点则不适用了。

对乾隆皇帝来说,更重要的是,重视能够做到马上治天下,超越了应对内亚草原的蒙古部落联盟这样的具体问题。在他看来,马上治天下,已促进了清朝征服中国内地并在征服之后继续为整个国家注入更具普遍意义的活力和纪律。到了 18 世纪中期,乾隆皇帝已将巡幸指定为马上治天下的一种精髓表现。

1753 年初,乾隆皇帝开始了短程出巡,拜谒已故父亲即雍正皇帝的陵寝。② 在返京途中,他写下了《自东岭取近跋马至行营》,这首诗值得多引:

高乃听见亦取高,
东岭鸟道分僧寮。
回看来路固平直,
纡盘要当十里辽。
策马博壁下艻险,
控鞍何必耽逍遥。

---

① 《清高宗(乾隆)御制诗文全集》,"御制诗二集",卷 51,页 14a。
② 雍正皇帝的陵寝是泰陵,位于北京西南约 100 公里(60 英里),在现在河北省易县。这一陵寝群被称为西陵。

细流往往出石激，

险崖强半冰未消。

马背上的活力和奋发感极其明显，这无须进一步解释。在这首诗接下来的部分，乾隆皇帝描述了骑马通过幽深且冰覆的山谷，到处都是茂密植被与浓雾。从深处山村传来的鸡犬嘈杂之声打破了这静谧的如画景色，促使乾隆皇帝想到山谷中许多以采煤和采石为生的居民。诗作的最后部分，在这一"观民"之后，乾隆皇帝最终抵达圣驾指定的宿营地：

行营卓午倏已至，

车徒落后舆僮嘲。

大吏前谢未修治，

待尔修治曷若稳驾轻舆遨？

马上得者未可马上守，

非马上守者又当毋忘马上劳。①

在这两首诗中（都作于1750年代初），我们可以觉察出一种隐晦然而却又是与众不同的意识形态运动。②《即事》诗，让人们想到了"马上治天下"的军事弦外之音。乾隆皇帝的确将他从事草原战争和部落外交的能力，归于他娴熟的马上治天下。对于草原各种情况的熟悉，构成了进行有效的惩罚性远征的基础，并可以用足以维持生计的草场，成功救助投诚部落。

《自东岭取近跋马至行营》意识形态上的含义比《即事》丰富，是意识形态的向外延展。马上治天下的价值，不再限于塞外的非汉族地区和人

────────

① 《清高宗（乾隆）御制诗文全集》，"御制诗二集"，卷39，页10a—b。（作者英译了这首诗并在下文对其中的诗句有所解释，翻译时后几句的断句是：待尔修治曷若稳？驾轻舆遨马上得者，未可马上守非马上守者，又当毋忘马上劳。——译者注）

② 这种"运动"不是一时的，而是为了表现主题，人们可以称之为地理—文化的。《即事》的写作（约1754年）要晚于《自东岭取近跋马至行营》（约1753年）。

口。乾隆皇帝认为,马上治天下的原则不仅适用于对内地的征服,而且也适用于对它的治理。乾隆皇帝将自己通过东岭整肃而英勇的骑行,与笨拙迟缓(以及可能更加官僚做派)的大批随从在组织与后勤上的一团糟,相提并论。换言之,乾隆皇帝将自己刻画为精力充沛的马上统治者,体现并最具民族——王朝的整肃和勤勉。他也传递出一个意义更为重大的问题:惯常于骑在马上通过崎岖不平地区,这一习俗,易使人不仅想到武力,而且也想到乾隆皇帝对于他的臣民——比如那些偏远山区村庄的居民——生计和苦难的更深思考。是以,乾隆皇帝将马上治天下的行动描绘成一种安全且仁慈的统治手段,因此,"当毋忘马上劳"。当然,这一最后的告诫也加进了民族的含义。乾隆皇帝相当尖锐地评论"未可马上守非马上守者"*,这一倨傲的语气和民族含义,汉族精英不会看不出来。乾隆皇帝写作《自东岭取近跋马至行营》,时值圣驾接近金朝第一位和第五位皇帝——金太祖(1115—1123 年在位)和金世宗(1161—1189 年在位)①——的陵墓,这不可能只是时间上的巧合,只能是进一步证实了后一观点。

乾隆皇帝继续将马上治天下的概念精心构制为他南巡期间一种正统、嵌入了民族意义的有效、仁治的模式。我们在前几页已看到,他利用了马上统治者的"驰驿"形象,既比喻了勤政也否认了游览。这仅是包罗更广的模式的一部分,事实上,乾隆皇帝南巡诗到处都是对于自己"策马""策骑""据鞍""乘马""按辔"的刻画,尤其是当他视察沿黄河②以及浙江海塘③的重要水利设施之时。马上皇帝的此种自我描述特别多,我们无法在这里详细分析,但有一点很重要,值得注意,这就是,不论是在陆

362

---

* 作者英译,此句的意思是:反对马上治天下者,恰是因为他们无能力马上治天下。——译者注

① 当然,满洲人将他们的先人上溯至建立金朝并在 1127—1234 年统治中国北方大部分的女真部落联盟。

②《南巡盛典》,卷 17,页 10a;卷 23,页 4b—5a。

③ 同前揭书,卷 17,页 19b—20a。

路还是经由大运河出巡，当通过省、府和县的治所，①游览如扬州、苏州、杭州等主要城市郊区的名胜时，②乾隆皇帝坚持骑在马上。他所陈述的理由是"马便于船，并百姓得以近光也"。③ 当然，这一论断极具争议。纯粹从后勤保障的角度看，乘船经由大运河在支出上远为经济且"便利"（就是说，身体少受颠簸之苦），话虽如此，"每至城市，多舍舟策马过之"，却是一明确的做法。更为重要的是，乾隆皇帝解释说："欲以观民，亦从民所愿也。"④甚至是在乾隆皇帝离开江南、通过山东段的运河返京之时，他也坚持这一强制性的骑马做法。1765 年，当船队接近东昌府治所时，乾隆皇帝创作了一首《策马过东昌府》，这首诗起句为："南邦逢郡邑，按 ^363^ 辔便民瞻。"乾隆皇帝对此有很长的注解：

> 南巡渡黄后，即循川途。御舟惟过郡县城郭，必遵路策马经行，既览闾阎景象兼便民瞻就。兹过东昌仿行之。⑤

这一严格规定，明确将骑马的做法和先前讨论的"观民"的正统话语联系了起来。在第六次即最后一次南巡中，乾隆皇帝坚持这一骑马规定。1784 年，73 岁的乾隆皇帝视察浙江沿海海塘时写道："春月来观海，古稀仍据鞍。"简短的诗注再次申明了长久存在的做法："每于城邑或乘马，便民就瞻也。"⑥

　　正如这最后的事例所解释的，乾隆皇帝坚持在南巡期间骑马，既非

---

① 例如，在（从北向南）淮安（同前揭书，卷 7，页 10；卷 15，页 9a）、高邮（同前揭书，卷 23，页 12a）、扬州（同前揭书，卷 7，页 15a；《钦定南巡盛典》，卷 16，页 20a—b）、镇江（《南巡盛典》，卷 7，页 23a；卷 23，页 25a—b；卷 31，页 30a；《钦定南巡盛典》，卷 16，页 20a—b）、常州（《南巡盛典》，卷 8，页 2a—b；卷 16，页 1a；卷 24，页 1a）、苏州（《南巡盛典》，卷 8，页 6b；卷 8，页 12b—13a；卷 24，页 5a；卷 27，页 6b；卷 34，页 2a—b；《钦定南巡盛典》，卷 16，页 31a—b，卷 21，页 8b—9a）、嘉兴（《南巡盛典》，卷 18，页 1a—b）、杭州（《南巡盛典》，卷 17，页 5a）。

② 例如，虎丘（《南巡盛典》，卷 24，页 16b—17a；卷 32，页 8b—9a）、华山（同前揭书，卷 16，页 10b—11a）、寒山（同前揭书，卷 8，页 6b，卷 27，页 2b—3a）、西湖（同前揭书，卷 10，页 5a；卷 17，页 16b；卷 33，页 28a）。

③ 《南巡盛典》，卷 15，页 17a。

④ 同前揭书，卷 23，页 19b。

⑤ 同前揭书，卷 35，页 19a。

⑥ 《钦定南巡盛典》，卷 22，页 3b。

源于行政也非源于后勤的需要,而是源自他强化民族—王朝意识形态的使命需要。在巡幸江南期间,乾隆皇帝将骑马的民族—王朝壮观场面正统化,作为视察水利设施和观民的一种手段,也就是说,作为一种在内地实现勤政和仁治的最佳工具。

结论

从上面的论证可以很清楚地看出,在巡幸江南期间,乾隆皇帝很显
364 然没有采取士人游客之态,反而是明确将他的南巡与为了个人愉悦的想法分离开来,甚至是当游览名胜时,也避免以抒情的方式赞扬它们。他是通过其他士人的诗画作为这一审美经历的媒介,将自己的诗作表达为对于有效、高效的行政任务以及仁政的关注。同时,他没有抛弃满洲人的身份以及强化民族—王朝意识形态的使命。在这方面,乾隆皇帝将自己表现为儒家的君主与满洲人的首领。他将历来遭贬斥的骑马壮观场面,转化为正当的观民手段。那么,正如乾隆皇帝的话语所设定的,江南万众所瞩目的,不是这一地区令人惊叹的景色或景点,而是由移动的朝廷与马上的统治者所体现出的民族—王朝例外主义。

因此,乾隆皇帝在南巡期间所创作的诗歌,就不简单是文化上的让步举动,他的民族身份借此得以隐藏,或者归纳为士人游客的身份甚或是儒家君主的身份。乾隆皇帝的诗歌创作应该解读为挪用和修正的行动。正是通过此种行动,满洲的民族—王朝统治被鼓吹为最适合和最有效的、在内地实现古老的勤政和仁治理想的手段。

乾隆皇帝南巡期间,骑于马背之上变成了美德、仁慈且显然是民族—王朝的理政象征。在江南马上理政,申张了军事与民事上的满洲美德和例外主义。这是新的意识形态领域,将满洲人特权延伸至江南——内地的经济和文化的绝对核心——的民事的行政与治理。这一意识形态转变,是假定(即**源于民族身份的**)汉族士人对于抒情幻想以及"图安逸"(第二章和第四章所探讨的)的倾向在逻辑上的推断结果,而这反过

来暗示了汉族对于自我治理的无能为力和行政效能的丧失。

欧立德写道:"这句古老的格言一定程度上是对的:即便说马上得天下而不是治天下是正确的话,那么满洲人,当他们下得马来,也从未远离 _365_ 他们的马,这也是正确的。"从乾隆皇帝在巡幸期间持续努力,以扩展民族—王朝特权来看,我们有充分的理由对欧立德的分析稍做补充:18 世纪中期,乾隆皇帝依然(极力地?)试图证明,帝国——包括中国内地——可以(并且是确实、必须)在马上赢得**并进行统治**,这样说可能更为准确。

我们已在前面几章简要地探讨了对于乾隆南巡的多种反应和认识(在汉族官员、地方精英以及民众中间)。在下一章,我们将更深入地探究民众的意识和看法,尤其是它们与 1780 年代乾隆最后两次南巡时间选定上的关系。更具体地说,我们将探讨乾隆皇帝对民族—王朝例外主义(美德、勤勉、仁慈)的自负——在乾隆最初的南巡中是如此小心翼翼、处心积虑构制——是如何最终被 1760 年代末和 1770 年代意外事件的发生以及民众谣言和道听途说的传布及坐实,证明是徒劳的。

第八章 大众认识与民族—王朝政治至上
(1765—1785)

乾隆皇帝六次南巡,分别是在 1751、1757、1762、1765、1780、1784
年。历史学家将这些巡幸一并考虑,很少关注各自的独特历史背景,
更不必说相伴随的意义、动机与微妙变化。在本书中,我尽量纠正这
一史学倾向,将乾隆南巡看作是对于经常无法预料的历史发展所做出
的有意义(嵌入了意识形态)**的回应**,而不是皇帝某种具体(非历史)的
通用人格象征。这是这一章的目的所在,特别要探讨乾隆皇帝的后两
次南巡。

乾隆 1765 年第四次和 1780 年第五次南巡的间隔时间出奇地长,现
代学者对于这一令人好奇的间隔鲜有发覆。为什么在 15 年之后,乾隆
皇帝突然决定在 1780 年代进行两次南巡呢? 我解决这个问题,是为了
揭示乾隆南巡的意识形态本质,并对乾隆后期进行历史的探讨。让我们
从南巡是出于行政需求的看法开始。只有在仔细分析了朝廷的官方记
载后,才能明显看出它作为历史理解框架的不充分性。接下来我们就可
以更充分地理解乾隆后两次南巡,它们**不是**为了水利的突发问题——这
是官方记载的观点,而是为了 1770 年代所发生的、严峻腐蚀乾隆朝廷政
治合法性的问题。

乾隆皇帝水利认识的再考察

　　乾隆皇帝对于解释南巡在时间上的很不固定,极有兴趣。1784年4月,在最后一次南巡期间,这位73岁的皇帝在《南巡记》这篇文章中,解释了他六次南巡为何跨越了近35年。在乾隆皇帝心中,所有的"大事"可以分为两类:"宜速莫迟者"与"宜迟莫速者"。成功的关键是认清宜速与宜迟,并采取相应行动:"于宜速而迟,必昧机以无成;于宜迟而速,必草就以不达能合其宜者。"①更准确地说,文武活动要求不同的决策节奏:"兵事宜速,河务宜迟。"②回顾即位以来的50年,乾隆皇帝除了说他"敬天明礼"外,举出了"二大事,一曰西师,一曰南巡",作为自己正确迟速观的证据。③尤其是"西师之事,所为宜速而莫迟者,幸赖天恩有成,二十余年疆宇安晏,兹不絮言"。"至夫南巡之事",乾隆皇帝写道,"则所为宜迟而莫速者",因为"南巡之事,莫大于河工"以及"河工关系民命",乾隆皇帝以特有的方式反问:"不慎可乎?"④当然是不可以的;因此他慢速而系统地巡幸江南,用了三十多年的时间。

　　南巡持续如此久长,乾隆皇帝的事后解释,说是为了认真处置水利问题。更为重要的是,南巡主要是为治水,乾隆皇帝大概想令我们相信就是这样。乾隆皇帝自己评估,他头两次南巡,治河成效不大,"辛未(1751)丁丑(1757)两度不过敕河臣慎守修防,无多指示"。这很显然是他自己的看法:"亦所谓迟也,至于壬午(1762)始有定清河口水志之谕。"⑤

　　这里乾隆皇帝并没有说出历史真相。我另有文章已证明了,1760年

---

① 《清高宗(乾隆)御制诗文全集》,"御制文二集",卷14,页9b。
② 乾隆皇帝这一看法第一次出现,不是在1784年4月于杭州写成的《南巡记》,而是一篇名为《迟速论》的文章中,此文是他同年6月返回京师之后写就。有关此文,见同上揭书,卷4,页4a—7a;董诰等:《皇清文颖续编》,卷首1,页15a—17a。
③ 见《南巡记》,《清高宗(乾隆)御制诗文全集》,"御制文二集",卷14,页9b—10a;《迟速论》,同前揭书,卷4,页4a。
④ 同前揭书,卷14,页10b、12b。
⑤ 同前揭书,页10b—11a。

代初对于黄河—大运河交汇处一些重要的水位调控标准程序的建立是此前数十年长久的研究和政策形成过程的最终体现。乾隆皇帝最早治水——包括他头四次南巡——在行政上和政治上的结果,已在别处进行了讨论,这里无需赘言。①

与当前讨论更密切相关的,是在 1776 和 1777 年成功开挖了陶庄引河,②在《南巡记》中,乾隆皇帝对这一工程的历史有详细说明:

369

> 向来清口每虑黄水倒漾。康熙己卯春,皇祖南巡,亲莅河干阅视形势,命于清口迤西,隔岸挑陶庄引河,导黄使北。因河臣董安国开放过早,旋复于淤垫。其后庚辰(1700 年)、辛巳(1701 年)、壬辰(1712 年)、甲午(1714 年)以及雍正庚戌(1730 年),历命大臣会同河臣筹堪挑办,功迄未就。(α)嗣以黄水倒灌,舍开陶庄引河更无善策。乾隆丙申(1776 年)春,谕河臣萨载详悉履勘绘图贴说,往返指示。(β)即于是年秋兴工,至于丁酉(1777 年)仲春蒇事。开放新河,大溜畅达,既免黄流倒漾之虞,更收清水刷沙之益。③

复杂的技术细节置而不论,这里有两点值得强调。第一,乾隆皇帝对于这一庞大工程此前种种努力的简单依年份记述(见 α 以上部分)不尽准确。相当有力的证据是,他没有提到,最后一次未能成功在陶庄开挖引

370 河,正是他在位期间的 1742 年。④ 第二,也是更为重要的,新引河在

---

① 张勉治:《洞察乾隆:帝王的实践精神、南巡和治水政治(1736—1765)》,页 67—98。

② 陶庄村位于黄河北岸,就在黄河与大运河交汇处的清口的上游。清口是整个黄河—大运河水利体系的中心,保证此处安澜是黄河治理机构得以存在的根本理由。治理黄河—大运河体系的水利原则,见张勉治《洞察乾隆:帝王的实践精神、南巡和治水政治(1736—1765)》,页 56—62。

③《清高宗(乾隆)御制诗文全集》,"御制文二集",卷 14,页 11a。

④ 1741 年末,应南河河道总督高斌的请求,乾隆皇帝下令在陶庄开挖引河。季节性的高水位令工程暂停,而高斌调任直隶总督又使工程延期。继任者完颜伟(卒于 1748 年),不相信在陶庄开挖引河会引(也就是"拖")黄河干流北上;他赞成沿陶庄对面的南岸建设"木龙",从而引黄河水北流(《清史稿》,卷 126,页 3726—3727)。随后的方案制定无果,1742 年 10 月陶庄引河工程被来自上游石林口的大洪水淹没。结果,完颜伟使用"木龙"结构的提议最终占了上风(张勉治:《洞察乾隆:帝王的实践精神、南巡和治水政治(1736—1765)》,页 73—78)。

1776 年末和 1777 年初开挖时,乾隆皇帝从未亲临视察工地,他只是与萨载密切商议(见 β 以上内容),萨载是满洲旗人,最终于 1779 至 1786 年出任极重要的两江总督。[1] 如果不是乾隆皇帝不仅在《南巡记》,而且也在《钦定南巡盛典》[2]中鼓吹陶庄引河成功完成的话,他对于当地心腹官员的依赖(不同于他亲自在现场指挥工程)本是不值得注意的。质言之,尽管乾隆皇帝明确地声称陶庄引河工程是他南巡的一部分,但严格说起来并不是这样。

所有这一切就产生了一个问题:为什么陶庄引河在 1776 年和 1777 年开挖时,乾隆皇帝没有进行他的第五次南巡? 乾隆皇帝成功完成这一巨大工程,毕竟标志着康熙和雍正皇帝反复(且是未成功)努力实施的方案的实现。陶庄引河不仅对于有效治河,而且对于著名的皇帝孝道和"法祖"的原则来说,都是绝好的纪念物。乾隆皇帝这样一位非凡、卓越的君主,肯定意识到了这样的象征意义。[3] 那么,他为什么要放弃这样一个进一步自我扩张的绝好机会呢?

乾隆皇帝没有能够在 1776 年末或 1777 年初开始他的第五次南巡,一个很显然的原因在于他的母亲——皇太后。我在别处已指出,乾隆1765 年第四次南巡与 18 世纪前数十年所未曾见到的黄河大运河水利体系一定程度的安澜同时发生。[4] 当圣驾 1765 年 5 月从徐州北上,乾隆皇帝创作了一首《渡黄河述事》诗,其中,出于对皇太后高龄的孝心考虑,他誓言以后不再巡幸江南。[5] 由于最近乾隆皇帝在治水上取得了伟大的成就,他可能真的相信,不再需要进行南巡,至少是在他年迈母亲的有生之年。然而,这一解释的背后,是一个假设,即南巡只是行政活动,但它们显然不是。总之,**纵使乾隆皇帝突然感到有必要在 1770 年代中期重返**

371

---

① 萨载与两江总督一职,见《清史稿》,卷 325,页 10864—10868。
②《钦定南巡盛典》,卷 24,页 24a—29a;卷 36,页 11a—18a。
③ 康无为:《皇帝眼中的君主制:乾隆朝的想象与现实》,页 44—45。
④ 张勉治:《洞察乾隆:帝王的实践精神、南巡和治水政治(1736—1765)》,页 98。
⑤《钦定南巡盛典》,卷 14,页 20b—21a。

江南——为了行政的或是政治的收益,他也发现自己被拖入了意识形态的窘境。

从乾隆皇帝1765年公开誓言不重返江南来看,第五次南巡的一个基本**前提**是皇太后的去世。然而,1777年6月皇太后辞世,[1]这并没有对乾隆第五次南巡特定时间的选择有太多揭示。当然,乾隆皇帝在礼仪上需要遵循服丧三年(实际上是27个月)的汉人标准,这可以解释,为什么他要等到1778年末——一年以上的时间——才宣布他定在1780年初进行第五次南巡。然而服丧期的规定具有相当的灵活性,总是可以解释、操作的。事实上,乾隆皇帝在百日内穿孝服、不剃头,乃皇太后要求他遵循满人的丧仪。[2] 鉴于这一被缩短的服表期以及出巡通常需要一两年的准备时间,因此,如果乾隆皇帝愿意,他很容易宣布(在1777年末)计划在1779年第五次南巡,但他并没有这样做。原因何在?

乾隆皇帝在母亲去世后,这么快就宣布第五次南巡,可能(或只是看起来显得)太早,不合乎礼仪。此外,不再能够恭奉皇太后作为一种意识形态的资源,乾隆皇帝要重返江南,就缺少足够令人信服的行政上的理由。江南地区水利基础设施不再危机频现,1760和1770年代上报的洪水数量日益下降就是明证。[3] 而且,陶庄引河在1777年春天——就在皇太后去世前数月——已经完工。1777年末,乾隆皇帝本可以很容易援引需要视察这一新近完工的工程,作为1779年春天第五次南巡行政上的借口。但他并没有这样做,这说明在1777年末,乾隆皇帝还没有南巡的愿望。

这最后一点显得比较有说服力,因为就在一年以后即1778年末,乾隆皇帝再一次提出紧急的治水问题,作为他计划第五次南巡的主要理由。乾隆皇帝不再提黄河—大运河体系的水利突发事件,取而代之的是利用沿杭州湾的海塘大规模整修作为他后两次南巡的主要(并且从政治

---

① 刘咏聪编:《中国妇女传记辞典·清代》,页353—354。

② 《大清高宗纯皇帝实录》,卷1081,页3b—5a;刘咏聪编:《中国妇女传记辞典·清代》,页353。

③ 张勉治:《洞察乾隆:帝王的实践精神、南巡和治水政治(1736—1765)》,页68表1。

上说是保险的)理由。① 1780 年,乾隆皇帝一进入浙江就写道:"来巡要务此疆切,正在海塘固永谋。"②四年以后的 1784 年,他在《南巡记》中颂扬这一目标所取得的成就:

> 庚子(1780)遂有改筑浙江石塘之工,(原注:浙江海塘自戴家桥迤西皆柴塘,不足资巩护。庚子南巡,亲临阅视,因饬该督抚于老盐仓一带改建鱼鳞石塘,仍谕令存留旧有柴塘,以为重门保障。辛丑[1781]、壬寅[1782]等年陆续采办石料,勘估建筑。至癸卯[1783]八月该督抚富勒浑、福崧等奏报石塘三千九百四十丈全行告竣。)今甲辰(1784)更有接筑浙江石塘之谕。(原注:浙江海塘老盐仓一带,鱼鳞石塘虽已全竣,而章家庵以西惟藉范公塘土堤一道卫护,形势单薄,不足以资捍御。因先期传谕该督抚详晰筹画,采石鸠工。兹甲辰南巡亲临指示,不惜百余万帑金,降旨一律接筑石塘,俾滨海黔黎永资乐利。)③

和对于陶庄引河的历史看法很相似,他的记述又一次别出机杼。差不多二十年前,在 1762 年第三次南巡期间,乾隆皇帝已提倡(接着很快就放弃)对浙江海塘做彻底整修,而这一点当他在 1784 年写《南巡记》时,又适时地忽略了。事实上,乾隆皇帝 1762 年提议重修浙江海塘,如同他早在 1742 年开挖陶庄引河的努力一样,在行政上和政治上都是败笔。④ 对乾隆皇帝来说,《南巡记》提到这些被中止的动议,将会玷污他作为智慧之源与完美楷模的公众形象。

_____

① 《清高宗(乾隆)御制诗文全集》,"御制文二集",卷 14,页 11a—b。浙江海塘背后的水利机制与原则,以及 18 世纪海塘作为政策问题再度出现,见张勉治《马背上的朝廷:建构满人的民族—王朝统治(1751—1784)》,博士学位论文,页 333—347、357—358、373—383。围绕着杭州湾海潮侵蚀,对于广泛的生态、地理、水利、经济、行政以及政治问题的长期认识,见斯波义信《环境与治水:从中唐至清朝的南杭州湾》;伊懋可、苏宁浒《公元 1000 年以来黄河对杭州湾的影响》;伊懋可《大象的退却:一部中国环境史》,页 141—161。
② 《钦定南巡盛典》,卷 17,页 1a。
③ 《清高宗(乾隆)御制诗文全集》,"御制文二集",卷 14,页 11a—b。
④ 张勉治《马背上的朝廷:建构满人的民族—王朝统治(1751—1784)》,博士学位论文,页 373—387。

那么,仔细阅读乾隆皇帝的《南巡记》,会感觉到存在大量隐匿不语以及抵制令人不快的历史事实的情况。然而,乾隆皇帝在 1742 和 1762 年整修江南水利设施关键部分的努力的失败,很容易被掩饰,自然决不会阻止乾隆皇帝在南巡期间展现他亲自解决水利工程的关键问题。它们也不能阻止他高擎治水的旗帜,作为后两次南巡的主要理由。

当然,乾隆皇帝利用治水作为 1750 和 1760 年代头四次南巡行政上的理由,是比较可信的。这一地区关键地点的水利设施——主要是 1740 和 1750 年代的黄河—大运河体系,以及 1760 年代的浙江海塘——的确亟需关注。然而到 1770 年代末,乾隆皇帝利用杭州湾的海塘作为他后两次南巡的理由显得没有什么意义,这含有政治投机意味。

对此要依次做些澄清工作。下面的看法绝不是忽视、否认甚至降低乾隆皇帝在南巡期间治水方面的行政努力和成就。我的目的,是阐释清楚常被吹捧的乾隆皇帝在"行政效率"上的种种努力,与他未说出但同样真实的"政治意指"间的区别。只有这样,我们才可能超越居于主导地位(乾隆皇帝)的乃完全行政实践的南巡叙述,从而可以进一步探求乾隆皇帝决定在 1780 年代重返江南背后的更具决定性的政治考量。

诚然,在乾隆后两次南巡期间,浙江海塘有了实实在在的改善(确切说是改为了石塘),正如乾隆皇帝自己在《南巡记》中足堪自豪所宣称的那样。然而,承认这一不容否认的事实,并不能引入关键性问题:将木塘改为石塘真的需要皇帝亲临现场并监督吗?

从历史上看,治水的行政需求与巡幸的必要性之间的因果联系,充其量也是很薄弱的。例如,康熙、雍正、乾隆皇帝在 1720、1730 和 1740 年代积极地进行浙江海塘的扩建和加固,但没有视察过一次。[1] 再者,陶

---

[1] 直到康熙末年,大员们才对浙江海塘有了一个全面的治理方法。雍正皇帝将浙江海塘转变为行政上的重要的优先考虑对象,1724 到 1727 年间,他扩建与加固了沿杭州湾北岸的海塘,接着在 1733 到 1735 年间发起建造了塔山防波堤。乾隆皇帝即位后,承续乃父的做法,于 1737 年开始一项全面的扩张和改进海塘基础设施的计划。详见张勉治《马背上的朝廷:建构满人的民族—王朝统治(1751—1784)》,博士学位论文,页 339—347、357—358。

庄引河——一项重大且极复杂的水利工程——在 1770 年代成功完成，375
而乾隆皇帝在 1765 年到 1780 年也没有进行南巡。① 所有这些都有力地
表明，乾隆皇帝提出 1780 年代全面整修浙江海塘——像 1776—1777 年
陶庄引河开工一样——本可以通过派代表有效地实现。如是，就排除了
乾隆皇帝必须进行后两次南巡。

　　除此之外，浙江海塘并不是特别重要，在乾隆皇帝 1765 年第四次南
巡和 1780 年第五次南巡很长的间期，它实际上不再是政治的主要关注
点，萧一山等历史学家多少有理由质疑乾隆皇帝后两次南巡公开表述的
理由，即实地监督浙江海塘工程的改造。② 尽管未曾在《南巡记》中提到，
事实上，1762 年后乾隆皇帝已放弃了将沿浙江海岸的海塘从竹笼和木桩
全部改造为统一标准、更为坚固的"鱼鳞"石塘。③ 那么，为什么乾隆皇帝 376
突然恢复这一计划，作为他 1780 和 1784 年南巡的一个理由呢？这个质
疑就是要指出，用纯粹的行政合理化理由来解释乾隆南巡是不充分的。

政治至上(1770 年代)

　　为什么乾隆皇帝一心要在 1780 年代又进行两次南巡？一个人们常征
引但多少有些肤浅的答案是：乾隆皇帝好大喜功，期望能与乃祖康熙皇帝
的六次南巡相比肩。然而，这种求助于皇帝的"人格"或是"性格"(埃利亚
斯的用词是 homo clausus)的解释，从哲学上讲是贫乏的，从历史上看是可

① 在这 15 年间(1765—1780)，乾隆皇帝频繁到京师附近巡幸(当然时间上都很短暂)，比如清
　　帝陵寝(东陵和西陵)、南苑、盘山。他也继续每年到热河避暑山庄和木兰围场。除了这些每
　　年都有的塞外出行(常常持续两三个月)，乾隆皇帝很少有长距离也就是持续两星期以上的
　　巡幸。长时间的巡幸，具体地说，是 1771 年前往山东，1778 年前去盛京。见张勉治《马背上
　　的朝廷：建构满人的民族—王朝统治(1751—1784)》，博士学位论文，附录 B，页 535—537。
② 萧一山：《清代通史》，第 2 册，页 73。与黄河—大运河体系相比，这一海塘新方案技术难度
　　小，但开支更大。钱塘江海塘技术的问题，见李约瑟《中国科学技术史》，第 4 卷，第 3 部分，页
　　320—323。康熙、雍正、乾隆朝海塘建设支出的比较研究，见徐凯、商全《乾隆南巡与治河》，
　　页 108，表 2。
③ 乾隆皇帝在 1762 年首次实施这一计划，见张勉治《马背上的朝廷：建构满人的民族—王朝统
　　治(1751—1784)》，页 373—383。《钦定南巡盛典》中没有包括 1765—1780 年的海塘资料。

疑的。① 更具说服力和更令人满意,也就是更注重历史的解释,要求更加关注两者间复杂的互动关系:一方面是意识形态和制度要求必行之事,另一方面是特别事件的发生,尤其是在关键的 1770 年代这十年。

人们一般都认为,乾隆朝后期(1765—1795),尤其是 1770 年代,是清朝历史的转折点。② 在当时以及后来的历史学家眼中,满洲旗人、侍卫和珅(1750—1799)集那个时代所有错误于一身,③1775 年之后和珅的迅速飞黄腾达,一直被视作乾隆君权(甚至是正式权力)式微的一个标志。

1775 年,乾隆皇帝注意到了 25 岁的和珅,当时他是宫廷侍卫。接下来他迅速擢升,进入朝廷官僚的最高层。在短短五年时间内,即在 1775—1780 年,和珅从相对低微的侍卫跃至同时兼任以下多种职任:满洲镶蓝旗副都统、户部侍郎、军机处行走、内务府总管大臣、九门提督。④到 1786 年,年仅 36 岁的和珅已成为大学士,掌握着关键的军事和财政大权。他牢牢地把持权力并身受皇帝恩宠,营建了一个赞助网络,伸向各省官僚的关键性位置。这为他带来了超乎人们想象的个人财富,也在老一辈、经历丰富的学者和官员诸如章学诚(1738—1801)和军机大臣阿桂(1717—1797)中播下了愤恨,他们两人年长和珅二三十岁。⑤

和珅的擢升,与乾隆皇帝和他这位宠臣的癖好相投有关。然而,这也与更大的结构和制度性问题纠结在一起。⑥ 在和珅登上舞台之前,不稳定的景象已很显然。1768 年这一年尤其困难,出现了大量贿赂、癫

---

① 梅内尔、古德斯布洛姆编:《诺贝特·埃利亚斯论文明、权力与知识》,页 3—4、33—36、269—290。

② 王戎笙等:《清代全史》,第 4 卷,页 126—140、184—240。

③ 和珅,见恒慕义编《清代名人传略》,页 288—290;冯佐哲:《和珅评传》;李景屏、康国昌:《乾隆、和珅与刘墉》。

④ 李景屏、康国昌:《乾隆、和珅与刘墉》,页 94。

⑤ 伍思德:《乾隆朝》,页 302;倪德卫:《和珅和他的控告者:十八世纪的意识形态与政治行为》。

⑥ 对乾隆皇帝提拔和珅使他大权在握的原因较少道德说教式的解释,见李景屏、康国昌《乾隆、和珅与刘墉》,页 89—90。和珅的特别赞助与整个官僚机构的腐败盛行间的结构性关系,见郭成康《18 世纪的中国政治》,页 412—460;曼素恩、孔飞力:《王朝衰落与反叛根源》,页 115—119。

狂事件,军事上也接连失利。1768 年盐引贪污案是这一世纪最大的案件之一,数目巨大,牵涉许多高官。① 这一案件——这里我们无须关注其细节——只是证实了乾隆皇帝对于扬州最富有商人及他心腹旗人官员间的腐败以及相互勾结的怀疑,而这些旗人官员在乾隆皇帝的私人官僚体系中担任关键的家产制代理人(见第五章)。在同一年,江南等省份都陷入歇斯底里和骚乱即"1768 年中国巫术大恐慌"之中,孔飞力对此已做了翔实记述。② 最后,1767 和 1768 年,在缅甸边境,清朝军队遇到一系列意想不到的失败,这场军事冲突很快就演变为全面的惨败。③ 早在 1768 年春,乾隆皇帝就承认他已在缅甸的泥淖中犯了错。伍思德认为,这一边境战争是乾隆皇帝"十全武功"中"损失最为惨重的",这导致了"人们抱怨皇帝穷兵黩武……甚至是他作为执政者的能力"。④

在失去两位将领与满大臣明瑞⑤以及他们所指挥的军队后,乾隆皇帝派忠于自己的满人阿桂前往前线。当阿桂的军队在 1768 年末裹足不前,乾隆皇帝派遣他最信任的满人心腹,他的内弟、身为公爵的傅恒,⑥从失败的境地中所争取的不是胜利,只是僵局罢了。⑦ 傅恒从这一注定没有好结果的第四次缅甸之役中挺了过来,但却不幸在前线染病,最后应命在 1769 年 12 月班师回京。他在 1770 年的过早辞世,遗留下了相当大的权力空间,只能是加剧了清朝的民族—王朝领导层的代际危机。

1764 到 1779 年的 15 年间,乾隆朝廷坚定的追随者——他们大多数

378

---

① 详见《大清高宗纯皇帝实录》,卷 812,页 13a;卷 813,页 20a;陈捷先:《乾隆肃贪研究》,页 199—200。
② 孔飞力:《叫魂:1768 年妖术大恐慌》。
③ 庄吉发:《清高宗十全武功研究》,页 269—339;戴莹琮:《被遮掩的失败:清朝对缅之役》。
④ 伍思德:《乾隆朝》,页 264—265。
⑤ 恒慕义编:《清代名人传略》,页 578—579。
⑥ 同前揭书,页 252—253。
⑦ 庄吉发:《清高宗十全武功研究》,页 306—314。

是旗人和包衣——相继辞世。① 乾隆皇帝努力解决年老护卫者撒手而去
379 的问题,这构成了和珅异军突起的背景。② 更准确地说,和珅不断爬升,
大权在握,地位显赫,是乾隆皇帝(最终不成功)尽力支持并使他的处于
人世代谢阵痛之中的家产制组织(也就是他私人网络中身为皇家代理人
的依附者)恢复新生的结果。

同时,第二次金川之役(1771—1776)给清朝带来了更多的政治和财
政困难。这一冲突延宕了六个年头,国库财富急剧减少。③ 1770 年代白
莲教的进一步传播④只是证实并加重了国家和社会内部普遍的四分五裂
感,这在近来被描述为"统治者和被统治者间关系的崩溃"。⑤

乾隆皇帝肯定意识到了这种种问题,对此,他着意强调积极的方面。
1776 年,他自豪地将开挖陶庄引河作为一项值得夸耀、显示皇帝仁慈的活动:

> 凡有关民间利病及捍卫保障之事,从不稍为靳费,况此项引河
> (位于陶庄)为黄河紧要关键,若果能开放深通,使黄流不致停淤,清
> 水得以畅出(从洪泽湖),实为最善之举,即多用帑金,亦所不惜。

同时,乾隆皇帝又为第二次金川之役的巨额开支辩护:

380

> 国家筹办要务,若行之有益,纵数逾巨亿,亦不为多。若为而无
> 成,虽费仅千余,亦属虚掷。即如近日征剿两金川,用至六七千万,

---

① 这一群体的重要成员包括兆惠(卒于 1764 年)、来保(卒于 1764 年)、明瑞(卒于 1768 年)、方
观承(卒于 1768 年)、傅恒(卒于 1770 年)、阿里衮(卒于 1770 年)、尹继善(卒于 1771 年)、刘
统勋(卒于 1773 年)、舒赫德(卒于 1777 年)、高晋(卒于 1779 年)。怀念这些人的御制诗,见
《清高宗(乾隆)御制诗文全集》,"御制诗四集",卷 58,页 11b—28a;卷 59,页 11a—23a。
② 李景屏、康国昌:《乾隆、和珅与刘墉》,页 90。
③ 第二次金川之役支出的总估数是令人吃惊的 6 270 万两白银,几乎相当于 1774 年户部银库
白银的数额(7 390 万两)。第二次金川之役及估算的支出,见王戎笙等《清代全史》,第 4 卷,
页 341—355;庄吉发:《清高宗十全武功研究》,页 158—167、494;赖福顺:《乾隆重要战争之军
需研究》,页 426。户部银库白银总数,见附录 B,表 B1。
④ 王戎笙等:《清代全史》,第 4 卷,页 218—225;韩书瑞、罗友枝:《十八世纪的中国社会》,页
136—137。王伦叛乱,见韩书瑞《山东叛乱:1774 年王伦起义》。白莲教起义(1795—1805),
见王戎笙等《清代全史》,第 6 卷,页 235—255;曼素恩、孔飞力:《王朝衰落与反叛根源》,页
136—144。
⑤ 伍思德:《乾隆朝》,页 293。

而大功既成,足为一劳永逸之计,不得谓之糜费,此其明效大验也。[1]
1770年代普遍存在的隐忧,构成了乾隆皇帝采取宽宏大量的态度以及决定在1780年重启南巡的更广阔的历史背景。然而,乾隆皇帝在1780年代的最后两次南巡,既不是由于水利危机,也不是由于财政危机,而是(更确切地说)由1760年代中期至1770年代末对于民族—王朝令人吃惊的侵蚀所决定的。

对民族—王朝合法性的侵蚀(1765—1778)

1760和1770年代,越来越多的帝国臣民认识到,乾隆皇帝各种各样民族—王朝美德的表白,只不过是意识形态的自负罢了。尤其是围绕着乌喇纳拉皇后(1718—1766)[2]的宫廷纷扰局面,揭穿了乾隆皇帝在1750和1760年代他头四次南巡中的虚伪说法:他明确、反复说,不是为了享受,而是为了追求孝道、勤政、仁慈的美德。[3] 在这方面,乌喇纳拉皇后的个案可以揭示如下问题,即为什么在间隔十年之后,乾隆皇帝在1780年代开始他的后两次南巡。

乌喇纳拉皇后的地位上升与亡故

乌喇纳拉皇后是满洲正黄旗人,佐领那尔布之女。1737年她20岁时入宫,封娴妃,很快得到乾隆皇帝母亲的赏识,1745年晋升娴贵妃。[4] *381*
当孝贤纯皇后富察氏(1712—1748)[5]在1748年第一次东巡山东路途上因疟疾引起发烧不幸去世,乾隆皇帝的母亲——孝圣宪皇后——选择娴

---

[1] 《钦定南巡盛典》,卷44,页24a—24b。
[2] 刘咏聪编:《中国妇女传记辞典·清代》,页356—358;《清史稿》,卷214,页8920。
[3] 下面的记述,主要依据刘咏聪编《中国妇女传记辞典·清代》,页356—358;郭成康《乾隆大帝》,页739—763。
[4] 清宫廷女人间(太后、皇后、妃嫔)的权力机制,见王佩环《清宫后妃》、罗友枝《清皇室婚姻与统治权问题》。
[5] 刘咏聪编:《中国妇女传记辞典·清代》,页354—355;《清史稿》,卷214,页8916。

贵妃主持宫中事务。① 然而,乾隆皇帝依然沉浸在失去富察氏的悲痛中,不愿意立乌喇纳拉氏为第二任皇后,但他也难违母亲的意愿,作为折中,他立乌喇纳拉氏为皇贵妃。② 两年后的 1750 年,在母亲和高级官员不断施压下,乾隆皇帝最终册封乌喇纳拉氏为皇后。

乾隆皇帝和新皇后的婚姻生活动荡不宁,部分由于乾隆皇帝对第一任皇后感情深厚(他们一起长大),也因为乌喇纳拉氏有主见,个性强。③ 郭成康认为,乾隆皇帝和乌喇纳拉氏享受了五六年相对幸福的时光。但从 1755 年前后开始两人的关系变得紧张起来,乾隆皇帝移情别处,乌喇纳拉氏对丈夫的冷漠越发不满(这是完全可以理解的),在内宫也日益与人隔绝。④ 1765 年第四次南巡时,矛盾终于爆发。

382 乌喇纳拉皇后陪乾隆皇帝多次出巡,包括最早的几次南巡,因此她出现在 1765 年皇帝扈从队伍中,实属正常。⑤ 第四次南巡开始的阶段也十分正常。当经由山东省时,如同前三次南巡所做的一样,乾隆皇帝避免停留并进入济南城。他在《四依皇祖过济南韵》一诗中解释缘由:

> 四度南巡不入城,
> 恐防一日不悲生。
> 春三月昔分偏剧,
> 十七年过恨未平。⑥

济南城是乾隆皇帝的第一任皇后——孝贤纯皇后得病并最终去世的地方。十七年过去了,很显然,或至少是在众人面前,乾隆皇帝依然未从这

---

① 孝贤纯皇后之死及服制的论争,见戴逸《乾隆帝及其时代》,页 154—167;柯启玄:《孝贤皇后之死:官僚的背叛与十八世纪中国统治的危机》。刘咏聪编《中国妇女传记辞典·清代》中孝贤皇后的传记作者于善浦,错误地认为孝贤纯皇后在 1748 年于山东"溺水而亡"。

② 仅次于皇后的等级。

③ 乾隆皇帝 1727 年迎娶孝富察氏,当时还是皇子,在接下来的二十年间,他与年轻的富察氏情投意合,直至 1748 年皇后去世。

④ 郭成康:《乾隆大帝》,页 742—743。从 1750 年开始,乾隆皇帝宠爱令妃魏佳氏,魏佳氏入宫很晚。在接下来的十年里,她生下了未来的嘉庆皇帝,并升至皇贵妃。

⑤ 王佩环:《清宫后妃》,页 265。

⑥《南巡盛典》,卷 30,页 5b。

一突然离别的震惊和哀伤中恢复。对于我们的研究更为重要的是,他的人性情感表达可能加速了他与皇后乌喇纳拉氏已有的紧张关系,这造成了后来意料不到的变故。

1765 年 3 月 27 日,皇帝一行抵达杭州。11 天后的 4 月 7 日,乾隆皇帝突然下令额驸福隆安(1743—1784)以超出规定的速度扈送乌喇纳拉皇后提前返京。[1] 这极不寻常,在整个帝国掀起了轩然大波——下面将作详细介绍。两个月后,皇帝一行于 1765 年 6 月初返回北京,乾隆皇帝公开了他罢黜第二任皇后的意愿。然而,大臣们强烈反对,迫使他罢手,至少当时是这样。[2] 同时,乾隆皇帝秘密取消了给予皇后的所有赏赐,减少了她的服侍人员。他实际上取消了乌喇纳拉氏大部分的宫中特权,尽管为了门面,保留了她的正式名号。

一年多后的 1766 年 8 月 19 日,乌喇纳拉氏突然亡故,时年 49 岁,还算年轻,六天之前离开京师的乾隆皇帝闻知了消息,决定继续进行每年的木兰秋狝,没有依据礼仪规定,返回京师。[3] 乾隆皇帝同意他第二任去世的皇后"存其名号,已为格外优容";乾隆皇帝不让她完全依皇后的规格下葬,这最终表明了他的不悦。[4] 乾隆皇帝固持并成功地降低了乌喇

①《乾隆朝上谕档》,第 4 册,页 614,文件第 1783 号。在 1765 年 4 月 17 日的上谕中,乾隆皇帝关注的是皇后回京的后勤安排,强调时间是根本。这一上谕很显然是专门下发各省官员的,如直隶总督方观承,他在 5 天前(1765 年 4 月 12 日)上奏,他辖区的营盘与重要地段还没有准备妥当以迎接皇后一行(《宫中档乾隆朝奏折》,第 24 辑,页 236—237,乾隆三十年闰二月二十三日,直隶总督方观承)。

② 1765 以觉罗阿永阿为首的一群京官强烈反对乾隆皇帝罢黜乌喇纳拉皇后。阿永阿系笔帖式出身,1765 年时已是刑部侍郎。其他有名的官员包括陈宏谋,时任大学士兼刑部尚书。18 世纪的著名史家昭梿记述说,"纯皇帝大怒:'阿某宗亲近臣,乃敢蹈汉人恶习,以博一己之名耶?'"这里乾隆皇帝很显然将民族和政治效忠混同在一起了。见昭梿《啸亭杂录》,卷 7,页 188。最终,觉罗永阿因狂妄被撤职。同时,钱汝诚称病请求休致回籍,这极可能是他卷入了这场争论,见郭成康《乾隆大帝》,页 747。

③ 乾隆皇帝是在抵达承德的 1766 年 8 月 20 日得知了乌喇纳拉皇后的死讯。

④ 乾隆皇帝令乌喇纳拉皇后以皇贵妃典仪下葬。然而,他令内务府而不是礼部负责此事(《大清高宗纯皇帝实录》,卷 764,页 18a)。这一不依规定的举动让人怀疑皇后之死的真相(郭成康:《乾隆大帝》,页 747—748)。

384 纳拉氏的丧仪规格,这只能在朝廷激起更大的争议。① 他在 1766 年 8 月 20 日的上谕中为自己的行为辩护:

> 皇后自册立以来,尚无失德。去年春,朕恭奉皇太后巡幸江浙。正承欢洽庆之时,皇后性忽改常,于皇太后前不能恪尽孝道。比至杭州,则举动尤乖正理,迹类疯迷,因令先程回京,在宫调摄。经今一载余,病势日剧,遂尔奄逝。此实皇后福分浅薄,不能仰承圣母慈眷,长受朕恩礼所致。②

乌喇纳拉皇后"性忽改常"并最终失宠,乾隆皇帝的这一解释,实际上是婉转的说法,意在堵住公众之口。正因如此,为人们留下了想象的空间。从乾隆皇帝遣送乌喇纳拉氏回京之时起,就有了许多到底发生了什么以及为什么的猜测。③

谣言、传闻及民众对于乌喇纳拉皇后事件的认识

385 据京内外有关此事的传闻,当皇帝一行还在杭州时,乌喇纳拉氏显然已经以某种方式触犯了乾隆皇帝,接着她声泪俱下,向皇太后申诉。据谣言所说,发狂的皇后请求同意她出家为尼,当皇太后拒绝时,乌喇纳拉氏出其不意从袖中抽出一把剪刀,割下了自己的辫发,以示决意反抗。④ 剪去辫发不仅是出家的前提,而且是对满洲习俗的破坏。

这些是流言蜚语,是令人感兴趣的东西。乌喇纳拉氏出人意料地提前返京,既支持又被加入到了其他许多对于南巡的流行记述之中,许多

---

① 接下来的争议来自御史李玉鸣反对内务府处理丧仪(郭成康:《乾隆大帝》,页 747—750;王佩环:《清宫后妃》,页 267—269);昭梿:《啸亭杂录》,卷 7,页 188。
② 《大清高宗纯皇帝实录》,卷 764,页 17b—18a;这一上谕的另一种英文翻译(但在我看来,用词不很贴切)见刘咏聪编《中国妇女传记辞典·清代》,页 357。
③ 事关乌喇纳拉皇后命运的许多背景和环境的详细讨论,见高翔《问苍穹》。1915 年前后民国时期"无发国母事件"的说法,见许指严《南巡秘记》,页 25—37。
④ 郭成康:《乾隆大帝》,页 744。

主题都是有关乾隆皇帝放荡行为的。① 其中一些说,当乾隆皇帝经过江南各地时,常常在行宫或是御舟上召妓,寻欢作乐。有的记述了乾隆皇帝如何传当地的一群美女来他的临时住所,在夜间纵酒寻欢。有时,像这些情色故事所讲,乾隆皇帝会乘船到杭州西湖,这样娟妓们可以侍奉他歌舞,等等。这些异常出轨的行为据说持续到凌晨,而乾隆皇帝也不返回规定的住处,也就是人们所认为的乌喇纳拉氏那里。② 可以说,乾隆皇帝与乌喇纳拉氏反目,至少在民众的想象中,是乾隆皇帝私生活放荡和对婚姻不忠的结果。③

还有一个有关银妃的故事,不太耸人听闻,但流传更广。④ 据说,银 ³⁸⁶妃是山东青州人,小名唤珠儿。她的父亲是个监生,颇有文采,在珠儿两岁时就死了。因贫穷,母亲将珠儿交人抚养,给了同乡黄姓望族。若干年后,珠儿出落成为远近闻名的美人,当乾隆皇帝某次南巡(没说具体哪一次)经过山东时,她的声名引起乾隆皇帝的注意。圣驾一返回京师,乾隆皇帝就下令山东巡抚,将黄某和珠儿送往京城,纳珠儿入了后宫。此前黄某已拒绝了所有向自己养女的求婚者,这次答应了乾隆皇帝的要求,他得到了丰厚的赏赐。后来,有一次——时间又不确定,黄某前往京师,通过贿赂进入紫禁城的后宫,为的是看一看这时已是银妃的珠儿。乾隆皇帝发现了进入者,问他是谁。黄某在皇帝面前惶恐无语。这时有太监认出了他是银妃的父亲,乾隆皇帝即刻令黄某返回山东。黄某一到家,发现房屋已翻新,面积大增,并且已获赏赐一大块最好的土地,地方文武官员都到他的家里致敬。至此,像故事所说,黄家已经成了地方名流。这一传奇故事的名字叫"银妃",也就是"财富之妃"的意思。至于银妃,她开始受皇帝恩宠,但后来渐遭冷遇,令妃、香妃(维吾尔血统)盖过

① 晚清以来,有的小说将乾隆皇帝描绘成无私正直的"游侠",隐姓埋名行走整个国家,保护百姓免受官员欺压。19 世纪以来广州的一个例子,见《乾隆巡幸江南记》。通俗小说中性格类型更广泛的概述,见鲁尔曼《中国通俗小说中的传统英雄人物》。

② 高翔:《问苍穹》,页 63。

③ 这一故事的另一不同说法,见王佩环《清代后妃》,页 261—263。

④ 下面的故事梗概,依据高翔《问苍穹》,页 63—64。

387 了她的风头。① 这一故事围绕两个主题展开。第一,普通人可能由于他们与进入后宫成为妃嫔的年轻女性的关系而在物质上获利。第二,年轻的女性她们自己只能听从皇帝变幻无常的欲望摆布。

这些传奇,只要它们只是流言蜚语,人们觉得有趣,悄悄口耳相传,政治上本无伤大雅。可是,这样的大众认识也可能作为存储库,孵化器,或是跳板,借此可以孳生更为严重和更具颠覆性的批评。这恰恰发生在1776 年夏天,时在乌喇纳拉皇后死后的第 10 个年头。

严譜案,1776 年 8 月

1776 年 8 月 30 日,44 岁的前书吏严譜(生于 1732 年)将一长篇奏折投到在京的大学士舒赫德家里。② 这份奏折是写给乾隆皇帝的,其中严譜决意要为乌喇纳拉皇后恢复声誉:③

388
> 纳皇后贤美④节烈,多蒙宠爱,见皇上年过五旬,国事纷繁,若仍如前宠幸⑤恐非善养圣体,是以故加挺触轻生。⑥

---

① 在大众的传言中,虚构的银妃与令妃间的对立,只是又一次证实了乾隆皇帝在江南寻欢作乐的癖好。房兆楹和高居翰已指出,尽管官方的说法是令妃出自旗人家庭,但"据说她是苏州的汉人戏子,后被带至宫廷参加戏剧演出"(恒慕义编:《清代名人传略》,页 968—969;高居翰:《皇帝的色情艺术》页 25 注 5)。而令妃,其子颙琰一登极也就是成为嘉庆皇帝,她就成了乾隆皇帝的孝仪皇后,见恒慕义编《清代名人传略》,页 965、968—969。香妃的传说,见孟森《清代五大疑案考实》,页 137—153;戴逸:《乾隆帝及其时代》,页 515—522;米华健:《乾隆朝廷的维吾尔穆斯林:香妃的意义》;王佩环:《清宫后妃》,页 270 —291。

② 很感谢郭成康教授慷慨与我分享他对于乌喇纳拉皇后和严譜的研究,为我指出了相关的原始材料所在。这一故事的大纲依据郭成康《乾隆大帝》页 751—753 的内容。我引用的都是原始材料。舒赫德最初的发现是,严譜 45 岁,山西高平县人,他以前在都察院做书吏,任期结束后,成了从九品候补官员(《乾隆朝上谕档》,第 8 册,页 339,文件第 870 号)。

③ 严譜一开始就告诉审讯人员,他最初的目的是"做些好事留个名声",因为 1772 年和 1773 年间他的妻子和两个女儿相继死去,他陷入了绝望(北平故宫博物院:《清代文字狱档》,上册,页 275)。

④ 据严譜的供词,这是《诗经》对于后妃的描述。

⑤ 这一解读源自严譜在口供全文中使用的特别词汇(北平故宫博物院:《清代文字狱档》,上册,页 275)。

⑥《乾隆朝上谕档》,第 8 册,页 340,文件第 871 号。

据严谱自己供认,他特意使用"挺触轻生"一词,来描述乌喇纳拉皇后的节烈。① 严谱也暗示:"贤美"的皇后一定程度上拒绝乾隆皇帝的"宠幸"是对于"圣体"即皇帝身体的关心。当然,任何人拒绝皇帝的"宠幸"都是极其危险的。

严谱使用这些字眼,意欲表达民众长期存在并广泛传播、对于乾隆皇帝与第二任皇后间内在的两性紧张关系的认识。如果说皇后拒绝皇帝的求爱是危险的,那么严谱对于她被玷污荣誉的辩护也是危险的。严谱观点的诋毁和破坏性是明摆的:乌喇纳拉皇后举止刚正,但却成了恣意淫逸并置急切政务于不顾的不负责任的皇帝的牺牲品。下面会看到,严谱的抗议既利用同时也反映了民众对于乌喇纳拉皇后之死的看法。严谱的批评可能是事关汉族精英努力提出皇位合法传承等更广范围问题的一部分,为的是反对和珅这位冉冉上升的明星,这还需要通过将来的进一来研究加以证实。

舒赫德很快意识到了事态的严重,立即抓捕严谱,上报皇帝。② 正在木兰围场、准备每年一次木兰秋狝的乾隆皇帝,见到舒赫德报告,极为恼怒,秘密下令心腹大臣进一步审问。③ 皇帝尤为光火的是敏感信息似乎在随意流动;像严谱这样一个"微贱莠民",何由知宫闱之事? 的确,像他这样身份的人是如何知道有一位皇后姓乌喇纳拉氏的呢?

随着进一步的讯问(无疑动用了更为严厉的手段),严谱承认"纳拉氏之姓,我二十年前在都察院当书办时就晓得的"。当进一步逼问时,严谱告诉承审人员:

> 我自二十五年(1760)役满回籍(山西高平)后,三十一二年间在本籍即闻皇上南巡路上有皇后得了不是先行回京之事,及三十三年

---

① 北平故宫博物院:《清代文字狱档》,上册,页 275。
② 1776 年 9 月严谱被捕时,住崇文门外,在万春杂货号代人写账(《乾隆朝上谕档》,第 8 册,页 339,文件第 870 号)。
③ 乾隆皇帝在 1776 年 9 月 3 日接到舒赫德最早的报告。

我到京师听见皇后已故并未颁诏，又有御史将礼部参奏当即发遣。①

严譄口供的全部原档记录，提示了更多细节：

> 三十年(1765)皇上南巡，在江南路上先送皇后回京。我那时在山西本籍，闻得有此事，人家都说皇上在江南要立一个妃子，纳皇后不依，因此挺触，将头发剪去。这个话说的人很多，如今事隔十来年，我那里记得是谁说的呢?②

从严譄最后的口供看，有关这些事件的消息传播相当迅速，以至传到了严譄的家乡山西高平这样的帝国边远角落。很显然，1765 年人们街谈巷议的是乾隆皇帝"在江南要立一个妃子"，尽管严譄没有公开这样说，但"这个话说的人很多"这一事实，必然给民众关于乾隆皇帝在南巡期间的放荡增添了一些可信度。帝国的臣民只需发挥一点想象力就可以得出结论：这种肆无忌惮只能加深乌喇纳拉皇后受冷遇及愤恨之情，最后促成了她 1765 年在杭州与皇帝的争论。

不论对错，对此事的这种流行看法，富有民族意义。在 18 世纪，从汉族平民中纳妃，严格说来是违背清宫旨在保证民族的纯洁和最高统治者权力的规定的。③ 因此，皇帝后妃以及宫中女人的社会背景是极敏感的问题，是受高度保护的国家秘密。因此，乾隆皇帝对于严譄甚至知道皇后乌喇纳拉的姓氏感到震惊。在这种背景下，严譄的供词"人家都说

---

① 《乾隆朝上谕档》，第 8 册，页 357，文件第 901 号。

② 北平故宫博物院：《清代文字狱档》，上册，页 274—275。

③ 清入关后的最初几年，皇室成员可以迎娶汉人女子，但她们只能出自八旗，也就是说她们只能是汉军旗人家庭的女子。而且，这种跨族婚姻 1655 年之后就极少发生了，当时前此的一项允许跨族婚姻的政策(时间是 1648 年)被废除了。到了 18 世纪中期，"早期满族对于'民族纯正'的不介意……被要保持满族分立的强烈关切所取代"。更为讽刺的，是乾隆皇帝主持这一净化满人身份的努力(罗友枝：《清皇室婚姻与统治权问题》，页 181—182)。最终，在整个清朝统治期间，没有汉人皇后，仅有 6—7%(61 人中有 4 人)皇子的嫡福晋是汉人(同前揭书，页 176，表 5.2)。高居翰(《皇帝的色情艺术》，页 24)猜测：这并不是说满洲皇帝全都能够不为"江南(长江下游)城市的浪漫和色情文化"的诱惑所动心，江南美人也并未在清宫绝迹。康熙皇帝"据说在他的后半生更喜妃嫔中的汉人女子"。雍正皇帝还是年轻皇子时也很痴情于汉族美人(巫鸿：《陈规再造：清宫十二钗与〈红楼梦〉》)。

皇上在江南要立一个妃子"就更不同寻常,极具冲击力。这预示着,乾隆皇帝涉嫌追求汉族美女直接造成了他疏远第二任满洲人皇后,而这将皇帝系谱的稳定和民族的纯正置于危险的境地。

　　清朝档案中有着无可质疑的证据,表明乾隆皇帝在他第二次和第四次南巡中,确实将两个汉族女子纳入了后宫。[①] 第一位来自扬州,是明贵人陈氏;第二位来自苏州,是陆常在陆氏。[②] 将第二位江南美人纳入乾隆后宫,可能引发了1765年乾隆皇帝与乌喇纳拉皇后的争吵。至少,这会进一步证实普遍所认为的皇帝南巡只是为了寻欢、纵欲,而正如我们在第七章所见,这是乾隆皇帝尽最大可能予以反对的。然而,民众言说的真实性,在这里**不是**最重要的。谣言在政治上的潜在力量和历史意义,源自它们在民众想象中的可信性以及它们持续地在街头巷尾流传,而不是源于它们有待于正式被证明为事实。

　　到了1776年(也可能更早),乾隆皇帝完全认识到了他进行南巡背后动机的诽谤性言论。这些民众谣言,如果不加抑制,任其流传,可能会成为政治大动荡的发酵剂。正如事实所证明的那样,严譆事件只是两年后的1778年末接踵而至、更多的大众流言蜚语以及反抗的凶兆。

陈济案,1778年8月

　　1778年8月20日,额驸、总管内务府大臣福隆安上奏,[③]一个叫陈济的普通百姓来到北京,自称是明贵人——秘密来自扬州的乾隆皇帝的汉人妃子——的兄长。因为生活困难,自称"国舅"的陈济要求官府给他

391
392

---

① 郭成康:《乾隆大帝》,页757—763。经郭成康的不懈努力,关键性的材料直到近些年才为人所知。1994年的时候,学者高翔(《问苍穹》,页62—63)仍然如是写道:"我们迄今为止尚未发现他停留杭州期间纵情声色的第一手材料";就我所知,郭成康(《乾隆大帝》,页755—758)是第一位公开这些材料者,感谢他慷慨与我分享对这些材料的理解。

② 郭成康:《乾隆大帝》,页755。

③ 恒慕义编:《清代名人传略》,页259—260。前面已说过,1765年时是福隆安护送乌喇纳拉皇后返京。

份差事。陈济可能是从上面所讨论过、广泛流传的银妃传说中得到了启发。

撇开事情真相不论,乾隆皇帝在 1778 年 8 月 31 日对这一请求的反应,着实令人好奇,从中可看出些端倪来。与两年前发生的严譄案不同——严譄很快就被捕,接着遭到彻底讯问,乾隆皇帝对待陈济则仁慈得多。乾隆皇帝令福隆安,"留京赏给差使安插,不许在外生事"。此外,还令两淮盐政伊龄阿、扬州关监督寅著核对陈济在扬州的家人,若有的话就送往北京。不过,乾隆皇帝用的是迎合语气:"伊(陈济)既以留京,家属不便仍居原籍。"据一份密折的记述可知,乾隆皇帝轻微责备陈济及家人,对于宫中规矩的无知:

> 朕于宫眷等亲属管束极严,从不容其在外滋事。恐伊等不知谨饬,妄欲以国戚自居,则大不可。凡妃嫔之家尚不得称为戚畹,即实系后族,朕亦不肯稍为假借,况此辈乎?

乾隆皇帝接着话锋一转,语调变得缓和,欲平和地解决这一问题,尤其是对于明贵人的兄长:

> 再据陈济称,尚有伊兄在扬关管事。……着传谕伊龄阿,如陈济之兄在扬尚属安静,不妨仍令其在关管事,如有不安本分借端生事之处,即当退其管关,交地方官严加管束,不得稍为姑容,致令在外生事。

乾隆皇帝处理陈济及其家人相当宽容的态度,等于是默许了应该考虑陈济最初(尽管仍然是不合适)的求助。利用与明贵人的关系,陈家人在宫廷似乎有了一点点说话分量。

但事情并没有结束,在同一谕旨中,乾隆皇帝的容忍语调逐渐变成了防备:

> 至四十五年(1780)朕巡幸江浙,不可令此等人沿途接驾,混行乞恩。又陆常在系苏州籍贯,其有无亲属人等,亦当详悉查明,严加

管束,四十五年南巡时亦不可令其接驾乞恩。①

这是整个事件的关键所在。在严譜案之后——它就在两年前爆发,乾隆皇帝不只视陈济的行为仅仅是破坏了宫中的规矩。陈济代表着普通的汉人,通过声称是乾隆大家庭(家产制网络)的成员,追求一己私利。陈济逐字地采用了官方的格言"满汉一家",威胁要揭露乾隆皇帝一个妃子的民族身份,如此就揭穿了清朝所自负的民族—王朝统治中最根本意识形态之一:皇室的民族纯正这一谎言。而且,陈济的行动和要求,威胁到了将证实乾隆皇帝在江南时的非法及与汉族女人隐秘关系的民众谣言,而这在严譜案中已有表露。我们只能想象,乾隆皇帝考虑这种看法在整个帝国传播时所感到的恐慌。② 就此而论, *394* 他对于陈家的宽容完全可以理解,毕竟,仅仅是陈济故事的流传,不必说得到了证实,本就可以颠覆乾隆皇帝在他南巡中所做姿态的可信度。

从不可信的(民众)谣言到可信的(精英)舆论

具有讽刺意味的是,普通百姓会对也是人的皇帝的作为——由欲望、性欲、嫉妒所驱使——有兴趣,不是因为他们胸怀恶毒或颠覆性政治企图,而是在于他们只是感觉乏味,想找乐子,或仅仅在于他们通过用更为熟悉的普通人的感受和动机,来寻求理解权力以及有权势的人。甚至是受过很好教育的汉族精英似乎也对 18 世纪中晚期的道德说教、墨守成规、毫无激情表示不满。一些 18 世纪最有影响力的士大夫对大众文

①《宫中档乾隆朝奏折》,第 44 辑,页 196—197,寅著奏折,乾隆四十三年七月初十日。在后来的一份奏折中,苏州织造舒文在苏州进行了调查,上报说,陆常在仅有的家人是生母缪氏、已出嫁的姐姐以及三个外甥女;所有人都颇安静,没有不满的迹象(同前揭书,第 44 辑,页438—440,舒文奏折,乾隆四十三年八月初三日)。

② 乾隆皇帝对于寅著——他以前也出任过两淮盐政——的批示,的确带有相当责备的语气,表明他很失望:"陈济素非安分之人,寅著在两淮盐政任内岂无见闻,乃并未预为访查,严行管束,致令其赴京具呈,足见寅著诸事漫不经心,办理不善。"(《宫中档乾隆朝奏折》,第44 辑,页 197,寅著奏折,乾隆四十三年七月初十日。)

化和多愁善感的表达兴趣大增，就反映了这一点。例如杰出诗人袁枚认为，不论好坏，"人类社会的根本驱动力与其说是圣贤的利他，勿宁说是食色的欲望"。"十八世纪最伟大的哲学家"戴震认为，仅当统治者"体民之情，遂民之欲，而王道备"，圣治将会实现。① 甚至是纪昀，②这位钦定《四库全书》的总纂，以及他的朋友圈，其中包括一些帝国最有权势的官员，③他们的惬意之事是：出版鬼怪故事和奇闻轶事的著述，沉浸在"超自然和尘世"的幻想之中。④

これらの学识渊博和广受尊敬的社会成员，所展现出的对于"下里巴人"文化的同情和表达，可能引起了朝廷的一定关注。这里，问题不必是高级官员们的忠诚或是他们对于大众文化的兴趣本身，而是它侵蚀了管制可信的精英舆论和不可信的大众谣言这两个领域间界线的能力。尤其令人不安的是，袁枚、戴震或是纪昀及朋友等，将他们的吹毛求疵的聪明运用到大众的谣言和传闻领域中去的可能性。⑤ 大众的讲述可能导致政治危害，在适当环境之下为适当的人所运用，大众认识能够被发动起来，服务于更为明确的政治目的。在这一点上，1776 年的严譄案和 1778 年的陈济案令人越发警觉，仅仅是因为它们可能会揭露乾隆皇帝在南巡期间与汉人妃嫔的秘密联系，如此一来，就会使大众相信——因为**精英认为**是真实的——有关皇帝的不可靠（因为未被核实）的放荡传闻。

因此，令大众兴奋的故事的广泛传播，在 1770 年代的环境中，就成为

---

① 施吉瑞：《随园：袁枚的生活、文学批评与诗歌》，页 60。
② 恒慕义编：《清代名人传略》，页 120—123。
③ 其中有杰出的政治家，如阿克敦（1685—1756）、刘统勋（1700—1773）、陈世倌（1680—1758）、钱维城（1702—1772）——所有这些人都出现在纪昀的野史笔记中，以及学者如戴震、邵晋涵（1743—1796）、周永年（1730—1791）。
④ 纪昀著，基南编译：《阅微草堂笔记》，页 xiii。人们也可能引用 17 世纪末的蒲松龄（1640—1715）与 18 世纪中期白话小说的兴起作为精英文化和大众文化重叠的进一步证据。
⑤ 同前揭书，页 xii、xviii。

了很大的问题。① 当越来越多的人越来越深信关于君主的普普通通甚至是贬损的描述时,君主道德的权威以及合法性就会遭到质疑。②君主人性 ⟨396⟩
化到一定的程度,至关重要的光环就被剥去了。乾隆皇帝的职责,毕竟**不是**让自己看起来只是寿命有期,容易犯错,充斥着人性弱点,他要成为超人,成为有着英雄色彩的智慧和道德的完人。朝廷礼节和仪式就是要将皇帝建构成一个极神圣的"模范中的模范"——受人崇敬的帝国引路人。对于大众谣言,不加抑制任其流传,其暗讽可以剥去皇帝的神圣性,这反过来,可能给颇令人尊敬、心有抱负的,但仍然相当边缘和被疏而远之的政体中的"中等"人士壮胆,发表意见和批评。

1776 至 1778 年间,乾隆皇帝感觉到疾风暴雨正在酝酿。他最可怕的梦魇似乎即将变成现实:不可信和无事实根据的大众谣言正濒于被证实的边缘。1778 年 10 月,就在他处理陈济事件的两个月后,在可信的精英舆论圈子内,发生了徐述夔和金从善案,乾隆皇帝面临着全面的民族—王朝合法性危机。

徐述夔悖逆案,1778 年 10 月 16 日—1779 年 1 月 14 日

徐述夔,江苏东台县人,是位高产且受人尊敬的诗人,③1778 年 10 月,这时他早已去世多年,只是他不会在坟墓中待很长时间了。乾隆皇帝被死人的著述折磨着,可以说是历史的绝妙讽刺。富路德指出,"人们关于徐述夔的生平所知甚少,这归因于 1778 年以后,朝廷系统地抹去了

---

① 这也部分解释了为什么乾隆皇帝在 1780 年末和 1781 年初,严厉打击具有悖逆性质的戏剧,同时在编纂《四库全书》时发起臭名昭著的"文字狱"。文字狱,见盖博坚《四库全书:乾隆后期的学者与国家》;富路德:《乾隆文字狱》,页 194—97。具有讽刺意味的是,这种文字审查,可能也促成了更多谣言的产生,见涩谷保《即兴新闻:谣言的社会学研究》,页 59。
② 我们可以发现与此情况类似的,是同一时期法国君主的"去神圣化",见麦里克《十八世纪法国君主制的去神圣化》。
③ 官员开始误将徐述夔认作浙江人(《大清高宗纯皇帝实录》,卷 1067,页 36a)。民国传记辞典沿袭了这一错误(富路德:《乾隆文字狱》,页 172 注 2)。

对于他的记忆"。① 事实上,我们知道徐述夔主要归因于在这位诗人家乡生监②之间的冲突。

　　徐食田是徐述夔之孙,1778 年春他卷入与东海当地监生蔡嘉树的土地纠纷。③ 为赢得主动,蔡威胁要向官府报告徐述夔的叛逆。蔡引用过徐食田祖父徐述夔的诗集《一柱楼诗》(约 1763 年),声称其中包含污蔑清朝的诗作。1778 年 5 月,为了先发制人,徐食田亲自将祖父的诗集及刻板呈交给东海知县涂跃龙(卒于 1798 年),徐知县又将此呈送上司。此案在布政使陶易(卒于 1778 年)处搁置了数月,直至 1778 年 8 月学政刘墉(1720—1805)④接手。又过了数月,案情经由京官,最后抵达朝廷。乾隆皇帝最初是在 1778 年 10 月 26 日知道此案,当时他要求大臣议覆。⑤ 官方对于徐述夔的调查审理持续了两个半月多的时间,1779 年 1

---

① 恒慕义编:《清代名人传略》,页 320。除了富路德所写徐述夔的传记(恒慕义编:《清代名人传略》,页 320—321)以及他的《乾隆文字狱》(页 170—172)外,还可见王彬《禁书・文字狱》,页 350—351;《清朝野史大观》,第 3 册,页 104。

　　下面的记述源自《大清高宗纯皇帝实录》的原始材料,卷 1066,16a—17a 页(乾隆四十三年九月初七日,1778 年 10 月 26 日),页 33a(乾隆四十三年九月十三日,1778 年 11 月 1 日),页 34a—b(乾隆四十三年九月十三日,1778 年 11 月 1 日),页 35b—36b(乾隆四十三年九月十四日,1778 年 11 月 2 日);卷 1067,页 2b—4a(乾隆四十三年九月十六日,1778 年 11 月 4 日),页 23a—24a(乾隆四十三年九月二十一日,1778 年 11 月 9 日),28a(乾隆四十三年九月二十四日,1778 年 11 月 12 日),36a(乾隆四十三年九月二十七日,1778 年 11 月 15 日),页 41a—42a(乾隆四十三年九月三十日,1778 年 11 月 18 日);卷 1068,页 41b—42b(乾隆四十三年十月十五日,1778 年 12 月 3 日),页 42b—43b(乾隆四十三年十月十五日,1778 年 12 月 3 日);卷 1069,页 7a—8a(乾隆四十三年十月十八日,1778 年 12 月 6 日),页 11b—12a(乾隆四十二年十月十九口,1778 年 12 月 7 日),页 39b　41b(乾隆四十二年十月二十九日,1778 年 12 月 17 日),页 41b—44a(乾隆四十三年十月三十日,1778 年 12 月 18 日);卷 1071,24a—b 页(乾隆四十三年十一月二十七日,1779 年 1 月 14 日),页 24b—28a(四十三年十一月二十七日,1779 年 1 月 14 日)。

② 闵斗基:《清代社会的生监》,页 21—24。

③ 王彬:《禁书・文字狱》,页 351。这部由大陆学者用二手材料写成的著作,可能过多地受马克思主义强调社会经济冲突和阶级斗争的影响。《大清高宗纯皇帝实录》及富路德为《清代名人传略》所写的相关部分,都没有给出徐食田和蔡嘉树冲突的确切原因。

④ 恒慕义编:《清代名人传略》,页 536—537。

⑤ 乾隆皇帝最早知道徐述夔案,是与发生在丹徒和如皋县的其他两案同时,这是由汉军正黄旗人、时任江苏巡抚杨魁(卒于 1782 年)奏报的(《大清高宗纯皇帝实录》,卷 1066,页 16a—17a)。

月 14 日结案。①

结果,徐述夔在死后被判定犯有文字悖逆之罪。② 其子徐怀祖因印 398
制并传播乃父的诗作也受到牵连,③下面对此有详述。最后,徐述夔之孙
徐食田被指控"贿嘱"当地官员以保全自己。进一步调查展示,徐食田先
前就唆使当地官员,说他早已自愿将乃祖的作品上缴,地方官员也同意
照此做,以转移对他们没有尽力追查此案的指控。④ 所有三人——父亲、
儿子、孙子——都被处以极刑。徐述夔及其子已死,乾隆皇帝下令,依律
当众剖棺戮尸。⑤

官府处置徐氏三代人,部分是由于在徐述夔《一柱楼诗》中找到的一
些诗,其中一首包括:

> 明朝期振翮,
> 一举去清都。

这两句诗的意思是:明天早晨扇动翅膀,一下就到了天庭。但问题是,它
们也可以解释成悖逆影射的意思:"盼望着明朝的振兴,一举推毁清朝都
城。"⑥另一首诗云:

> 大明天子重相见,
> 且把壶儿搁半边。⑦

东台知县涂跃龙,是第一个处理徐食田问题的,为了自己的私利,要转移
人们对他审案失职的关注,⑧因此,他坚持认为"壶儿"不是"胡儿",两者 399

① 同前揭书,卷 1071,页 24a—28a。
② 官方认定徐述夔悖逆的证据,见前揭书,卷 1067,23a—b 页;卷 1069,页 7a—8a。
③ 同前揭书,卷 1068,页 42a。
④ 同前揭书,卷 1066,页 36b。
⑤ 同前揭书,卷 1071,页 24a—b。
⑥ 恒慕义编:《清代名人传略》,页 321。这里用的是富路德的英译。
⑦ 富路德:《乾隆文字狱》,页 170 注 6。
⑧ 涂跃龙被指控受贿,庇护徐食田免于接受官方调查(《大清高宗纯皇帝实录》,卷 1066,页
36b)。

只是同音罢了。① 这一同音就可能带来另一种解读,而且更为悖逆:

> 大明天子重相见,
>
> 且把胡儿搁半边。

用文字上的花招进行指控相当薄弱无力;然而,当爬梳徐述夔的大量著述,出现了更多的对徐氏极不利的证据,官府找出了他引述吕留良(1629—1283)的著作。② 吕留良是 17 世纪受人崇敬的学者,浙江人,他的反满观点直到声名狼藉、极具轰动性的曾静悖逆案(1728—1732)发生才大白于天下。③ 1732 年,雍正皇帝处置了已不在人世的吕留良,而对曾静(1679—1736)宽大处理,留他一条性命。然而,1735 年 11 月,乾隆皇帝在即位仅六个星期后,就重提此案,完全改变了乃父的处置。乾隆皇帝的动机,与乃父不同,是要从人间清除像曾静及同党这样"大逆不道"之人。他抓捕仍在湖南居住的曾静及家人,1736 年 1 月 31 日下令,除十六岁以下男子以及一些女人外,全都处死。④ 许多学者认为乾隆皇帝初政较雍正皇帝的为"宽",⑤然而,当怀有民族情绪向满洲人的合法性发起挑战时,不论是想像的还是真的如此,乾隆皇帝对此都绝不手软。1778 年 10 月徐述夔案也不例外。

400   尽管官方报告徐述夔所有包含冒犯性的著述都已销毁,⑥但乾隆皇帝依然多疑,有些可能脱逃文网继续秘密地流传。⑦ 因此,他向各省官员下发徐述夔被禁的著作清单,要求他们密切关注。所有抄没的书籍和刻

---

① 富路德:《乾隆文字狱》,页 170 注 7。

② 恒慕义编:《清代名人传略》,页 551—552。

③ 曾静及其悖逆案,见恒慕义编《清代名人传略》,页 747—748;冯尔康:《雍正传》,267—281;富路德:《乾隆文字狱》,页 84—87;史景迁:《雍正朝大义觉迷录》。

④ 没有判死刑的人,被流放给披甲人为奴(史景迁:《雍正朝大义觉迷录》,页 240—245)。

⑤ 戴逸:《乾隆帝及其时代》,页 98—118;高翔:《康雍乾三帝统治思想研究》,页 257—304;富路德:《乾隆文字狱》,页 23—24;罗威廉:《救世:陈宏谋与十八世纪中国的精英意识》,45—49。

⑥ 富路德(《乾隆文字狱》,页 171 注 16—17)说:"除了《一柱楼诗》的 385 块刻板,还找出了徐述夔所写的 18 种书,也一并销段。"

⑦《大清高宗纯皇帝实录》,卷 1066,页 34b—35a。

板要解京销毁。①

最终,许多因阅看徐述夔著作而未能认出或上报它们悖逆内容者受到牵连。究竟哪些人在官府人头落地,不关乎我们这里的研究。② 更为重要的是那些士人——不论人物大与小,至少在乾隆皇帝看来,他们似乎积极地赞同徐述夔和他的观点。第一个因与被指控悖逆的徐述夔有关系而遭殃的是廪生毛澄。在 1767 年前往西北边疆之前,毛澄为徐述夔《一柱楼诗》作跋。③ 十多后的 1778 年他被抓,因这一轻率举动被处死。然而,毛澄只不过是冰山一角。

最令乾隆皇帝沮丧者,莫过于沈德潜,这位有影响的苏州诗人也是皇帝曾经的宠臣,因与徐述夔有关系而犯下了同等罪行(见第六章)。④有必要再讲一次,1760 年代徐怀祖找到沈德潜,请求为乃父作传。沈德潜答应了。沈德潜与徐述夔的关系,与在第六章所讨论的他在积极活 401 动,扩大影响,以及对于忠于明朝的表达在时间上是同步的。1778 年 12月,随着徐述夔悖逆案调查的展开,官府发现,沈德潜曾在 1760 年为徐述夔作传。沈德潜的命运与徐述夔相同:剖棺戮尸。

从乾隆皇帝最后关于徐述夔案谕旨的长度以及语气看,他被这些所揭露出来的东西强烈地震慑住了。1779 年 1 月 14 日,他仍旧处于一种震惊和拒绝接受的状态,他对此的不相信,甚至今天还能感觉到:"至其诗内怀想胜朝之语,无非借以为名,不可信以为实。"⑤乾隆皇帝表达了他

---

① 同前揭书,卷 1068,页 41b—42b;富路德:《乾隆文字狱》,页 170。

② 针对地方和省里官员的惩戒性行动,见《大清高宗纯皇帝实录》,卷 1067,页 2a—4a(乾隆四十三年九月十六日,1778 年 11 月 4 日),页 28a(乾隆四十三年九月二十四日,1778 年 11 月 12日),页 41a—42a(乾隆四十三年九月三十日,1778 年 11 月 18 日);卷 1069,页 7a—8a(乾隆四十三年十月十八日,1778 年 12 月 6 日),页 11b—12a(乾隆四十三年十月十九日,1778 年12 月 7 日),页 39b—41b(乾隆四十三年十月二十九日,1778 年 12 月 17 日),页 41b—44a(乾隆四十三年十月三十日,1778 年 12 月 18 日)。

③ 毛澄是浙江湖州府归安县学的廪生。1767 年,他前往甘肃成为地方官的幕友。接着在 1774年他冒籍甘肃迪化州阜康县人黄斌,1777 年他中甘肃乡试第二名,1778 年,有人报称他仍然在迪化州居住(同前揭书,卷 1067,页 36a—b)。

④ 同前揭书,卷 1068,页 42b—43b;卷 1071,页 24b—28a。

⑤ 同前揭书,卷 1071,页 25a。

的看法,列举了在明代第一位和第三位皇帝——洪武和永乐两朝时百姓所遭受的各种苦难,"此皆见于史册者"。

毫不为奇的是,乾隆皇帝将当朝的形势与明朝进行比较。他声言,他及先人始终"爱养百姓",饥荒时予以赈济,蠲免赋税及拖欠。"小民具有天良,岂有不知感戴?转属念于前朝,全无思德及民者之理?"最后,乾隆皇帝将愤怒不是发泄在普通百姓身上,而是为他们自己的失落和失败寻找借口的"读书失志之徒"身上——他们"遂托言怀想前朝,以为万一败露,犹可借以立名"。

即便如此,乾隆皇帝仍然无能力全面理解"此等鬼蜮伎俩"是如何"匿于光天化日之下"的,乾隆皇帝的结论只是:"若无知者,以此辈为真有追怀故国之思,转为若辈所愚矣。"[①]这里我们应该认识到,乾隆皇帝尤其是因自己没有看清楚曾经的宠臣沈德潜的政治忠诚而心神极度不宁。当乾隆皇帝努力平息徐述夔悖逆案时,他也要与金从善的公开批评做斗争。

金从善的上谏,1778 年 10 月 28 日—11 月 9 日

1778 年 10 月 28 日,就在乾隆皇帝获知徐述夔案的两天后,一位名叫金从善的生员大胆拦圣驾,当时皇帝一行正从盛京返回京师经过奉天府(在今天的辽宁省)。[②] 金从善上谏的轰动性怎么评论都不为过。它与徐述夔悖逆案同时发生只能是加强了其冲击力。

金从善既不是陈济那样的无知百姓,也非做过书吏、"卑劣不忠"的严譖可比,他科名在身,是得到更多尊敬的下层绅士。[③] 这可能部分解释了乾隆皇帝对此异常愤怒的原因所在。他严斥金从善"狂诞悖逆,为从

402

---

① 同前揭书,页 25a—26a。
② 同前揭书,卷 1066,页 21a;《乾隆朝上谕档》,第 9 册,页 299—301,文件第 743 号。
③ "生监"的特点及影响,尤其是与能当官的更高功名拥有者的疏离与相对独立,见闵斗基《清代社会的生监》,页 21—49。对于谋生乏术的"平凡儒家"心中的不满与疏离的分类,见熊秉真《唐甄与平凡儒家之世界》。

来所未有",三日后下令将这位有抱负的学者凌迟处死。①

　　巡幸路上贸然上谏是非法之举,依律要予以惩处;然而,如果我们视处死金从善只是司法问题,那将会遗漏重要的方面,因为这种行为通常是判流放边疆地区的军台或屯田,而不是处死。② 换言之,没有任何法条规定金从善因冲撞圣驾而必须付出生命代价。最后一点,乾隆皇帝的严厉处置,不仅要因为金从善在大庭广众之下的上谏行为,而且也因为请愿的特别内容、金从善较高的社会地位,以及此事发生的历史环境。简言之,事情发生的背景至关重要;继严谮、陈济、徐述夔案之后,乾隆皇帝很可能视金从善的上谏乃更大的阴谋的组成部分。

　　金从善书面谏言包括四项请求,所有的都暗含有对于朝廷的做法乃至对于王朝合法性的批评:(1)立储;(2)复立皇后;(3)纳谏,即接受来自下属官员的建议和警示;(4)请施德,即请求赏赐臣民。下面会对每项请求做进一步的分析。这里我们仅需指出,金从善的上谏,代表着要插手家产制统治最敏感的问题之一——皇位继承的政治问题——的努力。更确切地讲,对许多汉族士人来说,令他们恼怒的是清朝秘密立储的做法,以及乾隆皇帝不愿另立皇后,这样就排除了公开立储,若公开立储,则心怀不满的官员可以在皇储周围合法地组织反对力量,对抗乾隆皇帝宠臣和珅的擅权行径。

　　让我们从金从善的第二项请求——复立皇后——说起。金从善提及这一问题,重新点燃了围绕乌喇纳拉皇后命运的争议,每个人——包括乾隆皇帝自己,似乎都明确意识到了这一点。1766 年乌喇纳拉皇后死去,十多年后她的幽魂继续在政坛盘桓,这表明了精英们的不满,不再是源于已故皇后的原有困境,而更多地来自 1770 年代末的情况变化,比如和珅及同党的发达。前文讲过,乌喇纳拉皇后事件与乾隆南巡有着复杂的关系,对民族关系有着影响。同样有意义的是,乌喇纳拉氏的命运以

_403_

---

① 《大清高宗纯皇帝实录》,卷 1066,页 21a。乾隆皇帝最终改判金从善为斩刑,这是较轻的死刑方式(同前揭书,卷 1066,页 32a)。
② 《清朝文献通考》,卷 204,页 6686—6687。

及乾隆南巡是很多大众谣言和传闻的话题,因此乌喇纳拉氏之死在十多年后依然是一个有感召力的事件。

乾隆皇帝通过强调两个问题,驳斥金从善的第二项请求。第一,他对于已故乌喇纳拉皇后的所作所为和意图——这本是不需要说的——是无可指责的:

> 至所称立后一事,更属妄延。乾隆十三年孝贤皇后崩逝时,因那拉氏本系朕青宫时皇考所赐之侧室福晋,位次相当,遂奏闻圣母皇太后,册为皇贵妃,摄六宫事。又越三年,乃册立为后。其后自获过愆,朕仍优容如故。乃至自行剪发,则国俗所最忌者,而彼竟悍然不顾,然朕犹曲予包含,不行废斥。后因病薨逝,只令减其仪文,并未降明旨,削其位号。朕处此事,实为仁至义尽。

乾隆皇帝这些自我夸示的言辞并不完全准确。如前所述,乾隆皇帝在 1765 年 6 月第四次南巡结束立即罢黜乌喇纳拉皇后的计划,受到了大臣有组织反对立场的阻挠。他对于第二任皇后所表现出的克制并不源于他自己的大度,而是出于政治权宜的考量。

乾隆皇帝所说的第二点内容,揭示出了他焦虑不安的真正所在:

> 其立也,循序而进,并非以爱选色升。及其后自蹈非理,更非因色衰爱弛。①

乾隆皇帝在这里明确提出了,性吸引也就是青春娇美与乌喇纳拉皇后的地位上升及最终的亡故是否有关。鉴于他对于 1776 年严譜案以及两个

月前陈济事件的处理,我们可以将乾隆皇帝的话解释为含蓄地否认广为流传的大众看法,即是说乾隆皇帝,尤其是在南巡期间追求美女,而孝行和美德则退居次要地位。

此外,乾隆皇帝拒绝了金从善要求他立第三任皇后,认为这"可笑","不足论",他的理由是民族隔离措施和辈分差异:

---

① 《乾隆朝上谕档》,第 9 册,页 300,文件第 743 号。

> 朕春秋六十有八,岂有复册中宫之理?况现在妃嫔中,既无克
> 当斯位之人(这里暗含着汉人女子),若别为选立,则在朝满洲大臣
> 及蒙古扎萨克王公,皆朕儿孙辈行,其女更属卑幼,岂可与朕相匹,
> 而膺尊号乎?①

乾隆皇帝在此似乎暗示,他既不是一个龌龊的老男人,以贪求有吸引力的年轻皇后;也不是一个龌龊的满洲老男人,要寻求一个年轻的汉人女子为伴。我们再一次将此解读为,乾隆皇帝所采取的反驳大众所认为的皇帝好色的印象。

金从善请求另立皇后,这在许多方面,构成了对于清朝皇位继承做法——这不仅是清朝延续的根基,也是它民族—王朝身份及例外主义的根本——更广泛批评的一部分。乾隆皇帝自然对另立皇后的问题很敏感,但是他看起来对于金从善的以王朝稳定为名的公开立储的第一项请求更为恼怒。他奚落金从善的动机,乃谋求一官半职所采取的极端愚蠢形式,"妄思彼言一出,便可为他日邀功之具"。②(当然,这一指控与上面所引述的乾隆皇帝对于徐述夔案的评论相同。)在乾隆皇帝看来,金从善的此种贪求,一切以王朝的稳定为名义,"情实可恶",尤其是考虑到先例,也就是,康熙皇帝 1767 年公开立储及随后的诸子纷争。③ 当问及"使理密亲王及弘皙父子相继嗣位,岂我大清宗社臣民之福乎?"乾隆皇帝的言辞中充满着鄙夷。很显然,他对此说并不认可。至于说公开立储能够消除派别门户之争,他认为"尤为大谬";这是金从善不可饶恕的进一步证据:"不知有太子然后有门户。"④

然而,门户分立,不是这一问题的真正症结所在。三十多年前,康无为睿智地总结了乾隆皇帝对由雍正皇帝所创立的"秘密立储"制度进行

----

① 《大清高宗纯皇帝实录》,卷 1066,页 26a—b。
② 同前揭书,页 21a。
③ 康熙皇帝公开立储遭遇的重重困难,见吴秀良《康熙朝储位斗争记实》。
④ 《大清高宗纯皇帝实录》,卷 1066,页 22a。英译据康无为《皇帝眼中的君主制:乾隆朝的想象与现实》,页 245。

的有力辩护：

> 乾隆皇帝……回忆起这种始于乃父做法的种种好处，评价他自己第一次立储的不幸经历，接下来以极大的挪揄口气说，如果在1738年之后，或是依据年龄或是能力，他继续任命太子，那么在接下来的二十年里他将为继承人送葬："设如古制之建元良，则朕在位而国储四殒，尚复成何事体乎？"接着述说了1773年所发生的事件，以对金从善的一系列谴责而结束，而这决定了这位可怜生员的命运。该人乃悖逆之徒，诽谤清朝不是正统王朝。更为恶劣的是，他显然暗示，在汉满间存在着不可调和的不同，好像是说，野蛮人不能理解正统原则。①

康无为说到了金从善请求乾隆皇帝公开立储内在的民族紧张关系。如此引人关注及重要主张的民族弦外之音与制度后果是什么？为什么继位问题"暗示在满汉间存在着不可调和的不同"？"野蛮人不能理解"的"正统原则"是什么？

乾隆皇帝的反应如此强烈，主要在于金从善"正统"认识内在的民族影射。在金从善看来，公开册立皇长子为皇太子的做法，是与根植于严格的嫡长子继承制原则的"正统"汉人传统政治嗣位相关联。依这种观念，皇帝未能将皇后所生的长子立为太子，就等于根本没有立太子。这一高度理念化的汉人嗣位原则，不同于突厥—蒙古的人人平等继承理念的家族选举继承制（tanistry）的部落嗣位的政治传统，即部落议事会［蒙古语是 quriltai（忽里台）］提名并通过继承人——候选人的选择取决于其领导能力，而不是严格的血缘系谱顺序。在草原上，能力通常意味着能集结一支纪律有素和有效的战斗力量，带领它在战争中取得胜利（并取得战利品）。这一机制时常演变成为已故傅礼初教授所称为的"血腥的竞争继承制"（bloody tanistry），不仅战争，连政治阴谋与谋杀也都是展

---

① 康无为：《皇帝眼中的君主制：乾隆朝的想象与现实》，页245。

现"政治才能"以及掌控部落权力的真正试金石,[1]而且"武力解决汗位继承"的政治参与者,并不像汉人观念化的情形那样,严格限制在同一辈人(也就是年轻的下一代),除儿子辈外,兄弟、叔伯、孙辈及侄辈,时常成为下一任汗位的激烈争斗的合法竞争者。

然而,生员金从善(大概还有其他许多受过教育的汉族精英成员)并   408
不认同家族选举继承制是一种有序的嗣位原则,而认为这样的做法造成了激烈的无序状态和政治动荡。在他看来,凡不是彻底、公开的立定储君身份的都是"非正统的"。乾隆皇帝肯定有自己的想法。

秘密立储的做法,最早是雍正皇帝在1723年表述并实施的,溶合了汉人和突厥—蒙古君主制的传统因素,这两者在理论上是对立的。[2] 正因如此,雍正皇帝设计了一种清朝独有的皇位传承形式。当朝皇帝选立太子的合法候选人群被限定在下一辈的皇子。这极大地削弱了争夺皇权的潜在竞争者的范围,但是还没有限定到汉人传统所预想的单一目标。因为秘密立储允许一定程度的自由,因此皇帝在选择储君时就有着家族选举继承制的因素,故而受过教育的金从善等汉人批评这种做法。乾隆皇帝斥责金从善怀有民族偏见:

> 朕虽未明诏立储,实与立储无异。……我朝得天下之正,实非汉、唐、宋、明所可比,而该逆犯竟敢目为不正,其心显然存内外(也就是开化与野蛮,汉与满)之见。[3]

---

[1] 傅礼初:《奥斯曼帝国的突厥—蒙古君主制传统》,页238—239。表面上看,雍正皇帝自己用武力取得皇位并加强皇权,有着这一政治传统的特征。然而,傅礼初"坐在农耕皇位上的游牧大汗"的表述,可能是比雍正继位乃"血腥的竞争继承制"更准确的说法。傅礼初所确认的"将突厥—蒙古君主制引入农耕环境的那些最密切相关的趋势"的确也可以应用到盛清时期:"登得皇位困难重重,使皇权凌驾于其他政府机构之上,皇帝个人发挥着更为积极的作用,进一步中央集权,以及扩大战争"(同前揭文,页242)。更多关于雍正皇帝强行推进集权的论述,见黄培《雍正史之论》。

[2] 秘密立储的做法,要求皇帝选择一位皇子作为储君,然后为他保密身份。皇帝将所选储君的名字写在纸上,然后封在小木匣内,保存在乾清宫匾额的后面(《大清高宗纯皇帝实录》,卷1066,页22b)。

[3] 同前揭书,页24b。

可以说,金从善的上谏,关注的是嗣位适用模式这一含有民族意义的争议问题,并有可能颠覆满人统治的合法性。

极具讽刺意味的是,金从善对这一焦点问题(即皇太子)的大声呼吁,可能只是为了寻求加强最高统治者及其支持者的统治,而忠心耿耿的学者和官员却可围绕此问题,合法地组织针对和珅及同党的正在篡权的反对力量。然而,在此过程中,金从善忽视了(或至少是懵懂无知)民族—王朝意识形态在清朝家产制统治建构中的中心地位。和珅有着满人身份,乾隆皇帝会更信任他的政治忠诚。乾隆皇帝可能被自己民族—王朝至上的意识形态自负所蒙蔽,也可能乾隆皇帝支持和珅只是反映出了他对于汉族精英根深蒂固的不信任。敏锐地意识到了民族差异,这很大程度上反映出乾隆皇帝对于清朝政治概貌与政治现实的看法。

民族—王朝回应之举:恢复巡幸(1780—1785)

乾隆皇帝对于帝国的民族—地理应有秩序所持的假定(有人会说是浪漫与偏执的幻想),令他对金从善的谏言感到震惊和沮丧:"不料陪都(也就是盛京)根本重地,俗朴风淳,乃有如此悖逆之徒,实为意想所无。"①但如果金从善事件,因其发生地(塞外)令乾隆皇帝"意想所无"的话,那徐述夔悖逆案就不能如此说了,因为它发生在江南核心地区,而江南及其居民的忠诚一直是受到质疑的。徐述夔和皇帝宠臣沈德潜是此案的共犯,只是证实了乾隆皇帝将江南视作诡计和悖逆的温室的先入之见。

1778年11月9日,在经历了一个多星期的思考后,乾隆皇帝公开对金从善事件做出回应。在一道长篇上谕中,他回顾了"立嫡立长之贻害",接下来,重申:"我朝家法实为美善,我太宗、世祖圣圣相承,未豫定储位。"接着他将由康熙皇帝依"正统"宣布立储所导致的不幸事件,与他

---

① 同前揭书,页27b。

自己依据由乃父雍正皇帝所创立的秘密立储原则顺利即位相提并论。乾隆皇帝也透露出,他从乾隆初年以来试图秘密挑选诸子中有能力继承清朝大业之人的种种努力。然而,因为"朕此举天下臣民无由共闻,未尝无窃议朕为念恋宝位,不肯立储"。① 为了消除这种错误认识,乾隆皇帝公开宣布 1795 年他八十五岁时会退位。② 从现在(1778 年末)到那时还有十七年的时间,但不必担忧,乾隆皇帝承诺,如果在他七旬八旬万寿后,精力不济或无力勤政统治,他不会像唐宣宗(847—860 年在位)那样把持权力,而会早一些退位。③

在做出了公开的承诺后,乾隆皇帝现在被迫要从身体上证明(1)在高龄之年,他并无未尽职责(或身为皇帝较以前逊色)的危险;(2)他正在积极行动以保证平稳传位。心中有了这些目标,乾隆皇帝开始了四次大规模的巡幸:1780 年到江南,1781 年春到五台山,1783 年秋到盛京,1784 年春再次到江南。

又一次恢复巡幸,完全是对金从善上谏在政治上所附带影响的合乎逻辑的反应。尽管金从善可能认为他只是呈递了旨在加强王朝权力和稳定的改革规划,但他的提议也是对巡幸和民族—王朝统治及治理的合法模式的含蓄指控。第一,金从善决定在 1778 年乾隆皇帝第三次巡幸满洲故都盛京的最后行程上谏,④这本身就是对于民族—王朝统治的具有象征意义的冒犯。

第二,金从善的后两项请求——纳谏和请施德——暗指这些目标还

411

---

① 同前揭书,卷 1067,页 16a—18b,乾隆四十三年九月二十一日(1778 年 11 月 9 日)。
② 康无为(《皇帝眼中的君主制:乾隆朝的想象与现实》,页 226,引述《大清高宗纯皇帝实录》,卷 1220,页 12b)认为乾隆皇帝首次公开宣布禅位是在 1785 年 1 月。事实上,这一场合,乾隆皇帝所透露的,"朕践阼之初。曾焚香告天云,昔皇祖御极六十一年。予不敢相比",仅是重复 7 年多前即 1778 年 11 月的声明而已(《大清高宗纯皇帝实录》,卷 1067,页 18b—19a)。1796 年 2 月 9 日乾隆皇帝禅位的细节,见康无为《皇帝眼中的君主制:乾隆朝的想象与现实》,页 191—199、225—230;李景屏、康国昌:《乾隆、和珅与刘墉》,页 321—356。
③《大清高宗纯皇帝实录》,卷 1067,页 19b。
④ 乾隆一朝巡幸盛京总共四次——在 1743、1754、1778、1783 年。第三次巡幸是在 1778 年 12 月 14 日开始返程北京的。

未有效地实现。乾隆皇帝立即予以驳斥:"至所称纳谏一节,朕自临御以来,凡臣工条奏,果有益于国计民生者,无不即为采纳,或下部议行,从无拒谏之事。"至于恩赐普通大众,乾隆皇帝引述了许多赈济的例子以及他在位四十三年期间三次普免钱粮。与这里讨论更密切相关的是,他强调了最近的仁慈举措:因此次 1778 年前往盛京,他蠲免了这里 1779 年的田赋。的确如乾隆皇帝宣称,频繁的巡幸"恩德之及民,不谓不厚"。① 金从善挑战了这种说法,他的上谏成为最早批评支撑了乾隆皇帝多次巡幸的意识形态建构的组成部分。

第三,金从善请求另立皇后,是对乾隆皇帝尽人皆知的巡幸爱好的间接反对。乾隆皇帝第一任皇后死于 1748 年以及第二任皇后在 1765 年失宠,两者都发生在巡幸途中,这一事实涵义丰富。仅就巡幸将皇帝和皇后置于各种形式的人身风险之中,巡幸会很容易被认为是对于帝国稳定的一种威胁。例如,孝贤皇后 1748 年死在济南就是人身遭罪和伤害的一个例证。此外,一个移动的朝廷,尤其是经由江南的朝廷,引发了"一对儿"忧虑:道德颓丧与极度纵欲。这不正是乾隆皇帝与第二任皇后乌喇纳拉氏反目的根源吗?

最后,如上所述,另立皇后的问题也与合法立储这一敏感问题密不可分。在大多数士大夫眼中,皇子的教育应该在皇宫内进行,严格以正统儒家经典为指导,而不是在帐篷里和马背上,全国到处闲逛。在这个问题上,康熙皇帝的太子允礽②,在他父亲到处巡幸尤其是在南巡期间的放荡,是一个反面教材。③ 金从善认为巡幸活动不是强化清朝统治的有效手段,而是历史上已证明了的、对最高统治者稳定和统一的一种威胁,更遑论给帝国普通大众带来繁荣和福祉了。简言之,巡幸是对得体的管理官僚之道的颠覆,是对王朝稳定的威胁。故而,乾隆皇帝应该在紫禁城的宫墙内活动,这样,人身及道德都能保全。

---

① 《大清高宗纯皇帝实录》,卷 1066,页 27b。

② 恒慕义编:《清代名人传略》,页 924—927。

③ 吴秀良:《康熙朝储位斗争记实》,页 83—105。

乾隆皇帝当然不会被震慑住,他在 1780 年代又一次恢复巡幸,包括他的最后两次南巡,都是直接回应金从善对于民族—王朝统治一些基本制度和意识形态原则的挑战。这些巡幸的时间安排可能是这一点的最明显证据。1778 年 11 月 2 日,徐述夔案和金从善事件发生仅仅一星期之后,也就是乾隆皇帝对两者公开表态的一星期前,大学士、署两江总督高晋(1707—1779)上奏,请求第五次南巡。① 1778 年 11 月 21 日,距离乾隆皇帝最终驳斥金从善不到两星期,他"允江浙督抚等所请",定于 1780 年,即他七旬万寿之年进行第五次南巡。②

考虑到乾隆皇帝于 1778 年宣布,七十多岁时若身体不济就会退位,那么后两次南巡时间的选定几乎不可能是偶然为之。乾隆皇帝在第五次和第六次南巡时常常让人们注意他的年龄,为的是强调他的身体能胜任统治。在为第五次南巡所写的第一首诗的头一句,乾隆皇帝就宣称:"高龄远驭虑劳辛"。乾隆皇帝表面上是解释,乙酉年即 1765 年以后,"圣母春秋日高,难再奉以远莅"。③ 不过,他也暗示,尽管自己已年逾古稀,但仍有精力再度南巡。除此之外,乾隆皇帝还自夸七十多岁还能骑在马上,作为他精力充沛的一个象征。1780 年乾隆皇帝抵苏州,他"玉鞍徐控入城闉",同时怅然若失,"自笑吾年亦七旬"。④ 1784 年再次来到苏州时,他更明确地将骑射和仁政联系起来:

> 庚子南巡正七旬,
> 今来有四度芳春。
> 维舟策骑仍康健,
> 露冕观民益切亲。⑤

---

① 《钦定南巡盛典》,卷 97,页 1a。
② 同前揭书,页 3a。乾隆皇帝回应高晋与闽浙总督杨景素的共同奏请,见《大清高宗纯皇帝实录》,卷 1068,页 7a—9b。
③ 《清高宗(乾隆)御制诗文全集》,"御制诗四集",卷 66,页 4a。
④ 同前揭书,卷 69,页 19a—b。
⑤ 同前揭书,"御制诗五集",卷 5,页 1a。

乾隆皇帝年岁日增,这一问题当然是与敏感的立储问题——这是金 414 从善1778年上谏的关键——关系密切。毫不为怪,1784年第六次也就 是最后一次南巡,从最开始就有意识地作为教诲乾隆皇帝的潜在继承者 即皇子们的民族—王朝统治固有"家法"的入门指南。最后一次南巡,乾 隆皇帝一离开北京,就写了一首诗,其中说:"携子更殷身示度",在诗注 中他进一步阐释:"命皇子等随往观看,沿途水陆扈从人等约束整齐,迎 銮士庶忻戴至诚。"通过此,皇子们要认识到"必如此后可言省方问俗"。 更为重要的是,乾隆皇帝宣称:"若不能,不如罢巡幸之举,不啻耳提面命 矣。"①从这一角度看,真正的巡幸不是一套礼仪规定,甚或一种行政沟通 的机制,而是皇帝行动主义和鲜活的民族—王朝原则的合乎逻辑的结 果,这引发大众的敬畏和爱戴(合法性)。抵达杭州后,乾隆皇帝重申这 一点,在此他写下了《南巡记》:

> 为君者一二日万几,胥待躬亲临勘而后剔其弊,日不暇给 焉。……兹六度之巡,携诸皇子以来,俾视予躬之如何无欲也,视扈 跸诸臣以至仆役之如何守法也,视地方大小吏之如何奉公也,视各 省民人之如何瞻觐亲近也。一有不如此,未可言南巡。

很显然,乾隆皇帝所认为的真正称得上巡幸的标准是很高的。

更为重要的是,乾隆皇帝视为真正巡幸试金石的行动主义、纪律、秩 415 序的这些标准,被认为是源自军事领域,而这是征服者精英的专属。民 族—王朝例外主义这一有着军事意蕴的理据,解释了乾隆皇帝为什么坚 持将巡幸和前线战事相提并论:"一有不如此,未可言南巡。而西师之 事,更不必言矣。"②这也解释了为什么骑射在乾隆皇帝的巡幸中一直是 重要内容(见第四章),甚至是在1780年代也是如此。例如,在1781年 2—3月西巡山西时,乾隆皇帝回忆了自己的经历,如:"丁丑(1757),于大 西门外,亲御弧矢,集侍臣较射"。"犹忆壬寅年(1722),侍皇祖于永安莽

---

① 同前揭书,卷2,页14b—15a。
②《钦定南巡盛典》,卷首上,页3b—4b。

喀行围,有承命射熊事",这些回忆提供了乾隆皇帝"命皇子、皇孙及曾孙等,随围习劳以示无忘家法"①的动力所在。第三章已讨论过,"随围"不仅指每年木兰秋狝,而且指所有的巡幸活动,其间皇帝定期阅视皇子射箭。②

于乾隆皇帝而言,骑马依然是一种象征手段,不但向皇子传达他们民族—王朝祖传遗产的具体涵义,也是证明他是矍铄、精力充沛的七旬之人。1784 年,渡过长江后,乾隆皇帝写道:"古稀露冕尚鸣鞭。"当然,在这遣字措词中,乾隆皇帝的意图以及他行动的最后结果是完全相同的:"为洽民情瞻比肩"。然而,从诗作判断,乾隆皇帝有意将他骑马经过镇江府作为清朝统治之下南方与北方统一的象征:"天堑长江南北界,一家今可此言捐。"③通过 1780 年代恢复巡幸,包括他最后两次南巡,乾隆皇帝寻求教育皇子们有关家产制继承的地理疆界以及保持它们的适宜手段。在这一点上,巡幸的做法不仅是乾隆皇帝为清朝立储做法辩护的一部分,而且也是对家产制特权的嵌入了民族意义的(再)申张。对于乾隆皇帝而言,勤勉和纪律整肃的美德毕竟乃民族所特有,这一点是乾隆皇帝通过与宋朝进行历史比较予以阐明的。

将长江理解为天然的防线即"天堑",这里指的是南宋王朝。1780 年在杭州时,乾隆皇帝写下了《西湖咏南宋诗》,开头部分说:

> 内湖外湖活画披,
>
> 南山北山明镜里。
>
> 开封失守迁以居,
>
> 弃置中原如弗视。
>
> 长江为堑姑恃防,
>
> 处堂燕雀聊堪比。

416

---

① 《清高宗(乾隆)御制诗文全集》,"御制诗四集",卷 80,页 2a—b。

② 同前揭书,"御制诗五集",卷 2,页 21b。

③ 同前揭书,卷 4,页 29a—b。

北宋都城开封(也就是汴京)1127 年遭女真人的金朝攻陷,宋朝廷撤至杭州。至少在乾隆皇帝的诗中,这里是繁荣南方的奢华之地:

> 偏安民物值富饶,
>
> 君臣胥忘卧薪矣。
>
> 朝歌夜弦诩升平,
>
> 春游秋赏穷奢靡。

417 乾隆皇帝将南宋君臣对于“湖山一时之幸”,视作其不幸之源:“然其不幸应在是。”他特别指出,南宋的第二位皇帝孝宗(1163—1189 年在位)恭奉乃父即南宋第一位皇帝也就是太上皇高宗(1127—1162 年在位)在杭州近郊“景园七十八十”游玩,都是打着尽孝的名义。①

在乾隆皇帝看来,这是自欺的做法,他 1783 年年初至年中所写的《宋孝宗论》对此有详细阐释。② 南宋前三位皇帝及他们所声称的孝道构成了这篇御制文的主题。文章一开始就重述人们普遍所认为的孝宗对乃父极为孝顺,而孝宗的继任者——南宋第三位皇帝光宗(1190—1194 年在位)——则极端**不孝**。人们普遍接受的这一认识成为乾隆皇帝的出发点,反思皇帝们,尤其是在巡幸中应用的孝道原则:“人君之孝,与庶人不同,必当思及祖宗,不失其业”。而宋朝的情况却是:

> 兹南渡之宋,祖宗之业已失其半,不思复中原,报国耻,而区区养志承欢之小节,斯可谓之孝乎?

正如表面上行孝的孝宗皇帝所做的那样,这些“小节”包括了“娱亲”。然而,在乾隆皇帝看来,这种小节并不反映孝道,实际上是以此为名,“私以行乐”。乾隆皇帝认为,孝宗并不像他的庙号能使我们相信的那样行孝。
418 不幸的是,“稗官小乘乃谓临安③士庶皆兴于孝,何其见之小哉!”乾隆皇

---

① 同前揭书,“御制诗四集”,卷 71,页 16b—17b。
②《钦定南巡盛典》,卷 24,页 37b—39。
③ 南宋都城的旧称,位于今天的杭州。

帝当然并不希望诸皇子被此等目光短浅的观点所玷污,尤其是当考虑他们自己的家产制职责和巡幸的目的时,他如是宣称:

> 今岁(1783)秋将携诸皇子往盛京,明年春南巡亦必至西湖,命于两处各立碑志之,以示天下之孝当以不失祖业为重,而承欢养志,固不在游山玩景之小节也。①

如此一来,这就完全否定了三十多年前乾隆皇帝为第一次南巡辩护最初也是最突出的理由:"朕巡幸所至,悉奉圣母皇太后游赏。"②在金从善上谏、徐述夔悖逆案之后,在有关皇帝放荡的谣言猖獗之时,乾隆皇帝明确声明观光是孝道的一种虚伪表达,是汉族皇帝和精英的一种小节,无可置疑是一种"私以行乐"的危险标志。这是对民族—王朝的堂皇标准所做的修正。

1784年第六次也就是最后一次南巡乾隆皇帝在杭州期间,写了一组关于西湖的诗,共十首,第二首《柳浪闻莺》写道:

> 南渡宋家忘北金,
>
> 相于丝管乐春深。
>
> 新莺百转非无意,
>
> 河北由来有故林。③

419

乾隆皇帝提到女真人的金朝——人们公认的满洲部落联盟的祖先,是它迫使宋朝廷撤至长江以南,这其中的民族涵义,不论对于皇子还是有学识的汉族精英都不会不知。乾隆皇帝在此实际上建构了满洲人强大而汉人衰微的系谱,这能上溯至12世纪,甚至可能更早。然而,在乾隆皇帝的思想框架内,金、宋时运如此不同,不是历史环境的产物,而是民族身份的产物。数月前的1784年的阴历新年,就在最后一次南巡前不久,

---

① 《钦定南巡盛典》,卷24,页38a—39a。

② 《南巡盛典》,卷1,页1b。

③ 《清高宗(乾隆)御制诗文全集》,"御制诗五集",卷6,页5b。

乾隆皇帝对于宋朝的批评,又进一步上溯,将北宋的第三位皇帝真宗(998—1022 年在位)包括在内。如果说乾隆皇帝批评宋孝宗,是因为后者曲解了巡幸的真正意图和目的,那么他找宋真宗的缺点,则是因为他"惟以深居禁掖为安,并无省方观民之念也"。① 乾隆皇帝在这里的总结有明显的错误,因为宋真宗也试图巡幸(见第一章)。但是乾隆皇帝隐瞒不利于自己的史实,只是为了服务于意识形态所需,将爱新觉罗(也就是满洲人的象征)家族的"王朝规制"所体现出的勤勉和行动主义这些积极的特性,与宋朝(也就是汉人的典范)君主所展示出的纵情闲逸相提并论。巡幸成了有军事变化形式的满人刚毅和纪律的象征,而满人刚毅和纪律保证了北方和南方领土的统一。在这一问题上,乾隆皇帝完全蔑视宋朝统治者,他们所谓的未能进行适当的巡幸反映他们缺少勤勉与纪律,而这则是源于民族的不尚武力。1780 年和 1784 年最后两次南巡经过杭州时,乾隆皇帝在两首同为《御教场口号》的诗中用文字嘲笑南宋朝廷未能有效地展示武力:

> 空说南朝诘武扬,
> 戎装教习逮红装。
> 本无恢复中原志,
> 留此真成是教场。②

> 赵氏江山已失半,
> 南朝习武尚临安。
> 重俗更举孙吴事,(原注:《西湖志》载:御教场,又名女教场,是
> 南宋六宫演武之地。)
> 真是不值一噱看。③

---

① 同前揭书,卷 2,页 5a—b。
② 同前揭书,"御制诗四集",卷 72,页 2b。
③ 同前揭书,"御制诗五集",卷 6,页 19b。

然而,具有讽刺意味的是,乾隆皇帝在这最后一点上用了许多笔墨。很显然,他不希望他的皇子们忘掉宋朝这些未能保住的帝国遗产、应引以为戒的故事。

通过诗作的媒介作用,乾隆皇帝也有效地反对了任何关于他前往西湖是为了游乐的看法。尽管最终的目的地,表面上与南宋(汉人)皇帝的出游相同,但乾隆南巡被认为有着本质上的不同,因为它们只是由清朝开创者最早实行的在疆土上更为全面巡幸体系的一部分(见第二章)。简言之,它们是与汉人有着重叠但最终不等同于汉人做法的民族—王朝传统的一部分。在此意义上,巡幸被想象为更具战争行动和狩猎纪律而 *421* 不是汉族士人观光的特征。

1785 年以降,乾隆皇帝反复声言自己身体健康,头脑机敏,这只不过是他借最后两次南巡进行的意识形态说教。同样也可以说这是清廷对于南宋第一位皇帝即高宗(上面讨论过)的贬低,康无为在三十多年前已指出:

> 宋高宗,绝非应效仿的榜样,乃怯懦、愚笨之徒,置军国大事于不问(很显然这暗指不收复北方),不独无以对天,并无以对子(即宋孝宗)。(通过禅位)他放弃了权力,也放弃了责任。乾隆皇帝不欲如此行事。[1]

我们很清楚地认识到,乾隆皇帝坚决拒绝过早地放弃皇位,这不仅是乾隆皇帝自己性格在起作用,而且显而易见,也是清朝民族—王朝的意识形态使然。

结论

本书前面数章以及我在其他地方已提出,[2]乾隆皇帝在 1750 和

---

[1] 康无为:《皇帝眼中的君主制:乾隆朝的想象与现实》,页 226—227。
[2] 见第四章,以及张勉治《洞察乾隆:帝王的实践精神、南巡和治水政治(1736—1765)》,尤其是页 55、101。

1760 年代的头四次南巡不仅是行政上行动主义以及皇帝仁慈的径直实施,而且也是殚精竭虑加强民族—王朝特权和权力的努力,应对此前数十年(1730—1750 年代)重新开始的水利及军事危机。尽管这也可能同样适用于乾隆皇帝在 1780 年代初长途巡幸的恢复——包括他最后两次南巡,但那时王朝所面对危机的本质已迥异于前。质言之,1770 年代乾隆皇帝所面对的以及最终促成了他在 1780 年代短时间内集中进行最后巡幸的危机,在本质上绝对是意识形态的。这突出表明,政治决定着更为一般意义上的巡幸活动。

⁴²² 当我们分析乾隆最后两次巡幸江南时,这些政治上的决定至为明显。从行政功效狭义地评价南巡历史意义的这一史学倾向,只不过是重申乾隆皇帝自己的公开声明罢了。我们并没有彻底否认乾隆皇帝声明的动机和行政目标——尤其是 1784 年御制《南巡记》中所阐述的集中于治水——的准确性(与分析的有效性相对),但我们仍要指出,官方记述只是意识形态意义的,它们要将人们的注意力从它们的缄默无语以及对于历史事实的隐瞒中转移开来。

这些隐瞒的首要方面,是乾隆皇帝将他最后的南巡视作是针对破坏民族—王朝合法性——这在 1770 年代愈演愈烈——所采取的措施。尽管乾隆朝廷努力控制南巡的意义,但事实最终证明了,大众的认识对于乾隆朝廷及其努力创造一个意识形态上占优、有德与民族—王朝统治的"国家效应",有着难以置信的影响。① 围绕乌喇纳拉皇后之死的非议的广泛传播,包括严譄案、陈济案、徐述夔悖逆案、金从善上谏事件,都说明了"意识形态的存在唤起了它的对立面"。换言之,乾隆朝廷坚持不懈地庆祝胜利般地宣扬民族—王朝例外主义的意识形态,尤其是在南巡期间,这可能无形中酿成了这些谣言和传闻,它们在 1760 和 1770 年代,刺激了对于民族—王朝合法性的急剧侵蚀。因此说,历史的能动性,并不是朝廷的垄断品。正如汤普森鞭辟入里地指出的:"个人不是被动地接

① 关于"国家效应"(state effect)详尽的理论表述,见米切尔《社会、经济与国家效应》。

受意识形态的形式以及它们所要维持的统治关系,个人可以批评或是公开指责这些形式和关系,可以模仿或是讽刺它们,可以寻求消解意识形态表达在特定条件下所拥有的一切权力。"①总之,清朝统治的建构包括了意识形态博弈和竞争的历史进程。

1750、1760、1780 年代,乾隆皇帝恢复巡幸(不仅是南方,而是包括了四个基本方向)反映出在有着重大意义的历史发展面前(首先是在 1730 和 1740 年代,接着是在 1770 年代)——这些发展最终非他所能控制——他不懈的、维持民族—王朝统治的意识形态使命。在这一点上,通过对南巡的研究,我们能够更全面地理解在清朝统治的意识形态(民族—王朝)决定因素与清朝统治历史性展开的复杂机制之间的区别。

423

_____

① 汤普森:《意识形态理论研究》,页 68。

尾声　最后的巡幸（1800—1820）

　　身为年轻的皇子，乾隆皇帝的第五子颙琰（1760—1820），陪同乃父多次巡幸，包括 1780 年和 1784 年的最后两次南巡。[①] 颙琰继位成为嘉庆皇帝（1796—1820 年在位）是在 1796 年 2 月，乾隆皇帝在 1799 年初去世，他才亲裁大政。在位二十五年间，颙琰努力维持着巡幸这一例行制度，1805 年和 1818 年两度"东巡"满洲陪都盛京，1811 年"西巡"山西五台山。[②]

　　在国内叛乱频仍、财政吃紧的年代，士大夫们反对朝廷再度恢复巡 幸。1805 年，嘉庆皇帝在首次东巡由盛京返程时，召见了三位大臣：吴熊光（1751—1834）[③]、董诰（1740—1818）[④]、戴衢亨（1755—1811）[⑤]。年轻官员梁章钜（1775—1849）[⑥]所写的吴熊光小传记载，嘉庆皇帝说："外人

[①] 嘉庆皇帝自己说："朕昔在藩邸，随侍高宗纯皇帝巡幸各处，惟五台未曾登陟。"（董诰等：《西巡盛典》，卷 3，页 1a—b；恒慕义编：《清代名人传略》，页 965—969。）

[②] 嘉庆皇帝两次东巡盛京，见铁玉钦、王佩环《清帝东巡》，页 190—231、373—424、549—581、655—669；园田一龟：《清朝皇帝东巡研究》。1811 年嘉庆皇帝西巡五台，见董诰等《西巡盛典》。道光皇帝旻宁（1782—1850；1820—1850 年在位）仅在 1829 年前往盛京"东巡"（刘渝龙、金身佳：《古代帝王巡游纪实》，页 181—182）。

[③]《清史稿》，卷 357，页 11321—11325。

[④] 恒慕义编：《清代名人传略》，页 791—792。

[⑤]《清史稿》，卷 341，页 11098—11100。

[⑥]《清代名人传略》，页 499—500。梁章钜是福州人，在江苏省任大员。

言不可听,此次有言道路崎岖、风景略无可观者,今到彼,道路甚平,风景甚好,人言岂尽信哉?"①话里有话,我们可以猜得嘉庆皇帝在首次东巡之前,遭到了官僚的反对。鉴于皇帝一行仍在"关东"(即长城以北),那么嘉庆皇帝所发现不足信的"外人言",可能是那些反对他巡幸盛京的汉人官员。②

吴熊光可能就是这反对声音中的一位。他毕竟忧虑君主专注于地方景色,讲了不合身份的话:"皇上此行,欲面稽祖宗创立艰难之迹,以为万世子孙法,岂宜问道路风景耶?"

在梁章钜的记述中,嘉庆皇帝平静地回答:"卿,苏州人也,朕少扈跸过苏州,风景诚无匹矣。"

这种对于吴熊光的家乡自豪感的迎合没有什么效果。相反地,吴熊 ₄₂₇ 光极为夸张地回答:

> 皇上前所见,剪彩为花,一望之顷耳。苏州城外惟虎邱称名胜,实则一坟堆之大者,城中街皆临河,河道逼仄,粪船络绎而行,午后臭不可耐,何足言风景乎?

嘉庆皇帝说:"如若言,皇考何为六度至彼耶?"

这时,吴熊光回忆了他与乾隆皇帝的一次见面:

> 先朝至孝冒天下,臣从前曾侍皇上进谒,亲奉圣谕曰:"朕临御天下六十年,并无失德,惟六次南巡,劳民伤财,实为作无益害有益,将来皇帝如南巡,而汝不阻止,汝系朕特简之大臣,必无以对朕。"仁圣之悔言犹在耳也。

梁章钜记述的真实与否不是这里所要讨论的问题。我们感兴趣的是,吴熊光为达到(梁章钜的?)劝说的目的,显然能够构思一个有影响力

---

① 梁章钜:《浪迹丛谈》,卷3,页42。后来的叙述以此为基础,细节上稍有不同,可见《苏州府志》"吴熊光传",卷103,页5b—7a;《清史稿》,卷357,页11324—11325。

② 提到皇帝一行位于"关东",见《苏州府志》,卷103,页6a。此事的另一记载,见徐珂《清稗类钞》,第4册,页1502—1503。

的懊悔的乾隆皇帝的形象:嘉庆皇帝应该留心他父亲最终为自己所大肆吹捧的南巡而后悔的事实。据一些记载,对于吴熊光的忠诚,嘉庆皇帝"动容纳之",以至他不再前往江南。[1] 当时,董诰、戴衢亨都赞叹他们这位同僚的直言。[2] 戴衢亨是和珅的同党,是吴熊光在军机处的老对头,据说也难以抑制钦佩之情,评价道:"《论语》言'勿欺而犯',吴公近之矣。"[3]

我们在第二章已讨论过,康熙和乾隆皇帝——巡幸的两位拥护者——遭遇并最终设法战胜了官僚对他们频繁外出的反对。然而到 19 世纪初,由于吴熊光等汉族士大夫的反对,嘉庆皇帝不能实现前往江南的抱负。这究竟发生了什么样的变化?

1799 年嘉庆皇帝掌权时,作为民族—王朝统治工具的乾隆家产制组织的完整性和有效性,已遭破坏,无法修补。和珅专擅,腐败公行,侵蚀了朝廷例行的收入(家产制征收)并使表面卑屈的依附者离心离德。然而,和珅的地位上升,不是由于乾隆皇帝年老倦勤或是一再出现的判断错误引发的历史失常现象,而是朝廷执着于建制的、嵌入了意识形态的家产制统治——这是我所称的民族—王朝统治——使然。依此理据,为了维持和珅这样表面可靠的满洲家内依附者的权力(不论他如何地非法妄为),正式法条和行政程序都要让路。最终,在家产制实践(不论是否是民族—王朝变形)面前,理政的重大合理化行动不复存在,因为它有利于汉人占主导的官僚限制进而挑战皇帝的民族—王朝支配地位。将这一历史过程视为"王朝衰败"循环的又一例证,并将之完全归因于那些不能"现代化"的个人的"失败",这立刻就变成了传统的政治道德和明显是时代错置的一种表述,而这两者对历史学家都没有什么用处。要将此直接且尽可能简单明了地表述清楚,了解时代背景很重要。

---

[1] 梁章钜:《浪迹丛谈》,卷 3,页 42;《苏州府志》,卷 103,页 6b。
[2] 《清史稿》,卷 357,页 11324。
[3] 《苏州府志》,卷 103,页 6b。

1800 年代初，对于增强民族—王朝统治安排而言，巡幸已是过时和无效的手段，而民族—王朝统治安排在过去一直构成了清朝家产制统治的核心，这不是因为它从未起作用(它过去起着作用)，而是因为在 18 世纪末和 19 世纪初的背景下它不再起作用。这一时期清朝的秩序受到了全球变化的影响，这种影响至少从 16 世纪就已开始，在 18 世纪日益强烈；这些包括美洲白银和粮食作物在全世界的流动所带来的经济商业化，以及前所未有的人口增长。濮德培[他赞同克里斯托弗·贝利(Christopher Bayly)的看法]认为，"商业化挑战了所有大帝国统治权力基础的预设条件"。我们可以认为这些"预设条件"(濮德培认为它们"维护了社会秩序并支撑了道德规范")，是社会的和政治的意识形态变化形式。我在整部书中也主张，清朝家产制统治的建制意识形态之一，是民族—王朝的团结一致、例外主义与支配地位。在濮德培看来(又是赞同贝利的看法)，商业化对于"社会团结一致"的所有形式，包括建立在同一民族信念之上的政治忠诚联系，都有腐蚀性的冲击作用"。换言之，"错综复杂的金钱向以军事忠诚、宗教虔诚或是宗亲为基础的关系发起挑战，取而代之的是对一己利益的考虑"。① 那么，乾隆和嘉庆皇帝所面对的腐败问题，本质上不仅仅是个人或道德问题，而且也是社会历史问题。这可能解释乾隆皇帝在 1770 年代努力重新恢复和重新建构他的家产制组织为什么会最终失败，以及嘉庆皇帝为什么会取消他的南巡计划。

尽管嘉庆皇帝最终除掉了和珅并罢黜了他最有权势的同党，但和珅广泛的奥援网络残余深深植根于帝国的各种制度之中，尤其是军机处、漕运系统以及军事机构。② 吴熊光等官员太了解这些了。这里值得指出，记述吴熊光与作为太上皇的乾隆皇帝(发生在 1795—1799 年间某个时间)的见面，与继这位皇帝宠臣倒台而起的反对和珅党羽的政治反弹

---

① 濮德培：《中国西进：清朝对欧亚大陆中部的征服》，页 559。
② 曼素恩、孔飞力：《王朝衰落与反叛根源》，页 108、116、119—122。

430 密切关联。吴熊光是位重要的政治人物,是和珅的著名反对者。① 1799年乾隆皇帝去世以及随后和珅遭弹劾并自裁后,吴熊光就警告说,尽管主犯已被清除,但曾是和珅同党的狡诈官员们仍然可以兴风作浪,伺机复仇。吴熊光建言大范围肃清和珅同党,嘉庆皇帝对此赞同。② 为了整肃官场,朝廷和官僚间的重心已经发生了决定性的转移。嘉庆皇帝继续他的改革计划,亟需得到吴熊光这样的士大夫的支持。随着关注肃清和珅对行政无所不在的影响,嘉庆皇帝也放弃了对于民族—王朝特权雄心

431 勃勃的防御,而这种防御在他父亲时表现突出。"各省督抚,汉人从嘉庆朝开始日益占据多数",③这不是巧合。缓慢但肯定是减少的巡幸与嘉庆的政策改变携手并进,而政策的改变主要包括"人事和经济支出上的变化"。④

随着环境的变化,官僚和君主的作用完全不同于 18 世纪,巡幸的正当性极大削弱,巡幸的地理范围大幅度缩小。在上面所讨论的记述中,嘉庆皇帝似乎醉心于游览("风景甚好"),而正直、无畏的吴熊光不得不提醒他的君主前往盛京背后的民族—王朝动机(岂宜问道路风景耶?)。

---

① 吴熊光得到了军机大臣、将军阿桂的赏识,1770 年代和 1780 年阿桂在多省任职。学者认为和珅害怕阿桂这样正直的官员会对乾隆皇帝有影响,因此要"确保尽可能多地常派阿桂离开京师"(恒慕义编:《清代名人传略》,页 8)。虽然有这些"努力",阿桂最终还是在 1790 年代回到京师并起到了积极的作用,和珅一方一向视他为眼中钉、肉中刺。他在朝廷之上一直是和珅的主要对手,直到 1796 年因病休致(时年 80 岁)。第二年(1797),乾隆皇帝到承德(热河)开始每年的木兰秋狝。已是首揆军机大臣的和珅,留在京师负责政务,而过去这是由现已休致的阿桂承担的。乾隆皇帝命令和珅前来避暑山庄,但和珅却未能现身,这引起乾隆皇帝的怀疑,令受阿桂赏识的吴熊光前来,要提升他在军机大臣的职位。(这里对原文的理解有误,《清史稿》的原文是:"嘉庆二年,高宗幸热河,夜宣军机大臣,未至,命召章京,熊光入对称旨,欲擢任军机大臣。"——译者注)和珅反对,理由是吴熊光只是五品官(军机章京),这样的升迁不合规章(和珅忘了他自己 1770 年代和 1780 年代得益于类似的疾速升迁),他推荐自己的同党戴衢亨(1805 年时也在嘉庆皇帝召见之列),也应升迁,要位列吴熊光之前,因戴衢亨是四品官,在军机处供职了一段时间。最后乾隆皇帝将吴熊光、戴衢亨都升任军机处的三品官,这引起和珅极大不满。吴熊光在军机处的任期很短,1797 年 8 月被迫撤出军机处,任直隶布政使(《清史稿》,卷 357,页 11321;曼素恩、孔飞力:《王朝衰落与反叛根源》,页 117)。

②《清史稿》,卷 357,页 11321—11322。

③ 凯斯勒:《清朝省级大员的民族构成》,页 499。

④ 曼素恩、孔飞力:《王朝衰落与反叛根源》,页 116。

同时,通过追忆乾隆皇帝的"仁圣之悔言",吴熊光认为不宜巡幸江南。当然,嘉庆皇帝继续支持巡幸这一民族—王朝的与军事的原则。他1811年西巡五台,主要是庆祝平定白莲教起义的胜利,白莲教起义横贯五省,历时八年多,耗尽了国帑。经由山西时,嘉庆皇帝继续将自己的巡幸描述为"遵循家法","策马度长城岭"。[1] 然而,嘉庆皇帝只能在中国北方或塞外活动,而不能到江南。梁章钜所记述的吴熊光与嘉庆皇帝的对话,反映了官僚抗议巡幸的复苏,以及民族—王朝特权在内地的严重减弱。这也开始了将乾隆南巡的历史记述,差不多化约为皇帝放纵与财政上不负责的行动、太多无谓的铺张和奢华。[2]

民族与清统治的历史机制

432

乾隆南巡盛况既是历史环境的产物,也是意识形态的需要。18世纪是前所未有的和平与繁荣时期,此间清朝的政体也发生了重大转变,不独是一个成熟的内亚帝国,而且是一个高度集权的家产制国家。巡幸的做法,尤其是南巡,使得清朝统治者,在高度流动性时代,作为"民族—王朝君主"能够维护他们的家产制特权,将他们政治合法性的两个主要构成因素保持为至关重要的共生关系。一方面,证实了乾隆皇帝明确迎合汉人政治—文化标准和社会利益,这有利于抑制——至少是暂时地——由商业和地域精英所推动的地方分权的力量(第五章和第六章)。另一方面,他继续重申爱新觉罗统治的积极行动精神以及满洲民族—王朝统治的军事基础。通过南巡,乾隆朝廷寻求始终保持富有活力的满洲行动主义本质和形象,作为一种仁政的形式,而不忽视征服的建制性(即最基本的制度和意识形态)遗产。只有在清朝国家形成和18世纪转型的更广阔的历史背景中,我们才可能更充分地理解,为什么尽管有着"天下虽

---

[1] 董诰等:《西巡盛典》,御制序,3b—4a页;卷1,页10a—b。
[2] 现代学者依然使用同样的"劳民""伤财"字眼,描述嘉庆和道光在19世纪初的巡幸活动(刘渝龙、金佳身:《古代帝王巡游记实》,页178—182)。

得之马上,不可以马上治"这一古老的士大夫格言,乾隆皇帝在18世纪中后期却继续坚持马上治天下。

说完了这些之后,清朝建制中仍有一些关于民族的地位和作用的疑问。即便乾隆皇帝坚持马上治天下,他的臣民是否**视**他是马上的满洲统治者呢?18世纪前中期清朝的统治以及满洲人对于内地的民族—王朝统治仅仅是朝廷意识形态的幻象吗?换言之,在何种程度上,以何种方式,以及对于哪些人,民族才是重要的?就算是这样,那么在18世纪,它是如何继续在内地建构清朝统治的历史机制的呢?

这些问题重要但却不易回答,至少是因为乾隆皇帝在官方和精英的话语中常常显得是位有道的天子,深具学识的朝臣们所创作的大量朝廷诗作以及地方志的材料证实了这一事实。① 那么,在官方的材料中,清廷对于内地的权威,是建立在有效的"误认"机制之上,借此清朝的皇帝们从礼仪和话语被建构为天子,而不是爱新觉罗家族的勤勉和富有活力的子孙。② 简言之,清朝对于内地的统治,显然是被美德,而不是通过民族出身予以合法化的。第二,民族和谐的官方意识形态的大行其道——最好的体现是"满汉一家"的精炼口号,这对于汉族精英(但不一定对于征服者成员)来说,公开谈及清最高统治者的民族背景,是极危险之事,尤其是在乾隆朝。民族,像大多数意识形态建构一样,都是在无声无息中进行的。

然而,正如我在本书中所主张的,清朝的统治者,尤其是乾隆皇帝,一直执着于倡导民族—王朝至上和例外主义的意识形态,甚至是在中国

①康熙朝此种诗作,见陈廷敬等《清文颖》,卷首2,页23a—24a;卷36,页1a—8a、9a—13b;卷38,页15a—19a、23a—25b、48a—54a、55a—65a;卷41,页1a—4b、7a—11b、17a—23a、24a—29a;卷44,页31a—36b;卷46,页41a—47a;卷53,页1a—3a;卷54,页7a—12a、12a—15b;卷58,页5a—6b;卷63,页16a—21a、21a—23b;卷67,页9a—10a、11a—b;卷68,页10a—14b;卷78,页16a—17a;卷79,页12b—13b、13b—15b。乾隆朝此种诗作,见同前揭书,卷47,页31a—32b、38a—40a;卷48,页7a—9a、15a—17b;卷50,页1a—4b;董诰等《清文颖续编》,卷2,页3a—9b;卷2,页10a—16b;卷8,页9a—15a;卷9,页17a—21a;卷18,页28a—34b。乾隆期的此种地方志材料,见《常州府志》,卷11,页1a;《扬州府志》,卷31,页4a—b。
②布迪厄:《权威化的语言:仪式话语有效性的社会条件》,页109、113。

内地。由于清朝国家形成的特殊历史以及制度和意识形态等的决定性因素,清廷在征服者与被征服者、统治者与被统治者之间保持着清晰的区分。这一区分采用了民族—王朝统治的方式,这实际上是历史、具体的家产制统治(见本书"绪论")的一种变化形式。然而民族,不仅是清廷特别关注的,而且也是帝制晚期中国政治文化所建构的内容。是以,民族是一个基本的意识形态范畴,塑造了一个被称为清朝统治的历史上特定的社会政治秩序。

　　欧立德指出,"实际上,首崇满洲,不是以与'满汉一家'同样的方式进行大肆宣扬的。在极少数的讨论场合,为它辩护的原因是满洲人对帝国稳定所做的贡献超出了其他任何人,他们的奉献值得特别补偿"。① 这里,我想补充的仅仅是,清朝巡幸的做法,是这一意识形态进程不可或缺的部分。皇帝狩猎和出巡包括南巡在内,是对民族—王朝例外主义的积极、相沿成习的主张,从而成了对于清朝家产制特权的维护。如前所述,乾隆朝廷通过将与"马上治天下"并存的勤政("无逸")、孝道("法祖""家法")以及嵌入了民族意义的(也是经典所赞同的)皇仁("观民")场面等经典话语密切结合在一起并加以利用,从而实现了其民族至上的诉求与家产制统治。就参与并在其中谋求晋升而言,国家权力的合法制度——尤其是科举制——日益变得依赖于有抱负的个人的意愿以及效仿皇帝话语的能力,来称颂朝廷,许多汉族精英被迫至少要复制,甚至可能完全接受民族—王朝统治的意识形态信条。例如,1751 年参加杭州召试的考生就被要求以经典"无逸"为题作赋——这在第二章讨论过,是皇帝最喜爱的问题。

　　然而,"无逸""法祖"等此类抽象概念内在的多重并"难以明确"的意义,直接导致了人们质疑精英和大众对它们的接受。精英和大众对于南巡的认识与朝廷所传播的**嵌入了的民族意义**是一致的吗?

　　有一致的地方,但不完全等同。由于上面已提到的原因,精英书写的

① 欧立德:《满洲之道:八旗制度与帝制晚期中国的民族认同》,页 212—215。

435 材料,在证明清朝正当统治时,几乎不明言民族差别。即便如此,史料中还是包含汉族官员和民众中普遍存在的对于清廷的非汉起源认识或意识。精英参与政务以及朝廷指导的文化项目,肯定令他们了解到了一些民族—王朝的差异与至高无上,尤其是在军事方面。在这一点上,内地之外的清帝国领土扩张是极为重要的。第四章已有详论,汉族士大夫和朝臣从根本上重新解释经典概念,为的是迎合朝廷武备的精良以及对满洲武力的颂扬。蔡新、赵翼、钱汝诚、齐召南、钱维城等著名文人,以及《南巡盛典》的编纂者,称颂乾隆皇帝(并扩展至整个满人)是18世纪和平繁荣的源泉。甚至是在1760年乾隆西师告成之前,在1751年第一次南巡期间,乾隆皇帝在苏州款待准噶尔使团时,恰恰是沈德潜被迫去记载部落外交的这一盛况。沈德潜对于"以部落语言"互致问候的记述,表现精英的确意识到了清廷的非汉起源。内亚部落首领在皇帝扈从中很显眼,尤其是在乾隆皇帝庆贺胜利的第三次南巡期间,这只能强化有修养的精英中民族差别的意识。

敏感的民族差别意识,也常常在关于道德(即"汉人道德相比于满人某些不道德"或相反的说法①)的激烈争论中表现出来。凭借表面上看对于民族—王朝例外主义和美德的一以贯之的申张(和重新申张),乾隆朝廷定义了意识形态的术语,而大众对乾隆朝廷的认识与不满也是通过这些术语表达出来的。如第三章所述,一般人对于南巡中在地方上为非作歹的认识,已经超出了官方奏报中常说的怀疑对象,暗指的是皇帝扈从 *436* 中的高级官员。尽管官方努力压制或是否认它们,但从大众或曰野史材料看,至少部分普通百姓是乐于也能够一直保留着对于被认为是体现了民族—王朝美德的旗人的负面印象。大众书写的材料,将皇帝的亲军描述成腐败不堪并滥用权力,而未经许可的《南巡录》等记述,以耸人听闻的细节描述了南巡途中醉酒的哈喀等亲军的异常出格行为。更多的人

---

① 戴廷杰:《士与权——中国历朝文字狱案》,页229,转引自欧立德《满洲之道:八旗制度与帝制晚期中国的民族认同》,页455注4。

可能至少熟悉,甚至可以公开接受这种对于征服者精英的轻蔑。我认为,这本身可以视为不仅是大众不满而且也是普遍存在的民族差别的证据。

可以说,大众对于南巡的认识,与朝廷的意识形态目标相左,与官方努力建构的由不同民族人员组成的团结紧密、纪律严明的皇帝方阵队伍的形象相矛盾。毋庸说,当贴身随从牵涉到滥用权力的指控,乾隆皇帝会变得特别地焦虑。如第八章所述,在 1765 年第四次南巡期间,随着与乌喇纳拉皇后的冲突,乾隆皇帝自己成为流言蜚语的主角以及道德轻视的对象。说他极关注这些事情的进展,一点儿都不过分。严譄、陈济的言说引起了极大的警觉,因为可能会揭露乾隆皇帝公然违抗纳汉人为妃的民族—王朝禁忌。传播这样的信息可能使人相信大众关于南巡期间乾隆皇帝放荡的故事所传达的具有颠覆性的民族内涵。因此,大众的想象,既反映也强化了对民族—王朝差别的认识。

1778 年末,当面对徐述夔与金从善案时,乾隆皇帝痛苦地意识到了人们对于民族—王朝差别的根深蒂固认识。当乾隆皇帝发现,在南巡期间精心培植的对己忠诚和依附(第五章)的苏州著名诗人沈德潜,实际上在 1760 年与一个悖逆反满文人关系极为密切时,他的自信心严重受挫。同样令人心绪不宁(对乾隆皇帝来说)和具有揭示意义(对我们来说)的是生员金从善的上谏抗言,它与 1778 年末徐述夔悖逆案同时发生。金⁴³⁷从善请求乾隆皇帝另立皇后,只是批评乾隆皇帝立储做法的一部分,而立储不仅是民族—王朝连续性,而且也是民族—王朝身份和例外主义的根源所在。换言之,制度安排和做法与敏感的民族统治以及王朝合法性纠结在一起,密不可分。这就是清朝民族—王朝统治的本质。

这一意识形态斗争的症结,是巡幸。乾隆皇帝在 1740 和 1750 年代恢复巡幸,作为对民族—王朝统治的意识形态防御(和申张)(见第二章)。金从善可能认为他只是表达了改革的规划,以强化王朝政权的实力和稳定,但在许多方面,他的提议是在指控巡幸作为一种合法的治理模式。正因如此,金从善的抗议也是对于清朝民族—王朝统治原则的挑战。

南巡以及整个巡幸,总是被人简化为不合法、无效以及劳民伤财的治理方式,或是乾隆皇帝(非历史的)性格缺陷的静态象征。在本研究中,我已尽力将南巡和巡幸还原为一种有着历史机缘的民族—王朝统治模式,这种模式使得大量的历史参与者构成一定的社会政治秩序并产生(再生)某种系统的社会政治安排——所有这些,从某种意义上说,合乎了他们各自的且常常是歧异的利益。

这种貌似静态的对民族—王朝统治的认识,其内在则是远为动态的论争、博弈和抗拒概念。简言之,民族对于大量的历史参与者——清廷、精英以及普通百姓——意义重大,但发挥作用的方式不同。民族,不论在史料中是否说得清楚,是共享的虚构之物(一种社会范畴和话语),通过它,各种各样历史的行动者寻求建构、博弈并了解各种他们生存于其间的现实的意义。当然,民族是一种意识形态建构,然而也是一种可操作或是活生生的、塑造着社会和政治现实的建构。

清朝的民族—王朝统治(在它的制度性安排与它的意识形态建构方面)是要着眼于整体与普遍性的推行,然而它从未真正实现过。在这一历史特殊的统治形式之内,存在着意识形态的因素(不是制度性安排),从中,后来民族主义(ethnic nationalism)得以建构,柯娇燕对此历史进程做了最为全面的研究。[①] 只有全面理解了清朝"民族—王朝统治"意识形态的建构与 18 世纪的特定历史条件以及家产制统治制度性安排间的许多紧密相关的复杂方式,我们对于清朝历史的理解以及对于现代中国的理解,才会摆脱不完备和过于化约的窠臼。

─────────────

① 柯娇燕:《透镜:清帝国意识形态的历史与认同》,页 337—361。

附录 A　乾隆南巡的地方备办情况

南巡需要大量的后勤支持。地方的备办组织工作繁重,通常在皇帝一行离开京城的两年前就要开始,各省的动员接近准备一场小型战争。首要的是,一个移动的朝廷要求地方扩大并养护基础设施。地方政府倾注大量人力、物力,修建和修缮道路、桥梁、码头,以及腾空、平整向导统领事先所选定的皇帝宿营地。御道要求有 3 丈宽(34.5 英尺),两侧各有可容两匹马并行的道路,每条宽 7 尺(8 英尺)。① 1750 年,工部请求遵循第一次南巡上报开支以及征用必需人夫的成例,乾隆皇帝俞允。据 1743 年乾隆第一次出巡曲阜孔庙所立章程,公帑支付的地方人夫工价,包括宿营地每座 160名、白天尖营每座 80 名、陆路每里(约三分之一英里)35 名。以前巡幸山东 *442*所用设备的标准稍低些:每座宿营 80 人、每座尖营 40 人,陆路每里 25人。② 与乾隆首次南巡安营的最小值及陆路里程(见表 B7 和表 3.4)相乘,可以知道约 50 000 人夫,这是满足最基本道路和宿营的最低数字。③ 这一

---

① 《南巡差案章程》,卷 1,页 9—10a。人口稠密地区,御道变窄,只有两丈五尺(28.75 英尺),两条马道,只有六尺五寸(7.5 英尺)。一寸(1.3 英寸)高的路缘将这三条道分开。

② 《南巡盛典》,卷 90,页 18a—20b。

③ 56 个主要宿营地,每个需 80 人夫;47 个尖营,每个需 40 人夫;南行陆路 1 780 里,每里需 25人夫;以上相加共约 50 000 人。

人夫大军听命于地方官,着手清理和平整路基和宿营地面;修建码头、马厩、库房;挖掘路旁水井;修建路边栅栏;树立县、省界碑;沿整个巡幸路线建立台站,保证通信畅通。①

征调和安排基本的运输设备(马、船、车、征用的牲畜等)也需要大量的地方资源。皇帝贴身随从中的所有高级成员都要骑马,因此所要求的马匹数目大得惊人。第三章已指出,官方厘定的皇帝贴身随从的马匹数是6 000。为保证随时可以得到6 000匹马,在指定地点预备的马匹总数达18 000—20 000匹。

朝廷令江南地方大员从八旗和绿营驻地征用约8 000—10 000匹马。更南边的浙江省官员要从该省的八旗和绿营驻地安排5 000匹马,供皇帝一行使用。② 在山东,巡抚、提督从驿站征集1 130匹马,从各绿营和驻防八旗征用826匹,总数为1 856匹。③ 直隶总督要额外准备1 000匹马,当皇帝一行经过德州(位于山东省)返京时,替换疲乏的马匹。④ 1762年巡幸中,在德州供皇帝随从替换的大多数马匹来自青州驻防八旗,它也派了330驻防士兵负责这些马匹。⑤

征调和安排如此大量的马匹,是对后勤的挑战。南巡经由省份,因为要求日益增多,大都发现它们自己驻军的坐骑供应不足。⑥ 1755年,就在乾隆朝第一次准噶尔之役结束后,江宁驻防八旗将军锡尔瑚、京口驻防八旗将军海常以及两江总督尹继善,会衔请求同意派官员前往张家

443

---

① 《录副奏折》(北京),缩微胶片卷047,号888b—90b,894b—96b,898b—99b,903b,910b—11b,918b,927b,934b,939b。台站和驿站的区别,见赖福顺《乾隆重要战争之军需研究》,页61—62。

② 《宫中档奏折》(北京),内政类(南巡),乾隆十五年九月十二日,卷7,喀尔吉善、永贵,乾隆十五年十二月初七日。浙江省内巡幸路线大部分是经由大运河,极大地减少了该省所需马匹数目,与其他省比较就看得出来。

③ 《录副奏折》(台北),文件号006316,准泰,乾隆十六年正月十一日。

④ 《宫中档奏折》(北京),内政类(南巡),乾隆二十二年正月至六月,卷8,方观承,乾隆二十二年三月二十一日。方观承指出了乾隆十六年事例,并请求乾隆二十二年依此行事。

⑤ 《乾隆朝上谕档》,第3册,页817,文件2292号。

⑥ 《宫中档乾隆朝奏折》,第20辑,页696,杨廷璋,乾隆二十九年二月二十八日;第21辑,页155—156,尹继善,乾隆二十九年四月初九日;第21辑,页478,崔应阶,乾隆二十九年五月十六日。

口（就位于长城以南）的官办牧厂买约 3 000 匹马，以备办即将到来的南巡。[1]　兵部对此议奏：

> 查明岁巡行南省，江浙需马甚多，若以此次军需（第一次平准）备用余马，暂行（由直隶总督方观承）拨给，亦通融之法。现今都统莫尔浑军营余马二万余匹，除备厄鲁特朝觐之用，余马俱令牧放，酌量分队，于八九月间赶至张家口，锡尔璊等请领马匹，应令各委妥员，于八月间赴部报明，会同理藩院司官一员，至张家口照数拨给。马价即交藩库，无庸解京。山东、浙江，如有缺马之处，均令咨明，照此办理。[2]

很显然，如此大规模征调马匹仍嫌不足；六个月后，河南巡抚图尔炳阿上奏，他刚将 2 500 匹马转交江苏以备办即将到来的南巡。[3]　需要从河南得到额外的马匹，可能说明了江苏的马匹不仅供应短缺，而且也绌于替换：

> 现据将军臣容保，于贮库马价内委员赴口购马四五百匹备用，约需冬间赶至江南。（尹继善）既恐尚有不敷，且虑新马到江，且去差期不远，喂养未久，难以应差。[4]

为了避免出现马匹疲乏问题并减少支出，浙江的一些大员用邻省的"土马"充数。遗憾的是，这种方法自身有一些问题。"土马"个头小，不如在北方草场喂养的马以及沿长城市场购买的"口马"强壮。[5]　长远来看，使用"土马"只能填补巡幸所需量的 20—30％，[6]这对短期马匹储备没有什么作用且增加了整个支出。

省里的官员也花费大量时间和精力协调皇帝的行进，并在全省地

----

[1]《大清高宗纯皇帝实录》，卷 490，页 33b。计划第二年（1756）进行的南巡因为阿睦尔撒纳反叛及随后的军事行动而推迟。

[2] 同前揭书。

[3]《宫中档乾隆朝奏折》，第 12 辑，863—864 页，图尔炳阿，乾隆二十年十一月十一日。

[4] 同前揭书，第 21 辑，页 156—157，尹继善，乾隆二十九年四月初九日。

[5] 同前揭书，第 20 辑，页 696，杨廷璋，乾隆二十九年二月二十八日。马市位于宣府、大同、张家口、古北口等地。

[6] 同前揭书，页 564，尹继善，乾隆三十年七月二十日。

方,根据皇帝一行的行进路线放养大量马匹。整个行程,皇帝扈从所需的马匹数目在 4 000—6 000 间浮动,这由所处地点及由此带来的随从规模所决定。皇帝一行抵达江苏北部的黄河沿岸,皇帝随从的规模就有所缩小,而前往附近名胜的随从又进一步减少(见表 3.2)。1757 年,在长江北岸放养了约 4 200 匹马,其中宿迁县顺河集 500 匹、青江浦 3 700 匹。同时,约 4 400 匹驻防八旗的马匹在长江南岸的镇江放养。官员们不得不将镇江放养马匹的大部分(约 4 000 匹)向南移至苏州,用以替代皇帝一行从浙江返程至此已疲乏的马匹。① 这反过来迫使官员从江苏北部摆渡 1 600 匹马过江,以保证皇帝一行从浙江到两江总督所在地江宁的陆路行程的 6 000 匹的需要。② 为了保证向众多的随从分配如此众多的马匹,实行了一种特殊的"红票法"。③

---

① 同前揭书,页 13b。

② 同前揭书,页 11a。

③ 1764 年的一份奏折引述了 1757 年的做法,提供了细节:

臣于通省满汉标营并江西营驿马调拨预备,派员管理一切事宜,俱经臣与抚提诸臣加紧妥办。惟临时放马收马之法,尤宜酌定章程,以免纷杂迟误。伏查上届准部咨,共需马六千六百九十余匹,分拨侍应。原议圣驾经临时派出,内大臣会同兵部给票监放,嗣因管马之员办理不善,稽查不严,应差地方未曾分定,彼此推诿,而所议给红票放法之法,并未曾行,仆从人等见马即抢,牵马兵丁又复私自藏匿,以致应骑马者多有步行,此上届马匹贻误之缘由也。今次若不预为筹定奏明办理,仍恐临时杂踏,贻误匪轻。臣悉心酌议,此番预备之马,查照上届仍需六千余匹,臣宽余多备,共拨马八千匹,大江以北派绿旗营马四千匹侍应,大江以南派江宁、京口八旗马四千匹侍应。惟往江宁之时需马较多,八旗马不敷,仍于绿旗营马内协济,公同侍应。至支放马匹,江宁、京口各应派副都统一员总理,绿旗各营应派总兵官一员总理,各按派定地方分拨侍应。并恳皇上特派大臣会同兵部临时监放,将应骑马官员人等预先散给红票,以便验票给马,但红票若不分晰明白,仍不免有牵混之弊。应请红票刊刷,空白兵部填注街姓、马数,如每员骑五匹者,给发一票,有骑马三匹二匹者,亦每员各给一票,其太监、拜唐阿人等或二人三人或一人一马,如每人各给红票一张,未免纷繁,各行档每处派一管理之员,应将应骑马匹若干,查开总数汇给一票,总需凭票支马,管马官员验票发马,即将红票留存,至缴马时给还红票。是领缴马俱有凭据,自不敢多骑冒领一马,各派一兵沿路跟随照管马匹,自不致于遗失。如旗营之马不能照数应付,短少避误者,将管马之员遵行参处,如有不照应骑之数、混行抢夺者,即报明总理行营处严拿究惩。其沿途车驾进城及跟随御舟撑纤,系暂时差使,用马不多,毋庸散给红票,以免太繁,仍请总理行营处,先一日将需马匹数目,明白传知。

见《录副奏折》(北京),缩微胶卷 033,号 1153,尹继善,乾隆二十九年十月二十一日。一种类似的红票做法也用于巡幸中的船只(白彬菊:《君主与大臣:清中期的军机处(1723—1820)》,页 196)。

除马匹外,也征用同样大量、随时可能需要的人夫、车辆、牲畜(骡和 ₄₄₆
骆驼)以备南巡。1762 年,为服务于从京城到渡过黄河这段行程,直隶总
督方观承从十个县雇用约 2 861 名人夫。① 仅从浙江到江宁的陆路,就
需要从四个县征募人夫约 48 000 名,而这仅是整个南巡路线很少的一部
分。② 1751、1757、1762 年,兵部从顺天府(也就是京畿北部地区)征调了
400 辆车,在直隶和江南,地方官员雇用约 500 民用车辆。③ 1764 和 ₄₄₇
1765 年,仅直隶所雇用的民用车辆就激增。方观承奏报,1764 年共雇用
6 112 辆车,1765 年则需要 11 397 辆车。④ 1780 年,官员上奏共使用了
770 辆车(主要是在南巡路线的北段,道路更宽且基本上是陆路)并在江
宁、淮安、扬州府雇用了约 1 800 头骡子。⑤ 最后,为了 1757 年南巡,各
省向直隶申请了约 1 300 头骆驼,1751 年,兵部向山东拨付了 924 头
骆驼。⑥

皇帝出巡路线中所渡过的两条主要河流——黄河和长江,都在江苏
省(见图 1)。两次渡河要求大量的后勤筹备。江苏省黄河和大运河交汇
处的驻守官员负责渡黄河,为了便利渡河,他们沿黄河南北两岸修建了
三十个木制码头,又专门建造了一个专门的御用码头。在 900 艘用于黄
河的渡船中,30 艘供皇帝使用,100 艘供皇帝的亲军使用,80 艘用来载运
马匹。⑦ 从清河、铜山县雇用了约 21 600 名人夫,这一数字到乾隆皇帝

---

① 《内务府来文》(北京),卷号 16,3023 包,户部,乾隆二十八年四月二十五日。

② 《南巡差案章程》,卷 2,页 6a。

③ 《宫中档奏折》(北京),内政类(南巡),乾隆十六年正月至三月,卷 7,黄廷桂、准泰,乾隆十六
年正月初七日;《南巡差案章程》,卷 3,页 7a。

④ 方观承奏报 1764 年末雇用民车 6 112 辆,其中 3 763 辆用于转运军队,2 349 辆用于各地方备
办南巡。1765 年,雇用民车 11 397 辆,其中 8 004 辆用于运输军队,3 393 辆用于备办南巡。
《宫中档乾隆朝奏折》,第 23 辑,页 526,方观承,乾隆二十九年十二月二十一日;第 27 辑,页
124—125,方观承,乾隆三十年十二月二十三日。

⑤ 《南巡差案章程》,卷 3,页 8b、10a。1762 年江苏用于南巡支出的总账目说,官员为了南巡一
行人的返程,雇用了 2 400 头骡子。《录副奏折》(北京),缩微胶卷 047,号 905b—906b,尹继
善,乾隆二十七年十二月。

⑥ 《宫中档奏折》(北京),内政类(南巡),乾隆二十二年正月至六月,卷 8,陕甘总督黄廷桂,乾隆
二十二年四月十九日;乾隆十六年正月至三月,卷 7,准泰,乾隆十六年二月二十八日。

⑦ 《南巡差案章程》,卷 2,页 35b—36b。

1765 年南巡时增至 31 600 人。① 渡长江同样复杂,除了征调用以摆渡人员、马匹、木柴等物资的约 1 500 艘船只外,还要在瓜州、京口、钱家港、象山修建码头。②

渡过黄河后不久,在直隶厂这个地方,皇帝一行换乘船只沿大运河前行。皇帝的船队由 11 艘船组成:翔凤艇、安福舻(由两淮盐政建造并于 1751 年呈进)、两艘"湖船"、一艘"扑立船"、三艘"正黄船"、三艘"副黄船"。仓场总督负责这些船,将它们停靠在宿迁县,等候皇帝一行的到来。③ 这一船队的驾驶人员是由 99 名来自京城和另外来自苏州、镇江、淮安、扬州四府的船工组成,每府出 25 名。另外的 441 艘船组成的船队搭载皇帝贴身随从的其余人员。乘载御前侍卫、大学士、来自上驷院的 24 匹御马、24 名喇嘛,以及来自兵部高官的船只,位于皇帝船队的前部;其余的尾随。④ 从江苏到浙江边境,3 600 名河兵作为皇帝船只的纤夫。他们每 600 人一班,六班轮替,而在渡黄河时需要为他们额外准备 200 艘船。⑤

这些仅是皇帝贴身随从的后勤要求。此外,必须要加上皇太后的单独一班人,包括皇后和一些挑选出来的妃嫔。⑥ 皇太后扈从人员包括 12 艘船,供皇太后、皇后及御茶膳房和妃嫔等人员乘坐。⑦ 直隶总督方观承的一份奏报显示,除 12 艘船外,还包括了足够供大量亲军乘坐的船只。当他们返回京城时,约 800 名河兵和 7 500 名雇用的平民,在直隶境内,

---

① 同前揭书,页 5a。

②《录副奏折》(北京),缩微胶卷 047,号 890b,尹继善,乾隆二十七年十二月为修建码头事;《南巡差案章程》,卷 2,页 38a 船只的记述。其他的物资,其中包括可以供应一个月的粗细粮食、奶牛、牛、牲畜饲料。

③《南巡差案章程》,卷 1,页 1—2a。

④《乾隆朝上谕档》,第 2 册,页 889,记述 1751 年(乾隆十六年)和 1757 年(乾隆二十二年)情况。

⑤《南巡差案章程》,卷 1,页 3a;卷 4,页 8a。这是乾隆时期不同于康熙时期的做法。康熙时河兵不过长江,是在江苏南部地区雇用私人作纤夫。

⑥ 我未找到 1751、1757、1762、1765 年南巡时皇太后一行的详细扈从名录。

⑦《南巡差案章程》,卷 1,页 2a;《录副奏折》(北京),缩微胶卷 042,号 2134,给出了御茶膳房(两艘船)和后妃服侍人员(四艘船)的尺寸。

作为纤夫,沿大运河拉皇帝的后妃们渡过十站。① 安排这么多船工也是一直受关注的问题。1750 年,两江总督黄廷桂表示,皇帝宿营地需要保障安全,以防止为皇帝船队服务的 10 000 多船工和纤夫偷抢储备的粮食。经向导处统领、负责监督所有安全事宜的兆惠同意,黄廷桂挑选了约百名卫兵,他们被置于来自江宁各地的 40 位巡检的监管之下。②

除了皇太后和皇帝扈从使用的船只,在六个府,另雇用各种形状和大小船只以满足南巡中备办人员的来往需求。③ 沿大运河南巡返京途中,所有船只的备办纤夫总数,设定为每站 10 000 人。1750 年一份奏报的数字是,北上水路有十七站,借此我们可以算出,地方官员征用了约 170 000 名纤夫。而且,章程规定,在瓜州渡过长江后,平地每站另有 5 400 名纤夫,而山地每站额外有 6 100 名纤夫。如此,纤夫总人数,相当保守地估算,将高达 200 000 名。例如,1765 年在直隶厂与常家口间沿大运河的八座宿营地,平地每站地方官员要准备 11 960 名纤夫,山地要准备 16 940 人。④ 假定这一部分南巡路线用于整个平地(肯定不是这样),那么 1765 年的南巡,官员仅此八站,就要准备 95 680 名纤夫。再加上剩下的九站每站原有的 10 000 名,1765 年的纤夫总数至少185 680人。

据目前已有的材料,备办一次乾隆皇帝及其扈从南巡所征用的人力和运输装备,极粗略和保守的估算是:18 000 辆车(约 900 辆是供贴身随从使用)、2 400 头骡、2 200 头骆驼、3 450 艘船、18 000—20 000 匹马(约 6 000 是供贴身随从使用)、约 300 000 名纤夫人夫及施工人员。这些数字很有代表性,但绝非全部,也不完备。我所使用的现有一手文献许多仅是关于江苏省的。遗憾的是,我还未发现涉及更大范围的档案资料,能够进行更为全面的估算(它们可能会更高)。纵然如此,从目前我所得

450

---

① 《宫中档奏折》(北京),财政类(经费),缩微胶卷 046,号 3484—3485,方观承,乾隆二十七年十二月初一日。

② 同前资料,内政类(南巡),乾隆十五年九月至十二月,卷 7,黄廷桂,乾隆十五年十一月十八日。

③ 《南巡差案章程》,卷 2,页 28a。

④ 同前揭书,页 3a—b。

到的有限资料还是可以看出,乾隆皇帝的南巡是对后勤的一整套挑战,接近于一次非同一般意义的战争动员。①

---

① 乾隆皇帝十全武功最基本的后勤问题,比如通信、马匹、车辆、船只、安营、物资供应,都可以在南巡中找到。赖福顺:《乾隆重要战争之军需研究》,页 53—64。

附录 B　乾隆南巡全部支出的估算

　　本书的绪论指出，关于乾隆时代的一个中心假设是，乾隆六次南巡消耗了帝国巨量财富，最终导致了 18 世纪末王朝的整体衰落。20 世纪的历史学家大多数都同意，从长远看，南巡在财政上对于清王朝而言是毁灭性的，财政支出过于巨大——这一支出没有任何物质或是政治利益的必然理由。但南巡实际支出是多少？这些开支与当时王朝的财政状况相比又是怎样？本附录要探讨这些数量问题。

　　康无为在三十多年前写到乾隆南巡时，指出："这些巡幸的经济史还要有人来写。"[1]这一说法至今依然是对的，要计算乾隆南巡实际支出有许多困难。首先是目前内务府财政情况认识上的空白：依第二手材料进行的研究，在计算与这一家长制专制统治政权的核心机构有关的量化数据时，存在着"黑洞"。[2] 这一机构自身组织的复杂，加上它令人迷惘的各种各样收入来源，使之成为在对南巡给清政权所带来财政负担的估算中，不为人知然而却是极其重要的一个变量。清朝是家产—官僚制帝国，其中内府和公共的财政运行没有截然分开（并非泾渭分明）；因此，对

---

① 康无为：《皇帝眼中的君主制：乾隆朝的想象与现实》，页 94。
② 内务府，见祁美琴《清代内务府》；陶博：《康雍乾内务府考》；张德昌：《清朝内务府的经济作用》。

于清朝全部财力的计算或是对于南巡全部支出的计算，充其量也是极粗略的猜测。尽管如此，在所能见到的档案资料和第一手文献的基础上，我们可以对这两个数字做初步的估算。

蒙古人、著名官僚法式善(1753—1813)记载有户部银库的白银总量，[①]这可以作为整个国家财政的一个总指标(见表 B1)。法式善的数字显示，户部银库的白银储量在 1759—1760 年平定新疆后稳步上升，在 1770 年代保持 7 000 万两的水平。户部在 1770 年代的盈余大约等同于帝国在 1753 年的年税收，王业键估计约是白银 7 380 万两。[②] 伍思德近来将 1751—1785 这 35 年明确称为"财政丰裕"期，因为"北京户部银库的白银储量翻了一番，从 1750 年代初的 4 000 万两上升至 1770 年代末的 8 000 万两"。[③] 这里对于我们的研究更为重要的是，乾隆皇帝的六次南巡——首次和末次南巡分别在 1751 年和 1784 年——就出现在这一"财政丰裕"期。换言之，乾隆皇帝决定着手南巡，不必理解为是"财政上不负责任"的表现，而应看作是"财政丰裕"的产物。

表 B1　乾隆朝户部银库白银储量(两)

年份	白银总量
1736	33 959 624(3 400 万)
1754	37 605 422(3 760 万)
1755	42 997 048(4 300 万)
1756	43 222 030(4 320 万)
1760	35 496 902(3 550 万)
1762	41 927 924(4 190 万)
1763	47 063 610(4 710 万)
1764	54 273 814(5 240 万)
1765	60 336 375(6 030 万)

① 恒慕义编：《清代名人传略》，页 227—228。
② 王业键：《清代田赋刍论》，页 72，表 4.2。
③ 1751—1785 年属于修正派历史学家所划分的乾隆朝三个财政期的第二阶段。伍思德(《乾隆朝》，页 270—271)划分的第一个是"财政改善"期，从 1736 年到 1750 年。第三个是"危险潜伏"期，从 1786 年到 1795 年。

年份	白银总量
1766	66 613 127(6 660 万)
1768	71 823 888(7 180 万)
1769	76 222 877(7 620 万)
1772	78 742 062(7 870 万)
1774	73 905 610(7 390 万)
1780 年代	70 000 000—73 000 000(7 000—7 300 万)

资料来源:确切数字源于法式善《陶庐杂录》,页 25—26;约数和 1780 年代的数字源于陶博《康雍乾内务府考》,页 129。

　　户部白银储量的剧增,毋庸置疑与 1760 年代开始的整个国家白银输入的激增有关。[1] 白银继续在 1780 年代甚至是 1790 年代大量流入,户部盈余在这几十年保持着惊人的增长。此外,我们掌握的少量内务府财政资料,也显示了内府银库有着盈余。[2] 陶博指出,从内务府持续不断地向户部划拨经费,"可能贯穿 1780 和 1790 年代"。陶博还指出:"1784年,乾隆皇帝斥责内务府包衣全德,因全德同意扬州两淮盐商,报效白银一百万两给内务府,因为当时内务府银库充盈,而地方则开支需钱。"[3] 从这里所给出的资料显然可以得出一些认识。首先,户部的存银充其量是清朝所有存银的一个保守估计,如果我们加上数量相当巨大然而不为人知的内务府存银,1780 年代时肯定高于 7 000 万两。第二,乾隆皇帝认为内库在 1784 年没有短缺之虞,这一年进行了最后一次南巡。内务府银库应该有白银盈余。

　　要估算乾隆皇帝一次南巡的总花销——遑论所有六次,肯定会引发人们的争议。任何一次南巡的基本支出可以分为三大方面:(1)在京城时的支出(京城支出);(2)地方诸省奏报的支出(各省支出),以及(3)地

454

---

[1] 彭信威:《中国货币史》,页 605,转引自孔飞力《叫魂:1768 年妖术大恐慌》,页 37—38 的表格。孔飞力将始于 1760 年代的白银大量输入归因于"墨西哥银元急速流入中国以支付中国商品,还有中国企业家在安南(越南)开采银矿"。

[2] 陶博:《康雍乾内务府考》,页 128。

[3]《大清高宗纯皇帝实录》卷 1210,页 18a,转引自陶博《康雍乾内务府考》,页 128。

方或是私人的未上报开支（隐性支出）。

京城支出至少包括在南巡途中赏赐给所有皇帝贴身随从的薪俸和津贴，以及从京城开始的运输设备和人员（骆驼、马匹、船只、骡车、帐篷、船工、纤夫等）的支出。借助三种主要材料，我已能够重建南巡的京城支出：(1)嘉庆户部和兵部则例(1817)、光绪朝(1899)《大清会典》及《大清会典事例》；(2)一些南巡详尽的随从名单；(3)内务府来文，即京中其他部院发往内务府的平行文书。以内务府来文的实际奏销帐目信息为基础，我编成了皇帝南巡时扈从官员人数表（见表 B2）。使用此表及现存的三份详列 1757、1762、1765 年南巡时皇帝贴身随从规模和构成的人员名单，①可以约略算出拨付给贴身随从的经费为白银 74 000 两（表 B3）。接下来，人们可以使用档案和 1817 年、1899 年版《大清会典》和《大清会典事例》中定例所提供的信息，算出马、驼、骡车、船工等京城支出的运输等项约为 120 000 两（表 B4）。（不包括皇帝贴身船队的那些船只，大运河所使用的船只是由各省支出。）

表 B2 官方拨付皇帝扈从的白银数目(两)

爵秩与官品	"赏银"	行程中每日
亲王	500	
一品大臣	300	
二品大臣	200	
三品大臣	150	
夸兰达、参领	50	
前锋侍卫	50	
司官	30	0.15
章京	30	0.15
笔帖式	20	0.15
护军校及前锋	10	0.15
包衣至护军校	10	0.13
包衣至护军前锋	4	0.13

---

① 《乾隆朝上谕档》，第 2 册，页 910—913；第 4 册，页 552—555。

续　表

爵秩与官品	"赏银"	行程中每日
拜唐阿、披甲	4	0.13
匠		
役	2	0.13
水手		0.15
太监		0.13

资料来源:《内务府来文》(北京),卷号 16,号 3022,乾隆二十六年;号 3023,乾隆二十七至二十八年。

表 B3　三次南巡拨付扈从人员的白银估数(两)

年	拨款总数
1757	73 401
1762	80 627
1765	68 887
平均	74 305

资料来源:《内务府来文》(北京),卷号 16,号 3022,乾隆二十六年;号 3023,乾隆二十七至二十八年;以及《乾隆朝上谕档》,第 2 册,页 887;第 2 册,页 910—913;第 3 册,页 803—808(文件第 2250 号);第 4 册,页 551—555(文件第 1600 号)。

表 B4　源自京城的运输费用估数

457

运输项目	量	官价	使用期限(天)	小计(两)
马匹[a]	6 000	6 两/马		36 000
马匹倒毙(25%)[b]	1500	14 两/匹		21 000
骡车(载重)[c]	330	1 两/天	25	8 250
骡车(空载)	118	0.52 两/天	20	1 227
骡车(等候)	212	0.8 两/天	58	9 837
骡车(返程负重)	312	1 两/天	25	7 800
骆驼[d]	2 200	0.3 两/天	25	16 500
骆驼倒毙(10%)	220	16 两/头		3 520
纤夫[e]	3 600	00.6 两/天	60	12 960
京城船工	99	0.15 两/天	60	891
京城船只监工	2	0.2 两/天	60	24

运输项目	量	官价	使用期限(天)	小计(两)
御用船只船工(主船)	78	0.16 两/天	60	749
御用船只船工(辅船)	60	0.12 两/天	60	432
总计				119 190

资料来源和注释:a 官方马匹的每日津贴 6 两/匹,见《内务府来文》(北京),卷号 16,号 3019,户部,乾隆二十二年正月初十日。

b14 两/匹的马匹更换价,见《清会典》(光绪),卷 50,页 8b。

c 车的数目及官方定价,见《乾隆朝上谕档》,第 4 册,527—528 页,文件第 1527 号;《内务府来文》(北京),卷号 16,号 3025,兵部。乾隆三十年正月初五日。

d 官方每头骆驼 0.3 两/天的定价,见《清会典事例》(光绪),卷 645,页 4b。16 两/驮的骆驼更换价,见《清会典》(光绪),卷 50,页 8b。

e 纤夫和船工的情况,见《南巡差案章程》,卷 1,页 3b—6a。

遗憾的是,我还未发现任何具体材料,能可靠计算驻跸设施(帐篷、大城、旗帜等)以及朝廷供给和物质(米、谷、家禽等)等重要项目的京城开支。故而这些项目的数字是高度臆测性的,有待于将来进一步研究查证。第三章已指出,需携带两套皇帝驻跸设施,每套约有 500 顶帐篷和足够多的物质以搭建巨大的布城和鱼网城。驻跸的费用肯定不赀,这一项我暂定为 12 000—15 000 两。基本物资供应如米、谷、家禽(泉水是省里的支出)也不在这些计算之内。冰块由北京运来,在省里的冰窖储存,从京城中带约 145 头奶牛和 1 000 头羊以供御茶膳房。这几类支出我暂定为 40 000—50 000 两。采用这些数字的高值,可以得出每次南巡京城支出约是 258 000 两(表 B5)。

表 B5　一次南巡总支出的估算(两)

类别	估数
京城支出	
京城的运输设施和人员	120 000
随从赏银	73 000
驻跸设施(帐篷、大城等)(初步)	15 000
宫廷供应和物质(米、谷、家禽等)(初步)	50 000
小计	258 000

续　表

类别	估数
各省支出	
江苏所报支出（平均）	577 250
浙江所报支出（平均）	196 776
直隶支出（初步）	200 000
山东支出（初步）	200 000
省里纤夫津贴	31 200
修建新的行宫	125 000
小计	1 330 226
总计	1 588 226
1768 年两淮盐引案所揭露出的额外省内支出	1 565 483
上调后的最后总估数	3 153 709

估算南巡的地方支出，历史学家所用材料要远为可靠，不过还不完 458
备。一些奏折以及江苏省两大本开列有细目的账册，比较清楚地开列了江
苏、浙江与南巡有关的支出（表 B6）。然而，账册中省里支出的材料并不完
备。首先，我还必须找到或直隶或山东的任何可以与之比较的材料。毋庸
置疑，江苏与南巡有关的支出最多，这是因为任何一次南巡，皇帝三分之一
以上的时间花费在该省。① 而浙江，作为另一个重要的南巡关注地，极可
能列第二位，当然与第一有很大差距。② 北部的直隶、山东位于淮河、黄河
以北，靠近京城。这样的地理位置，使得朝廷直接负责了与南巡有关的开
支，相应减少了直隶、山东两省的支出。鉴于此，直隶、山东的省级支出，我
采用 200 000 两这个数字（约相当于浙江省上报的平均官方开支）。

表 B6　省里上报乾隆南巡的支出（两） 459

年	江苏	浙江
1751	—	347 000[a]
1757	529 000[a]	246 000[a]

① 《乾隆起居注》（台北），乾隆十六年正月至五月。乾隆皇帝首次南巡，在江苏共停留了 45 天
（占整个南巡时间的 41%）。
② 吴建华计算了康熙和乾隆皇帝每次南巡至少花 60% 的时间在江苏和浙江两省。吴建华：《南
巡纪程：康熙、乾隆南巡日程的比较》，页 19。

年	江苏	浙江
1762	669 000[b]	123 057[c]
1765	599 000[b]	71 045[d]
1780	511 999[e]	—
1784	—	—
平均	577 250	196 776

资料来源:a《宫中档奏折》(北京),财政类,缩微胶片046,号2630—2631,喀尔吉善,乾隆二十二年六月二十二日。

b《宫中档乾隆朝奏折》,第25辑,页623—624,尹继善,乾隆三十年八月初一日。

c《宫中档奏折》(北京),财政类,缩微胶片046,号3432—3433,杨廷璋等,乾隆二十七年七月初八日。

d《宫中档乾隆朝奏折》,第25辑,240—241页,苏昌、熊学鹏,乾隆三十年十月初三日。

e《宫中档奏折》(北京),财政类(经费),缩微胶片047,号2137—2140;《录副奏折》(台北)第30729号。

其次,两江总督提交的账册,逐项开列了许多江苏在乾隆第三次(1762年)和第五次(1780年)的省内支出。然而,有两个重要类目没有包括在内:(1)沿大运河驻扎的地方纤夫(在河兵之外征招的),(2)修建新行宫的费用。所幸的是,对这两项开支的估算并不困难。

章程要求沿南巡水路路线,每站至少有10 000名当地纤夫。[1] 每站依每天的行程而设,这意味着当皇帝一行乘船行进时,每天有约10 000纤夫值勤。水路约占整个路线的45%,乾隆时期的南巡平均是115天(见表3.1)。故而,皇帝一行平均乘船52天。河兵作为纤夫也用同样的津贴数目(0.06两/天),依此可以计算全部10 000名省里的纤夫在52天的支出,计白银31 200两。

皇帝新的行宫支出可以从省里奏报数字的一些差异中推得。尹继善详列的账册认定,1762年江苏备办南巡整个开支是489 000两。然而,这一数字与约三年后尹继善1765年所报不一致。[2] 在1765年的奏

①《南巡差案章程》,卷2,页3a。
②《宫中档乾隆朝奏折》,第25辑,页623—624,尹继善,乾隆三十年八月初一日。

折中,尹继善奏称该省为上次南巡(1762 年)的总支出是 669 000 两,比
1762 年账册所报多了约 180 000 两(36.8%)。这些多出的开支中,约
30 000两是给予上面所计算出的省里纤夫的。我们知道 1762 年账册没
有包括修建皇帝新的行宫费用,剩下的 150 000 两也就有了着落。新行
宫有三处:一处位于宿迁县的顺河集,一处位于徐州府的云龙山,一处位
于镇江的钱家港。[①] 将这剩下的 150 000 两归为这三处行宫的费用,则
每处行宫为 50 000 两。六次南巡中建造了约十五处新行宫,每次南巡平
均建筑 2.5 座,每次南巡合 12 500 两白银(表 B5 和 B7)。[②]

　　将这些数字加在一起,得出各省与南巡有关的支出约 133 万两。将
这一小计数字,与我们所得的京城支出(258 000 两)相加,得出一次南巡
总的支出平均是 159 万两(表 B5)。

表 B7　尖营、大营、行宫数目

年份	尖营	大营	行宫
1751	47	56	14
1757	47	51	19
1762	47	46	24
1765	46	44	27

资料来源:《南巡盛典》,卷 92—93,程涂。

　　当然,使用这样的零星资料来汇总南巡的相关支出数字,会存在一
些问题。首先是上报的不完备。这些数字只是反映了那些报告给军机
处的数目,军机处留意的是内务府和户部对于被认为是合法项目的偿付
(而不是实际的支出),这注定了有很多因官员腐败或只是由于某些支出
不符合内务府或户部偿付规定,而没有上报。而且,朝廷希望地方大员
们响应皇帝节俭的劝诫,因此,在极大的压力之下,他们至少在行政活动

_____

①《录副奏折》(北京),缩微胶卷 047,号 880—940,尹继善,乾隆二十七年十二月;《南巡差案章
　程》,卷 1,页 17a。
②《南巡差案章程》,卷 1,页 17a—b。

中要装出悭吝来,尤其是上报巡幸支出时。这些少报的种种倾向,是各省奏销制度所固有的,暗示存在着隐藏起来的巨额支出,提醒历史学家们势必要上调任何的合计数字。但是修正这些数字要上调多少呢? 对江苏省支出的进一步考察,提供了一些线索。

上面说过,南巡有关开支的主干部分在江苏,南巡途中皇帝在此花费了三分之一以上的时间。官方上报江苏支出的准确度可以作为整个官方数字准确度的指标。如表 B6 所示,官方奏报江苏有关南巡支出,每次南巡平均是 577 250 两。然而,官方的奏报没有包括广泛存在的地方腐败问题。扬州两淮盐课的重大腐败案,使人们严重质疑官方所报数字的准确。

第五章讨论过,1768 年的提引案是乾隆时期最引人注目的贪污案之一。该案发生在 1768 年年中,新任命的两淮盐政尤拔世来扬州上任伊始,就发现了两淮运库有巨额亏空。[①] 尤拔世的两位前任普福、高恒,都是与皇帝亲近且地位很高的满洲旗人(高恒是军机大臣高斌之子,是皇帝心爱的皇贵妃之弟),尤拔世没有直接纠参他们的非法行为。他只是上报两淮运库现有盈余总数是 190 000 两,并请求将此交付内务府银库。乾隆皇帝马上就注意了这位新任盐政所报数目,与从 1746 年开始两淮运库应积累数间的明显差异。他即刻命江苏巡抚彰宝进行调查。[②] 彰宝的调查揭开了两淮运库令人瞠目的约 107.1 万两的亏短。

该案最后的结果(高恒最终因贪污受贿被处死)与我们目前的讨论无关,但该案的细节既有意义又令人感兴趣,因为它们揭示了南巡的筹资和开支情况。在辩词中,涉案官员对于如此巨大的亏短给出了两个解释:(1)两淮盐商无力偿付运库总数达 600 万借款,(2)约 467 万两已经花费在过去十五六年的诸次南巡之上。[③] 这个消息大概不会使乾隆皇帝惊讶,因为他已经对于潜在的侵贪有所察觉。1760 年末,现实使乾隆皇

---

① 陈捷先:《乾隆肃贪研究》,页 199—200。

②《大清高宗纯皇帝实录》,卷 812,页 13a。

③ 同前揭书,卷 813,页 20a。

帝认识到地方书吏和衙役已侵吞了江苏省藩库约 70 万两白银，主要是他头两次南巡前后的管理混乱所致。[①] 1763 年，他试图消除各省支出上报的含混和不准确，但很显然，没有实际效果。[②]

　　盐引贪污案 1768 年突然发生时，乾隆皇帝已开始了第四次南巡。如此算来，很显然，两淮盐运使为每次南巡花费了约 117 万两。这一数字惊人，因为这约是江苏官方所报省内平均支出（577 000 两）的两倍。假如浙江的情况也是如此，那么，似乎有理由相信该省所估算的支出也要加倍，这样就多了 397 983 两。如此一来，总数要上调为 1 565 483 两。南巡的开支很明显不像江苏的官方报告那样，我们，还有乾隆皇帝都不会相信如此之低。盐引案结束时所声称南巡多出的花销，加上浙江省开支的类似调整，使得每次南巡的最终估数是 315 万两（表 B5），所有六次南巡全部开支估计为 1 890 万两。

　　这些计算并没有包括不见于记载然而可能数量也相当大、严格意义上说属于私人的支出，也就是"报效"，这些用于修缮装点地方书院、寺庙、私人府第、花园等等皇帝会前来参观的地点。[③] 这可能解释在乾隆时期诸次南巡总的开支问题上，我的估数，与赵云田的未注明出处的 2 000 万两间的轻微差异。[④] 然而两个估数大体一致，似乎有理由将 1 900— 2 000 万两作为所有六次南巡支出的粗略估计。

　　不论人们使用哪一个数字，可以看出任何一次南巡平均开支占户部该年所有白银盈余的比重都很小（5—10％）（表 B8）。而且，所有六次南巡全部花费的估数，不及乾隆皇帝大肆炫耀的十全武功中有些战争的支出，更不用说全部战争了。这些战争的总支出达到了令人难以置信的

---

① 江苏布政使苏崇阿此前已上报过亏短，归罪于书吏、衙役的腐败。然而，当乾隆皇帝派刘统勋一行京官前往调查，他们在省库并未发现亏短。同前揭书，卷 622，页 5a—7b。

②《宫中档乾隆朝奏折》，第 17 辑，页 703—704，杨廷璋、熊学鹏，乾隆二十八年五月十二日。

③ 例如，江苏巡抚庄有恭向户部正式上报，江苏省库拨付约 149 796 两白银备办南巡。这不包括装饰和修缮当地名胜的经费，庄有恭使用的是商人捐献和省库的闲款——两者都没有正式上报——以支付这些开销（戴逸、李文海主编：《清通鉴》，第 9 册，页 3625，第 1 条）。

④ 郭成康等：《乾隆皇帝全传》，页 549。

1.51亿两,仅第二次金川之役就达到 6 270 万两。① 历史学家就此会发问:在人们的研究中,为什么是乾隆皇帝的南巡,而不是支出远为巨大的战事,更经常被人挑出作为极度铺张奢侈之举,并造成了 18 世纪末清朝的整体衰落呢?

无力承认(或许是拒绝承认?)南巡的政治理据,可能反映并支持史学研究所看重的是它有益于今天现代民族国家(nation－state)或是与之有关。乾隆十全武功具体、积极的结果,对于今天大多数的人们,依然明晰可见,因为现代民族国家的领土边界是 18 世纪军事战争的直接遗产。换言之,今天中华人民共和国的疆域与乾隆时期扩大了的统治区域大致相同。乾隆 18 世纪的战争不论付出了多少生命或财富的代价,它们的积极方面一直是显而易见的,因此也很容易得到中国历史学家的认可。而南巡,对于现代民族国家的疆域形成没有留下任何同等重要的标记,因此看起来实在是铺张浪费。故而,看到许多 20 世纪历史学家最后的结论,认为乾隆南巡的整个财政开支实在过多,这就不足为异了。他们指不出这些巡幸的任何物质遗产可以构成现代民族国家的根本性组成因素。因此,更易于将 18 世纪的整体衰落归因于乾隆南巡的奢靡,而不是归咎于乾隆军事的冒进和扩张。

465

表 B8　一次南巡开支占户部银库白银的百分比

开支	1751	1757	1762	1765	平均
一次南巡的开支估算(百万两)	3.15	3.15	3.15	3.15	3.15
户部银库白银(百万两)a	32.5	40.2	41.9	60.3	43.7
相当于白银储备百分比	9.7%	7.8%	7.5%	5.2%	7.2%
用赵云田的每次南巡 330 万两的估算相当于白银储备的百分比	10.2%	8.3%	7.9%	5.5%	8.0%

a 法式善《陶庐杂录》,25—26 页。

在本附录中,我的主旨不是要否认 18 世纪末衰落的发生,它确实发

① 庄吉发:《清高宗十全武功研究》,页 494;赖福顺:《乾隆重要战争之军需研究》,页 426。

356

生了。我是尽力去解释,从财政上看,与王朝的财力相比,南巡并不是毁灭性因素;且与乾隆支出更为巨大的战争相比,它在财政上也谈不上挥霍浪费。只有将南巡的财政开支置于这样更宽阔的视野下,我们才能更好地理解乾隆南巡一些更为积极的方面,这不仅关乎对于南方的日常行政管理,而且可能更为重要的是,关乎清帝国政治的与意识形态的凝聚力。

附录 C　南巡召试的量化分析

《钦定南巡盛典》(约 1791 年)——该书后来收入《四库全书》——提供了召试一等、二等人员的姓名及人数(表 C1 和 C2)。这些表显示出两种历史趋势:第一,乾隆南巡召试的规模和范围随着时间不断扩大,每次巡幸中式人数都在增加,到 1780 年代还包括了来自邻省江西和福建的考生。第二,那些中式二等的考生数目总是一等考生的两到三倍,实际有职官任命的,仅有那些中式一等者(12 次召式共有 85 人),中式二等的180 人皇帝是赐缎二匹。

借由两件 1862 年的重要档案,我们能够估算那些最初参加这些召试的总人数。1762 年 3 月 29 日,浙江学政李因培奏报,提交浙江考生的诗赋以供皇帝裁夺。① 最后在杭州举行的召试中,这些来自浙江的 118 名考生有 17 人取为一等、二等(14.41%,中式率为 1:7)。三个星期后,江苏学政刘墉、安徽学政刘星炜会奏,已挑选了 203 本诗赋呈献,供皇帝裁夺。② 最后,江宁召试的 203 名考生中,取中 22 人为一等、二等

---

① 《录副奏折》(北京),缩微胶卷 083,号 2372,李因培,乾隆二十七年三月初五日。
② 同前揭资料,号 2378。刘墉、刘星炜,乾隆二十七年三月二十三日。203 人中,139 人(68.5%)来自江苏,64 人(31.5%)来自安徽。刘墉、刘星炜奏报他们业经筛选,淘汰了平庸之作。

(10.84％,中式率为 1∶10)。这些中式率要远远高出 1761 年的会试。[1]
使用这些各自的中式率(用于表 C3 中的相应值),可以估计在乾隆南巡
中经由进献诗赋而参加召考的考生数目(表 C4)。

表 C1　南巡召试一等的人数

年	江南(安徽/浙江)	江南(江西)	浙江	总计
1751	6	0	3	9
1757	70	4	11	
1762	8	0	4	12
1765	11	0	4	15
1780	11	2	4	17
1784	15	2	4	21
总计	58	4	23	85

资料来源:《钦定南巡盛典》,卷 75,页 6a—19a。

表 C2　南巡召式二等人数

年	江南[a]	浙江	总计
1751	不知	不知	不知
1757	14[b]	12[c]	26
1762	14[d]	13[e]	27
1765	21[f]	14[g]	35
1780	23[h]	13[i]	36
1784	36[j]	20[k]	56
总计	108	72	180

a 除特别注明外,这些数字是指来自江苏和安徽的考生。
b《南巡盛典》,卷 79,页 9a。c 同前揭书,卷 76,页 8a。d 同前揭书,卷 76,页 12a。e
同前揭书,卷 76,页 11a。f 同前揭书,卷 76,17a。g 同前揭书,卷 76,页 16a。h《钦
定南巡盛典》,卷 74,页 8b—9a(包括来自江苏省的考生)。i 同前揭书,卷 74,页 8b。
j 同前揭书,卷 74,页 12a—13a(包括来自江西的考生)。k 同前揭书,卷 74,页 11b—
12a(包括 12 名浙江和 3 名福建考生)。

---

[1] 据文朵莲(《乾隆二十六年辛巳科进士:十八世纪的科举、国家与精英》,页 21,表 1.2)的研究,
　　江苏的 686 名举人中有 34 人(4.96％,合 1∶20)、浙江的 499 名举人中有 30 人(6.01％,合
　　1∶17)通过了 1761 年会试。

表 C3　南巡召试总的中式人数

年	江南	浙江	总计
1751(不明)	(不明)	(不明)	
1757	21	16	37
1762	22	17	39
1765	32	18	50
1780	36	17	53
1784	53	24	77
总计	164	92	256
平均	33	18	51

注:中式是指考取一等和二等者。
资料来源:汇总表 C1 和 C2 而得。

表 C4　南巡召试所献诗赋总估数(本)

年	江南	浙江	总计
1751	(不明)	(不明)	(不明)
1757	194	111	305
1762	203[a]	118[b]	321
1765	295	125	420
1780	332	118	450
1784	489	167	656
总计	1 513	639	2 152
平均	303	128	430

注:南巡召试的总中式人数(表 C3)除以江苏/安徽以及浙江的中式率(见下)计算得出。

a《录副奏折》(北京),缩微胶片卷 083,号 2378,刘墉、刘星炜,乾隆二十七年三月二十三日。所使用的计算江苏/安徽"中式率":10.84%;1762 年江苏/安徽召试:22 位考生取中一等、二等(见表 C1、C2、C3)÷考试总人数 203＝10.84%的中式率(江苏和安徽)

b《录副奏折》(北京),缩微胶片卷 083,号 2372,李因培,乾隆二十七年三月初五日。使用计算浙江的中式率:14.41%;1762 年浙江召试:中式一等、二等的考生 17 名(见表 C1、C2、C3)÷考试总人数 118 人＝14.41%的中式率(浙江)。

乾隆每次南巡,平均有 430 人进献诗赋以期赢得皇帝的认可,通过

召试得以升迁。与 1761 年的会试相比,这些召试是某些人的相当专属 *469*
之事。[①] 这些有抱负者平均 70％来自江南(今天江苏、安徽省)。来自浙
江的考生通过召试的机会稍高于江南。然而,随着时间的推移,来自江
南考生的中式人数增加,逐渐在南巡召试中占据了优势地位。

----

① 1761 年的会试,江南和浙江的举子有 1 185 人,其中 686 人来自江南。同前揭书。

征引文献

艾尔曼：《明清科举文化史》（Elman，Benjamin A. *A Cultural History of Civil Examinations in Late Imperial China*. Berkeley：University of California Press，2000.）

艾尔曼：《从理学到朴学：中华帝国晚期思想与社会变化面面观》（Elman，Benjamin A. *From Philosophy to Philology：Intellectual and Social Aspects of Change in Late Imperial China*. Cambridge：Council on East Asian Studies，Harvard University，1984.）

艾尔曼：《清前中期士人的社会角色》，见裴德生编《剑桥中国清前中期史》（Elman，Benjamin A. "The Social Roles of Literati in Early to Mid-Ch'ing." In *CHOC*, 9：360‐427.）

艾尔曼、伍思德编：《帝制晚期中国的教育与社会》（Elman，Benjamin A.，and Alexander Woodside，eds. *Education and Society in Late Imperial China*，1600‐1900. Berkeley：University of California Press，1994.）

艾兰：《中国上古的世袭与禅让》（Allan，Sarah. *The Heir and the Sage：Dynastic Legend in Early China*. San Francisco：Chinese Materials Center，1981.）

埃利亚斯：《宫廷社会》（Elias，Norbert. *The Court Society*. Trans. Edmund Jephcott. New York：Pantheon Books，1983.）

艾朗诺：《苏轼的言、象、行》（Egan，Ronald C. *Word，Image，and Deed in the Life of Su Shi*. Cambridge：Council on East Asian Studies，Harvard University，1994.）

艾森伯格：《韦伯式的家产制与帝制中国历史》（Eisenberg，Andrew. "Weberian Patrimonialism and Imperial Chinese History." *Theory and Society* 27，no. 1

(Feb. 1998):83‑102.)

安东篱:《说扬州:1550—1850 年的一座中国城市》(Finnane, Antonia. *Speaking of Yangzhou:A Chinese City,1550‑1850*. Cambridge:Harvard University Asia Center,2004.)

奥尔森:《蒙古帝国军事技术的传播》(Allsen, Thomas T. "The Circulation of Military Technology in the Mongolian Empire." In *Warfare in Inner Asian History (500‑1800)*, ed. Nicola di Cosmo. Leiden:Brill,2002,265‑94.)

奥尔森:《蒙古帝国的兴起与蒙古在中国北部的统治》,见傅海波、杜希德编《剑桥中国辽西夏金元史》(Allsen, Thomas T. "The Rise of the Mongolian Empire and Mongolian Rule in North China." In *CHOC, 6*:321‑413.)

巴菲尔德:《中国帝制王朝历史中的内亚与权力循环》(Barfield, Thomas J. "Inner Asia and Cycles of Power in China's Imperial Dynastic History." In *Rulers from the Steppe:State Formation on the Eurasian Periphery*, ed. Gary Seaman and Daniel Marks. Los Angeles:Ethnographics Press, University of Southern California,1991,21‑62.)

巴菲尔德:《危险的边疆:游牧帝国与中国》(Barfield, Thomas J. *The Perilous Frontier:Nomadic Empires and China*. Cambridge, Eng.:Basil Blackwell,1989.)

白彬菊:《君主与大臣:清中期的军机处(1723—1820)》(Bartlett, Beatrice S. *Monarchs and Ministers:The Grand Council in Mid-Ch'ing China,1723‑1820*. Berkeley:University of California Press,1991.)

白瑞德:《爪牙:清代县衙的书办差役》(Reed, Bradly W. *Talons and Teeth:County Clerks and Runners in the Qing Dynasty*. Stanford:Stanford University Press,2000.)

白新良:《康熙皇帝全传》,北京:学苑出版社,1994 年。

班固:《汉书》,北京:中华书局,1997 年。

包弼德:《斯文:唐宋思想的转型》(Bol, Peter. *"This Culture of Ours":Intellectual Transitions in T'ang and Sung China*. Stanford:Stanford University Press,1992.)

包桂芹编著:《清代蒙古官吏传》,北京:民族出版社,1995 年。

北平故宫博物院文献馆编:《清代文字狱档》,上海:上海书店出版社,1986 年。

贝杜维:《鸦片与帝国:中国内地的禁烟(1729—1850)》(Bello, David A. *Opium and the Limits of Empire:Drug Prohibition in the Chinese Interior,1729‑1850*. Cambridge:Harvard University Asia Center,2005.)

贝克尔:《东岳泰山》(Baker, Dwight Condo. *T'ai Shan:An Account of the Sacred Eastern Peak of China*.(Shanghai:Commercial Press,1925.)

贝克尔:《再论法国大革命:十八世纪法国政治文化研究》(Baker, Keith Michael. *Inventing the French Revolution*: *Essays on French Political Culture in the Eighteenth Century*. Cambridge: Cambridge University Press, 1990.)

塞西尔·伯德莱、米歇尔·伯德莱:《郎世宁:清廷中的耶稣会士画家》(Beurdeley, Cécile, and Michel Beurdeley. *Giuseppe Castiglione*: *A Jesuit Painter at the Court of the Chinese Emperors*. Rutland and Tokyo: Tuttle, 1971.)

彼德森:《中晚唐的朝廷与地方》,见杜希德编《剑桥中国隋唐史》(Peterson, C. A. "Court and Province in Mid- and Late-T'ang."In *CHOC*, 3:464 - 560.)

比斯利、蒲立本编:《中日史家》(Beasley, W. G., and E. G. Pulleyblank, cds. *Historians of China and Japan*. London: Oxford University Press, 1961.)

毕梅雪:(《吉美博物院所藏中国皇帝的战图》Pirazzoli-t'Serstevens, Michèle. *Gravures des conquêtes de l'empereur de Chine Kien-Long au Musée Guimet*. Paris: Musée Guimet, 1969.)

毕梅雪、侯锦郎:《木兰图与乾隆秋季大猎之研究》,台北:"国立故宫博物院", 1982 年。

毕沅编:《续资治通鉴》(1801 年),上海:上海古籍出版社,1987 年。

避暑山庄研究会编:《避暑山庄论丛》,北京:紫禁城出版社,1986 年。

波拉切克:《鸦片战争与清廷的内部斗争》(Polachek, James. *The Inner Opium War*. Cambridge: Council on East Asian Studies, Harvard University, 1992.)

鲍培、郝理庵、冈田英弘:《东洋文库满蒙文献目录》(Poppe, Nicholas; Leon Hurvitz; and Okada Hidehiro. *Catalogue of the Manchu-Mongol Section of the Toyo Bunko*. Tokyo and Seattle: Toyo Bunko and University of Washington Press, 1964.)

布莱克:《莫卧儿家产—官僚制帝国》(Blake, Stephen P. "The Patrimonial-Bureaucratic Empire of the Mughals."*Journal of Asian Studies* 39, no. 1 (Nov. 1979): 77 - 94.)

布莱克:《沙贾汉纳巴德:莫卧儿印度的主权城市(1639—1739)》(Blake, Stephen P. *Shahjahanabad*: *The Sovereign City in Mughal India*, *1639 - 1739*. Cambridge: Cambridge University Press, 1991.)

卜内特、哈盖尔斯特洛姆:《当代中国的政治组织》(Brunnert, H. S., and V. V. Hagelstrom. *Present Day Political Organization of China*. Trans. A. Beltchenko and E. E. Moran. Shanghai: Kelly and Walsh, 1912. Reprinted - Taibei: Ch'eng-wen, 1971.)

卜寿珊:《中国文人画:从苏轼到董其昌》(Bush, Susan. *The Chinese Literati on Painting*: *Su Shih* (*1037 - 1101*) *to Tung Ch'i-ch'ang* (*1555 - 1636*). Cambridge: Harvard University Press, 1971.)

卜正民:《纵乐的困惑——明代的商业与文化》(Brook, Timothy. *The Confusions of Pleasure: Commerce and Culture in Ming China*. Berkeley: University of California Press, 1998.)

卜正民:《家庭传承与文化霸权》(Brook, Timothy. "Family Continuity and Cultural Hegemony." In *Chinese Local Elites and Patterns of Dominance*, ed. Joseph W. Esherick and Mary Backus Rankin. Berkeley: University of California Press, 1990, 1–30.)

卜正民:《为权力祈祷:佛教与晚明士绅社会的形成》(Brook, Timothy. *Praying for Power: Buddhism and the Formation of Gentry Society in Late-Ming China*. Cambridge: Council on East Asian Studies, Harvard University, 1993.)

布迪厄:《权威化的语言:仪式话语有效性的社会条件》(Bourdieu, Pierre. "Authorized Language: The Social Conditions for the Effectiveness of Ritual Discourse." In *Language and Symbolic Power*, ed. John B. Thompson, trans. Gino Raymond and Matthew Adamson. Cambridge: Harvard University Press, 1991, 107–16.)

曹凯夫:《三藩之乱:背景与意义》(Tsao Kai-fu. "The Rebellion of the Three Feudatories Against the Manchu Throne in China, 1673–1681: Its Setting and Significance." Ph. D. diss., Columbia University, 1966.)

曹雪芹著,霍克斯英译:《红楼梦》(Cao Xueqin. *Story of the Stone*, vol. 1, *Golden Days*. Trans. David Hawkes. London: Penguin Books, 1973.)

曹宗儒:《总管内务府考略》,见存萃学社编《清代掌故缀录》,页351—382,高雄:复文图书出版社,1984年。

蔡石山:《明代的太监》(Tsai, Shih-shan Henry. *The Eunuchs in the Ming Dynasty*. Albany: State University of New York Press, 1996.)

陈安丽:《康熙的北巡塞外与木兰行围》,见避暑山庄研究会编《避暑山庄论丛》,页118—155,北京:紫禁城出版社,1986年。

陈东林、徐怀宝:《乾隆朝一起特殊文字狱伪孙嘉淦奏稿案考述》,《故宫博物院院刊》,1984年第1期,页3—10。

陈捷先:《满文奏折》(Chen Chieh-hsien. *The Manchu Palace Memorials*. Taibei: Linking, 1987.)

陈捷先:《乾隆肃贪研究》,见陈捷先《清史论集》,第187—250页,台北:东大图书,1997年。

陈捷先:《乾隆写真》,杭州:浙江文艺出版社,2003年。

陈康祺:《郎潜纪闻初笔 二笔 三笔》,北京:中华书局,1997年。

陈梦雷、蒋廷锡等编:《钦定古今图书集成》(1725年),台北:鼎文书局,1977年。

陈廷敬等编:《清文颖》(1747年),上海:上海古籍出版社,1994年。

陈炜湛：《甲骨文田猎刻辞研究》，南宁：广西教育出版社，1995 年。

陈学霖：《建文、永乐、洪熙和宣德朝》，见牟复礼、杜希德编《剑桥中国明代史》（Chan, Hok-lam. "The Chien-wen, Yung-lo, Hung-hsi, and Hsuan-te Reigns, 1399 – 1435."In *CHOC*, 7：182 – 304.）

程艾蓝：《春秋、公羊传、谷梁传、左传》，见鲁惟一编《中国早期文献指南》（Cheng, Anne. "*Ch'un chiu*, *Kung yang*, *Ku liang* and *Tso chuan*." In *ECT*, 67 – 76.）

《辞源》（修订版），北京：商务印书馆，1988 年。

《长洲县志》（1753 年），李光祚、顾诒禄等编，上海：上海古籍出版社，1991 年。

达白安：《身份映像：帝制晚期中国的泰山进香客》（Dott, Brian R. *Identity Reflections：Pilgrimages to Mount Tai in Late Imperial China*. Cambridge：Harvard University Asia Center, 2004.）

《大清会典》（嘉庆），托津等编（1817 年），台北：文海出版社，1991 年。

《大清会典事例》（嘉庆）（1817 年），台北：文海出版社，1991—1992 年。

《大清高宗纯皇帝实录》，北京：中华书局，1986 年。

《大清高宗纯皇帝圣训》（1807 年），台北：文海出版社，1965 年。

《大清圣祖仁皇帝实录》，北京：中华书局，1985 年。

《大清圣祖仁皇帝圣训》（1731 年），台北：文海出版社，1965 年。

《大清世宗宪皇帝圣训》（1740 年），台北：文海出版社，1965 年。

戴德：《明初政治史（1355—1435）》（Dreyer, Edward L. *Early Ming China：A Political History, 1355 – 1435*. Stanford：Stanford University Press, 1982.）

戴福士：《走向另一个唐朝或周朝？顺治时期中原人的观点》（des Forges, Roger. "Toward Another Tang or Zhou? Views from the Central Plain in the Shunzhi Reign." In *Time, Temporality, and Imperial Transition*, ed. Lynn A. Struve. Honolulu：Association for Asian Studies and University of Hawai'i Press, 2005, 73 – 112.）

戴密微：《章学诚及其史学》（Demiéville, Paul. "Chang Hsüeh-ch'eng and His Historiography." In *Historians of China and Japan*, ed. W. G. Beasley and E. G. Pulleyblank. London：Oxford University Press, 1961, 167 – 85.）

戴仁柱：《山下有风：十三世纪中国的政治和文化危机》（Davis, Richard L. *Wind Against the Mountain：The Crisis of Politics and Culture in Thirteenth-Century China*. Cambridge：Council on East Asian Studies, Harvard University, 1996.）

戴廷杰：《士与权——中国历朝文字狱案》（Durand, Pierre-Henri. *Lettrés et pouvoirs：un procès littéraire dans la Chine impériale*. Paris：Ecole des hautes études en sciences sociales, 1992.）

戴逸：《乾隆及其时代》，北京：中国人民大学出版社，1992 年。

戴逸、李文海主编：《清通鉴》，太原：山西人民出版社，2000 年。

戴莹琮:《被遮掩的失败:清朝对缅之役》(Dai Yingcong. "A Disguised Defeat: The Myanmar Campaign of the Qing Dynasty." *Modern Asian Studies* 38, no. 1 (2004): 145 - 288.)

戴莹琮:《金川之役中的清政权、商人和战争夫役》(Dai Yingcong. "The Qing State, Merchants, and the Military Labor Force in the Jinchuan Campaigns." *Late Imperial China* 22, no. 2 (Dec. 2001): 35 - 90.)

戴莹琮:《盛清军队中的营运生息(1700—1800)》(Dai Yingcong. "*Yingyun shengxi*: Military Entrepreneurship in the High Qing Period, 1700 - 1800." *Late Imperial China* 26, no. 2 (Dec. 2005): 1 - 67.)

邓尔麟:《嘉定忠臣:儒学在 17 世纪中国的领导地位及社会变革》(Dennerline, Jerry. *The Chia-ting Loyalists: Confucian Leadership and Social Change in Seventeenth-Century China*. New Haven: Yale University Press, 1981.)

邓广铭等:《中国历史大辞典:宋史卷》,上海辞书出版社,1984 年。

狄培理、卜爱莲编:《中国历史资料集》(de Bary, Wm. Theodore, and Irene Bloom, comps. *Sources of Chinese Tradition*, vol. 1. 2d ed. New York: Columbia University Press, 1999.)

狄宇宙:《评〈剑桥中国辽西夏金元史〉》(di Cosmo, Nicola. "Review of *The Cambridge History of China*, Volume 6, *Alien Regimes and Border States*, 907 - 1368." *Harvard Journal of Asiatic Studies* 56, no. 2 (Dec. 1996): 493 - 508.)

狄宇宙编:《内亚历史上的战争(500—1800)》(di Cosmo, Nicola, ed. *Warfare in Inner Asian History (500 - 1800)*. Leiden: Brill, 2002.)

狄宇宙等编:《中国历史上的政治边疆、民族边界与人文地理》(di Cosmo, Nicola, and Don J. Wyatt, eds. *Political Frontiers, Ethnic Boundaries and Human Geographies in Chinese History*. London: Routledge Curzon, 2003.)

丁福保编:《佛学大辞典》,上海:上海书店出版社,1991 年。

窦德士:《征服者与儒家:元末政治的变迁》(Dardess, John W. *Conquerors and Confucians: Aspects of Political Change in Late Yüan China*. New York: Columbia University Press, 1973.)

窦德士:《顺帝与元朝统治中国的终结》,见牟复礼、杜希德编《剑桥中国明代史》(Dardess, John W. "Shun-ti and the End of Yuan Rule in China." In *CHOC*, 6: 561 - 86.)

董诰等编:《皇清文颖续编》(1810 年).《续修四库全书》本,第 1663—1667 册,上海:上海古籍出版社,1996 年。

董诰等编:《西巡盛典》(1812 年),北京古籍出版社,1996 年。

杜希德编:《剑桥中国隋唐史》(Twitchett, Denis, ed. *The Cambridge History of China*, vol. 3, *Sui and Tang China*, 589 - 906. Cambridge: Cambridge

University Press，1979．）

杜希德：《唐玄宗》，见杜希德编《剑桥中国隋唐史》（Twitchett，Denis C. "Hsüan-tsung（reign 712 - 756）."In *CHOC*，3：333 - 63．）

杜希德、铁兹：《辽朝》，见傅海波、杜希德编《剑桥中国辽西夏金元史》（Twitchett，Denis C．，and Klaus-Peter Tietze. "The Liao."In *CHOC*，6：43 - 152．）

杜希德、葛林：《正统、景泰和天顺朝》，见牟复礼、杜希德编《剑桥中国明代史》（Twitchett，Denis C. and Tilemann Grimm. "The Cheng-t'ung，Ching-t'ai，and T'ien-shun Reigns，1436 - 1464."In *CHOC*，7：305 - 42．）

法式善：《清秘述闻三种》，北京：中华书局，1997 年（1982 年版）。

法式善：《陶庐杂录》（约 1820 年），北京：中华书局，1997 年（1959 年版）。

范德：《明初两京制度》（Farmer，Edward L. *Early Ming Government：The Evolution of Dual Capitals*. Cambridge：East Asian Research Center，Harvard University，1976．）

范德：《朱元璋与明初立法：蒙古统治之后中国社会的再厘定》（Farmer，Edward L. *Zhu Yuanzhang and Early Ming Legislation：The Reordering of Chinese Society Following the Era of Mongol Rule*. Leiden：E. J. Brill，1995．）

范晔：《后汉书》，北京：中华书局，1997 年。

方濬师：《蕉轩随录 续录》（1891 年），北京：中华书局，1997 年（1995 年版）。

房玄龄等：《晋书》，北京：中华书局，1997 年。

费赖之：《在华耶稣会士列传及书目》，冯承钧译，北京：中华书局，1995 年。

费思堂：《中心与边缘：1539 年明世宗的南巡》（Fisher，Carney T. "Center and Periphery：Shih-Tsung's Southern Journey，1539." *Ming Studies* 18（Spring 1984）：15 - 34．）

费正清编：《剑桥中国晚清史》（Fairbank，John K．，ed. *Cambridge History of China*，vol. 10，pt. 1，*Late Ch'ing，1800 - 1911*. Cambridge：Cambridge University Press，1978．）

冯尔康：《清史史料学》，台北：台湾商务印书馆，1993 年。

冯尔康：《雍正传》，台北：台湾商务印书馆，1992 年（1985 年版）。

冯佐哲：《和珅评传》，北京：中国青年出版社，1998 年。

傅海波、杜希德编：《剑桥中国辽西夏金元史》（Franke，Herbert，and Denis Twitchett，eds. *The Cambridge History of China*，vol. 6，*Alien Regimes and Border States，907 - 1368*. Cambridge：Cambridge University Press，1994．）

傅海波：《金朝》，见傅海波、杜希德编《剑桥中国辽西夏金元史》（Franke，Herbert. "The Chin Dynasty."In *CHOC*，6：215 - 320．）

傅海波、杜希德：《剑桥中国辽西夏金元史·绪论》（Franke，Herbert，and Denis C. Twitchett. "Introduction."In *CHOC*，6：1 - 42．）

傅君劢:《东坡之路:苏轼诗歌表达的发展》(Fuller, Michael A. *The Road to East Slope: The Development of Su Shi's Poetic Voice.* Stanford: Stanford University Press, 1990.)

富克斯:《十八世纪乾隆皇帝南巡图册》(Fuchs, Walter. *Die Bilderalben für die Südreisen des Kaisers Kienlung im 18. Jahrhundert.* Wiesbaden: Franz Steiner Verlag, 1976.)

傅礼初:《未来清史研究的趋势:三点看法》(Fletcher, Joseph F. "On Future Trends in Ch'ing Studies - Three Views." *Ch'ing-shih wen-t'i* 4, no. 1 (June 1979): 105 - 6.)

傅礼初:《奥斯曼帝国的突厥—蒙古君主制传统》(Fletcher, Joseph F. "Turco-Mongolian Monarchic Tradition in the Ottoman Empire." In *Eucharisterion: Essays Presented to Omeljan Pritsak*, ed. Ihor Sevcenko and Frank E. Sysyn. *Harvard Ukrainian Studies* 3 - 4 (1979 - 1980), pt. I: 238. Reprinted in Joseph F. Fletcher, Jr., *Studies on Chinese and Islamic Inner Asia*, ed. Beatrice Forbes Manz. Hampshire, Eng.: Variorum, 1995.)

傅乐焕:《辽史丛考》,北京:中华书局,1984 年。

傅雷:《绘制承德:清朝景观事业》(Forêt, Philippe. *Mapping Chengde: The Qing Landscape Enterprise.* Honolulu: University of Hawai'i Press, 2000.)

傅宗懋:《清代督抚制度》,台北:"国立"政治大学,1963 年。

富路德:《乾隆文字狱》(Goodrich, Luther Carrington. *The Literary Inquisition of Ch'ien-lung.* New York: American Council of Learned Societies, 1935. Reprinted - New York: Paragon, 1966.)

富路德、房兆楹编:《明代名人传》(Goodrich, L. Carrington, and Fang Chaoying, comps. *Dictionary of Ming Biography, 1368 - 1644.* New York: Columbia University Press, 1976.)

盖博坚:《四库全书:乾隆后期的学者与国家》(Guy, R. Kent. *The Emperor's Four Treasuries: Scholars and the State in the Late Ch'ien-lung Era.* Cambridge: Council on East Asian Studies, Harvard University, 1987.)

盖博坚:《谁是满洲人?》(Guy, R. Kent. "Who Were the Manchus?: A Review Essay." *Journal of Asian Studies* 61, no. 1 (Feb. 2002): 151 - 64.)

盖杰民:《正德朝》,见牟复礼、杜希德编《剑桥中国明代史》(Geiss, James. "The Cheng-te Reign, 1506 - 1521." In *CHOC*, 7: 403 - 39.)

高居翰:《皇帝的色情艺术》(Cahill, James. "The Emperor's Erotica." *Kaikodo Journal* 11 (Spring 1999): 24 - 43.)

高居翰:《三张、扬州美人与满洲宫廷》(Cahill, James. "The Three Zhangs, Yangzhou Beauties, and the Manchu Court." *Orientations* 27, no. 9 (Oct. 1996):

59 - 68.)

高士奇:《扈从东巡日录》(约 1682 年),见《辽海丛书》,页 215—234,沈阳:辽沈书社,1985 年。

高士奇:《扈从西巡日录》(约 1683 年),见王锡祺编《小方壶斋舆地丛钞》初编,页539—545,台北:广文书局,1962 年。

高士奇:《塞北小钞》(约 1683 年),见王锡祺编《小方壶斋舆地丛钞》初编,页 547—554,台北:广文书局,1962 年。

高王凌:《十八世纪中国的经济发展和政府政策》,北京:中国社会科学出版社,1995 年。

高翔:《康雍乾三帝统治思想研究》.北京:中国人民大学出版社,1995 年。

高翔:《乾隆下江南》.北京:中国人民大学出版社,1989 年。台北:云龙出版社重印本,1991 年。

高翔:《问苍穹:皇后断发之谜》,北京:中国人民大学出版社,1994 年。

高友工:《中国叙事传统中的抒情观:读〈红楼梦〉和〈儒林外史〉》(Kao, Yu-kung. "Lyric Vision in Chinese Narrative Tradition: A Reading of *Hung-lou Meng* and *Ju-lin Wai-shi*." In *Chinese Narrative: Critical and Theoretical Essays*, ed. Andrew H. Plaks. Princeton: Princeton University Press, 1977, 227 - 43.)

《宫中档乾隆朝奏折》,"国立故宫博物院"编辑委员会编,台北:"国立故宫博物院",1982—1986 年。

《宫中档奏折》(北京),中国第一历史档案馆藏,北京。

龚克昌著,康达维英译:《汉赋研究》(Gong Kechang. *Studies on the Han Fu*. Trans. and ed. David R. Knechtges. New Haven: American Oriental Society, 1997.)

顾公燮:《丹午笔记》(1818 年),南京:江苏古籍出版社,1997 年。

顾立雅:《中国治国术的起源》(Creel, Herrlee G. *The Origins of Statecraft in China*, vol. 1, *The Western Chou Empire*. Chicago: University of Chicago Press, 1970.)

顾诒禄:《(重修) 虎丘山志》,1767 年。

顾震涛:《吴门表隐》(1834 年),南京:江苏古籍出版社,1999 年。

郭成康:《乾隆大帝》,北京:中国华侨出版社,2003 年。

关文斌:《天津盐商:帝制晚期中国的国家形成与市民社会》(Kwan, Man Bun. *The Salt Merchants of Tianjin: State-Making and Civil Society in Late Imperial China*. Honolulu: University of Hawai'i Press, 2001.)

郭成康:《十八世纪的中国政治》,台北:昭明出版社,2001 年。

郭成康、林铁钧:《清朝文字狱》,北京:群众出版社,1990 年。

郭成康等:《康乾盛世历史报告》,北京:言实出版社,2002 年。

郭成康等:《乾隆皇帝全传》,北京:学苑出版社,1994 年。

"国立中央"图书馆编:《明人传记资料索引》,台北:文史哲出版社,1965 年。

韩书瑞:《山东叛乱:1774 年王伦起义》(Naquin, Susan. *Shandong Rebellion：The Wang Lun Uprising of 1774*. New Haven：Yale University Press, 1981.)

韩书瑞、罗友枝:《十八世纪中国社会》(Naquin, Susan, and Evelyn S. Rawski. *Chinese Society in the Eighteenth Century*. New Haven：Yale University Press, 1987.)

《汉语大词典(缩印本)》,罗竹风编,上海:汉语大词典出版社,1997 年。

《杭州府志》,邵晋涵、郑澐等编(1784 年),上海:上海古籍出版社,1995 年。

何炳棣:《捍卫汉化:对罗友枝〈再观清代〉的反驳》(Ho, Ping-ti. "In Defense of Sinicization：A Rebuttal of Evelyn Rawski's 'Reenvisioning the Qing.'" *Journal of Asian Studies* 57, no. 1 (Feb. 1998)：123 - 55.)

何炳棣:《明清社会史论》(Ho, Ping-ti. *The Ladder of Success in Imperial China：Aspects of Social Mobility, 1368 - 1911*. New York：Columbia University Press, 1962.)

何炳棣:《扬州盐商:中国十八世纪商业资本主义的一个研究》(Ho, Ping-ti. "The Salt Merchants of Yang-chou：A Study of Commercial Capitalism in Eighteenth-Century China." *Harvard Journal of Asiatic Studies* 17, no. 1 - 2 (June 1954)：130 - 68.)

何炳棣:《清朝在中国历史上的重要性》(Ho, Ping-ti. "The Significance of the Ch'ing Period in Chinese History." *Journal of Asian Studies* 26, no. 2 (Feb. 1967)：189 - 95.)

何翠媚、班臣:《紫禁城的辉煌:乾隆盛世》(Ho, Chuimei, and Bennet Bronson. *Splendors of China's Forbidden City：The Glorious Reign of Emperor Qianlong*. Chicago：Field Museum, 2004.)

何慕文:《文献与肖像:康熙与乾隆南巡图》(Hearn, Maxwell. "Document and Portrait：The Southern Tour Paintings of Kangxi and Qianlong." *Phoebus* 6, no. 1 (1988)：91 - 131)

何四维:《史记》,见鲁惟一编《中国早期文献指南》(Hulsewé, A. F. P. "*Shih chi*." In *ECT*, 405 - 14.)

贺凯:《中国古代官制辞典》(Hucker, Charles O. *A Dictionary of Official Titles in Imperial China*. Stanford：Stanford University Press, 1985.)

恒慕义编:《清代名人传略》(Hummel, Arthur W., ed. *Eminent Chinese of the Ch'ing Period, 1644 - 1912*. 2 vols. 1943 and 1944. Reprinted - Taibei：SMC, 1991.)

胡志德、王国斌、余宝琳编:《中国史上的文化与国家:习俗、包容与批评》(Huters, Theodore；R. Bin Wong；and Pauline Yu, eds. *Culture & State in Chinese*

History：*Conventions*，*Accommodations*，*and Critiques*. Stanford：Stanford University Press，1997.）

华立：《"唐船风说书"与流传在日本的乾隆南巡史料》，《清史研究》1997 年第 3 期，页 97—106。

华若璧、伊佩霞编：《中国社会的婚姻与不平等》（Watson，Rubie S.，and Patricia Buckley Ebrey，eds. *Marriage and Inequality in Chinese Society*. Berkeley：University of California Press，1991.）

华兹生：《中国早期文学》（Watson，Burton. *Early Chinese Literature*. New York：Columbia University Press，1962.）

华兹生英译：《苏东坡诗选》（Watson，Burton，trans. *Su Tung-p'o*：*Selections from a Sung Dynasty Poet*. New York：Columbia University Press，1965.）

黄淮、杨士奇编：《历代名臣奏议》（1416 年），台北：学生书局，1964 年。

黄培：《雍正史之论》（Huang，Pei. *Autocracy at Work*：*A Study of the Yung-cheng Period*，*1723 - 1735*.）Bloomington：Indiana University Press，1974.）

黄仁宇：《万历十五年》（Huang，Ray. *1587*：*A Year of No Significance*. New Haven：Yale University Press，1981.）

黄宗羲著、狄培理英译：《明夷待访录》（de Bary，Wm. Theodore，trans. *Waiting for the Dawn*：*A Plan for the Prince*——*Huang Tsung-hsi's Ming-i tai-fang lu*. New York：Columbia Unversity Press，1993.）

嵇穆：《诗人乾隆皇帝：御制作品的注解》（Gimm，Martin. *Kaiser Qianlong*（*1711 - 1799*）*als Poet*：*Anmerkungen zu seinem schriftstellerischen Werk*. Stuttgart：Franz Steiner Verlag，1993.）

吉川幸次郎：《金、元、明五百年诗歌史》（Yoshikawa，Kōjirō. *Five Hundred Years of Chinese Poetry*，*1150 - 1650*：*The Chin*，*Yuan*，*and Ming Dynasties*. Trans. John Timothy Wixted. Princeton：Princeton University Press，1989.）

吉川幸次郎：《宋诗概述》（Yoshikawa，Kōjirō. *An Introduction to Sung Poetry*. Trans. Burton Watson. Cambridge：Harvard University Press，1967.）

纪昀著、基南编译：《阅微草堂笔记》（Chi Yün. *Shadows in a Chinese Landscape*：*The Notes of a Confucian Scholar*. Ed. and trans. David L. Keenan. Armonk，NY：M. E. Sharpe，1999.）

季啸风编：《中国书院辞典》，杭州：浙江教育出版社，1996 年。

《嘉庆东巡纪事》，三卷，1805 年，见《辽海丛书》第四册，页 2547—2563，沈阳：辽沈书社，1985 年。

贾宁：《清前期理藩院与内亚礼仪（1644—1795）》（Chia，Ning. "The Lifan yuan and the Inner Asian Rituals in the Early Qing（1644 - 1795）."*Late Imperial China* 14，no. 1（June 1993）：60 - 92.）

姜相顺:《乾隆东巡路线及途中饮食》,见清代宫史研究会编《清代宫史求实》,页
　　446—461,北京:紫禁城出版社,1992 年。

蒋坤编:《娄关蒋氏本支录右编》(1846 年)。蒋忠鐠等编:《邓巷蒋氏宗谱》,十卷,无
　　出版时间。

蒋良骐、王先谦等:《十二朝东华录》第七至十一册"乾隆朝",台北:文海出版社,
　　1963 年。

金启琮:《金代的女真文学》(Jin Qicong, "Jurchen Literature Under the Chin." In
　　China Under Jurchen Rule:*Essays on Chin Intellectual and Cultural History*,
　　ed. Hoyt Cleveland Tillman and Stephen H. West. Albany:State University of
　　New York Press, 1995, 518 - 37.)

金友理:《太湖备考》(1750 年),南京:江苏古籍出版社,1997 年。

靳润成:《明朝总督巡抚辖区研究》,天津:天津古籍出版社,1996 年。

柯律格:《丰饶之地:明代中国的园林文化》(Clunas, Craig. *Fruitful Sites*:*Garden
　　Culture in Ming Dynasty China*. Durham:Duke University Press, 1996.)

柯律格:《长物志:明代物质文化与社会地位》(Clunas, Craig. *Superfluous Things*:
　　Material Culture and Social Status in Early Modern China. Urbana and Chicago:
　　University of Illinois Press, 1991.)

凯斯勒:《清朝省级大员的民族构成》(Kessler, Lawrence D. "Ethnic Composition of
　　Provincial Leadership During the Ch'ing Dynasty." *Journal of Asian Studies* 28,
　　no. 3 (May 1969):489 - 511.)

凯斯勒:《康熙与清朝统治的巩固(1661—1684)》(Kessler, Lawrence D. *K'ang-hsi
　　and the Consolidation of Ch'ing Rule*, *1661 - 1684*. Chicago:University of
　　Chicago Press, 1976.)

康达维:《扬雄〈羽猎赋〉的叙述、描写和修辞》(Knechtges, David R. "Narration,
　　Description, and Rhetoric in Yang Shyong's *Yeu-lieh fuh*:An Essay in Form and
　　Function in the Hann *fuh*." In *Transition and Permanence*:*Chinese History and
　　Culture. A Festschrift in Honor of Dr. Hsiao Kung-ch'üan*, ed. David Buxbaum
　　and Frederick W. Mote. Hong Kong:Cathay Press, 1972, 359 - 77.)

康达维:《司马相如的〈长门赋〉》(Knechtges, David R. "Ssu-ma Hsiang-ju's 'Tall
　　Gate Palace Rhapsody.'" *Harvard Journal of Asiatic Studies* 41, no. 1 (June
　　1981):47 - 64.)

康无为:《皇帝眼中的君主制:乾隆朝的想象与现实》(Kahn, Harold. *Monarchy in
　　the Emperor's Eyes*:*Image and Reality in the Ch'ien-lung Reign*. Cambridge:
　　Harvard University Press, 1971.)

康无为:《孝治:十八世纪中国皇帝的行动理由》(Kahn, Harold. "The Politics of
　　Filiality:Justification for Imperial Action in Eighteenth Century China." *Journal*

of Asian Studies 26, no. 2 (Feb. 1967): 197 - 203.)

康无为:《帝王品味:乾隆朝的宏伟气象与异国奇珍》(Kahn, Harold. "Imperial Taste: The Monumental and Exotic in the Qianlong Reign." In idem, *Excursions in Reading History: Three Studies*. Taibei: Institute of Modern History, Academia Sinica, 1993, 37 - 56.)

《康熙朝满文朱批奏折全译》,中国第一历史档案馆编译:北京:中国社会科学出版社,1996 年。

《康熙起居注》,中国第一历史档案馆编,北京:中华书局,1984 年。

《康熙起居注》(台北),"国立故宫博物院"藏, 台北。

《康熙字典》(1716 年),张玉书等编,上海:上海书店出版社,1985 年。

柯娇燕:《清帝国的征服者精英》,见裴德生编《剑桥中国清前中期史》(Crossley, Pamela Kyle. "The Conquest Elite of the Ch'ing Empire." In *CHOC*, 9:310 - 59.)

柯娇燕:《乾隆对于汉军八旗的认识》(Crossley, Pamela Kyle. "The Qianlong Retrospect on the Chinese-Martial (*hanjun*) Banners." *Late Imperial China* 10, no. 1 (June 1989): 63 - 107.)

柯娇燕:《中国皇权的多维性》(Crossley, Pamela Kyle. "The Rulerships of China." *American Historical Review* 97, no. 5 (Dec. 1992): 1468 - 83.)

柯娇燕:《透镜:清帝国意识形态的历史与认同》(Crossley, Pamela Kyle. *A Translucent Mirror: History and Identity in Qing Imperial Ideology*. Berkeley: University of California Press, 1999.)

柯马丁:《西汉审美与赋的起源》(Kern, Martin. "Western Han Aesthetics and the Genesis of the *Fu*." *Harvard Journal of Asiatic Studies* 63, no. 2 (Dec. 2003): 383 - 437.)

柯启玄:《孝贤皇后之死:官僚的背叛与十八世纪中国统治的危机》(Kutcher, Norman. "The Death of the Xiaoxian Empress: Bureaucratic Betrayals and the Crises of Eighteenth-Century Chinese Rule." *Journal of Asian Studies* 56, no. 3 (Aug. 1997): 708 - 25.)

孔飞力:《叫魂:1768 年妖术大恐慌》(Kuhn, Philip A. *Soulstealers: The Chinese Sorcery Scare of 1768*. Cambridge: Harvard University Press, 1990.)

孔毓圻、金居敬等:《幸鲁盛典》(1711 年),台北:台湾商务印书馆,1983 年。

赖福顺:《乾隆重要战争之军需研究》,台北:"国立故宫博物院",1984 年。

雷伟立、王国斌:《重评马尔萨斯式叙事:帝制晚期中国人口动态发展的比较研究》(Lavely, William, and R. Bin Wong. "Revising the Malthusian Narrative: The Comparative Study of Population Dynamics in Late Imperial China." *Journal of Asian Studies* 57, no. 3 (Aug. 1998): 714 - 48.)

理雅各英译:《易经》(Legge, James, trans. *The I Ching: The Book of Changes*.

1899. Reprinted‐New York：Dover，1963.）

理雅各英译：《诗经》（Legge，James，trans.. *The She King or the Book of Poetry*. Hong Kong：London Missionary Society，1871. Reprinted‐Taibei：SMC，1991.）

理雅各英译：《尚书》（Legge，James，trans.. *The Shoo King*，*or the Book of Historical Documents*. Hong Kong：London Missionary Society，1865. Reprinted‐Taibei：SMC，1991.）

理雅各英译：《孟子》（Legge，James，trans.. *The Works of Mencius*. Oxford：Clarendon Press，1895. Reprinted‐Taibei：SMC，1991.）

理查兹：《新剑桥印度史：卧莫儿帝国》（Richards，John F. *The New Cambridge History of India*，pt. I，vol. 5，*The Mughal Empire*. Cambridge：Cambridge University Press，1993.）

李斗：《礼记》，见鲁惟一编《中国早期文献指南》（Riegel，Jeffrey K. "*Li chi*." In *ECT*，293‐96.）

李斗：《扬州画舫录》（1795 年），北京：中华书局，1997 年（1960 年版）。

李国祥、杨昶编：《明实录类纂：宫廷史料卷》，武汉：武汉出版社，1992 年。

李桓编：《国朝耆献类徵初编》（1884—1890 年），台北：明文书局，1985 年。

李景屏、康国昌：《乾隆、和珅与刘墉》，台湾中和：知书房出版社，2000 年。

李鹏年、刘子扬、陈锵仪等编著：《清代六部成语词典》，天津：天津人民出版社，1990 年。

李鹏年等：《清代中央国家机关概述》，北京：紫禁城出版社，1989 年。

李学勤、吕文郁等编：《四库大辞典》，长春：吉林大学出版社，1996 年。

李约瑟等：《中国科学技术史》（第四卷）：物理学与物理技术，第三分册，物理学（Needham，Joseph et al. *Science & Civilisation in China*，vol. IV，*Physics and Physical Technology*，pt. 3，*Physics*. Cambridge：Cambridge University Press，1971.）

梁诗正、沈德潜等编：《西湖志纂》（1765 年），上海：上海古籍出版社，1993 年。

梁章钜：《浪迹丛谈》（1847 年），北京：中华书局，1997 年（1981 年版）。

梁章钜：《退庵随笔》（1837 年），扬州：广陵古籍出版社，1997 年。

《辽海丛书》，沈阳：辽沈出版社，1985 年。

列文森：《儒教中国及其现代命运》（Levenson，Joseph R. *Confucian China and Its Modern Fate*：*A Trilogy*. 3 vols. Berkeley：University of California Press，1958，1964，1965.）

林恩显：《清朝在新疆的汉回隔离政策》，台北：台湾商务印书馆，1988 年。

林顺夫：《中国抒情传统的转型》（Lin，Shuen‐fu. *The Transformation of the Chinese Lyrical Tradition*：*Chiang K'uei and Southern Sung Tz'u Poetry*. Princeton：Princeton University Press，1978.）

刘殿爵英译:《孟子》(Lau,D. C. , trans. *Mencius.* London:Penguin Books,1970.)

刘凤云:《清代三藩研究》,北京:中国人民大学出版社,1994 年。

刘耿生:《乾隆二十二年南巡史料研究》,见冯尔康等编《扬州研究》,页 637—682,台北:陈捷先,1996 年。

刘锦藻:《清朝续文献通考》,上海:上海商务印书馆,1936 年。

刘若愚:《中国文学理论》(Liu,James J. Y. *Chinese Theories of Literature.* Chicago:University of Chicago Press,1975.)

刘昫等:《旧唐书》,北京:中华书局,1997 年。

刘咏聪编:《中国妇女传记辞典·清代》(Ho,Clara Wing-chung,ed. *Biographical Dictionary of Chinese Women:The Qing Period,1644‐1911.* Armonk,NY:M. E. Sharpe,1998.)

刘渝龙、金身佳:《古代帝王巡游记实》,长沙:岳麓书社,1997 年。

刘泽华:《中国政治思想史(隋唐宋元明清卷)》,杭州:浙江人民出版社,1996 年。

《录副奏折》(北京),见中国第一历史档案馆所藏《军机档》,北京。

《录副奏折》(台北),见"国立故宫博物院"所藏《军机档》,台北。

卢见曾:《金山志》(1762 年),扬州:江苏广陵古籍刻印社,1996 年。

鲁尔曼:《中国通俗小说中的传统英雄人物》(Ruhlmann,Robert. "Traditional Heroes in Chinese Popular Fiction." In *The Confucian Persuasion*,ed. Arthur F. Wright. Stanford:Stanford University Press,1960,141‐76.)

鲁惟一编:《中国早期文献指南》(Loewe,Michael,ed. *Early Chinese Texts:A Bibliographical Guide.* Berkeley:Society for the Study of Early China and Institute of East Asian Studies,1993.)

鲁惟一:《诗经》,见鲁惟一编《中国早期文献指南》(Loewe,Michael. "Shih ching." In *ECT*,415‐23.)

陆威仪:《汉武帝的封禅》(Lewis,Mark Edward. "The *feng* and *shan* Sacrifices of Emperor Wu of the Han." In *State and Court Ritual in China*,ed. Joseph P. McDermott. Cambridge:University of Cambridge Press,1999,50‐80.)

陆西华:《早期满洲国家的崛起:1636 年之前满文史料中的图景》(Roth-Li,Gertraude. "The Rise of the Early Manchu State:A Portrait Drawn from Manchu Sources to 1636."Ph. D. diss. ,Harvard University,1975.)

陆西华:《1644 年前的国家建设》,见裴德生编《剑桥中国清前中期史》(Roth-Li,Gertraude. "State Building Before 1644."In *CHOC*,9:9‐72.)

罗茂锐:《忽必烈统治时期》,见傅海波、杜希德编《剑桥中国辽西夏金元史》(Rossabi,Morris. "The Reign of Khubilai Khan."In *CHOC*,6:414‐89.)

罗茂锐编:《棋逢对手:中国及其邻居(10—14 世纪)》(Rossabi,Morris,ed. *China Among Equals:The Middle Kingdom and Its Neighbors,10th‐14th Centuries.*

Berkeley：University of California Press，1983.）

罗威廉：《救世：陈宏谋与十八世纪中国的精英意识》（Rowe，William T. *Saving the World*：*Chen Hongmou and Elite Consciousness in Eighteenth-Century China*. Stanford：Stanford University Press，2001.）

罗威廉：《社会稳定与社会变迁》，见裴德生编《剑桥中国清前中期史》（Rowe，William T. "Social Stability and Social Change." In *CHOC*，9：473-562.）

罗运治：《清代木兰围场的探讨》，台北：文史哲出版社，1989 年。

罗友枝：《清皇室婚姻与统治权问题》（Rawski，Evelyn S. "Ch'ing Imperial Marriage and Problems of Rulership." In *Marriage and Inequality in Chinese Society*，ed. Rubie S. Watson and Patricia Buckley Ebrey. Berkeley：University of California Press，1991，170-203.）

罗友枝：《清代宫廷社会史》（Rawski，Evelyn S. *The Last Emperors*：*A Social History of Qing Imperial Institutions*. Berkeley：University of California Press，1998.）

罗友枝：《再观清代在中国历史上的重要性》（Rawski，Evelyn S. "Reenvisioning the Qing：The Significance of the Qing Period in Chinese History." *Journal of Asian Studies* 55，no. 4（Nov. 1996）：829-50.）

马东玉：《雄视四方：清帝巡狩活动》，沈阳：辽海出版社，1997 年。

马克林：《京剧的兴起：清代戏院的社会考察（1770—1870）》（Mackerras，Colin. *The Rise of the Peking Opera*，*1770-1870*：*Social Aspects of the Theatre in Manchu China*. Oxford：Oxford University Press，1972.）

马克林：《回纥》（Mackerras，Colin. "The Uighurs." In *The Cambridge History of Early Inner Asia*，ed. Denis Sinor. Cambridge：Cambridge University Press，1990，317-42.）

马若孟、王业键：《1644—1800 年的经济发展》，见裴德生编《剑桥中国清前中期史》（Myers，Ramon H.，and Wang Yeh-chien. "Economic Developments，1644-1800." In *CHOC*，9：563-645.）

麦里克：《十八世纪法国君主制的去神圣化》（Merrick，Jeffrey W. *The Desacralization of the French Monarchy in the Eighteenth Century*. Baton Rouge：Louisiana State University Press，1990.）

《满汉名臣传》（全四册），哈尔滨：黑龙江人民出版社，1991 年。

曼素恩：《缀珍录：十八世纪及其前后的中国妇女》（Mann，Susan. *Precious Records*：*Women in China's Long Eighteenth Century*. Stanford：Stanford University Press，1997.）

曼素恩、孔飞力：《王朝衰落与反叛根源》，见费正清编《剑桥中国晚清史》（Mann Jones，Susan，and Philip A. Kuhn. "Dynastic Decline and the Roots of

Rebellion. "In *CHOC*，10，pt. I，107 - 62.)

梅尔清：《清初扬州文化》(Meyer-Fong，Tobie. *Building Culture in Early Qing Yangzhou*. Stanford：Stanford University Press，2003.)

梅尔清：《17 世纪以来的扬州观光》(Meyer-Fong，Tobie. "Seeing the Sights in Yangzhou from 1600 to the Present. "，见《画中有话：近代中国的视觉表述与文化构图》，页 213 - 251，台北："中央研究院"近代史研究所，2003 年。)

梅内尔、古德斯布洛姆编：《诺贝特·埃利亚斯论文明、权力与知识》(Mennell，Stephen；and Johan Goudsblom，eds. *Norbert Elias on Civilization*，*Power*，*and Knowledge*：*Selected Writings*. Chicago：University of Chicago Press，1998.)

"蒙藏委员会"编：《中国边疆史学术研讨会：论文集》，台北："蒙藏委会员"，1995 年。

孟森：《清代五大疑案考实》. 台北：正中书局，1988 年。

孟昭信：《康熙大帝全传》，长春：吉林文史出版社，1987 年。

米华健：《嘉峪关外：1759—1864 年新疆的经济、民族和清帝国》(Millward，James A. *Beyond the Pass*：*Economy*，*Ethnicity*，*and Empire in Qing Central Asia*，*1759 - 1864*. Stanford：Stanford University Press，1998.)

米华健：《清朝与哈萨克在伊犁与塔尔巴哈台的丝绸—马匹贸易（1758—1853）》(Millward，James A. "Qing Silk - Horse Trade with the Qazaqs in Yili and Tarbaghatai，1758 - 1853. "*Central Asian and Inner Asian Studies* 7（1992）：1 - 42.)

米华健：《乾隆朝廷的维吾尔穆斯林：香妃的意义》(Millward，James A. "A Uyghur Muslim in Qianlong's Court：The Meaning of the Fragant Concubine. "*Journal of Asian Studies* 53，no. 2（May 1994）：427 - 58.)

米华健、邓如萍、欧立德、傅雷编：《新清帝国史：承德与内亚帝国的形成》(Millward，James A.；Ruth W. Dunnell；Mark C. Elliott；and Philippe Forêt，eds. *New Qing Imperial History*：*The Making of Inner Asian Empire at Qing Chengde*. London：Routledge Curzon，2004.)

米切尔：《社会、经济与国家效应》(Mitchell，Timothy. "Society，Economy，and the State Effect. " In *State/Culture*：*State-Formation After the Cultural Turn*，ed. George Steinmetz. Ithaca：Cornell University Press，1999，76 - 97.)

闵斗基：《国家政体和地方权力：帝制晚期中国的转型》(Min Tu-ki. *National Polity and Local Power*：*The Transformation of Late Imperial China*，ed. Philip A. Kuhn and Timothy Brook. Cambridge：Council on East Asian Studies，Harvard University，1989.)

闵斗基：《清代社会的生监》(Min Tu-ki. "The *Sheng-yuan - Chien-sheng* Stratum （*Sheng-Chien*）in Ch'ing Society. "（In idem，*National Polity and Local Power*：*The Transformation of Late Imperial China*，ed. Philip A. Kuhn and Timothy

Brook. Cambridge：Council on East Asian Studies，Harvard University，1989，
21－50.）

牟复礼、杜希德编：《剑桥中国明代史》Mote，Frederick W.，and Denis Twitchett，
eds. *The Cambridge History of China*，vol. 7，*The Ming Dynasty*，*1368－
1644*，*Part 1*. Cambridge：Cambridge University Press，1988.

《南巡差案章程》(1780 年)，萨载(与高晋)编，殿版，中国科学院图书馆，北京。

《南巡盛典》(1771 年)，高晋编，台北：新兴书局，1989 年。

内务府编：《清代内务府造办处舆图房图目初编》，北平：国立北平故宫博物院，1936
年。重印见煮雨山房编《故宫藏书目录汇编》，中册，页 2531—2581，北京：线装书
局，2004 年。

《内务府来文》(北京)，中国第一历史档案馆藏，北京。

《内务府奏案》(北京)，中国第一历史档案馆藏，北京。

倪德卫：《和珅和他的控告者：十八世纪的意识形态与政治行为》(Nivison，David S.
"Ho-shen and His Accusers：Ideology and Political Behavior in the Eighteenth
Century." In *Confucianism in Action*，ed. Davis S. Nivison and Arthur F.
Wright. Stanford：Stanford University Press，1959，209－43.）

倪豪士英译：《史记》(Nienhauser，William H.，Jr.，ed. *The Grand Scribe's
Records*. Vols. 1－7. Bloomington：Indiana University Press，1994－ .）

倪豪士编著：《印第安纳中国古典文学指南》(Nienhauser，William H.，Jr.，ed. and
comp. *The Indiana Companion to Traditional Chinese Literature*. 2d rev. ed.
Bloomington：Indiana University Press，1986.）

聂崇正：《清朝宫廷铜版画〈乾隆平定准部回部战图〉》，《故宫博物院院刊》1989 年第
4 期，页 55—64。

聂崇正：《〈乾隆平定准部回部战图〉和清代的铜版画》，《文物》1980 年第 4 期，页
61—64。

牛平汉编：《清代政区沿革综表》，北京：中国地图出版社，1990 年。

欧立德：《帝国与民国地理中的"满洲"》(Elliott，Mark C. "The Limits of Tartary：
Manchuria in Imperial and National Geographies." *Journal of Asian Studies* 59，
no. 3（Aug. 2000）：603－46.）

欧立德：《满洲之道：八旗制度与帝制晚期中国的民族认同》(Elliott，Mark C. *The
Manchu Way：The Eight Banners and Ethnic Identity in Late Imperial China*.
Stanford：Stanford University Press，2001.）

欧立德：《将是谁人之天下？十七世纪初叶满人对历史进程的描述》(Elliott，Mark
C. "Whose Empire Shall It Be? Manchu Figurations of Historical Process in the
Early Seventeenth Century." In *Time*，*Temporality*，*and Imperial Transition*，
ed. Lynn A. Struve. Honolulu：Association for Asian Studies and University of

Hawai'i Press，2005，31－72.）

欧立德、贾宁:《清朝的木兰秋狝》(Elliott，Mark C.，and Chia Ning. "The Qing Hunt at Mulan." In *New Qing Imperial History*，ed. James A. Millward et al. London：Routledge Curzon，2004，66－83.）

欧阳修、宋祁:《新唐书》,北京：中华书局,1997 年。

裴德生编:《剑桥中国清前中期史》(Peterson，Willard J.，ed. *Cambridge History of China*，vol. 9，pt. 1，*The Ch'ing Empire to 1800*. Cambridge：Cambridge University Press，2002.）

裴德生:《剑桥中国清前中期史·绪论:开陈布新》(Peterson，Willard J. "Introduction：New Order for the Old Order." In *CHOC*，9：1－8.）

彭文杰编:《彭氏宗谱》(1922 年)。

彭信威:《中国货币史》,上海：上海人民出版社,1958 年。

朴趾源,《热河日记》(1780 年),台北:"国立"编译馆,1982 年（1958 年版）。

浦安迪编:《中国叙事文:批评与理论文汇》(Plaks，Andrew H.，ed. *Chinese Narrative：Critical and Theoretical Essays*. Princeton：Princeton University Press，1977.）

濮德培:《中国西进:清朝对欧亚大陆中部的征服》(Perdue，Peter C. *China Marches West：The Qing Conquest of Central Eurasia*.（Cambridge：Harvard University Press，2005.）

濮德培:《十七、十八世纪中国、俄国与蒙古的军事动员》(Perdue，Peter C. "Military Mobilization in Seventeenth- and Eighteenth-Century China，Russia，and Mongolia." *Modern Asian Studies* 30，no. 4（Oct. 1996）：757－93.）

《钦定南巡盛典》(1791 年),萨载等编,台北:台湾商务印书馆,1983 年。

《清代职官年表》,钱实甫编,全四册,北京:中华书局,1997 年（1980 年版）。

《清会典》(光绪)(1899 年),崑冈等编,北京:中华书局,1991 年。

《清会典事例》(光绪)(1899 年),北京:中华书局,1991 年。

祁美琴:《内务府高氏家族考》,《清史研究》2000 年第 2 期,页 108—114。

祁美琴:《清代内务府》,北京:中国人民大学出版社,1998 年。

钱大昕:《竹汀居士自订年谱》,香港:崇文书店,1974 年。

钱维城:《钱文敏公全集》(1776 年),见《续修四库全书》,第 1442 册,上海:上海古籍出版社,1996 年。

钱泳:《履园丛话》(1839 年),北京:中国书店出版社,1991 年。

《乾隆巡幸江南记》,顾鸣塘标点,上海:上海古籍出版社,1989 年。

《乾隆朝上御档》,中国第一历史档案馆编,北京:档案出版社,1991 年。

《乾隆起居注》(台北),"国立故宫博物院"藏,台北。

乔治忠:《清朝官方史学研究》,台北:文津出版社,1994 年。

秦蕙田编:《五礼通考》(1761 年),见《景印文渊阁四库全书》第 135—142 册,台北:台湾商务印书馆,1983 年。

《清朝野史大观》,北京:中华书局,1936 年重印本,全三册。扬州:江苏广陵古籍刻印社,1994 年。

清代宫史研究会编:《清代宫史求实》,北京:紫禁城出版社,1992 年。

《清代宫廷绘画》,聂崇正编,香港:商务印书馆,1996 年。

清高宗:《御批历代通鉴辑览》(1767 年),《四库备要》本,全三册,台北:新兴书局,1959 年。

《清高宗(乾隆)御制诗文全集》,北京:中国人民大学出版社,1993 年。

《清会典图》(光绪)(1899 年),全两册,北京:中华书局,1991 年。

《清经世文编》(1827 年),贺长龄、魏源等编,北京:中华书局,1992 年。

《清史稿》,赵尔巽等,北京:中华书局,1996 年(1977 年)。

冉玫烁:《浙江的精英行动主义与政治转型(1865—1911)》(Rankin, Mary Backus. *Elite Activism and Political Transformation in China：Zhejiang Province, 1865-1911*. Stanford：Stanford University Press, 1986.)

阮元编:《十三经注疏》(1815 年),上海:上海古籍出版社,1997 年。

芮沃寿:《隋朝》(Wright, Arthur F. *The Sui Dynasty*. New York：Alfred A. Knopf, 1978.)

芮效卫英译:《金瓶梅》(Roy, David Tod, trans. *The Plum in the Golden Vase or*, Chin P'ing Mei. vol. 1, *The Gathering*. Princeton：Princeton University Press，1993.)

涩谷保:《即兴新闻:谣言的社会学研究》(Shibutani, Tamotsu. *Improvised News：A Sociological Study of Rumor*. Indianapolis：Bobbs-Merrill, Inc., 1966.)

宿迪塔·森:《满族统治下中国的研究新进展和亚洲帝国的历史书写》(Sen, Sudipta. "The New Frontiers of a Manchu China and the Historiography of Asian Empires：A Review Essay." *Journal of Asian Studies* 61, no. 1 (Feb. 2002)：165-77.)

商鸿逵:《康熙南巡与治理黄河》,见左步青编《康雍乾三帝评议》,页 124—141,北京:紫禁城出版社,1986 年。

沈德潜:《沈德潜自订年谱》(1764 年),教忠堂版,见《沈归愚诗文全集》,第 24 册,教忠堂(1736—1795 年),哈佛—燕京图书馆善本室。

沈德潜编:《(吴中)七子诗选》(1753 年),国会图书馆亚洲部,华盛顿特区。

施吉瑞:《随园:袁枚的生活、文学批评与诗歌》(Schmidt, J. D. *Harmony Garden：The Life, Literary Criticism, and Poetry of Yuan Mei（1716-1798）*. London：Routledge Curzon, 2003.)

石听泉:《文字化的景观:中国历史上的游记》(Strassberg, Richard E. *Inscribed*

Landscapes：*Travel Writing from Imperial China*. Berkeley：University of California Press，1994.）

史华兹：《东突厥斯坦的和卓家族》（Schwarz，Henry G. "The Khwājas of Eastern Turkestan." *Central Asiatic Journal* 20，no. 4（1976）：266 - 96.）

史景迁：《中国的皇帝：康熙皇帝自画像》（Spence，Jonathan D. *Emperor of China*：*Self-Portrait of K'ang-hsi*. New York：Vintage Books，1974.）

史景迁：《雍正朝大义觉迷录》（Spence，Jonathan D. *Treason by the Book*. New York：Viking，2001.）

史景迁：《曹寅与康熙皇帝：奴才与主子》（Spence，Jonathan D. *Ts'ao Yin and the K'ang-hsi Emperor*：*Bondservant and Master*. New Haven：Yale University Press，1966.）

斯波义信：《环境与治水：从中唐至清朝的南杭州湾》（Shiba，Yoshinobu. "Environment Versus Water Control：The Case of the Southern Hangzhou Bay Area from the Mid-Tang Through the Qing." In *Sediments of Time*：*Environment and Society in Chinese History*，ed. Mark Elvin and Liu Ts'ui-jung. Cambridge：Cambridge University Press，1998，135 - 64.）

斯定文：《帝制晚期中国士人身份及其虚构表达》（Roddy，Stephen J. *Literati Identity and Its Fictional Representations in Late Imperial China*. Stanford：Stanford University Press，1998.）

司马迁：《史记》，北京：中华书局，1997 年。

司徒安：《身体与笔：18 世纪中国作为文本/表演的大祀》（Zito，Angela. *Of Body & Brush*：*Grand Sacrifice as Text/Performance in Eighteenth-Century China*. Chicago：University of Chicago Press，1997.）

司徒琳：《明清冲突：史学与史料指南（1619—1683）》（Struve，Lynn. *The Ming-Qing Conflict*：*1619 - 1683*：*A Historiography and Source Guide*. Ann Arbor：Association for Asian Studies，1998.）

宋濂等：《元史》（1370 年），北京：中华书局，1997 年。

苏慧廉、何乐益编：《中国佛教术语词典》（Soothill，William Edward，and Lewis Hodous，comps. *A Dictionary of Chinese Buddhist Terms*. London：Kegan Paul，Trench，and Trubner，1937. Reprinted - Gaoxiong，Taiwan：Foguang chubanshe，1962.）

《苏州府志》（1883 年），李铭皖、冯桂芬等，台北：成文出版社，1970 年。

孙丕任、卜维义编：《乾隆诗选》，沈阳：春风文艺出版社，1987 年。

汤普森：《意识形态与现代文化：大众传播时代的批判社会理论》（Thompson，John B. *Ideology and Modern Culture*：*Critical Social Theory in the Era of Mass Communication*. Stanford：Stanford University Press，1990.）

汤普森：《意识形态理论研究》（Thompson, John B. *Studies in the Theory of Ideology*. Cambridge：Polity Press，1984.）

陶博：《康雍乾内务府考》（Torbert, Preston M. *The Ch'ing Imperial Household Department：A Study of Its Organization and Principal Functions*. Cambridge：Council on East Asian Studies, Harvard University，1976.）

陶晋生：《十二世纪中国女真人汉化研究》（Tao Jing-shen. *The Jurchen in Twelfth-Century China：A Study of Sinicization*. Seattle：University of Washington Press，1976.）

陶晋生：《宋辽关系史研究》（Tao Jing-shen. *Two Sons of Heaven：Studies in Sung-Liao Relations*. Tuscon：University of Arizona Press，1988.）

谭其骧主编：《中国历史地图集》，北京：地图出版社，1987 年。

滕绍箴：《清代八旗子弟》，北京：中国华侨出版社，1989 年。

田浩、奚如谷编：《女真统治下的中国：金代思想文化史论集》（Tillman, Hoyt Cleveland, and Stephen H. West, eds. *China Under Jurchen Rule：Essays on Chin Intellectual and Cultural History*. Albany：State University of New York Press，1995.）

铁保编：《钦定八旗通志》（1799 年），台北：台湾学生书局，1968 年。

铁玉钦、王佩环主编：《清帝东巡》，沈阳：辽宁大学出版社，1991 年。

脱脱等：《金史》（1344 年），北京：中华书局，1997 年。

脱脱等：《辽史》（1345 年），北京：中华书局，1997 年。

脱脱等：《宋史》（1345 年），北京：中华书局，1997 年。

王彬：《禁书·文字狱》，北京：中国工人出版社，1992 年。

王昶：《湖海诗传》（1865 年），上海：商务印书馆，1958 年（1937 年版）。

王昶：《蒲褐山房诗话》（1851 年），台北：广文书局，1973 年。

王定安等编：《重修两淮盐法志》，见《续修四库全书》第 842—845 册，上海：上海古籍出版社，1995—1999 年。

王赓武：《小帝国的辞令：宋初与其邻国关系》（Wang Gungwu. "The Rhetoric of a Lesser Empire：Early Sung Relations with Its Neighbors." In *China Among Equals：The Middle Kingdom and Its Neighbors, 10 th - 14 th Centuries*, ed. Morris Rossabi. Berkeley：University of California Press，1983，47 - 65.）

王赓武：《五代时期北方中国的权力结构》（Wang Gungwu. *The Structure of Power in North China During the Five Dynasties*. Stanford：Stanford University Press，1962.）

王恢：《新清史地理志图集》，台北："国史馆"（"中央研究院"），1993 年。

王镐：《灵岩志略》（1756 年），扬州：江苏广陵古籍印刻社，1996 年。

王佩环：《清宫后妃》，沈阳：辽宁大学出版社，1993 年。

王戎笙等:《清代全史》,沈阳:辽宁人民出版社,1993 年。

王淑云:《清代北巡御道和塞外行宫》,北京:中国环境科学出版社,1989 年。

王文诰:《苏轼诗集》,北京:中华书局,1982 年。

王晓亭:《乾隆帝六登泰山》,《故宫博物院院刊》1983 年第 4 期,页 92—94。

王锡祺编:《小方壶斋舆地丛钞》(1897 年),台北:广文书局,1962 年。

王业键:《清代田赋刍论》(Wang, Yeh-chien. *Land Taxation in Imperial China*, *1750 - 1911*. Cambridge: Harvard University Press, 1973.)

王云英:《清代满族服史》,沈阳:辽宁民族出版社,1985 年。

威廉姆斯:《马克思主义与文学》(Williams, Raymond. *Marxism and Literature*. Oxford: Oxford University Press, 1977.)

韦伯:《经济与社会:解释社会学大纲》(Weber, Max. *Economy and Society*: *An Outline of Interpretive Sociology*, ed. Guenther Roth and Claus Wittich. Berkeley: University of California Press, 1978.)

韦利:《袁枚:十八世纪中国诗人》(Waley, Arthur. *Yuan Mei*: *Eighteenth Century Chinese Poet*. New York: Grove Press, 1956.)

韦丝特:《契丹辽和蒙古帝国统治诸方面的比较研究》(Endicott-West, Elizabeth. "Aspects of Khitan Liao and Mongolian Yüan Imperial Rule: A Comparative Perspective." In *Rulers from the Steppe*: *State Formation on the Eurasian Periphery*, ed. Gary Seaman and Daniel Marks. Los Angeles: Ethnographics Press, University of Southern California, 1991, 199 - 222.)

韦丝特:《元代政府和社会》,见傅海波、杜希德编《剑桥中国辽西夏金元史》(Endicott-West, Elizabeth. "The Yuan Government and Society." In *CHOC*, 6: 587 - 615.)

卫礼贤译:《易经》(Wilhelm, Richard, trans. *The I Ching or Book of Changes*. 3d ed. Princeton: Princeton University Press, 1967.)

卫周安:《十八世纪清帝国变动的空间》(Waley-Cohen, Joanna. "Changing Spaces of Empire in Eighteenth-Century Qing China." In *Political Frontiers*, *Ethnic Boundaries and Human Geographies in Chinese History*, ed. Nicola di Cosmo and Don J. Wyatt. London: Routledge Curzon, 2003, 324 - 50.)

卫周安:《十八世纪中国的纪念性战争》(Waley-Cohen, Joanna. "Commemorating War in Eighteenth-Century China." *Modern Asian Studies* 30, no. 4 (Oct. 1996): 869 - 99.)

卫周安:《军礼与清帝国》(Waley-Cohen, Joanna. "Military Ritual and the Qing Empire." In *Warfare in Inner Asian History* (*500 - 1800*), ed. Nicola di Cosmo. Leiden: Brill, 2002, 405 - 44.)

卫周安:《新清史》(Waley-Cohen, Joanna. "The New Qing History." *Radical History Review* 88 (Winter 2004): 193 - 206.)

魏斐德:《中华帝国的衰落》(Wakeman, Frederic, Jr. *The Fall of Imperial China*. New York: Free Press, 1975.)

魏斐德:《清朝开国史》(Wakeman, Frederic, Jr. *The Great Enterprise*: *The Manchu Reconstruction of Imperial Order in Seventeenth-Century China*.) Berkeley: University of California Press, 1985.)

魏侯玮:《玉帛之奠:唐朝合法化过程中的礼仪和象征》(Wechsler, Howard J. *Offerings of Jade and Silk*: *Ritual and Symbol in the Legitimation of the T'ang Dynasty*. New Haven: Yale University Press, 1985.)

魏秀梅:《清代之回避制度》,台北:"中央研究院"近代史研究所,1992 年。

文朵莲:《乾隆二十六年辛巳科进士:十八世纪的科举、国家与精英》(Man-Cheong, Iona Doung. *The Class of 1761*: *Examinations, State, and Elites in Eighteenth-Century China*. Stanford: Stanford University Press, 2004.)

文朵莲:《乾隆二十六年辛巳科进士:殿试政治》(Man-Cheong, Iona Doung. "The Class of 1761: The Politics of a Metropolitan Examination." Ph. D. diss., Yale University, 1991.)

林霨:《中国的长城:从历史到神话》(Waldron, Arthur. *The Great Wall of China*: *From History to Myth*. Cambridge: Cambridge University Press, 1990.)

巫鸿:《陈规再造:清宫十二钗与〈红楼梦〉》(Wu Hung. "Beyond Stereotypes: The Twelve Beauties in Qing Court Art and the *Dream of the Red Chamber*." In *Writing Women in Late Imperial China*, ed. Ellen Widmer and Kang-I Sun Chang. Stanford: Stanford University Press, 1997, 306 - 65.)

吴建华:《南巡纪程:康熙、乾隆南巡日程的比较》,《清史研究通讯》1990 年第 1 期,页 13—20。

吴讷逊:《董其昌:远离政治,醉心艺术》(Wu, Nelson I. "Tung Ch'i-ch'ang (1555 - 1636): Apathy in Government and Fervor in Art." In *Confucian Personalities*, ed. Arthur F. Wright and Denis Twitchett. Stanford: Stanford University Press, 1962, 260 - 93.)

吴相湘:《清内务府档案中的乾隆衣饰》.《大陆杂志》第 3 卷第 9 期(1951 年 11 月),页 14—16。

吴秀良:《通信与帝国控制:清初奏折制度的发展(1693—1735)》(Wu, Silas H. L. *Communication and Imperial Control in China*: *Evolution of the Palace Memorial System 1693 - 1735*. Cambridge: Harvard University Press, 1970.)

吴秀良:《康熙朝储位斗争记实》(Wu, Silas H. L. *Passage to Power*: *K'ang-hsi and His Heir Apparent*, *1661 - 1722*. Cambridge: Harvard University Press, 1979.)

吴振棫:《养吉斋丛录》(1896 年),北京:北京古籍出版社,1983 年。

《吴县志》(1933 年),曹允源等编,南京:江苏古籍出版社,1991 年。

伍安祖、周启荣:《儒家经典的易变与话语策略》(Ng, On-cho, and Chow, Kai-wing. "Introduction: Fluidity of the Confucian Canon and Discursive Strategies." In *Imagining Boundaries: Changing Confucian Doctrines, Texts, and Hermeneutics*, ed. by Kai-wing Chow, On-cho Ng, and John B. Henderson. Albany: State University of New York Press, 1999, 1 - 17.)

伍思德:《乾隆朝》,见裴德生编《剑桥中国清前中期史》(Woodside, Alexander. "The Ch'ien-lung Reign." In *CHOC*, 9: 230 - 309.)

伍思德:《政治中心和教育创造性的分离》(Woodside, Alexander. "The Divorce Between the Political Center and Educational Creativity in Late Imperial China." In *Education and Society in Late Imperial China, 1600 - 1900*, ed. Benjamin A. Elman and Alexander Woodside. Berkeley: University of California, 1994, 458 - 92.)

西蒙思:《乾隆在路上:巡幸承德》(Symons, Van J. "Qianlong on the Road: The Imperial Tours to Chengde." In *New Qing Imperial History*, ed. James A. Millward et al. London: Routledge Curzon, 2004, 55 - 65.)

夏含夷:《尚书》,见鲁惟一编《中国早期文献指南》(Shaughnessy, Edward. "*Shangshu.*" In *ECT*, 376 - 89.)

夏含夷:《易经》,见鲁惟一编《中国早期文献指南》(Shaughnessy, Edward. "*I Ching.*" In *ECT*, 216 - 28.)

夏南悉:《中华帝国的城市规划》(Steinhardt, Nancy Shatzman. *Chinese Imperial City Planning*. Honolulu: University of Hawai'i Press, 1990.)

萧公权著、牟复礼英译:《中国政治思想史》(上卷) Hsiao, Kung-chuan. *A History of Chinese Political Thought*, vol. 1, *From the Beginnings to the Sixth Century a. d.* Trans. F. W. Mote. Princeton: Princeton University Press, 1979.

萧启庆:《元中期政治》,见傅海波、杜希德编《剑桥中国辽西夏金元史》(Hsiao Ch'i-ch'ing. "Mid-Yuan politics." In *CHOC*, 6: 490 - 560.)

萧一山:《清代通史》,北京:中华书局,1986 年(1963 年版)。

萧统编、康达维英译:《文选》(Xiao Tong, comp. *Wenxuan, or Selections of Refined Literature*. 3 vols. Trans. David R. Knechtges. Princeton: Princeton University Press, 1982 - 1996.)

谢启晃、胡起望、莫俊卿编:《中国少数民族历史人物志》,北京:民族出版社,1987 年。

熊秉真:《唐甄与平凡儒家之世界》(Hsiung, Ping-chen. "Treading the Weedy Path: T'ang Chen (1630 - 1704) and the World of the Confucian Middlebrow." In *Imagining Boundaries: Changing Confucian Doctrines, Texts, and Hermeneutics*, ed. Kai-wing Chow, On-cho Ng, and John B. Henderson. Albany: State

University of New York Press，1999，195 - 211.）

徐澄淇：《十八世纪扬州之地绘画的售卖》（Hsü, Ginger Cheng-chi. *A Bushel of Pearls：Painting for Sale in Eighteenth-Century Yangchow*. Stanford：Stanford University Press，2001.）

徐珂编：《清稗类钞》，全十三册，北京：中华书局，1984 年。

徐崧、张大纯：《百城烟水》（1690 年），南京：江苏古籍出版社，1999 年。

徐锡麟、钱泳：《熙朝新语》（1824 年），台北：文海出版社，1985 年。

许指严：《南巡秘纪》，上海：上海书店出版社，1997 年。

杨伯达：《清代院画》，北京：紫禁城出版社，1993 年。

杨伯峻编著：《春秋左传注》，北京：中华书局，1981 年。

杨联陞：《二十四史名称试解》（Yang, Lien-sheng. "A Theory About the Titles of the Twenty-four Dynastic Histories."*Harvard Journal of Asiatic Studies* 10 (1947)：41 - 47.）

杨启樵：《雍正帝及其密折制度研究》（增订第二版），香港：三联书店，1985 年。

杨学为、朱仇美、张海鹏编：《中国考试制度史资料选编》，合肥：黄山书社，1992 年。

杨志玖等编：《中国历史大辞典：隋唐五代史卷》，上海：上海古籍出版社，1995 年。

《扬州府志》（1810 年），阿克当阿、姚文田等编，台北：成文出版社，1974 年。

伊懋可：《大象的退却：一部中国环境史》（Elvin, Mark. *The Retreat of the Elephants：An Environmental History of China*. New Haven：Yale University Press，2004.）

伊懋可、刘翠溶编：《积渐所至：中国环境史论文集》（Elvin, Mark, and Liu Ts'ui-jung, eds. *Sediments of Time：Environment and Society in Chinese History*. Cambridge：Cambridge University Press，1998.）

伊懋可、苏宁浒：《公元 1000 年以来黄河对杭州湾的影响》（Elvin, Mark, and Su Ninghu. "Action at a Distance：The Influence of the Yellow River on Hangzhou Bay Since a. d. 1000."In *Sediments of Time：Environment and Society in Chinese History*, ed. Mark Elvin and Liu Ts'ui-jung. Cambridge：Cambridge University Press，1998，344 - 407.）

永瑢等：《四库全书总目》（1782 年），北京：中华书局，1995 年（1965 年版）。

《元和县志》（1761 年），许治、沈德潜、顾诒禄编，南京：江苏古籍出版社，1991 年。

余宝琳：《帝制晚期中国经典的形成》（Yu, Pauline. "Canon Formation in Late Imperial China." In *Culture & State in Chinese History：Conventions, Accommodations, and Critiques*, ed. Theodore Huters, R. Bin Wong, and Pauline Yu. Stanford：Stanford University Press，1997，83 - 104.）

宇石等编著：《常用典故词典》，上海：上海古籍出版社，1985 年。

《御制诗文十全集》，北京：中国藏学出版社，1993 年。

园田一龟:《清朝皇帝东巡研究》,大阪:大和书院,1944 年。

臧励龢等编:《中国古今地名大辞典》(1931 年),台北:台湾商务印书馆, 1982 年。

臧励龢等编:《中国人名大辞典》(1921 年),台北:台湾商务印书馆, 1958 年。

曾嘉宝:《乾隆朝第一批图绘功臣像中的八幅》(Tsang, Ka Bo. "Portraits of Meritorious Officials: Eight Examples from the First Set Commissioned by the Qianlong Emperor." *Arts asiatiques: annales du Musée national des arts asiatiques - Guimet et du Musée Cernuschi 47* (1992): 68 - 88.)

曾小萍:《州县官的银两:18 世纪中国的合理化财政改革》(Zelin, Madeleine. *The Magistrate's Tael: Rationalizing Fiscal Reform in Eighteenth-Century Ch'ing China*. Berkeley: University of California Press, 1984.)

曾小萍:《雍正朝》,见裴德生编《剑桥中国清前中期史》(Zelin, Madeleine. "The Yung-cheng Reign." In *CHOC*, 9: 183 - 229.)

翟灏、翟瀚:《湖山便览》(1765 年),台北:广文书局,1981 年。

张春树:《清乾隆帝之帝王论》(Chang, Chun-shu. "Emperorship in Eighteenth-Century China." *Xianggang zhongwen daxue Zhongguo wenhua yanjiusuo xuebao* (*Journal of the Institute of Chinese Studies of the Chinese University of Hong Kong*) 7 (Dec. 1974): 551 - 72.)

张德昌:《清朝内务府的经济作用》(Chang, Te-ch'ang. "The Economic Role of the Imperial Household in the Ch'ing Dynasty." *Journal of Asian Studies* 31, no. 2 (Feb. 1972): 243 - 73.)

张勉治:《洞察乾隆:帝王的实践精神、南巡和治水政治(1736—1765)》(Chang, Michael G. "Fathoming Qianlong: Imperial Activism, the Southern Tours, and the Politics of Water Control, 1736 - 1765." *Late Imperial China* 24, no. 2 (Dec. 2003): 51 - 108.)

张勉治:《马背上的朝廷:建构满人的民族—王朝统治(1751—1784)》,博士学位论文 (Chang, Michael G. "A Court on Horseback: Constructing Manchu Ethno-Dynastic Rule in China, 1751 - 1784." Ph. D. diss., University of California, San Diego, 2001.)

张廷玉等:《明史》(1739 年),北京:中华书局,1997 年(1984 年版)。

昭梿:《啸亭杂录》(1875 年),北京:中华书局, 1997 年(1980 年版)。

赵云田:《乾隆出巡记》,台北:万卷楼图书有限公司,1997 年。

赵翼:《簷曝杂记》,北京:中华书局, 1997 年(1982 年版)。

赵之璧:《平山堂图志》(1765 年),台北:明文书局,1980 年。

郑燮:《郑板桥集》,北京:中华书局, 1979 年。

中国第一历史档案馆、中国藏学研究中心编:《六世班禅朝觐档案选编》,北京:中国藏学出版社,1996 年。

《中国儒学百科全书》，北京：中国大百科出版社，1997 年。

周启荣：《明清儒家仪礼主义的兴起：伦理道德、经典与谱系话语》（Chow，Kai-wing. *The Rise of Confucian Ritualism in Late Imperial China：Ethics，Classics，and Lineage Discourse*. Stanford：Stanford University Press，1994.）

周启荣等编：《想象的边界：变化中的儒家教义、文本与诠释学》（Chow，Kai-wing；On-cho Ng；and John B. Henderson，eds. *Imagining Boundaries：Changing Confucian Doctrines，Texts，and Hermeneutics*. Albany：State University of New York Press，1999.）

周绍明：《中国的国家与朝廷仪式·绪论》（McDermott，Joseph P. "Introduction." In *State and Court Ritual in China*，ed. Joseph P. McDermott. Cambridge：Cambridge University Press，1999，1-19.）

周锡瑞、冉玫珠编：《中国地方精英与统治模式》（Esherick，Joseph W.，and Mary Backus Rankin，eds. *Chinese Local Elites and Patterns of Dominance*. Berkeley：University of California Press，1990.）

周质平：《袁宏道与公安派》（Chou，Chih-p'ing. *Yüan Hung-tao and the Kung-an School*. Cambridge：Cambridge University Press，1988.）

朱维信、威廉·塞维尔：《清朝总督人事嬗递》（Chu，Raymond W.，and William G. Saywell. *Career Patterns in the Ch'ing Dynasty：The Office of Governor-General*. Ann Arbor：Center for Chinese Studies，University of Michigan，1984.）

庄吉发：《清初诸帝的北巡及其政治活动》，见"蒙藏委员会"编《中国边疆史学术研讨会：论文集》，页 105—141，台北："蒙藏事务委员会"，1995 年。

庄吉发：《清高宗十全武功研究》，台北："国立故宫博物院"，1982 年。

索　引

（页码为原书页码，即本书的边码。）

ethnic purity and 民族纯洁，393；leisure and 闲暇，101，172，199；military readiness and 军备，160－61，172，177－78，205；patrimonialism and 家产制，14－18；politics and 政治，103－4；succession and 立储，405，406－7，408。也见 Manchu ethnic identity

ethno-dynastic rule 民族—王朝统治，8－9，27，215，226，364，437－38；censors 御史，65，103－4；defined 定义 23，119－20；dominance and，303－4，429，432；Empress Dowager and 皇太后 101－3；exceptionalism and 例外主义，30，33，98，161，415，437；horseback riding and 骑马，185－87，358，363；leadership crisis and 领导地位危机，378－79，409；literati and 士人，297，303－4；military readiness and 军备，205；Qianlong's poetry and 乾隆皇帝诗作，305，306，347，353；succession 立储 and，405－8；tours of antiquity and 古代巡幸，90。见 activism；legitimacy crisis；patrimonial domination

eunuchs 太监，15－16，67 注 99，69－70

evidential scholarship 考证，293

examinations 科举考试。见 service-examiantion system；special recruitment examinations

exceptionalism, ethno-dynastic 民族—王朝例外主义，28，30，33，98，161，415，437。见 ethno-dynastic rule

exile 流放，29

extortion 敲诈，143，144，149，152

extravagance 奢侈，236－46，258，343 注 13；literati and 士人，238－41；local officials and 地方官员 236，237－38；merchants and 商人，242－44，246；Qianlong's poetry and 乾隆皇帝诗作，242－45。见 decadence；leisure

famine relief 赈济，401，411

Farewell to Spring Society 送春会，274－75，289 注 28

Feng Pu 冯溥（1684 年在世），85

fiction 小说，321，385，395 注 87

filiality，孝 28，93，95，384，427；dynastic 王朝，29，77－78，91－92，96－97；Empress Dowager and 皇太后，98－103，332，333，335－36，371；"following one's ancestors" 法祖，75，89，96，112，370，434；"Respectfully obeying family regulations," 恪遵家法 94，112，434；sightseeing 游览 and，310－11，334－36，417－18。

financial crisis 财政危机，379－80

Finnane，Antonia 安东篱，221 注 3，222，248

fiscal reform 财政改革，25 注 83，223

fishnet perimeters 鱼网城，130－31

附　洞察乾隆：帝王的实践精神、南巡和治水政治（1736—1765）[*]

张勉治著

唐博译，董建中校

　　大部分清史学者对康熙帝和乾隆帝的南巡耳熟能详。[①] 南巡的多重性质引起了关于南巡的目的及其历史意义的诸多讨论。[②]然而历史学家倾向于将南巡几乎只是看作行政管理和政策制定，特别是治水政策制定的途径。[③]事实上，南巡与治水的关系纠葛纷纭，两者有着重叠的历史，经

---

[*] 本文译自《帝制晚期中国》（即《清史问题》）第 24 卷第 2 期（2003 年 12 月），页 51—108（Michael G. Chang，"Fathoming Qianlong：Imperial Activism，the Southern Tours, and Politics of Water Control，1736—1795,"*Late Imperial China*，vol. 24，no. 2，Dec. 2003，pp. 51 - 108）。中文版首次刊发于《清史译丛》第 5 辑（国家清史编纂委员会编译组编，中国人民大学出版社，2006 年）。收录于此书时译文做了修订。——译者注
　　我应该首先感谢美国学术团体委员会、乔治·梅森大学历史与艺术史学系、国会图书馆（克鲁格中心和亚洲部）、卢斯基金会等组织机构所提供的支持和帮助，本研究和论文撰写得以完成。我也要感谢琼·布里斯托（Joan Bristol）、罗伯特·迪卡罗里（Robert DeCaroli）、周锡瑞（Joseph W. Esherick）、冯素珊（Susan R. Fernsebner）、华盛顿传统中国研讨会的成员以及《帝制晚期中国》的三位匿名审稿者对本文初稿提出的批评、指正和建议。他们提供了建设性的意见，帮助我纠正了内容和形式上的一些错误。本文仍然存在的不足之处由我独自承担责任。

[①] 康熙帝（1654—1722，1661—1722 年在位）在 1684、1689、1699、1703、1705、1707 年进行了南巡。他的孙子乾隆帝（1711—1799，1736—1795 年在位）在 1751、1757、1762、1765、1780、1784 年进行了六次南巡。

[②] 关于乾隆南巡更为详细的史学研究，参见张勉治：《马背上的朝廷：建构满人的民族-王朝统治（1751—1784）》，博士论文，加州大学圣迭戈分校，2001 年，页 4—17。

[③] "治水"在一般意义上是指一系列范围广泛的活动，包括农业灌溉的创立，防洪与　（转下页）

常被人合二为一。已有的关于南巡和治水之间明确关系的历史讨论,是围绕着皇帝动机和行政统治的熟练程度而进行的:康熙帝和乾隆帝的南巡是为了治水政治吗? 如果是,那么南巡取得了什么效果? 他们的南巡做出了哪些贡献?

关于康熙南巡的大量研究成果遵循了这一探询的线索。其结果是将康熙南巡描述成治理黄河的政治实践:"玄烨六次南巡的主要任务是治理黄河。虽然也兼有'省方察吏'、了解民情以及笼络争取南方知识分子的目的,然而这都属于次要的。"①这就不仅在很大程度上将治河非政治化了,而且政治和权力问题被放在了"次要"位置。尽管一些学者对上述"次要"方面的一些内容有所触及,②但更广泛的意见仍认为,康熙帝的南巡主要是为治理黄河的行政管理和政策导向等问题做准备。③就此而言,康熙帝在南巡问题中表现出的不是作为政治嗅觉敏锐的统治者形象,而是在明清鼎革的混乱之后,加速恢复经济、重建社会秩序的勤政和务实的管理者形象。④

现代史学家忽略治水的政治内涵以及完全用管理的工具主义来解释南巡与治河之间的关系,这种倾向可以追溯到清朝官员以及康熙帝、乾隆帝本人的官方话语的表达。官僚及皇帝都宣称南巡在于视察重要的水利设施。起居注官记述的 1684 年 11 月 24 日康熙帝首次南巡就是完全为了治水:

> 上以黄河屡岁冲决,久为民害,欲亲至其地,相度形势,察视河

(接上页)河流治理。在这里,我使用这个概念更多地只是狭义地指中华帝国晚期勉力维持的治水,与黄河—大运河大规模水利基础工程的管理问题。

① 商鸿逵:《康熙南巡与治理黄河》,见左步青编:《康雍乾三帝评议》,紫禁城出版社,1986 年,页124。

② 王振忠:《明清徽商与淮扬社会变迁》,三联书店,1996 年,页 11—32;史景迁:《曹寅与康熙:奴才和主子》,耶鲁大学出版社,1966 年,页 124—157;吴秀良:《通往权力之路:康熙和他的继承人(1661—1722)》,哈佛大学出版社,1979 年,页 83—105。

③ 孟昭信:《康熙大帝全传》,吉林文史出版社,1987 年,页 354—397。

④ 商鸿逵:《清前期经济恢复的进程、稳定及其成就(1681—1735)》,载《中国史研究》第 15 卷第1—2 期(1981—1982 年秋冬季),页 28—31。

工,命驾南巡,于是日启行。①

清朝官员也将乾隆南巡描述成治水行动——特别是治河。1749 年 10 月,七位省级高官联名上书,请求皇帝巡幸他们所辖的省份。其所列举的原因中最重要的莫过于治河的重要性:

> 一经銮辂亲临,黄运河湖之全局,江冲海汛之戎政,悉在圣明睿照之中。诸凡修守机宜操防要领,臣等亲承指示,庶几知所遵循。②

毫不奇怪,乾隆帝以康熙帝所开创的充满政治用意的南巡证明自己南巡的合理。在 1784 年一篇题为《南巡记》的文章中,乾隆帝写道:"我皇祖六度南巡,予藐躬敬而法之。兹六度之典幸成,亦不可以无言……南巡之事,莫大于河工。"③

乾隆帝对南巡的自述表明了他在治水方面的勤勉和实践精神,这只是加强了解释其南巡在学术上的倾向——不论肯定还是否定——都根据的是行政效用的标准。对于乾隆帝所宣称的南巡最重要的任务是水利建设的说法,颇有影响的著名清史专家萧一山深表怀疑:

> 观于此,则六度南巡之事业,乃其自述也,亦不过如斯! 康熙南巡,为治黄河,而乾隆南服无事,徒以数千百万之库帑,反复于海宁石塘之兴筑,于益何有? 乾隆时,黄河漫口于豫、苏,凡二十次,未闻弘历曾亲至其地,相度形势。乃幸苏杭,观海潮,铺陈辉张,循旧踵新,是知其意不在此而在彼也。④

萧一山将康熙南巡列入值得称道的治河政治实践,而将乾隆南巡视为强化自我权力的炫耀。可以看出他没有以历史的眼光来正视乾隆帝为治水所付出的努力及其功绩,更不必说对南巡背后动力的深入了解。

---

① 《康熙起居注》,第 2 册,页 1241。在这一天之前,严格说来康熙帝是前往山东泰山"东巡"。
② 联名建议的七位官员是:两江总督黄廷桂、江南河道总督高斌、漕运总督瑚宝、副总河张师载、安徽巡抚卫哲治、江苏巡抚雅尔哈善、两淮盐政吉庆。《南巡盛典》,卷 106,页 1a,2b—3a。
③ 《钦定南巡盛典》,卷首上,页 2a。
④ 萧一山:《清代通史》,中华书局,1986 年,第 2 册,页 73。

当然，这不是他主要关注的问题。相反，萧一山认为南巡是一项管理事业，也是体现康熙之德政和乾隆之苛政的高度象征意义的标准。

从 20 世纪 90 年代开始，海峡两岸的中国学者在关于治水问题的研究中，很好地为乾隆帝的名誉辩护，认为乾隆帝的治水工作勤勉而富有成效。为此也把研究的注意力集中在南巡上，将之描绘成"启蒙的事业"，能够帮助乾隆帝"抓住河工的主要方面"①，就像他的祖父那样。然而，作为这种修正倾向的一部分，一些学者接受乾隆帝对其南巡表面价值的自述，认为：

> （南巡的）主要目的，就是乾隆《南巡记》所说的"大于河工"。是要亲自视察水利工程，解决江南频繁的水害。②

针对萧一山所持的怀疑观点，对乾隆南巡更新和更为肯定的评价是一个可喜的和必要的修正，但是他们依然是基本上从一个行政管理的角度来研究治水（和南巡）问题。

乾隆帝在治水方面的实践精神——确实如此——不必只是源于行政关切。换句话说，治水是一个政策问题，同时也是个政治契机，乾隆帝的实践精神从这方面看本质上同时兼有行政的和政治的特征。就像马克斯·韦伯所说："每一种权势既要表达自己，又要通过行政管理来发挥功能。另一个方面，每一种行政统治都需要权势，因为权力集中在某些人手中总是十分必要的。"③更为重要的是，如果统治与政治权力的形式是通过行政实践来构成的话，那么这些形式也是有历史背景的，因而是具有历史偶然性的。通过治水政策的表述与实施，乾隆帝不仅处理了日常行政事务，而且保有和坚持了自己的政治特权。历史学家所做的解释之难，不是在乾隆帝治水活动乃"只顾一己"的政治操纵和要弄花样的故事还是"率直"的行政记述之间做出选择，而是承认并分析单一活动之中

① 徐凯、商全：《乾隆南巡与治河》，《北京大学学报》1990 年第 6 期，页 99。
② 唐文基、罗庆泗：《乾隆传》，台湾商务印书馆，1996 年，页 183。
③ 马克斯·韦伯：《经济与社会：解释社会学大纲》，加利福尼亚大学出版社，1978 年，页 948。

既有行政的又有政治的关切的复杂会聚。

　　这种关切的会聚并不是清朝才有的新鲜事。兰德尔·道奇认为,黄河—大运河水利体系的战略利益与行政关切有着重叠,联系起来,这意味着至少从明朝开始(如果不是更早的话),中华帝国晚期的统治者将"象征意义与实用主义提高到了空前的地位"①。清代前中期的新问题在于将象征和实用在观念上结合起来的方法。如果皇帝的权力和美德的重要计划之一是实现在治水领域的行政实践精神和功效,那么南巡提供了这样一种机遇,使计划得到实施,并能够有机会了解民情。在下面的论述中,我考察了乾隆帝在治水过程中"行政"和"意识形态的"两方面问题,即政策制定和观念形成的实践。我认为,南巡是对 18 世纪 40—50 年代的特殊历史事件所进行的更广泛反应的一部分,这些特殊历史事件包括黄河—大运河水利体系的危机,但不限于此。

黄河—大运河水利体系:战略需要和水文状况

　　毫无疑问,乾隆帝像乃祖和乃父一样积极地从事治水事务。与元朝以来的历代皇帝相似,乾隆帝十分关注黄河的治理,其目的是维持运河的安澜和确保漕粮船队每年从长江下游安全抵达京师。② 康熙帝和乾隆帝明确承认河工与维系运河安澜之间必然的联系。1692 年,康熙帝曾说:"朕听政以来,以三藩及河工、漕运为三大事,夙夜廑念,未尝偶忘,曾书而悬之宫中柱上。"③乾隆帝效仿乃祖的看法,在 1751 年写道:"经国之

---

① 兰德尔·道奇:《降服巨龙:中华帝国晚期的儒学专家与黄河》,夏威夷大学出版社,2001 年,页 3。

② 当然,灌溉和防洪对江南地区沃土上的农业生产有着影响,并在总体上对经济稳定和政治合法性产生影响。但是,治河与每年漕粮运输的关系是更为紧要的战略关切。关于明清漕运体系的细节研究,参见星斌夫:《明代漕运制度》,日本学术振兴会,1963 年;蔡泰彬:《明代漕河之政治与管理》,台湾商务印书馆,1992 年;李文治、江太新:《清代漕运》,中华书局,1995 年。

③《清史稿》,卷 279,页 10122。

务莫重于河与漕,而两者必相资而成。"①

乾隆帝的这一警句被引用到清河县重建惠济祠的纪念碑刻的第一行中,这绝非偶然。惠济祠正好坐落在黄河与运河交汇处的清口以东(图1、图2)。维护清口是为了黄河—大运河水利体系最大限度的正常运转。因为黄河—大运河体系稠密的堤坝网能否有效发挥功能,将直接关系到整个大运河的稳定和每年一度的漕运。到18世纪中叶,黄河—大运河体系所处的地域已经大大超过了重要的汇流处——清口,其所拥有的官僚机构也急剧膨胀。根据1748年《淮安府志》记载,河工事务膨胀的一个重要理由源于一个简单的事实,那就是"岁漕东南四百万石"②要经由这里运往北京。

> 国朝踵明制,定鼎燕京,漕挽东南数百万粟,势不能不资黄济运,则黄不可使之北。不得不用淮刷黄,则淮又不可使之东。故治淮所以治黄,治黄淮即所以治运。③

在进行更具历史感的分析之前,对处于江苏的黄河—大运河水利体系重要河段做一个概括性的认识会有用。

正如前面提到的,清口是整个水利体系的核心。清口实际上是一个小的水渠孔道,洪泽湖的清水北流,注入黄河,形成了清口(图1)。洪泽湖处于黄河以南,主要由安徽东北部的三条东流的河水注入而成:这三条河流分别是淮河、濉河与泗水。④ 洪泽湖的清水若任其自流,便会继续东流。然而,这一东流的趋势被一座名为"高家堰"的石堰所阻。高家堰

---

① 《钦定南巡盛典》,卷24,页1a。
② 《淮安府志》,卷6,页69a—76a。这一点与更为精确的估计——1764年漕粮定额470万石的数目大体一致。见李文治、江太新《清代漕运》所引用《大清会典》卷10中的内容。1石＝103.1升。
③ 《淮安府志》,卷6,页16a。
④ 这些河流被当作排淤河道,用于排出洪水,防止洪水从黄河南岸(向西)逆流而上直达徐州(即"倒灌"——译者注)。直到洪水从黄河到达洪泽湖之时,河水才会带来大量淤积。这个水利体系有力地避免洪泽湖变成淤泥堆积的死水潭,但这一体系会导致安徽北部诸河流非常易于淤积和引发洪水。

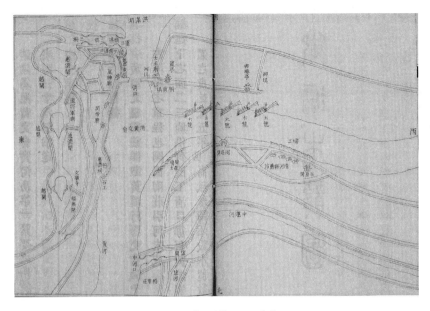

图 1　清口(约 1765 年)

资料来源：《南巡盛典》,卷 52,页 31b—32a。

发挥了洪泽湖东岸延伸堤坝的功能,并有效地引导湖内清水向北流入清口,以至于可以冲刷大运河与黄河交汇处的河道,并提高黄河水注入黄海的流速(图 2)。

　　黄河—大运河体系官僚机构的一项主要任务就是防止清口地带发生淤积,即保证清口畅通。这并不是一项简单的任务,它需要在经常变动的水文和地质的影响力之间保持微妙的平衡。在丰水期(夏秋季节),清口附近的黄河水流会变得比洪泽湖流出的清水水流更强劲有力。就在此时,黄河的泥水经常倒灌进入清口、洪泽湖和大运河,大量淤泥会堵塞上述三条河流的河道,并给相关的基础设施带来巨大的隐患。黄河在清口的倒灌,其后果波及面很广且十分严重。第一点,也是最重要的一点,就是大运河在清口的淤塞,对清帝国这条南北运输和交往主动脉的破坏,会延迟或阻碍每年的漕粮运抵北京。第二点,清口的淤积会抬高洪泽湖的水位,给高家堰带来更大的压力,其后果是威胁整个堤坝的安全。涌入高家堰缺口的洪水会淹没大运河从淮安到扬州的河道,也会淹没沿海低洼地区及其以东地带的大运河河道(即下河地区)。同时,淮扬与下河地区的洪水会破坏农业和食盐生产,更不必说洪水给百姓带来的诸多灾难了。如果要避免这些灾难,确保洪泽湖的水位就十分重要。洪泽湖的水位必须足够高,所产生的水流,具有足够力量反冲清口的黄河水流。只有到那时,黄河才会被限制在其东向的河道中,经由安东县和海口,并最终注入黄海(图2)。

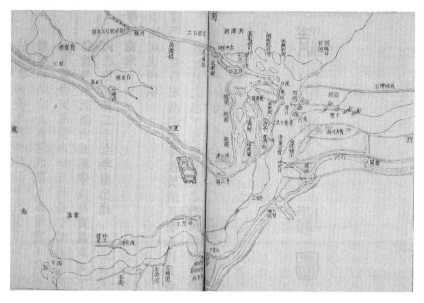

图 2　黄河入海口与清口(约 1765 年)

资料来源:《南巡盛典》,卷 53,页 41b—42a。

除了确保清口有效地发挥功能,洪泽湖水位的控制(进而对高家堰的保护)应该通过放任湖水向东经过位于高家堰南端一系列溢流堤坝(包括五滚坝、蒋家坝、天然坝等)和泄洪渠的办法来完成(图2、图3)。洪泽湖溢出的水注入大运河东岸毗邻的另外一些湖泊(诸如宝应湖、高邮湖和邵伯湖)。从这里入海有两条路径:(1)向东经过下河地区水网密布的水路;(2)向南经过扬州附近的大运河,汇入长江。进入下河地区的东流之水为一系列堤坝所约束,这些堤坝形成了高邮州与邵伯镇之间的大运河的西岸。其中的三个堤坝是南关、车逻、昭关(图3)。

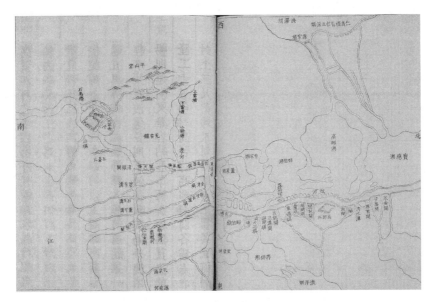

图 3 洪泽湖南部的排淤河道(约 1765 年)

资料来源：《南巡盛典》，卷 53，页 47b—48a。

有效地控制黄河上游*砀山县(位于河南与江苏的交界处)到徐州的河段同样极为重要(图 4)。当黄河经由河南西部进入江苏西北部时，河床在徐州明显变窄。黄河河流冲力的不断增强造成了洪水的威胁，这种威胁不仅存在于徐州本地，而且存在于更远的下游。徐州附近的黄河南岸由山地构成，其地势要高于北岸。因此，黄河易于冲垮徐州与清口之间的北岸大堤，对横跨山东和江苏两省的大运河大部分河段构成威胁。

从 17 世纪 70 年代晚期开始，坐落在沿徐州上游南岸，位于毛城铺、王家山等地的减水坝和闸门，成为控制黄河在江苏西北部地区河段水流的主要手段。这些手段旨在于河水抵达徐州以前，削弱河水的冲力。这同样是一件棘手的事情。太多的河水转向，会导致黄河主干道流速放

---

* 在清代，黄河上游和下游是治水概念，而不是地理概念。当时为了便于对黄河中下游的治水和防洪进行有效管理，清廷将黄河河南—江苏段分为上游和下游，以清口为界，以上称"上游"，以下称"下游"。——译者注

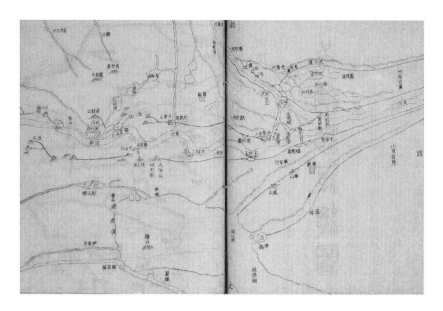

图 4　江苏狭长地带——砀山到徐州(约 1765 年)

资料来源:《南巡盛典》,卷 52,页 1b—2a。

缓,在河堰之内增添河流的曲折蜿蜒以及引发淤塞。这些都会大大增加决口的危险。更具灾难性的是开启减水坝和闸门,可能会引发黄河河道流向偏转,并淹没周边地区。除了这些值得关注外,黄河河水从砀山进入徐州的转向,直接涉及魏丕信所提出的"水利之争"(hydraulic contradictions)之一,即"上游与下游的利益冲突"①,这种冲突是长期发展的基础上所固有的。我们将有机会探寻关于乾隆时期如何控制这种冲突和实现妥协的特点和细节。这里,我们仅需指出,以上所开列的种种水利"力量"的错综复杂(更不必说官员之间在利益和意见上的分歧)会使黄河—大运河体系变得更加难以控制和维持,这一现象在 18 世纪更加突出。

---

① 魏丕信:《中华帝国晚期的国家治水》,《远东史研究集刊》,第 36 期(1987),页 80、86。

18世纪20年代—50年代的官僚机构膨胀和水利危机

上述用相当静止的和非历史术语所描述的错综复杂而绵延不绝的水利设施网,事实上就是一个长期发展演变的结果,这一水利设施网的理论和政策可以追溯到明代水利专家刘大夏(15世纪90年代)和潘季驯(1521—1595)。[①] 清初两位最著名的水利专家靳辅(1633—1692)和他的助手陈潢(1688年卒),修改和提炼了两位明代前辈的水利理论。[②] 考虑到文章篇幅,这里不可能对水利体系的历史发展及其在明代和清初较高政治化的特点进行详细描述。[③]我想说明的是,康熙朝水利工程的成就十分显著,然而也比较短命。

1677年4月,康熙帝任命靳辅为河道总督。这是一个关键的时刻,标志着一种远为客观的治河方法的复兴,这一方法很大程度上利用了潘季驯的理论:[④]

> 治河之道,必当审其全局,将河道、运道为一体,彻首尾而合治之,而后可无弊也。盖运道之阻塞,率由于河道之变迁;而河道变迁,总由向来之议。治河者多尽力于漕艘经行之地,若于其他决口,则以为无关运道而缓视之。[⑤]

靳辅于1677年5月初次提出的治理黄河的八点建议非常详细,

---

① 关于潘季驯的更多记载,参见富路德、房兆楹编:《明代名人传》,第2卷,页1107—1111。弗美尔:《16世纪晚期潘季驯解决黄河问题的途径》,《通报》第123卷第1—3期(1987年),页33—67。

② 靳辅和陈潢的传记,参见《清史稿》,卷279,页10114—10122、10123。

③ 关于黄河—大运河水利体系从15世纪到19世纪早期的详细概述,参见兰德尔·道奇:《降服巨龙:中华帝国晚期的儒学专家与黄河》,页11—26;林珍珠:《隔山治水:道光皇帝对大运河危机的处理(1824—1826)》,见密歇根大学中国研究中心,1996年,页29—49。

④ 1684年和1687年,靳辅公开承认,他的助手陈潢在治河的战略部署方面发挥了重要作用。参见《清史稿》,卷279,页10123。尽管如此,为了简要说明,后面会继续提到作为这些政策之源的靳辅。

⑤《清经世文编》,卷98,页28a。

然而这些建议未能全部得到贯彻执行,因为此时国家财政吃紧,且三藩之乱尚未结束。① 1678—1681 年开始实施的第一阶段计划是打了折扣的。然而,即便是这样的计划,也标志着未来 30 年即将展开的对黄河—大运河水利体系的改造和扩容。②在这个旷日持久的和颇具挑战性的过程中,康熙帝显然置身其中(最明显地体现在六次南巡中)③。康熙帝很早就致力于完成并矢志不渝地坚持完成的实践方法④,以及国家财政的适时补充⑤,对于这一长期事业的成功都是至关重要的。

雍正帝(1723—1735 年在位)继承了乃父在河工问题上的实践精神,尽管他从未离开过京城。在 18 世纪 20—30 年代,他主持了水利官僚机

---

① 这八点是:(1)加深从清江浦到入海口的黄河低洼河道,利用已经捞取的淤泥来建造黄河两岸的河堤(图 2)。(2)通过维修和加深导引渠,来控制黄河上游的泥沙淤积。这些导引渠用以满足清口的需要,并促进清水的顺畅流动,以及将黄河的淤泥冲刷到大海里去。(3)通过使受力面倾斜的方法修补和加固高家堰,以此来减轻洪泽湖波浪的冲击所带来的破坏。(4)对于黄河与淮河的所有决口之处进行除险加固。(5)对从北起清口南到高邮州清水潭的 230 里(115 公里)的运河河段进行加深,并用挖掘出的该运河河段的泥沙来加固大运河的东、西大堤。(6)增加地方赋税,集聚大约 214.8 万两白银用于这些工程。(7)在河政管理方面裁并冗员。(8)设置 6 座兵营,屯驻 5860 名士兵和 296 艘船只,用于维护和确保河工。参见《清史稿》,卷 279,页 10115—10116;《大清圣祖仁皇帝实录》,卷 68,页 6a—b。
② 靳辅所修改的建议包括:(1)由洪泽湖开放 4 条新的导引渠直通清口。(2)堵住高家堰、王家营和武家墩的众多残缺堤岸。(3)建造河堰,约束黄河河道,促进河道畅通。(《清史稿》,卷 279,页 10116—10117)这个重要阶段的建设,其结果是促进了六个重要地区基础设施的改善:(1)黄河入海口一线,从清河县到海;(2)清口;(3)高家堰;(4)高邮清水潭;(5)位于江苏、安徽交界处的归仁堤;(6)宿迁县西北方向的皂河。上述更多的详细资料参见孟昭信:《康熙大帝全传》,页 361—364。
③ 随之而起的政策争论的细节,可以参见这场争论的主要参加者——靳辅、于成龙与张鹏翮的传记。参见《清史稿》,卷 279,页 10114—10132;安东篱:《清朝的兴衰:扬州及其腹地,1644—1810》,博士论文,澳大利亚国立大学,1985 年,页 134—143。康熙的困难,参见商鸿逵:《康熙南巡与治理黄河》,以及孟昭信:《康熙大帝全传》,页 354—397。
④ 根据康熙帝自己的陈述,他对黄河—大运河体系的研究最早始于 1667 年,那是他年仅 14 岁。1688 年,康熙帝回忆说:“从古治河之法朕自十四岁即反覆详考。”《大清圣祖仁皇帝实录》,卷 135,页 12b。
⑤ 仅仅是到了 17 世纪 80 年代中叶,户部的白银储备才完全恢复。1686 年,户部存银约 2610 万两。而在整个 18 世纪,户部存银从未低于 2370 万两(1723 年)的水平。这些资料源于法式善:《陶庐杂录》(约 1817 年;中华书局,1959 年),卷 1,页 23—26 页。

构的重要扩充。1729 年 11 月 4 日,雍正帝公布了已经完成初稿的《圣祖仁皇帝治河方略》：

> 朕惟圣祖仁皇帝轸念民生,而于黄运两河尤廑圣怀,自甲子以迄丁亥,六次亲历河干,指授方略,一切修筑堵塞事宜,无不出自宸衷规画。数十年来,圣谟睿训,备载此书,凡有河防水利之任者,皆应悉心详阅,奉为法则。著缮写三部,发给河臣孔毓珣、嵇曾筠、尹继善,令其敬谨阅看,必于河务大有裨益。[1]

1729 年 11 月雍正帝对先帝留下的官僚机构的整顿,在很多方面产生了影响。首先,这一整顿使治理黄河的基本政策和原则远远超越康熙时期所争论的范畴。另外,雍正帝在这一整顿中盛赞康熙帝,将其视为仁慈的统治者和所有治河知识与智慧的源泉。最后,也是我们这里所讨论的最重要一点,这一整顿在于重组和进一步扩充水利官僚机构,明确其对黄河和大运河的维护和管理职责。[2]

截至 1730 年,由密集的河堰、堤坝、水渠和湖泊组成的黄河—大运河体系,被分成了三个新近设立的行政部分：(1)“南河”,由江苏省的三个府组成,这三个府由北到南依次为徐州、淮安、扬州；(2)“东河”,位于山东南部和河南东部；(3)“北河”,位于直隶(今河北省)。这三个部分不是由一位总督全面负责(此前是这种情况),而是分设三个总督,分别负责其中一个部分的行政事务,他们的治所分别是淮安、济宁、固安。[3] 低级的水利官僚机构也开始扩容。根据安东篱的说法,道员以下的低级水利官员从 1689 年的 142 人,增加到 1785 年的 304 人。[4]水利官僚机构的

---

①《世宗宪皇帝圣训》,卷 9,页 3b。

② 1729 年 11 月《圣祖仁皇帝治河方略》的印刷、颁行与河道总督一分为二在时间上是同步的。这两位河道总督是：(1)驻清江的江南河道总督孔毓珣。(2)驻济宁的河东河道总督嵇曾筠。参见《清史稿》,卷 126,页 3725；《清代职官年表》,第 2 册,页 1393。

③ 安东篱：《官僚政治与责任：对清朝河工的再评价》,页 165；布伦内尔特、海格尔斯托姆：《中国政治组织现状》,399 页；贺凯：《中国古代官名辞典》,斯坦福大学出版社,1985 年,页 244,第 2193 条。

④ 安东篱：《官僚政治与责任：对清朝河工的再评价》,页 174—177 表格、页 179。

扩容主要是在 18 世纪 20 年代末到 30 年代初,这不仅是一种对 1721—1725 年间河南北部洪水暴涨的直接反应,而且也是对随之而至的整个水利体系更长期的问题的一种直接回应。①换句话说,直到 1735 年下半年乾隆帝即位,他和他的臣僚仍将面对一个依旧"脆弱"的水利体系②和一个不断膨胀的河工管理机构,这两个问题变得越发错综复杂。③

将乾隆初期的水利体系不断增强的不稳定性描述为一场新的国家危机,这绝不夸张。水患的肆虐为害程度和持续时间可以从乾隆时期(1736—1795)频繁的洪水报告中看出来。一系列关于清朝洪涝灾害报告的大部头材料汇编来自北京中国第一历史档案馆所收藏的馆藏丰富的奏折。这些材料汇编使分析成为可能。④ 我曾经使用这些汇编所收录的洪涝灾害记录,来计算黄河—大运河体系七个重要地区在四个明显不同的时期里洪涝灾害的发生频率。⑤我所拟定的关于这一水利体系的七个重要地区的标题分别是(1)清河—安东地区,(2)江苏北部地区,(3)山东南部地区,(4)骆马湖地区,(5)下河西部—中心地区,(6)下河东部地

---

① 安东篱:《官僚政治与责任:对清朝河工的再评价》,页 166—167、192。18 世纪 20 年代河南的洪水在(从西到东)武陟、郑州、原武、中牟以及仪封等县厅发生。参见《淮系年表全编》,卷 11,页 28a—30b。1742 年,水利专家白钟山在一份奏折中提到,"是时尚未分设河臣,未添建厅汛也,至分设添建以后,迄今十余年,未尝有连决数处,淹注数省,绵延数载之事"。见《续行水金鉴》,卷 11,页 12b。

② 这是安东篱所描述的。安东篱:《官僚政治与责任:对清朝河工的再评价》,191 页。水利体系脆弱的原因起自"水利之争"。关于这些内容参见魏丕信:《中华帝国晚期的国家治水》,页 79—80。

③ 安东篱:《官僚政治与责任:对清朝河工的再评价》,页 194—196。

④ 这套文献已经出版,题为《清代江河洪涝档案史料丛书》。共三大册,每一册囊括了一条主要河流及其支流所组成的流域。(1)《清代淮河流域洪涝档案史料》(中华书局,1988 年);(2)《清代长江流域西南国际河流洪涝档案史料》(中华书局,1991 年);(3)《清代黄河流域洪涝档案史料》(中华书局,1993 年)。上述著作的内容来自"宫中""朱批"和"军机处录副"档案。正如该丛书的作者所说,由于部分清朝国家档案被国民党运往台湾,而且至今仍存放在台湾,因此这套丛书不是反映清代洪水记录的全部档案资料。

⑤ 乾隆年间黄河干流在夺淮入海之前流经江苏徐州和淮安等府(黄河在清口以东注入淮河下游)。1736—1796 年这一地区洪涝灾害的记录可以参见关于淮河流域的一册(即上一个脚注中所述《丛书》的第一册)。河南的洪涝灾害记录可以参见关于黄河流域的一册(即上一个脚注中所述《丛书》的第三册)。

区,(7)河南地区。[①]我曾经计算过四个不同时期的洪水记录的数目:
(1)1736—1750 年,(2)1751—1765 年,(3)1766—1779 年,(4)1780—
1796 年。第一个时期(1736—1750)能够反映乾隆帝 1751 年第一次南巡
之前的 15 年。第二个时期也是 15 年(1751—1765),这一时期乾隆帝非
常积极地巡视江南,四次出巡(1751、1757、1762、1765)。第三个时期
(1766—1779)的 14 年,是乾隆帝第四次(1765)和第五次南巡(1780)之
间的间隔期,这一时期乾隆帝没有进行南巡。第四个时期(1780—1796)所
涵盖的 17 年是从乾隆帝 1780 年的第五次南巡到 1796 年他禅让皇位。表
1 提供了这七个地区在四个时期内,各个地区各个时期洪涝灾害报告的总
数(第 1—5 行)和每年洪涝灾害报告的平均数(第 6—10 行)的情况。

表 1　1736—1796 年洪涝灾害报告的年总次数和年均次数

时期	清河—安东地区	江苏北部地区	山东南部地区	骆马湖地区	下河西部—中心地区	下河东部地区	河南地区	所有地区
1736—1750	83	117	104	83	90	62	36	245
1751—1765	56	123	113	61	126	45	68	332
1766—1779	37	53	12	20	47	33	18	115
1780—1796	34	71	22	20	38	19	37	119

① 这些地区的实际地理范围分别是:1.清河—安东地区包括清口以东下游的,位于淮安府的黄
河—淮河干流,从清河县到安东县。2.江苏北部地区包括沿黄河上游而下的 5 个县,这些县
位于清口以西的徐州和淮安府。这 5 个县自西向东依次为砀山、萧山、睢宁(这些都在徐州
境内)以及桃源(在淮安府西北部)。3.山东南部地区包括自北向南沿大运河的济宁州、铜山
(位于山东南部)和沛县(位于徐州府西北部)。4.骆马湖地区包括徐州府东部骆马湖附近沿
大运河的两个地区:a)邳州到骆马湖以北,b)宿迁县到骆马湖以南。5.下河西部—中心地区
包括沿大运河的 5 个县(这 5 个县分别属于淮安府和扬州府管辖),以及扬州府中心的两个
县。前面所说的 5 个县自北向南依次是山阳、宝应、高邮、江都、甘泉。后面的两个县分别是
扬州府中北部的兴化、扬州府中南部的泰州。6.下河东部地区由沿运盐河的四个县组成。
这条运盐河将食盐由北向南运输,途经淮安、扬州和通州等府。这些县自北向南依次是淮安
府东部的阜宁和盐城,扬州府东部的东台以及通州府中北部的如皋。7.黄河流经河南省的
沿岸有 16 个地区。其中有 6 个位于黄河北岸,自西向东依次是武陟、原武、阳武、延津、封丘、
考城。有 10 个县位于黄河南岸,依次为荥泽、郑州、中牟、祥符、陈留、兰阳、仪封、宁陵、商
丘、虞城。

时期	清河—安东地区	江苏北部地区	山东南部地区	骆马湖地区	下河西部—中心地区	下河东部地区	河南地区	所有地区
合计	210	364	251	184	301	159	159	811
1736—1750（年均）	5.5	7.8	6.9	5.5	6	4.1	2.4	16.3
1751—1765（年均）	3.7	8.2	7.5	4.1	8.4	3	4.5	22.1
1766—1779（年均）	2.6	3.8	0.9	1.4	3.4	2.4	1.3	8.2
1780—1796（年均）	2	4.2	1.3	1.2	2.2	1.9	2.2	7
1736—1796（年均）	3.4	6	4.1	3	4.9	2.6	2.6	13.3

资料来源:水利电力部水管司、水利水电科学研究院编:《清代淮河流域洪涝档案史料》和《清代黄河流域洪涝档案史料》。

从表 1 所显示的数据来看,1736—1765 年这 30 年间,洪涝灾害报告的数目最大(表 1 的第 1—2 行和第 6—7 行)。这个趋势体现在所有七个地区(第 1—7 列)和整个水利体系的受灾总次数(第 8 列)。乾隆前半期经常发生洪涝灾害,最突出的是在江苏西北部的狭长地带。根据表 1 所提供的数据还能看出,江苏北部地区(表 1 的第 2 列)在七个地区里最容易发生洪涝灾害,特别是在 18 世纪 40—50 年代。更具体地说,该地区在 1736、1740—1745、1753、1757、1761 年曾多次遭遇洪水袭击[1],每一次洪涝灾害都波及整个水利体系。对史料的仔细研读,可以揭示出更为重要的方面,这里不仅有眼前的问题,而且有随之而起的政治争论和政治妥协。

---

[1]《淮系年表全编》,卷 12,页 3b、4a、6a—b、12b、13。

1736—1737 年的毛城铺争论

　　乾隆时期第一个重要的水利事件发生在 1736 年 5 月,毛城铺堤坝决口,淹没了河南东部、江苏西北部和安徽北部的四个州县。[1] 尽管没有造成人员伤亡,但是这些州县的冬小麦和大量民房被毁。[2]毛城铺堤坝位于江苏河南交界的砀山县境内的黄河南岸(图 4),最初由康熙年间著名水利专家靳辅于 1678 年主持修建。它的主要功能是将黄河涨水分流到濉河,并最终注入位于安徽东北部的洪泽湖。[3]导致 1736 年 5 月毛城铺洪水的直接原因是黄河河水的突然上涨。然而更根本的问题是此前几年各引河内不断增高的泥沙淤积。这些淤积造成毛城铺堤坝和安徽北部的许多河道对黄河涨水无法约束和控制。上述问题至少在 1725 年就已经有了征兆,这些地区此前曾在 1729 年和 1733 年遭遇洪涝灾害。[4]事实上,相关省份的官员已经在 1735 年底就开始疏浚和加宽毛城铺的引河。[5]

　　毫不奇怪,这些官员对 1736 年的水灾反应神速,他们准备了一份全面的计划,不仅要修缮毛城铺的引河,而且要疏浚徐州上游(以西)的王家山引河和徐州下游(以东)的峰山引河(图 4)。乾隆君臣也意识到这场水灾将影响到整个黄河—大运河水利体系,因而批准了该计划。由江南河道总督高斌(1683—1755)[6]提出的两个主要的政策建议反映了两方面

---

[1] 这四个州县是永城(河南)、砀山和萧县(江苏)以及宿州(安徽),见《淮系年表全编》,卷 12,页 1a。

[2]《续行水金鉴》,卷 10 ,页 3a。

[3]《淮系年表全编》,淮系历史分图 23,黄河 5,页 13a。该渠道自北向南顺流,最初包括渠首的一个闸和渠尾的一个减水坝。最初的减水坝约 30 丈(107 米)宽。在这座堤坝被洪水摧毁之后,一座更大的,宽 135 丈(483 米)的堤坝建在了原址的北边。康熙末年,引河的渠首得到重建一座更大的闸门,宽约 120 丈(430 米)。

[4]《淮系年表全编》,卷 11,页 30b、33a、35a。

[5]《续行水金鉴》,卷 10,页 4b。这些官员包括坐镇江苏的河道总督高斌,大学士、署理浙江巡抚稽曾筠,两江总督赵宏恩。

[6] 高斌的传记参见《清代名人传略》,页 412—413;《清史稿》,卷 310,页 10629—10634。

的考虑。一方面是在黄河上游实现有效分流和泄洪,另一方面通过黄河—大运河体系下游将洪水恰到好处地排入洪泽湖。上面所说的疏浚各条引河,还需要疏浚安徽北部六百多里(330 公里)的支流。这一支流将携带引河分流的洪水最终注入洪泽湖。相同的逻辑,洪泽湖肯定会涨水,使得对清口、高家堰和大运河淮安到扬州一百多里(56 公里)的河段沿线加强警戒和准备成为必要(图 2、图 3)。①

并不是所有的官员都像高斌和他的同僚一样充满乐观情绪。一些官员怀疑将黄河上游的水恰到好处地分流是否明智,因为黄河水必须最终通过淮扬地区实现分流。事实上,许多官员反对高斌开放另一条引河和修筑已经决口的毛城铺堤坝的建议。在一份联名的奏折中,一些来自淮扬地区的京官在监察御史夏之芳的带领下,表达了他们对高斌的计划给黄河—大运河体系下游所造成影响的担心:"毛城铺引河一开,则高堰危,淮扬运道民生可虑。"②这就是典型的上游与下游的"水利之争",一方要求在毛城铺泄洪,另一方则主张保护淮扬地区乃至更远的下游。③

反对毛城铺泄洪方案,从雍正年间就开始有一些著名官参与进来,声势不小。直隶总督李卫(1687—1738)奏请皇帝暂停在毛城铺开放泄洪渠,其理由是一旦开放泄洪渠,将从黄河分流过多的河水,并注入洪泽湖。④ 在李卫看来,开放泄洪渠不仅会导致江苏与河南的洪涝灾害,而且会造成过多的泥沙淤积在洪泽湖,从而进一步威胁高家堰与大运河淮扬段,最终威胁整个下河地区。⑤李卫是铜山人,被视为熟悉毛城铺附近的情况,他的意见在官员圈子里得到了相当的支持。⑥他是雍正帝最宠信的官员之一,这增加了他在这些事情上说话的权威性。

---

① 《续行水金鉴》,卷 10,页 14a—b;《清史稿》,卷 310,页 10629—10630。
② 《清史稿》,卷 310,页 10630。
③ 魏丕信:《中华帝国晚期的国家治水》,页 86。
④ 李卫的传记参见《清代人物传略》,页 720—721;《清史稿》,卷 294,页 10333—10336。
⑤ 《续行水金鉴》,卷 10,页 14b—16a;
⑥ 《续行水金鉴》,卷 10,页 14b—15a;《清史稿》,卷 294,页 10333。毛城铺实际位于徐州府铜山县以西 70 里处。

1737 年 3 月，争论越发激烈。此时，鄂尔泰(1680—1745)和张廷玉(1672—1755)带领另外一批京官公开宣称支持李卫的主张。① 众所周知，鄂尔泰和张廷玉，跟李卫一样，也是雍正帝的宠臣。更为重要的，他们两人在由四人组成的"总理事务王大臣"②中是地位最高的成员(按照年龄而不是官品)，而且是乾隆初年权势最煊赫的朝廷官员。③

对我们来说最值得寻味的是，鄂尔泰和张廷玉所认为的："在河督(高斌)诸臣盖以萧、砀、永城等处连岁受淹，疏通水道可得补救，不过分其暴发过大之势，亦止为保守徐州以下工程耳。"④这番陈述值得注意，因为它说明，高斌及其助手——以及皇帝本人——相比于防洪而言，对河工，尤其是淮扬地区的河工更感兴趣。这一含蓄的指责，特别是此言出自鄂尔泰和张廷玉之口，是一种带有威慑力的挑战。这一挑战不是针对新皇帝毫无争议的统治权，而是针对乾隆帝的实际权力。对于年轻的乾隆帝来说，毛城铺水灾不仅成为一个行政问题，而且演变为一场政治危机。

作为回应，1737 年 5 月 5 日，乾隆帝向总理事务王大臣发布上谕，明确表示反对那些来自淮扬地区的官员的意见。很明显，他的长篇上谕没有提及李卫、鄂尔泰或者张廷玉。如果乾隆帝意在反对那些"雍正内廷重臣"的意见的话，那么他这样做仅仅是间接地表达了自己的想法。⑤

可以想见，乾隆帝自诩为一位开明和仁慈的君主。他反复强调其初衷是保护那些经常遭遇洪水袭击的砀山、萧县、永城的居民。他还强调，起初他愿意认真考虑来自淮扬地区的夏之芳等京官所提出的忧虑。根

---

① 《续行水金鉴》，卷 10，页 17a—19a。鄂尔泰和张廷玉的传记参见《清代名人传略》，页 54—56、601—603。

② 这里我引用的是白彬菊的英译"Interim Council"。关于这个名词的名称和翻译的更详细情况，参见白彬菊：《君主和大臣：清中叶的军机处(1723—1820)》，加利福尼亚大学出版社，1991 年，页 138。

③ 1736 年总理事务王大臣中地位最高的是乾隆帝的叔叔：庄亲王允禄和果亲王允礼。目前关于这一问题的更为详细具体的作品参见白彬菊：《君主和大臣》，页 139—141。

④ 《续行水金鉴》，卷 10，页 17b。

⑤ 这一用语见白彬菊：《君主和大臣》，页 139。

据乾隆帝的想法,夏之芳等人认为开放毛城铺可能没有好处。这样的观点来源于他们在黄河与淮河下游的淮扬地区出生并长大这一事实。乾隆没有忽视这些情况。相反,他命令坐镇江苏的河道总督高斌和其他省级高官相互商议,即便他们最初对疏浚毛城铺附近的引河所提出的推荐意见被工部批准。乾隆还警告他们"不可固执己见,亦不可曲徇人言"①。

然而,当高斌和两江总督赵宏恩抵达北京,向皇帝呈送拟议中的该地区地图时,乾隆帝意识到夏之芳等官员的观点是建立在抽象的水利教条之上,而不是建立在毛城铺实地条件之上。因而他澄清高斌的建议内容是疏浚毛城铺减水坝附近的多条引河,因为这些引河已经淤积多年。这与开放堤坝几乎完全不同。对于夏之芳等官员有"开毛城铺"这样草率言论的原因,乾隆帝并非没有疑问。② 年轻的皇帝抱怨说:"曾以屡次批示高斌不可固执己见,而王大臣遂亦不能定此案。"③怀着打破僵局的希望,乾隆提到了高斌和赵宏恩呈送的最新地图,并逐条驳斥反对毛城铺疏浚计划的种种意见。他命令高斌和赵宏恩向总理事务王大臣,以及夏之芳和其他对疏浚工程可能带来的好处持怀疑态度的人,进行更为详细的解释。

然而所有关于这个问题的讨论都一无所获。最终,乾隆帝十分沮丧:"夏之芳等身未亲历其地,徒以惑于浮言,复固执偏见,及王大臣等略为辩论,即多遁词,其原无定见可知矣。"年轻的乾隆帝彻底不相信总理事务王大臣有能力决定这样的技术事务,他宣布:"毛城铺断自朕见,事属应行,著照九卿原议,令总督庆复会同高斌确估定议具奏。"④随着这一决定的下达,乾隆帝结束了他在位期间关于治水问题的第一次争论,至少是暂时结束了。

1736—1737 年的毛城铺争论,为建构乾隆帝本人的政治权力和威望

---

①《续行水金鉴》,卷 10,页 19b。
②《续行水金鉴》,卷 10,页 19b。
③《续行水金鉴》,卷 10,页 19b—20a。
④《续行水金鉴》,卷 10,页 20b。

在考察治水问题上的地位,提供了重要途径。正是通过此次具体政策的讨论,这位年仅 25 岁、即位刚刚两年的皇帝,声称将自己的训诫凌驾于总理事务王大臣和都察院之上。乾隆时期的这个关键点,成为他建构政治权威更有预见性的途径。

在处置这次廷议的过程中,乾隆帝证明了自己是一个在治河问题和政治决断方面反应敏捷的行家里手。掌握可靠的"水利信息"具有十分重要的行政和政治意义。毋庸置疑,乾隆帝是与富有经验的水利专家高斌和嵇曾筠(1671—1739),通过秘密通信对毛城铺洪水的发生做出反应。[①] 当乾隆帝坚持对技术细节和当地现实条件的要求时,他信任诸如高斌和嵇曾筠等治河专家的第一手经验和知识。在乾隆帝漫长的统治时期里,他继续依靠和利用这些人的专门知识技能。乾隆帝还通过强调夏之芳及其支持者"未亲历其地",试图推翻后者的观点。但当时他本人也未曾"亲历其地"。不过正如我们所看到的那样,他将及时"亲历其地"。最终,乾隆帝对部分持反对意见的官员暗示,他及其治河官员会将水利设施的保护(进而是漕运),与下游淮扬地区的幸福安康视为一体。这最终形成了乾隆帝回应的内容和要旨。事实上,乾隆帝最终在 1737年 5 月 5 日向群臣发布的上谕中就"将现在办理情形有利无害之处,晓谕淮扬士民知之"。[②] 当乾隆帝继续克服治河过程中难以对付的各种困难,特别是面对 18 世纪 40—50 年代江苏西北部狭长地带的困难时,他同样坚持自己的行政实践精神和对淮扬地区百姓的仁慈关怀。这将成为他 1751 年第一次南巡最明显的理由。

1742 年石林口水灾

从一开始,随着这些很大程度上超出乾隆帝控制范围的历史事件的

---

① 嵇曾筠说他于 1736 年 7 月 20 日接高斌密札,告知他关于毛城铺水灾的上谕内容。见《续行水金鉴》,卷 10,页 4a—b。嵇曾筠的传记,参见《清代名人传略》,页 119—120;《清史稿》,卷310,页 10623—10625。

②《续行水金鉴》,卷 10,页 21a。

展开,他被迫将自己的政治权力和威望——更不必说仁慈名声了——倾注在治水问题上。随这些历史事件而来的冒险和不确定性迅速变得明显起来。黄河—大运河体系上游和下游在 1739、1740、1741、1742、1745 和 1746 年经历了几次大洪水。[1]

1742 年在石林口发生的大决口事件,反映出官僚机构的不确定性和紧张状态。石林口是徐州以西上游的两个起始点之一,另一个起始点是黄村口。当黄河水位涨高时,石林口就用于从黄河北岸泄洪。洪水通过石林和黄村两个起始点注入山东与江苏交界的微山湖(图 4),并最终经由荆山河注入大运河。[2]

1740 年秋天,麻烦开始了。当时,黄河的一场季节性涨水导致石林口和黄村口两个起始点出现两条水渠。正当这些水渠所遭受的不断侵蚀继续加深之时,一股更大的水流注入微山湖。同时发生在黄河与微山湖的涨水,威胁到黄河、微山湖和大运河沿线很大一部分水利设施。直到 1740—1741 年的冬季,水位依然居高不下,形势更加严峻。保护大运河仍然是当务之急。然而,由于山东的河政官员没有沿大运河建起减水坝,以实现安全泄洪,江苏北部的官员只能通过修建跨越石林口和黄村口的深渠来阻止水流。[3] 然而在修建过程中,他们并没有对近期这种导致黄河干流趋向北岸的原因做出解释。在这段时间和许多高水位季节,沿着河流内侧不断增加的泥沙淤积导致一个深水潭的形成,给两个起始点造成了很大压力。1742 年 8 月,在整个盛夏的洪水季节,水池里的积水逐渐增多。石林口和黄村口的土坝最后被冲垮,使整个携带泥沙的黄河径流转而注入起始点的水渠之中,最后注入微山湖。时任直隶总督的高斌,被派往负责监督有关事宜,以确保黄河回归故道。[4]

---

① 《清代黄河流域洪涝档案史料》,页 139—158、161—184。
② 从石林口直接注入大运河的河水,经过一道建在微山湖湖岸上的闸门。由黄村口流出的河水经由荆山河,注入大运河(图 3)。见《续行水金鉴》,卷 11,页 10a。
③ 《续行水金鉴》,卷 11,页 10a—b。
④ 《续行水金鉴》,卷 11,页 8b—9a;《淮系年表全编》,卷 12,页 4b。

　　除了造成巨大的物质损失外,石林口和黄村口的决口也在官僚圈子里产生很多不满情绪。乾隆帝就是第一批表达这种不满情绪的人。1742 年 10 月,他询问河东河道总督白钟山(1761 年卒)①和山东巡抚晏斯盛关于决口之事,他们上奏说没什么可报告的。因为决口之地是在江苏,距离山东边境大概 180—200 里(100—110 公里),也因为新任命的江南河道总督完颜伟(1748 年卒)已经奉命迅速堵住决口,白钟山和晏斯盛明显感到没有必要会见或者帮助他的这位同僚。②乾隆帝认为这些理由完全无法接受,于是指责白钟山渎职:"查石黄二口远在江南……隔越东省不过一二百里,何难往彼料理……朕思公正大臣以国事为己事,下吏断无不听从者,况同属河官乎? 若如此拘泥,甚非当日分设河臣之意矣!"不过乾隆帝没有指责晏斯盛。而后乾隆帝命令白钟山亲往复查治河工作是否迅速。乾隆帝希望,白钟山能够策应完颜伟,以便如果有些事情需要两人共同商议的时候,能够避免因意见分歧而误事。③

　　皇帝对大臣的这一惩罚事件,不经意间引发了其他人更为猛烈的质疑和批评。当白钟山随后报告河南和山东的水利设施的地位时,刑部侍郎、进士出身的周学健④提出一项建议,要求彻底废除河东河道总督这一职位及属下的所有官职。周学健指出,只有一小部分最有效率的官员应该留任,以恢复管理江南河道的权力。同时,他建议说,维修和维护山东与河南两省水利设施的所有责任,应当移交给当地的巡抚来承担。在这份计划中,当地官员负责招募人员和筹备物资,而道员则监督工程的实际进展。周学健的这项旨在使河南与山东的水利官僚机构小型化,以及将治河责任归入较为规范的管理领域中的建议,表面是要削减"岁抢修各费"。⑤然而,这项建议不仅代表了一位京城士大夫所要求的更多的开

---

① 白钟山的传记参见《清史稿》,卷 310,页 10639—10642。

②《续行水金鉴》,卷 11,页 9a—b。

③《续行水金鉴》,卷 11,页 9b—10a。

④ 周学健的小传,见《清代河臣传》,页 92—93。

⑤《续行水金鉴》,卷 11,页 11b。

支削减方案,而且是对不断扩大的水利官僚机构及其过去十年业绩的
指控。

白钟山似乎认为,周学健所提出的关于废除他所担任的河东河道总
督职务的建议,是对他个人的有意冒犯。他向皇帝上书说:"臣委任总河
八年,于兹河工情形无不身经目睹,熟虑深思。"而后他批评了在治河中
国家主动的和扩大化的措施:

> 窃以为总河可裁也,添设之厅汛官效力人员不可尽裁也;办料
> 拨夫责成地方官可也,裁减岁抢修各费不可也。①

在白钟山看来,周学健关于削减国家不断增长的黄河—大运河体系
管理机构的组织和财政责任的建议,是十分愚蠢的想法。因为从 1730
年开始,国家不断增长的开支,是恢复上文提到的 1721—1724 年遭遇洪
水袭击的河南经济社会发展的必然结果。事实上,白钟山坚信,过去十
年(17 世纪 30 年代)的成就,就是国家政权膨胀(并且还在膨胀)所带来
的高效率的有力证据:

> 至分设(河臣)添建(厅汛)以后,迄今十余年,未尝有连决数处,
> 淹注数省,绵延数载之事。而周学健乃谓冲决未少于前,险要已倍
> 于昔,殊无察也。②

在 1742 年这场灾难性事件中,白钟山不是唯一一位不得不为自己
的名声和治水业绩辩护的官员。完颜伟也发现自己处于相似的窘境。③

像白钟山和清代前、中期的许多其他管河高官一样,完颜伟是旗人
(隶满洲镶黄旗),他不是从传统的和更具权威性的科举考试途径步入仕
途的。④ 一开始,他是内务府的一名笔帖式,后来在 18 世纪 30 年代初,

---

① 《续行水金鉴》,卷 11,页 12a。
② 《续行水金鉴》,卷 11,页 12b。
③ 完颜伟的传记参见《清史稿》,卷 310,页 10636—10637。
④ 不是通过科举而走上仕途的官员很多,包括:杨方兴、杨茂勋、靳辅、王心敏、于成龙、齐苏勒、
尹继善、田文镜、沈廷正、高斌、高晋、德尔敏、顾琮、爱必达、李宏、萨载。

雍正帝派他去江苏考察河工——这可能是 1742 年遭到斥责的官僚机构膨胀的组成部分。由于 1737 年对浙江海塘堪称楷模的管理，完颜伟最终得到了乾隆帝的注意和信任，此后官运亨通，扶摇直上。1741 年 8 月，乾隆帝擢升他为江南河道总督。上任仅仅 11 个月，石林和黄村的决口就发生了。

随后，完颜伟的一个下属何焗(1774 年卒)①，指控完颜伟未能在江苏的河道管理中任用合格的官员。②尽管拒绝承认这些指控，他还是因为未能预料并制止 1742 年的决口，而继续遭受官场的非议。对于完颜伟是否以满洲镶黄旗的身份或某种方式为自己辩护，未见有历史记载。可以知道的是，乾隆帝感到，面对众多的批评，他不得不干预并为河务高官辩护。在 1743 年 1 月 21 日的上谕中，乾隆帝称：

> 今年河湖异涨，原非寻常可比。而议者皆以不能事先豫防，及时捍御，归罪于河臣，甚非情理之平。即条奏之人并非身历其地，辄以臆度之论纷纷陈说。及加考查皆必不可行之事，其为害于河工甚大。若因议论纷起，即将河臣加以处分，则后之膺此任者愈难办理矣。③

他对完颜伟表现出特别的宽容：

> 完颜伟按察使升任河道总督，素未谙练河务，且到任未久骤遇如此水灾，未免措置仓皇，此实有之。④

最后，乾隆帝简单地将完颜伟调到白钟山曾经担任的河东河道总督任上，这是一个被认为"易于管理"的职务。同时，他命令白钟山——这位遭受"拘泥"⑤之累但还"颇称练习"⑥的官员——去担任完颜伟先前担

---

① 何焗来自浙江省，他的传记见《清史稿》，卷 325，页 10860—10861。
②《清史稿》，卷 310，页 10637。
③《续行水金鉴》，卷 11，页 11a。
④《续行水金鉴》，卷 11，页 11a—b。
⑤《续行水金鉴》，卷 11，页 10a。
⑥《续行水金鉴》，卷 11，页 11b。

任的江南河道总督。

为什么乾隆帝发现有必要保护像完颜伟和白钟山这样的官员,免受严厉的批评和惩罚措施呢? 乾隆帝对待他们的仁慈,可能源于他对完颜伟在最近的危机中成功地确保淮扬地区安全表示满意。[1] 乾隆帝宠信完颜伟,可能也因为国家严重缺乏拥有实践经验的合格的治河专家。乾隆帝非常看重的这些治河专家还是旗人,他认为这样可能(至少在他看来)在政治上更可靠,更易于调教。我们甚至可以设想这样一种可能性,即乾隆帝感到有必要维护担任高官的旗人的名声和威信,从而抵制诸如何煟、周学健等汉族官僚士大夫对旗人官僚的批评。当然,这些原因——从植根于纯粹的"务实"或者"行政"因素的一方面考虑,到关于民族政治因素的另一方面考虑——可能在很大的程度上是重叠的。无论这件事如何发展,乾隆帝在面对 18 世纪 40—50 年代不断加剧的治水问题时,实施了积极的治理办法。[2]

1751 年乾隆帝第一次南巡

乾隆帝 1751 年的第一次南巡,是为了践行那些一直持续的承诺,尤其是这些承诺与淮扬地区紧密相关。对江苏中部水利设施的视察,不仅对于实际的政策制定问题,而且对乾隆帝仁孝名声的明显证明,都是十分重要的。

1749 年 11 月,积极准备乾隆首次南巡的江南河道总督高斌,及副总河张师载(1695—1763)[3],对乾隆帝在河工方面的实践精神进行了描述,认为这是乾隆帝拥有皇帝道德的表现,是王朝的孝道和仁慈的行为:

> 伏念河工为国家要务……从前仰荷圣祖仁皇帝六次巡幸,翠华

---

[1]《清史稿》,卷 310,页 10637。

[2]《续行水金鉴》,卷 11,页 15a—33b;卷 12,页 1a—9a。

[3] 张师载是康熙时期著名大臣张伯行(1651—1725)之子。见《清代人物传略》,页 51—52;《清史稿》,卷 265,页 9936—9941。

所至,勘阅情形,指授方略。数十年间,历任河臣得有遵令。即今一切修防之法,悉皆凛奉规章制度,循照办理。吏民讴歌帝德,至今感颂弥深。我皇上继统御极十四年来,承圣祖爱民之至意,体世宗经国之远图,亲总万机,不遑宵旰。而河防诸务,更皆上烦。

由于"惟是水势,历久不无变迁"。高斌、张师载发现"修守机宜难于胶执"。正因为如此,他们"欣逢皇上圣驾南莅",并表示将"于御道之所经由近者顺邀睿览,仰遵指示规模,即远者亦可就便"。① 当然,这是任何官员为尊重圣意而采用的谦恭措辞。

事实上,第一次南巡江苏,乾隆帝并没有制定新的治水政策,而是简单查看了一下治水活动的进展情况。这些措施早在 18 世纪 40 年代淮扬地区洪水频发之时就已决定并实施。这些治水活动包括改善下河地区的泄洪系统,该系统由讷亲、尹继善、白钟山、方观承等人会同完颜伟、高斌等人在 1744—1745 年设计,并于 1748 年在高家堰和清口进行修建。② 换句话说,乾隆第一次南巡就是要解决治水问题的,这是对 18 世纪 40 年代所面临困难的较为显著的回应。一位专家近来将 18 世纪 40 年代描绘成"空前灾难"。③

在 1749 年最初的奏折中,高斌和张师载列出了九项重要的河工工程,这九项工程"关乎民生",应予以重视。④ 1750 年初,向导统领努三、兆惠,正忙于为即将开始的南巡筹划行程和路线。⑤他们在最初名单的九个地点中挑选了五个,主要依据是这五个地点邻近皇帝巡查的路线和驻

---

① 《南巡盛典》,卷 44,页 2a—3a。
② 《淮系年表全编》,卷 12,页 6b—7a、9b—10a。
③ 罗威廉:《社会稳定与社会变迁》,见裴德生主编:《剑桥中国清代前中期史(上卷)》,剑桥大学出版社,2002 年,页 478。
④ 他们所列的工程(从西到东)依次包括:(1)砀山县毛城铺引河;(2)骆马湖竹络坝;(3)朱家闸引河;(4)宿迁境内的九里冈埽工;(5)"木龙";(6)位于清口的大运河水闸;(7)洪泽湖东南岸的天然坝;(8)南关坝和车逻坝,位于大运河东岸的高邮。(9)沿安东县东海岸的云梯关和海口。见《南巡盛典》,卷 44,页 2b。
⑤ 关于南巡筹备工作的细节,参见张勉治:《马背上的朝廷:构建满人的民族-王朝统治(1751—1784)》,页 164—201。

跸之地(驻跸之地分别是：顺河集、王家庄、徐家渡、直隶厂、石坝堡)。①
这些地点分别是(1)朱家闸引，(2)宿迁境内的九里冈埽工，(3)木龙，
(4)位于清口的大运河水闸(图1)，(5)南关坝和车逻坝(图3，位于大运
河东岸的高邮)。努三和兆惠还认为，高家堰尽管与上述地点有所区别，
但至为重要，也应列入南巡的路线中。②

这些地点中绝大部分与大运河的安危紧密关联，与每年漕粮的平稳
运输也有关系。然而，在第一次南巡中，乾隆帝没有提及他是要视察朱
家闸引河还是九里冈埽工，这两个工程对中河的保护并使之正常发挥功
能具有密切的关系。中河是大运河的关键一段(17世纪80年代最初由
靳辅修建)，与黄河清口—宿迁段平行(图1)。③ 他没有评论清口的地理
条件，即便在他视察了那个"木龙"地区(图1)之后——从1739年开始，
许多巨大的木排直立堆放在清口以上的黄河南岸，称为"木龙"。④乾隆帝
没有提示人们注意任何可能与这些设施相关的战略意义，而是强调朝廷
在淮扬地区防洪工作中付出的努力。

当南巡队伍抵达淮安府郊外的时候，乾隆帝发现城墙以北的地区完
全被洪水淹没。当看到只有一座土堰用于防洪时，他命令省级官员迅速
起草计划，修建大约450丈(1.6公里)长的石堰，预计用银47 500两。⑤
另一个被大力宣传的就是高家堰的修缮。1751年3月5日，在巡视这一
巨大石制工程的一段之后，乾隆帝批准了高斌早先提出的请求。内容
是，将高家堰南端1.7万丈(61公里)防水土堤更换为宽度统一为10丈

①《南巡盛典》，卷92，页23b—29a、30b—31a(地图)；《乾隆起居注》，乾隆十六年二月初五日至
乾隆十六年二月十二日。
②《南巡盛典》，卷44，页5b。
③《续行水金鉴》，卷12，页17a—b。
④《淮系年表全编》，卷12，页2b—3a；《续行水金鉴》，卷10，页27b—28a，以及卷11，页6a。这
些木龙用于防范黄河水通过向北岸的冲击力倒灌进入清口。根据工部1751年的一份报告，
从1739年以来的11年间，近20万两白银被用于在清口修建"木龙"。《续行水金鉴》，卷12，
页23a。
⑤《南巡盛典》，卷43，页1a；卷44，页2a—3a、16a—17a。这些经费是从江苏省藩库中支出的。
这一工程从秋季洪水退去(1751年冬)开工，1752年夏季洪水季节到来之前完工。

(36米)的堤坝，这项工程需银5万两。[1]而后他命令在这些防水土堤上植树，予以进一步加固。[2]高斌宣称，在差不多20年前的1730年，作为雍正帝首次彻底修缮高家堰的结果，所有这些花费了令人吃惊的100万两白银。[3]相比之下，这次修缮的费用较少，而且体现了乾隆帝作为一位君主对孝道和民众福祉这两种信念的重视。

然而，如果乾隆帝追求的是不朽，而不是低姿态——"成为更伟大且与众不同者"[4]，那么，在高家堰土堤上种植大量的柳树或者在淮安城外修建石堰，作为尾声，对于乾隆南巡是相当令人扫兴的。因此，乾隆帝设法通过一种更为冠冕堂皇的方式来表现自己，把自己表现成为博学的和仁慈的君主，使自己所表现出的治水实践，不是出自更多的战略考虑，而是出自一种保护黎民苍生免受洪水侵扰的真诚希望。

1751年5月5日，在返回京城的途中，再次路过淮安之后，乾隆帝有机会直接提起一个可能引起争议的话题。这个话题贯穿1736年毛城铺争论的始终，就是一方面上游保护水利设施的需求，另一方面保护生活在黄河下游泄洪谷地的居民的利益，如何来平衡二者的利益需求：

> 洪泽湖上承清、淮、泗、颍诸水汇为巨浸，所恃以保障者，惟高堰一堤天然坝乃其尾闾。伏秋盛涨，辄开此坝泄之，而下游诸州县胥被其患。冬月清水势弱，不能刷黄，往往浊流倒灌，在下游居民深以开坝为惧。而河臣转藉，为防险秘钥。二者恒相持。朕南巡亲临高堰，循堤而南，越三滚坝至蒋家闸，周览形势，乃知天然坝断不可开。夫设堤以卫民也，堤设而民仍被其灾，设之何用？若第为掣流缓涨，自保上游险要各工，而邻国为壑，田庐淹没，弗复顾惜？此岂国家建

---

[1]《南巡盛典》，卷44，页10a。
[2]《南巡盛典》，卷43，页2a。
[3]《南巡盛典》，卷44，页8a和9a。
[4] 康无为：《帝王品味：乾隆朝的宏伟气象与异国奇珍》，见《读史偶得：学术演讲三篇》，页44，台北"中央研究院"近代史研究所，1993年。

立石堤保护生灵本意耶?[1]

乾隆帝公开宣布和称赞了很多政策变化,以及对高家堰的远期改造。这些可能都是乾隆帝与他所宠信的治河专家进行进一步商议之后设计出来的。比如,乾隆帝决定关闭天然坝,并"立石永禁开放以杜绝妄见",这一消息无疑会得到淮扬地区官员的支持。然而几乎可以说这不是一个新方案。大学士鄂尔泰在十几年前的1739年亲自视察了同样的堤坝之后,他提出了同样的政策建议;然而这一建议至今未付诸实施。乾隆帝同时下令在洪泽湖东南岸上已有的三座滚坝旁边,增加另外两座新的石滚坝——智堤和信堤(图3),从而称之为"五坝水志",以此来调节多余的湖水流入淮扬地区。[2] 一些河官也在前些年向皇帝提出过类似的建议。[3]除了这些变化,乾隆帝还命令官员将高家堰北段的设施全部改为石制,并在南端采用石基和土堤外包砖等设施。[4]是治河专家而不是乾隆帝本人,制定了上述政策。我们的这种说法符合历史实际。

当然,乾隆帝不可能也不需要将这些归功于他的臣僚。相反,对朝臣的警告和惩办却是他作为皇帝的特权。在赞同了高家堰体系的基础设施和管理规定的诸多调整之后,乾隆帝对治河官员的责任进行了评价:"司水土者亦未可以闾阎休戚非己职掌所在,而专以束水保堤为得计。"[5]他督促官员们遵循积极的治河原则,修建的水利设施要具有名副其实的用处:"总之河不可不治,而无循其虚名;工不可不兴,而必归于实用,斯为至要。"[6]这些公开声明是否获得了社会的广泛认同不得而知。比较清楚的是,这些劝诫对防洪没有起到什么作用。

1751年乾隆帝第一次巡视淮扬地区,政治场面盛况空前,总的来说

---

① 《南巡盛典》,卷43,页3a—b。

② 《南巡盛典》,卷43,页3b—4a。

③ 《淮系年表全编》,卷12,页11a。

④ 《南巡盛典》,卷43,页4b。

⑤ 《南巡盛典》,卷43,页4b。

⑥ 《南巡盛典》,卷43,页5a。

这是为了美化皇帝和统治集团。同时，对淮扬地区的视察也是一次水利行政管理的实践。如果不是为了全然诋毁乾隆帝的政治目标的话，我们就会承认这一事实。毕竟，朝廷在淮扬地区积极的防洪实践也有十分重要的战略因素。① 人们立即就能想到，这一实践避免了赋税收入流失以及所增加的赈灾开支。然而，乾隆帝不是根据更大的战略利益，而是从对于地方的宽仁和官僚纪律方面，来描绘他的实践。总之，在乾隆帝1751年的首次南巡中，对防洪和总的社会秩序的支持，与帝国对官僚控制能力的加强，实际上变成了同义词。然而，乾隆帝自称，1751年南巡的目标很快就被随之而来的贯穿18世纪50年代的大洪水击碎了。

18世纪50年代的全面危机：战争、南巡和治水

18世纪40年代开始骤然增多的洪涝灾害，在整个50年代依然十分严重。1756年11月，江苏巡抚庄有恭奏报说，江苏徐州、海州和淮安三个府下辖的12个州县在1751—1755年间连年遭遇洪水。② 安徽巡抚高晋也奏报说，安徽省北部10个县从1751年开始也是连年被淹。③黄河—大运河体系最严重的洪水发生在1753年和1756年。

1753年秋汛季节，黄河—大运河体系的各个河段都出现洪峰。1753年8月，黄河上游河南省的原武和阳武县、下游江苏省的萧县发生决口。④ 徐州府各县报告发生洪水，以宿迁和桃源为最严重。⑤ 1753年9月，洪泽湖涨水，湖水注入大运河，设施的不完善使更大规模的洪水席卷

---

① 安东篱：《清朝的兴衰：扬州及其腹地，1644—1810》，页144。

② (1)邳州地区的铜山、宿迁、睢宁、萧县、安东、沭阳等县连续六年遭遇洪涝灾害；(2)海州地区的清河、桃源、砀山、沛县等连续五年遭遇洪涝灾害。《续行水金鉴》，卷13，页28a。

③ (1)临淮、凤阳、泗州、鱼台等县连续六年遭遇洪水；(2)宿州、淮远、泓县、灵璧、凤台、五河等县连续五年遭遇洪水。《续行水金鉴》，卷13，页28a。

④《淮系年表全编》，卷12，页12b；《续行水金鉴》，卷13，页1b。

⑤《清代黄河流域洪涝档案史料》，页220，第61号。

淮安府和扬州府,包括地势低洼的下河地区。[①] 1753 年 10 月下旬,徐州张家马路附近有 140 丈(500 米)堤坝崩塌,这一灾难性事件使黄河干流向南流入安徽北部,并最终注入洪泽湖。[②]此时,危机大大加深了。

乾隆帝急命在京部院大臣策楞、刘统勋、舒赫德等人负责视察灾区和监修堤防。1754 年 1 月,张家马路堤坝的最后一个缺口终于被堵住,但是仍有大量积水没有退去,这给春季作物造成了损失。[③] 尽管刘统勋和策楞最终为开启大运河上位于高邮的三个重要大堤闸坝制定了规章制度,下河地区还是在以后的若干年中继续遭受水淹之苦。[④]乾隆帝曾保证淮扬和下河地区免受这种灾害的侵扰,这个在 1751 年南巡中广泛传颂的誓言,仅仅两年之后,对当地老百姓而言就成了一句空话。至少,朝廷的治水政策显然没有取得什么积极的效果。

除了有损于 1751 年那些高调外,1753 年大洪水还暴露出江苏河工普遍存在的渎职行为。这令乾隆帝对两位他最宠信的治河专家的信任动摇了。这两位治河专家都担任着高级职务,他们分别是大学士、江南河道总督高斌以及他的主要助手张师载。[⑤] 1753 年 8 月,在洪水征象初现时,江苏省布政使富勒赫奏报说,该省河工款项发生短缺。富勒赫当时正在研究河务。当部院大臣策楞和刘统勋南下进行调查之时,他们发现厅一级花费超支及弥缝的证据。乾隆帝以玩忽职守罪将高斌和张师载"革职留工效力赎罪"。[⑥]此后,工部的官员要求罢免两江总督尹继善(1696—1771)[⑦]的职务,但是乾隆帝干预并宽恕了他。随后,在 1753 年 10 月下旬(刚好是在秋汛季节之后),徐州张家马路的部分堤段大面积塌

① 《淮系年表全编》,卷 12,页 12a—b;《清代黄河流域洪涝档案史料》,页 214,第 36 号;页 220,第 61 号。
② 《淮系年表全编》,卷 12,页 12b;《清代黄河流域洪涝档案史料》,页 220,第 65 号。
③ 这次堵塞决口共花费白银大约 304000 两。见《续行水金鉴》,卷 13,页 6b—7a 和 10b。
④ 《淮系年表全编》,卷 12,页 12b—13a。
⑤ 《续行水金鉴》,卷 13,页 2a。
⑥ 《续行水金鉴》,卷 13,页 1a。
⑦ 《清代人物传略》,页 920—921;《清史稿》,卷 310,页 10545—10549。

方,这一事件归罪于两个中层官员的贪赃枉法。一个是李燉(担任同知),一个叫张宾(担任守备)。乾隆帝痛斥高斌和张师载,指责他们玩忽职守,管理失当;但是,鉴于高斌年事已高,乾隆帝免除了给他们的更为严厉的处罚,命令将高斌和张师载五花大绑,游街示众,押赴法场,让两人目睹其下属李燉和张宾被处以死刑,随后乾隆帝将他们释放。[①]

　　乾隆帝十分乐意惩治那些在行政管理方面出现失误的高级河臣。然而,当这些河臣变成官僚攻讦的政治靶子之时,他毫不犹豫地努力为他最信任的最高级治河专家的声誉进行辩护,就像他在 1742 年所做的那样。到 1754 年 1 月黄河终于回归原先的河道之时,乾隆帝重申,在治河出现问题的时候,他仍旧对高级技术人员和专家,诸如高斌和尹继善——这两个满洲旗人——充满信任:[②]

　　　　高斌在河工二十年,专以工务为事,习见熟闻。孰得孰失,究其按图悬揣者迥异。大学士等虽按形势定议,但未身历其境,其于现在情形是否允协,尚宜与尹继善、高斌等逐条细阅其是否悉合机宜。[③]

　　显然,在乾隆帝眼中,治水还是卓有成效的,因而他十分器重这些拥有特权的人,比如高斌、尹继善,甚至还包括他自己——他已经亲往这些地区进行了巡视。因此,他严厉批评了那些在 1753 年大洪水之后寻找替罪羊和充当事后诸葛亮的官僚:

　　　　又如浮言咸以开[④]毛城铺为高斌之罪,不知毛城铺乃自高斌而闭。昨刘统勋奏谓此高斌数年来不白冤,益可见浮言之不足信,惟身历者能知之也。今又称黄河减水诸坝应修,是遵开毛城铺之说

---

① 《续行水金鉴》,卷 13,页 2a;《清史稿》,卷 310,页 10633。
② 《清代人物传略》,页 412—413、920—921。
③ 《续行水金鉴》,卷 13,页 9b—10a。
④ 这里有两个意思。"开"这个词也可译为 opening up 或 dredging(疏浚)(正文作者译为 opening(开挖)。——译者注)。

耳。不知溜势既分,恐无以刷沙。①

正如先前关于 1736—1737 年争论中所探讨的那样,毛城铺一再成为官僚争执的焦点和源头。但是乾隆帝对空洞无物和不明真相的讨论毫无耐心:

> 从来为政不在多言。朕以河患宵旰忧勤,日召在廷诸臣详悉,讲求其欲复黄河故道,使北流者,既迂远难行。至谓蓄泄宜勤,闸坝宜固,堤堰宜增,海口宜浚,则河员足任徒事,撷拾空言,无难编成巨帙。昔人曰:"议礼如讼"。河者亦如聚讼,哓哓不已,甚无取焉。②

这段上谕将君臣之间紧张关系的基本特征表现得淋漓尽致。乾隆帝重用的是拥有实地经验和知识的熟练专家,而不是具有毫无实用学识的外行人;欣赏目标明确的行政实践,而非漫无目的的官僚式冷嘲热讽。通过明确表达自己的偏好,乾隆帝试图加强他特别宠信的被任用者——这些人中有许多是旗人——手中的权力用于应对一个高度专业化和可能还在膨胀的河务机构。在这方面,乾隆帝的上谕体现了一种正在进行中的努力,这种努力就是试图将他本人和内廷在重要的水利领域政策的权威凌驾于官僚系统之上。当然,这会使政策制定的限制性因素大大减少,会使管理简单地变成政策实施和行政纪律。适应性转化为河道总督的能力,以此来保持不落伍并能适应不断变化的当地条件。而同时保有广泛战略利益的意识,与水利体系功能的发挥是一体的。当然,这一切的中心是乾隆帝,他将利用 18 世纪 50 年代历史事件的演变来实现水利管理、吏治和帝国控制等众多重叠的目标。

早在 1753 年 11 月,乾隆君臣就已经开始准备第二次南巡,作为对几个月前所发生的自然灾害进行总体回应的一部分。③ 这是一个有说服力的证据。1754 年,两江总督尹继善安排皇帝在南巡中能够视察江苏大

---

① 《续行水金鉴》,卷 13,页 10a。
② 《续行水金鉴》,卷 13,页 10a—b。
③ 《南巡盛典》,卷 1,页 35a。

部分水利设施的大范围修缮和更新,这其中包括高家堰以及洪泽湖东南岸决口的"仁义礼智信五滚坝"。① 然而,乾隆帝第二次南巡的计划被1755年3月西北边疆爆发的战争所打断。② 不过,乾隆帝坚信这场战争一定能够打赢,并且坚持进行第二次南巡。1755年4月30日,也就是第一次准噶尔战役爆发一个月之后,乾隆帝指出:

> 西北两路现有军务,如能成功迅速,则奏凯策勋后举行省问方俗之典,实属应行之事。总之南巡之迟早以军务告竣之期为定。③

1755年6月23日,清军即将胜利的消息使南巡的准备工作重新开始。一个月后,即1755年7月21日,由于战争已经稳操胜券,乾隆帝公开宣布他将于1756年春开始第二次南巡。④ 然而,这场胜利仅仅是暂时的。当先前曾是清军盟友的准噶尔首领阿睦尔撒纳(1757年卒)⑤于1755年9月反目、叛乱之时,乾隆帝不得不再次推迟他的南巡计划。乾隆帝此前在第一次准噶尔战役中对胜利的信心现在已经荡然无存。西北地区不确定的总体形势迫使第二次南巡必须无限期推迟。这次南巡本来是要视察江苏秋季的歉收情况。乾隆帝怀着仁慈之心,不希望妨碍或者分散地方官的注意力,因为这些地方官员眼下正在办理赈灾事宜。⑥一年以后,即1756年秋,阿睦尔撒纳的叛乱还在拖延僵持,毫无可以预知的希望,而其他事件的发生再次迫使乾隆帝采取南巡行动。

1756年8月,罕见的季节性暴雨导致黄河北岸的孙家集决口,孙家集刚好位于徐州以西(上游)(图4),石林口和黄村口以东(下游),距离石

---

① 《南巡盛典》,卷2,页1a;《淮系年表全编》,卷12,页12b—13a。

② 三次西征战役分别是:第一次和第二次平准之役以及平回之役。关于这些战争的细节,参见庄吉发:《清高宗十全武功研究》(台北故宫博物院,1982年),页9—107。

③ 《南巡盛典》,卷2,页1a。

④ 《南巡盛典》,卷2,页3a、6a。

⑤ 《清代名人传略》,页9—10。

⑥ 《南巡盛典》,卷2,页11a—b。然而,乾隆帝不希望推迟他前往曲阜孔庙的行程。他到山东泰山和曲阜的细节,参见王晓亭:《乾隆帝六登泰山》,《故宫博物院院刊》1983年4期,92—94页。

林口和黄村口只有70里(40公里),通过前述我们可以知道,这两个地方曾经在14年前的1742年发生洪水。然而,与石林口和黄村口不同,孙家集北岸没有堤坝。这使不断重复的退潮和季节性大水之后,许多深水渠在那里形成。最终的结果是1756年孙家集的决口与早在1742年的决口十分相似。多余的黄河水从孙家集咆哮而过,径直注入微山湖,并在荆山河形成淤积,而正常的情况则应当是从微山湖南端流出,向东注入邳县境内的大运河(图4)。黄河以北地区(自西向东)的铜山、邳县、宿迁、桃源、沭阳、海州等县也都被淹。① 乾隆帝派遣刑部尚书刘统勋前往约见江南河道总督富勒赫,旨在监督孙家集防护性大堤的修建。他还命令河南山东河道总督白钟山也前往修建工地协助。大堤于1756年11月开工,12月底完工。②

乾隆帝对孙家集决口的回应中最令人感兴趣的是,他在1756年10月13日公开宣布,期待已久但又屡次延期的第二次南巡将于1757年春进行。宣布这一决定所选择的确切时间——在孙家集洪水期间——表明南巡是对当前所发生事件的直接回应,然而乾隆帝并没有提及。相反,他引述了其他理由:

> 今据两江浙省督抚诸臣等合词奏称,西成有庆,臣民望幸实深……而高堰堤工告竣后,亦当亲加察看。著允该督等所请,于明春时巡。③

事实上,乾隆帝开启显然不是为了消耗公共财产的又一次南巡还有迫切的原因。首先亦即最重要的一点是最近的洪水对每年漕运的威胁。从当地最初的奏报可以看到,江苏北部大运河的运道已被淹没,漕运船队无法通过。④ 当然,漕运船队能否平稳通过,对乾隆帝来说一直是值得

---

① 《续行水金鉴》,卷13,页23b;《淮系年表全编》,卷12,页13b。
② 《淮系年表全编》,卷12,页14a。
③ 《南巡盛典》,卷2,页12a—b。
④ 《续行水金鉴》,卷13,页23b。

忧虑的事情；然而，清军追击叛军首领阿睦尔撒纳及属下残余的准噶尔部落的战况令形势变得更加紧张。北路的后勤供应线从通州西北仅仅150公里处的宣化府开始，而通州位于大运河的最北端。在1755年6月到1758年2月的第一次和第二次准噶尔之役中，120万石粮食从中国内地沿着北路的供应线源源不断地运往前线，以供军需。①黄河上游重新到来的洪水和西北地区持续不断的战事，在18世纪50年代变成了互相关联的安全事件。这个简单的事实对乾隆1757年的南巡造成了一定的压力。

乾隆第二次南巡对水利工程的视察路线反映了皇帝对江苏中部、北部和西北部一定程度的关注。当然，清口和淮安府西部的高家堰，同洪泽湖东南泄洪通道的有效管理，共同构成了朝廷治水项目不可缺少的完整部分。于1751年的南巡如出一辙，皇帝的南巡队伍在1757年再次造访了这些地区。但是在1753年和1756年两次大洪水的后果中，在西北广袤的边疆地区所发生的战事中，面对自18世纪30年代以来就滋扰黄河上游的持续的大洪水，乾隆君臣也开始积极地探寻一种长期的解决办法。事实上，控制黄河上游江苏北部与河南的决口所坚持的努力，成为1757年、1762年和1765年乾隆南巡的首要目标。

在1757年第二次南巡中，乾隆帝亲自考察了江苏北部和西北部的众多防洪点，包括宿迁县的骆马湖和六塘河，铜山县的荆山河以及徐州府附近的黄河部分河段。②他在1757年坚持亲自视察徐州附近重要的水利设施，这是和1751年南巡最重要的不同。这最合乎逻辑，因为这些地区沿黄河北岸屡次发生洪水，诸如1742年的石林口和黄村口洪水、1753年的张家马路洪水、1756年的孙家集洪水。可以想见，这些关键设施的重要性在前面所探讨的更广泛的地缘战略关切中没有提到，但是在听起来更加仁慈的、主张保护当地村庄免受洪水威胁的习语中就得到了

---

① 赖福顺：《乾隆重要战争之军需研究》(台北：故宫博物院，1984年)，页216—217以及地图8。
　　1石＝103.1升。
②《南巡盛典》，卷43，页8a—9a、10a—11a、15a—17b。

体现。在一道道上谕中，乾隆帝反复指出："淮徐湖河各工，亿万民生攸系，朕宵旰忧勤，时殷轸念。"①他督促官员"同体朕轸念民生至意，公同酌意"，并且用"以工代赈"的办法来平衡日益增长的开支。②

凭借治水政策，乾隆帝也把自己第二次南巡描绘成整饬吏治的一次实践。对于河工管理中河官久住，多玩忽职守、自以为是的现象——河官不再亲自考察或者对当地条件的微小变化不再保持警醒，乾隆帝深感不满。这些现象导致激增的河员养赡之费和毫无用处的水利设施。③从朝廷的角度来看，小官"莫能深悉受害之由"，因为他们受到严重的财政保守主义、名利主义和普遍的社会短视的影响。④正因为如此，他们不能完成治河的重要任务，"治河非他政务可比"。⑤在乾隆帝看来（至少可以公开地讲），正是官僚机构的冷酷无情和潜在的处事漠然——而不是一劳永逸治理黄河所固有的不可能性，也不是黄河流域不断变化的生态环境——成为水利体系所有问题的症结所在。

乾隆帝通过任用高级京官和省级官员监控许多重要地区的重要工作，来寻求解决这一问题的治病良方。⑥刑部尚书、军机大臣刘统勋去监督徐州城墙东西向防护墙的加固工作。河东河道总督张师载和安徽巡抚高晋（1707—1779）⑦共同负责徐州（以西）上游黄河大堤的加固和延伸工程。工部侍郎、军机大臣梦麟（1745年进士，1758年卒）⑧负责疏浚江苏北部用于排干宿迁县和桃源县的积水的水道。江苏副总河嵇璜

①《南巡盛典》，卷43，页10a、15a。
②《南巡盛典》，卷43，页8a—9a、15a。"以工代赈"的更多事例，参见魏丕信著：《18世纪中国的官僚制度与荒政》，斯坦福大学出版社，1990年，页258—263。
③《南巡盛典》，卷43，页16b—17a。
④《南巡盛典》，卷43，页19a。
⑤《南巡盛典》，卷43，页16b、19a。
⑥《南巡盛典》，卷43，页8a—9a及页15a。
⑦《清代名人传略》，页411—412；《清史稿》，卷310，页10634—10636。高晋是高斌的侄子。
⑧《清史稿》，卷304，页10504—10506。

(1711—1794)①负责将平稳排出的积水从洪泽湖东南岸注入高邮湖和宝应湖，并由此向南注入长江(图 3)。最后，两江总督尹继善②、河南巡抚图尔炳阿(1765 年卒)③和山东巡抚鹤年(1713 年进士，1757 年卒)④负责招募人员和获取物资，以满足上述工程所需。乾隆帝不断地告诫江南河道总督白钟山，要与这八位高级官员"和衷共济，联为一体"，在处理治河问题的时候不要计较各自的行政权限。⑤这些官员应当消除官僚的僵化性和普通官员具有的财政保守主义，一切以大局为重。

这些特殊的指派不仅是对修理近来遭到破坏的水利工程这项紧急工作的回应，而且是给整个河工管理工作注入新的朝气和纪律的努力。当然，这种新的风气不仅从乾隆帝本人的实践精神体现出来，而且从他所宠信的官员身上体现出来。可以说，这些任命也明显体现了一种帝国统治作为以及民族-王朝(ethno-dynasty)特权主张。如果乾隆帝对官僚机构抱以严重的悲观态度，那么他会对自己的个人能力和所倚重之人给水利管理带来变化深感乐观。正是这种乐观精神——伴随着清洗对帝国和王朝安全造成战略威胁的感觉——最终会给乾隆帝在治水方面的实践精神带来动力。1757 年 9 月 5 日，即在第二次南巡三个月后，他明确地表达了对采取更积极态度进行治水的支持：

> 水旱非比赤地千里，上苍非人力所及，有吁嗟颉祷而已。水则治之，端藉人工所难者。治之当得要领，及任事当求忠实勇往之大臣耳。⑥

在乾隆帝眼中，忠诚、勤勉和实践精神的有机结合是最有可能在旗

---

① 嵇璜是著名的治河专家嵇曾筠的儿子，嵇曾筠上文曾经提到过。见《清史稿》，卷 310，页 10626—10629。

②《续行水金鉴》卷 13，页 2a。

③《清史稿》，卷 337，页 11049—11050。

④《清史稿》，卷 309，页 10609—10611。

⑤《南巡盛典》，卷 43，页 16b—17a、19a—19b、22a、23b、25a、29a。

⑥《南巡盛典》，卷 43，页 24a—b。

人中发现的,虽然这并不绝对。在上述高官中,只有三分之一负责这些新的开创性工程——也就是说,上述九个人当中只有三个人是汉族官员。① 其余的都是满洲、蒙古和汉军旗人。南巡期间及以后,对治河活动的直接管理也由这些旗人负责。他们带来了一股强劲的少数民族王朝的实践精神和蓬勃朝气。据悉,在乾隆时期可以目睹皇帝"偏爱那些担任漕运和河道总督职务的汉族官员的开始"②。事实上,赋予旗人以治水重任的压倒性偏好,是将黄河—大运河体系的管理看作一种高度协调的战争环境,把黄河本身看作"敌人",把高级京官和省级地方官员看作"战区司令官"和"军需官"。

1757 年是一个分水岭。远在西北的第二次平准之役开始之时,乾隆君臣开始了主要的治水努力,在第二次南巡期间及以后,对江苏省境内的黄河—大运河体系进行彻底维修和加固。限于篇幅,这里无法对这些大规模的行动进行细致描述。③ 然而,值得注意的是,这些新举措的效果存在着很多疑问。正如我们将要看到的,1759 年、1760 年和 1761 年,洪水在水利体系的上游和下游连续发生。④

乾隆帝显然希望当 1757 年开始的浩大工程完工以后再进行一次南巡。到 1758 年 2 月,清军已经彻底击败阿睦尔撒纳(此时已卒),战争已经进入收尾阶段。正是在这个时候,乾隆帝第三次南巡开始计划和筹备,南巡时间定在 1760 年春。这次南巡的公开目的之一,是视察刚刚竣工的工程和修缮完毕的水利设施。然而,这次南巡不得不延期。因为是时清军追击准噶尔残部引发 1758 年 9 月西北地区的又一次叛乱。这次叛乱是由盘踞绿洲城镇的穆斯林领袖发动的,叛乱城镇分布在沿塔里木

---

① 这三个人是:刑部尚书兼军机大臣刘统勋、副总河嵇璜、河东河道总督张师载。安徽巡抚高晋、两江总督尹继善、河南巡抚图尔炳阿和山东巡抚鹤年都是满洲旗人。工部侍郎兼军机大臣梦麟是蒙古旗人。江南河道总督白钟山是汉军旗人。
② 朱维信和威廉·塞维尔:《清代总督人事嬗递》,密歇根大学中国研究中心,1984 年,页 37。
③ 这些细节参见《淮系年表全编》,卷 12,页 14a—17a。
④《淮系年表全编》,卷 12,页 18b—20b。

盆地的商路上。①

在1758年10月31日的上谕中,乾隆帝罗列了推迟第三次南巡的一系列原因。第一,他希望留给江苏各地方更多的时间,以便从最近发生的水灾中充分恢复过来。第二,他感到第三次南巡的时间选择,与1760年巡视索约尔济(今黑龙江西北边界上的一座山脉)和接待贡使的既定计划有些冲突。最后一点,乾隆帝对尚未见分晓的西北地区形势表现出高度的自信:"平定伊犁后,若左右哈萨克,东西布鲁特及回部各城以次平定归降,不无觐谒宴赉之典。车马之烦,所当少恤。"事实上,乾隆帝表面上对以西北战事的最终胜利作为1761年第三次南巡的出发时间充满信心。他又讲,1761年恰逢太后七旬大寿。② 后来的事实说明,乾隆帝对现在这支作战经验丰富的军队所抱有的信心并非没有根据。到1760年8月,清军在塔里木盆地的胜利已是十拿九稳了。

不幸的是,天公不作美。1760年9月16日,乾隆帝再次被迫宣布将南巡推迟到1762年。因为1760年江苏中部爆发洪水,当年的秋粮严重歉收。③ 然而,第二年的气候也没有好转。1761年8月,暴风雨在河南境内黄河北岸导致10处大决口,受灾地区包括(从西到东)荥泽、武陟、阳武、祥符、兰阳等县。④同时,位于河南中牟杨桥的大型减水坝突然迸裂,洪水涌入潍河,并最终注入洪泽湖,直到1761年12月才堵住决口。黄河干流在中牟的分流,实际上使下游较早的决口易于合龙,但是这对洪泽湖造成的影响是灾难性的。尽管从中牟涌出的洪水直到在抵达洪泽湖的时候才开始淤积泥沙,但是涨水却导致该湖东南岸2500丈(9公里)的砖石河工被毁。连锁反应紧接着发生,已经孱弱不堪的4000丈(14公里)大运河东堤崩塌,大股河水淹没了还没有收获的下河地区

---

① 这最后一场战争,即平回之役——是针对穆斯林领袖波罗尼都和霍集占(即大和卓与小和卓)的。这次战争的详细情况,参见庄吉发:《清高宗十全武功研究》,页65—104。

②《南巡盛典》,卷3,页1a—2b。

③《南巡盛典》,卷3,页7a—8a。

④《淮系年表全编》,卷12,页19b。

农田。①

人们会认为 1761 年如此规模水利设施的失败导致的大洪水,其破坏性不亚于 1760 年。但是这显然不是事实。根据两江总督尹继善的奏报,1761 年江苏的秋收仍然可以保证取得大丰收,尽管有洪水发生,但它并没有上年那样严重。在这一评价中,尹继善似乎觉察到或者至少预料到乾隆帝因其南巡计划一再被推迟而越发沮丧。但是无论如何,他的奏报正合乾隆帝所需。乾隆帝因此可以在 1761 年 9 月 30 日宣布第三次南巡不再推迟,将在 1762 年春天如期进行。②

1762 年春乾隆帝在江苏进行巡视,乾隆帝——一如他先前在 1751 年和 1757 年的两次南巡一样——视察了清口和高家堰的水利设施。他所批准的那些微小的改进是在清口上游增加第四个"木龙"③和从高家堰进一步延伸至清口大运河一侧的砖石堤坝。④遵循 1757 年的先例,乾隆帝在返回京城的途中也视察了江苏西北部的徐州。正是在这里他宣布了一些重要的政策变动。

乾隆初年以后,至少从 1757 年开始,国家对于管理徐州以西(上游)70 公里的毛城铺减水坝和泄洪渠的国家政策,在分流黄河水的时候,一定是慎而又慎。政策中强调减水坝和泄洪渠要保持关闭。正是这同一个问题,我们可以回想起前面的论述,在 1736—1737 年毛城铺的大争论及 1753 年大洪水的争论中,都是分歧所在。

1762 年 5 月初,当乾隆帝亲自到徐州城外的黄河河段视察时,他得出结论,认为将黄河干流约束到主河床的政策是非常有益的,应该永久坚持。他指出,一些实际的好处是源于这项政策的。这些好处包括,黄河的主干道得到自我冲刷和加深,由于水灾已经减少,铜山和沛县的农

---

① 《淮系年表全编》,卷 12,页 20a—b。

② 《南巡盛典》,卷 3,页 9a—b。

③ 《续行水金鉴》,卷 15,页 2b—3b;《淮系年表全编》,卷 12,页 20b。

④ 《淮系年表全编》,卷 12,页 18b—19a、20b。从高家堰向北延伸的砖石堤坝在两年之前即 1760 年已经开始。

业生产获得显著增长。然而，一些官员表达了对于徐州附近河道约束的关注，该地区黄河河道正在急剧变窄。由于这些官员担心附近水利设施（主要是堤坝）的强度和稳定性，以及其对于湍急的河流所带来的巨大压力的承受能力，他们建议修建减水石坝和从石林口下游（向东）到大谷山（恰好穿越黄河徐州段，见图 4）的黄河北岸沿线新堤。然而，其他一些人却持相反观点：沿黄河北岸排出多余河水的政策，对给微山湖、荆山河以及大运河所带来的危险（淤积并最终洪水泛滥）没有予以充分考虑。

当乾隆帝宣布为排放从徐州上游而来的多余河水而兴建"水志"时，这场政策争论最终得到解决。在雨季（夏秋季节），多余的河水经由唐家湾引河排出（图 4），该引河是以毛城铺水潭为供水源的。河官根据下游徐州官方水位的测量结果来管理唐家湾引水渠。如果徐州的水位不超过一丈一尺（4 米），唐家湾引水渠就会关闭。如果徐州的水位升至一丈一尺五寸（4.1 米）或更高，河官将开放唐家湾引水渠的闸门，直至徐州的水位降至一丈一尺（4 米）以下，才会再次关闭唐家湾引水渠。这项新的规章制度同时规定，每次开放引水渠，两江总督、江苏巡抚和江南河道总督都要递呈奏报。①

除了毛城铺的新规定之外，关于清口管理和洪泽湖水位的新规章制度也建立起来了。目前经由清口排出的清澈湖水的水量，要通过洪泽湖东南岸"仁义礼智信五滚坝"的官方水位读数来标定（图 2 和图 3）。如果"五滚坝"的最高点超过湖面 7 尺（2.5 米），那么河官将开放清口闸门，将导引渠开放到 20 丈（72 米）宽。如果水位升至距离"五滚坝"的最高点只有 3 尺（1 米）或者"五滚坝"的最高点稍稍高出湖面，即水位升高 4 尺（1.4 米）以上，河官将自动按照有关规定放宽清口闸门。该规定的内容是："仁义礼智信五滚坝"处的水位每升高 1 尺，河官就要在清口将闸门放宽 10 丈（36 米）。②

---

① 《续行水金鉴》，卷 15，页 1a—2a。
② 《淮系年表全编》，卷 12，页 20b。

1762 年毛城铺和清口水志的制度化事实上是长期试错的过程。1751 年(关于"仁义礼智信五滚坝"的规定)、1753 年(关于大运河高邮段的三座堤坝的规定)和 1757 年(关于高邮三坝与清口的规定)执行了不同的水利规章。这些努力大都没有成功,因为水利体系处在一种不稳定的变化状态,这些规定的标准无法长期维持。当 1757 年开工的一系列新工程即将在 18 世纪 60 年代初完工的时候,水利上的稍许平衡才得以实现。

1765 年 5 月,在第四次南巡期间,乾隆帝返京时来到徐州,目的是进一步落实 1762 年制定的毛城铺的有关规章制度。江南河道总督高晋奏报说,在 1762 年、1763 年和 1764 年的高水位季节,他已经严格执行了毛城铺新的水志。[①] 这些年里毛城铺和清口一直没有发生洪水的事实,是这项新政策所带来的效果。此后,即 1765 年,乾隆君臣试图通过将治水范围扩展到河南境内的黄河上游,来巩固在江苏西北部取得的成果。这就有必要在黄河沿线的陕州三门峡(位于陕西与河南的交界处,渭河与黄河的交汇处以东 90 公里处)、巩县万锦滩(洛阳附近)以及沁河沿线的武陟县木栾店(位于河南中北部)等地建立相似的水利规章制度标准和水文观测站。[②]

这些新政策总的效果是不容置疑的。在 1766 年秋汛季节,黄河涨水在毛城铺被排出,这股涨水导致洪泽湖水位上升。按照新水志的规定,清口闸门被大大放宽,使洪泽湖的水位在 10 天之后降至更加稳定的水平。此时,毛城铺减水坝也被封闭。另外,高邮的大运河东岸堤坝在 1766 年的整个汛期都处于关闭状态,这样就使下河地区免受洪水肆虐之苦。[③] 1767 年汛期的大量洪水同样被成功地遏制住了。[④]事实上,正如表 1 中的数据所示,1762 年江苏北部和 1765 年河南省水利标准的成功修

---

① 《续行水金鉴》,卷 15,页 11a—12a。
② 《淮系年表全编》,卷 12,页 21b。
③ 《淮系年表全编》,卷 12,页 22b—23a。
④ 《淮系年表全编》,卷 12,页 23a。

改,开启了一个新的时期。这是该水利体系自 18 世纪初叶几十年以来罕见的稳定时期。

显然,1765 年乾隆帝还不可能知道上文所提到的长期数据。然而他在 1765 年 5 月已经意识到一场蔓延多年的危机即将结束。他当时所做的一首题为《闻徐州河堤有作》的诗中表达了此时此刻的想法:

> 南顾石堤北土堤,利农护国备俱齐;
>
> 今来不藉多筹画,只觉民生盖畅兮。①

无独有偶,当 1765 年乾隆帝从徐州北返之时,他也在一首题为《渡黄河述事》的诗中表示,敬念皇太后年事已高,故而保证不再进行南巡。②另外,1765 年开始,江南治河的所有权力完全控制在新任两江总督高晋手中。③安东篱根据行政效率和巩固程度来解释这个制度性的变化。也就是说,"保护大运河和保护其附近地区免遭洪水侵扰的目标并不总是一致,重建这一目标经过了长期的努力",此后,"这种变化才回归到关于治河的整体途径上来"。④我们还应该指出,这种行政权力集中在政治上可靠的和长期任职的满洲旗人,诸如高晋和他的继任者萨载(1786 年去世)的手中,也反映出乾隆帝对于族别和政治可靠性之间有着公认联系的设想。⑤对乾隆帝来说,至少就黄河—大运河而言,行政效率本身是一个政治问题,他将继续表现出任用旗人为两江总督和江南河道总督的偏好来,直至他 1799 年驾崩。⑥1784 年,当乾隆帝南巡杭州时看到"数十年来下河免受水患"⑦,他自豪地夸耀这是一场行政管理上和政治上的

---

① 《钦定南巡盛典》,卷 14,页 23b。

② 《钦定南巡盛典》,卷 14,页 20b—21a。

③ 安东篱:《官僚政治与责任:对清朝河工的再评价》,页 173、178。

④ 安东篱:《官僚政治与责任:对清朝河工的再评价》,页 172—173、178。

⑤ 高晋是满洲镶黄旗人,萨载是满洲正黄旗人。两人都保有自己的职务直至去世。高晋从 1765 年至 1779 年,连续担任两江总督 14 年,萨载 1779 年到 1786 年连续担任两江总督 8 年。《清代职官年表》,第 2 册,页 1419—1432。高晋的传记参见 462 页注⑦,萨载的传记见《清史稿》,卷 325,页 10864—10868。

⑥ 《清代职官年表》,第 2 册,页 1419—1439。

⑦ 《钦定南巡盛典》,卷首上,2a 页。

胜利。

当然,黄河与大运河构成了一个动态的体系,新的困难——尤其是在清口——在乾隆帝1765年第四次南巡和1784年第五次南巡之间的15年里,还会继续产生。乾隆君臣在18世纪60年代初就已经意识到新的问题,即黄河对清口的过度挤压。事实上,1762年和1765年,他们通过在黄河南岸增加更多的"木龙"来继续应对这一问题。1777年,当一个新的泄洪渠(在萨载的监督之下)在陶庄竣工之时,清口问题最终得到有效解决。这样就使黄河主干道更加向北,从而更加远离清口。

然而,18世纪70年代乾隆帝认为没有必要再次巡视陶庄的泄洪渠工程。[1] 这表明乾隆前四次南巡背后的主要推动力是18世纪50年代的全面危机。现在应该清楚地看到,这场危机部分是水利的,部分是军事的。甚至乾隆帝在其1784年所作的《南巡记》中将这两方面的危机联系起来:"吾临御五十年,凡举二大事,一曰西师,一曰南巡。"[2]

结论

本文开始我们曾经提到,关于乾隆帝对治水事务所抱有的强烈兴趣和实践精神的历史学讨论,很大程度上被局限在关于行政效率的讨论之中。治水问题的实质是一个技术的和行政管理的问题。在乾隆时期,在清朝政治权力形成和帝国实力增强的背景下,这一实质阻碍了对治水地位的充分认识。学术界倾向于将南巡与治水事务的关系归为简单的行政工具形式,这种倾向只是将行政效率作为历史评价和解释的标准这种偏见所最明显和最持久的表现之一。

当提到乾隆帝在水利工程领域所具有的实践精神的话题时,历史学家解释的许多困难都归于他本人的思想局限。乾隆帝确实表现出对治水事务中行政效率问题的全力关注。在乾隆帝撰写的、现在我们多少熟

---

[1] 张勉治:《马背上的朝廷:建构满人的民族-王朝统治(1751—1784)》,页410—411。

[2] 《钦定南巡盛典》,卷首上,页1a—b。

悉的《南巡记》中，他用非常细致的和严格的行政词汇讲述了自己在治水方面所取得的成就。他认为南巡是体现整饬吏治和实施仁政的实践。事实上，后者依靠前者："河工而牟利宣泄，必不合宜，修防必不坚固，一有疏虞，民命系焉。此而不慎可乎？"①在乾隆帝看来，这种形势要求皇帝直接监管河工，南巡要体现出——对于乾隆帝的直接继承人以及子孙后代——皇帝公正、纪律、实践精神以及仁慈的涓滴美德：

> 故兹六度之巡，携诸皇子以来，俾视予躬之如何无欲也，视扈跸诸臣以至仆役之如何守法也？视地方大小吏之如何奉公也，视各省民人之如何瞻觐亲近也，一有不如此，未可言南巡……敬告后人以明予志。②

然而，历史学家没有在清代统治体制的背景之下，承认和分析乾隆帝的这些言论所体现出思想维度，以及这些言论所处的地位，而是倾向于把这些言论所处的地位，倾向于把关注的焦点集中在乾隆帝关于治水的行政言论的确实上。正如先前所讨论的，从萧一山开始，学术界在这个问题上的观点，从怀疑和不予考虑，转变为近年来对乾隆帝行政意图和行政效率的不加批判的赞扬。

乾隆帝通过提供给皇子皇孙的关于自己水利成就和南巡的这些褒贬不一的评价，很显然，他正在进行思想上的行动。《南巡记》的思想本质并非植根于为行政需求而假设的谎言之中(正如上文提到过的那样，这些行政需求是不容置疑的)，而是植根于对可能体现他在治水方面实践精神的任何政治愿望和利益的否定。更不必说构成实践精神的那些战略利益，比如在18世纪50年代确保漕运以支持正在进行的战争。更不必说另一事实，即乾隆帝所依赖的主要是旗人，尽管不是完全依靠他们。他使担任行政官员和河官的旗人吏治整肃，士气提高。换句话说，乾隆帝的《南巡记》删去了上述内容，以及行政实践精神中的坦诚行为和

---

① 《钦定南巡盛典》，卷首上，页3b。
② 《钦定南巡盛典》，卷首上，页4a—b。

宽仁理念;还删去了下列内容,即他在治水和南巡方面的努力,在这场新的水利和军事危机中也同时促进了民族-王朝的特权和实力。①

概括地讲,对于乾隆帝在黄河—大运河水利体系管理中的个人实践精神更为充分的探讨,必须站在治河领域的行政和政治高度,必须考虑到一系列历史偶然事件的发生。最后,乾隆帝的实践精神集中体现了政治的和行政的关切的会聚,这是在如下背景下塑就的:黄河—大运河水利体系不断变化的生态环境,水利官僚机构的不断膨胀,以及正在进行中的西北边疆战事。

参考文献:

安东篱:《官僚政治与责任:对清朝河工的再评价》,《远东史研究集刊》第 30 期(1984 年 9 月),页 161—198。(Finnane, Antonia. "Bureaucracy and Responsibility: A Reassessment of the River Administration Under the Qing". *Papers on Far Eastern History* 30 (September 1984): 161‐198.)

安东篱:《清朝的兴衰:扬州及其腹地(1644—1810)》,博士论文,澳大利亚国立大学,1985 年。(Finnane, Antonia. "Prosperity and Decline Under the Qing: Yangzhou and its Hinterland, 1644‐1810". Ph. D. dissertation, Australian National University, 1985.)

白彬菊:《君主和大臣:清中期的军机处(1723—1820)》,伯克利:加利福尼亚大学出版社,1991 年。(Bartlett, Beatrice. *Monarchs and Ministers: The Grand Council in Mid-Ch'ing China, 1723‐1820.* Berkeley: University of California Press, 1991.)

卜内特、哈盖尔斯特洛姆:《当代中国的政治组织》,上海,1912 年,贝勒成科、墨兰英译;台北:成文书局,1971 年。(B. H. Brunnert, H. S. and Hagelstrom, V. V. *Present Day Political Organization of China.* 1912 Shanghai ed. Trans. A. Beltchenko and E. E. Moran. Taibei: Ch'eng-wen Publishing Company, 1971.)

蔡泰彬:《明代漕河之政治与管理》,台北:台湾商务印书馆,1992 年。

---

① 我已在别处指出,乾隆帝对再次强调其民族-王朝特权的关注,在他的最后两次南巡中变得非常明显。这两次南巡是在 1778 年 10 月面临严峻的合法性挑战之后进行的。(张勉治:《马背上的朝廷:建构满人的民族-王朝统治(1751—1784)》,页 409—424)遗憾的是,限于篇幅,我无法在这里详细重述这一历史观点。

《大清高宗纯皇帝实录》,30 册,1937 年;台北:台湾华文书局,1964 年。

《大清圣祖仁皇帝实录》,6 册,1937 年;台北:台湾华文书局,1964 年。

兰德尔·道奇:《降服巨龙:中华帝国晚期的儒学专家与黄河》,檀香山:夏威夷大学出版社,2001 年。(Dogden, Randall A. *Controlling the Dragon: Confucian Engineers and the Yellow River in Late Imperial China*. Honolulu: University of Hawai'I Press, 2001.)

法式善:《陶庐杂录》(约 1871 年),中华书局,1959 年。

弗美尔:《16 世纪晚期潘季驯解决黄河问题的途径》,《通报》第 123 卷第 1—3 期 (1987 年),页 33—67。(Vermeer, Eduard B. ""P'an Chi-hsün's Solutions for the Yellow River Problems of the Late 16th Century", *T'oung Pao* LXXIII, 1 - 3 (1987): 33 - 67.)

富路德、房兆楹编:《明代名人传》,2 卷,纽约:哥伦比亚大学出版社,1976 年。(Goodrich, L. Carrington and Fang Chaoying, comp. *Dictationary of Ming Biography, 1368 - 1644.* 2 volumes. New York: Columbia University Press, 1976.)

高晋等纂:《南巡盛典》,1771 年序;10 册,台北:新兴书局有限公司,1989 年。

贺长龄、魏源等编:《清经世文编》,1827 年;3 册,北京:中华书局,1992 年。

贺凯:《中国古代官名辞典》,斯坦福:斯坦福大学出版社,1985 年。(Hucker, Charles O. *A Dictionary of Official Titles in Imperial China*. Stanford: Stanford University Press, 1985.)

恒慕义编:《清代人物传略》,2 卷,1943 年;台北:南天出版社,1991 年。(Hummel, Arthur W., ed. *Eminent Chinese of the Ch'ing Period*. 2 Volumes, 1943. Taibei: SMC Publishing Company, 1991.)

《淮安府志》(1748 年),卫哲志等修:《续修四库全书》,第 699—700 册,上海古籍出版社,1995 年。

康无为:《帝王品味:乾隆朝的宏伟气象与异国奇珍》,见《读史偶得:学术演讲三篇》,台北:"中央研究院"近代史研究所,1993 年,页 37—56。(Kahn, Harold L. "Imperial Taste: The Monumental and Exotic in the Qianlong Reign". *Excursions in Reading History: Three Studies*. Taibei: Institute of Modern History, Academia Sinica, 1993. 37 - 56.)

赖福顺:《乾隆重要战争之军需研究》,台北:故宫博物院,1984 年。

黎世序、潘锡恩:《续行水金鉴》,17 册,1832 年;台北:文海出版社,1970 年。

李文治、江太新:《清代漕运》,北京:中华书局,1995 年。

林珍珠:《隔山治水:道光皇帝对大运河危机的处理(1824—1826)》,安娜堡:密歇根大学中国研究中心,1996 年。(Leonard, Jane Kate. *Controlling From Afar: The Daoguang Emperor's Management of the Grand Crisis, 1824 - 1826.* Ann

Arbor：Center for Chinese Studies，University of Michigan，1996.）

罗威廉：《社会稳定与社会变迁》，见裴德生编：《剑桥中国清代前中期史（上卷）》（即《剑桥中国史》9 卷，第一部分），剑桥：剑桥大学出版社，2002 年，页 473—562.（Rowe，William T. "Social Stability and Social Change". *The Cambridge History of China*，*volume 9*，*part 1*：*The Ch'ing Empire to 1800*. Ed. Willard J. Peterson. Cambridge，UK：Cambridge University Press，2002. 473‑562.）

孟昭信：《康熙大帝全传》，长春：吉林文史出版社，1987 年。

《乾隆起居注》，台北：故宫博物院。

钱实甫编：《清代职官年表》，1980 年；4 册，北京：中华书局，1997 年。

萨载等纂：《钦定南巡盛典》，1791 年序；2 册，台北：台湾商务印书馆，1983 年。

商鸿逵：《康熙南巡与治理黄河》，见左步青：《康雍乾三帝评议》，北京：紫禁城出版社，1986 年，页 124—141。

商鸿逵：《清前期经济恢复的进程、稳定及其成就（1681—1735）》，《中国史研究》第 15 卷第 1—2 期（1981—1982 年秋冬季），页 19—61.（Shang Hung-k'uei，"The Process of Economic Recovery，Stabilization，and its Accomplishments in the Early Ch'ing，1681‑1735". *Chinese Studies in History* 15. 1‑2（Fall-Winter 1981‑1982）：19‑61.）

史景迁：《曹寅与康熙帝：奴才和主子》，纽黑文：耶鲁大学出版社，1966 年。（Spence，Jonathan D. *Ts'ao Yin and the K'ang-his Emperor*：*Bondservant and Master*. New Haven：Yale University Press，1966.）

《世宗宪皇帝圣训》，1 册，见《大清十朝圣训》，第 2 部分，台北：文海出版社，1965 年。

水利电力部水管司、水利水电科学研究院编：《清代长江流域西南国际河流洪涝档案史料》，北京：中华书局，1991 年。

水利电力部水管司、水利水电科学研究院编：《清代淮河流域洪涝档案史料》，北京：中华书局，1988 年。

水利电力部水管司、水利水电科学研究院编：《清代黄河流域洪涝档案史料》，北京：中华书局，1993 年。

唐文基、罗庆泗：《乾隆传》，台北：台湾商务印书馆，1996 年。

汪胡桢、吴慰祖辑：《清代河臣传》，见周骏富辑：《清代传记丛刊》第 56 册，台北：明文书局，1985 年。

王恢：《新清史地理志图集》，台北："国史馆"，1993 年。

王晓亭：《乾隆帝六登泰山》，《故宫博物院院刊》1983 年 4 期，页 92—94。

王振忠：《明清徽商与淮扬社会变迁》，北京：三联书店，1996 年。

马克斯·韦伯：《经济与社会：解释社会学大纲》，古恩斯尔·罗斯、克劳斯·维提斯编，2 卷，伯克利：加利福尼亚大学出版社，1978 年。（Weber，Max. Economy and Society：An Outline of Interpretive Sociology. Ed. Guenther Roth and Claus Wittich. 2 vols. Berkeley：University of California Press，1978.）

魏丕信:《18 世纪中国的官僚制度与荒政》,埃尔博格·福斯特英译,斯坦福:斯坦福大学出版社,1990 年。（Will，Pierre-Étienne. *Bureaucracy and Famine in Eighteenth-Century China*. Trans. Elborg Foster. Stanford ：Stanford University Press，1990.）

魏丕信:《中华帝国晚期的国家治水》,《远东史研究集刊》第 36 期(1987 年),页 71—91。（Will，Pierre-Étienne. "On State Management of Water Conservancy in Late Imperial China"，*Papers on Far Eastern History* 36 (1987)：71 - 91.）

吴秀良:《通往权力之路:康熙和他的继承人(1661—1722)》,马萨诸塞州剑桥:哈佛大学出版社,1979 年。（Wu Silas H. L.，*Passage to Power：Kang-his and His Heir Apparent*，*1661 - 1722*. Cambridge，MA：Harvard University Press，1979.）

武同举:《淮系年表全编》,2 册,台北:文海出版社,1969 年。

萧一山:《清代通史》,5 册,1963 年;北京:中华书局,1986 年。

星斌夫:《明代漕运制度》,日本学术振兴会,1963 年。

徐凯、商全:《乾隆南巡与治河》,《北京大学学报》1990 年 6 期,页 99—109。

张勉治:《马背上的朝廷:建构满人的民族—王朝统治(1751—1784)》,博士论文,加州大学圣迭戈分校,2001。（Chang，Michael G. "A Court on Horseback：Constructing Manchu Ethno-Dynastic Rule in China，1751 - 1784". Ph. D. dissertation，University of California-San Diego，2001.）

赵尔巽等纂:《清史稿》,48 册,中华书局,1977 年;1996 年。

中国第一历史档案馆编:《康熙起居注》,3 册,北京:中华书局,1984 年。

朱维信、威廉·塞维尔:《清代总督人事嬗递》,安娜堡:密歇根大学中国研究中心,1984 年。（Chu，Raymond W. and Saywell，William G. *Career Patterns in the Ch'ing Dynasty：The Office of Governor-General*. Ann Arbor：Center for Chinese Studies，University of Michigan，1984.）

庄吉发:《清高宗十全武功研究》,台北:故宫博物院,1982 年。

译后记

　　与张勉治结识，是 1998 年他来中国人民大学清史研究所做高级进修生的时候。那时他主要是去中国第一历史档案馆查档案，我偶尔也去，能看到他正翻看一包包内务府有关南巡的档案，这就是他在本书"致谢"中所说的"数羊"，真是"数"得不亦乐乎。

　　我清楚地记得，曾问过他，你准备怎么写你的论文？他的回答是：还不知道呢，先收集材料再说。我还记得他说，希望能写本像孔飞力《叫魂》那样的书。

　　2015 年，有次见到张勉治，我请教他，《马背上的朝廷》这本书的创新之处你自己认为在什么地方。他说有两点：一，这可以说是学界第一本关于乾隆南巡的专著；二，以往"新清史"的研究，都是关注清入关前后，我这本书是关注清中期的历史。

　　当年张勉治在清史所时，有次所里举办学生的学术交流活动，他也参加了，讲的是美国清史研究现状。现在想起来，那时"新清史"才刚刚兴起呢。有必要附带说一句，张勉治为 1999 年、2000 年《清史研究》刊发罗友枝《再观清代》及何炳棣《捍卫汉化》的译文，提供了很多的帮助。

　　张勉治的南巡选题实在是好，清史这么重要的研究，让他拔得了头筹。他的这本南巡研究，是否如其所愿写成了《叫魂》那样的书不好说，但它确实是美国"新清史"潮流影响下的"预流"之作。正因如此,张勉治曾对我说,他在档案馆里花了大量精力收集的材料,最后只是选择性地用在了书中的第三章及附录;也正因如此,连乾隆皇帝自己都说"南巡之事,莫大于河工",可本书并没有一章专写"河工",这当然不是作者的疏漏,这从书中再三引用他自己论述乾隆皇帝治理河工的论文就可以看出〔参见唐博译、董建中校《洞察乾隆:帝王的实践精神、南巡和治水政治(1736—1765)》,载《清史译丛》第五辑,中国人民大学出版社,2006年〕;更因为如此,作者从2001年完成博士论文到最后2007年出书,中间做了很多调整,博士论文也成了这本书的征引文献。所有这一切,都是为了本书的论述更加集中,正如书名所示,都要服务于探讨巡幸与清朝统治的建构。

对于"新清史",我们不必奉为神明,当然也不能无视它的存在。学术对话、批评的前提是了解,要了解对方的学术水平究竟如何,在这个意义上,翻译就是必不可少的了,因为我们的学者,能全面、直接看明白英文原文的真的不多。我有些不大理解的是,这些年我们大谈特谈"新清史",而"新清史"所谓最具代表性的某些著作还没有翻译成中文呢。

关于本书的翻译,有几点想交代。第一,书名译作"马上朝廷"无疑是准确的,但考虑到《马背上的朝廷》的译名早已经叫开了,且名为《马上朝廷》的乾隆南巡的著作已有出版,为示区别,也就不作变动了。

第二,书中出现的 ethnic 及 ethnicity,译为了"民族",而没有译作"族群"与"族裔"等,这没有什么特别的意思在。译作代替不了原著,本来就是供参考的,如果学者愿意引用我的这本译作,将相关的"民族"改为"族群",完全可以。

第三,书中的中文引文,译作都尽量做了还原。在过去,还原引文常被说成是难事,现在有了网络、数据库、电子书,并不那么困难了。可这么做,实际上是遮蔽了作者的许多工作,比如本书引用了不少乾隆皇帝的诗,作者是将这些诗译成英文给读者看的,而正是这种翻译,也促使作者深入思考这些诗的可能意义。在这一点上,我很佩服张勉治在翻译上所下的功夫。我在"再翻译"时,都是照搬原诗,倒真简单省事。至于他的英译是不是都准确,那就顾不上了;至于读者明不明白这些中文诗,那就更对不住了。

2007年7月底,我在张勉治美国的家里住了几天,他和妻子冯素珊(Susan Fernsebner)热情款待。张勉治拿出刚出版的《马背上的朝廷》赠我。后来,有朋友推荐我翻译这本书。只怨自己太拖沓了,在这里真诚地向朋友们说声抱歉。杨多译过本书的部分内容,由于一些原因——不是质量问题,后来没有参考与采用,我也向她表达由衷的歉意。

本书的翻译得到了张勉治的帮助,编校过程中江苏人民出版社康海源编辑付出了很多辛劳,在此一并致谢。

张勉治在赠我的书上,用中文写着:"不足之处不少,敬请指正。"这本书现在有了中译本,我想他肯定是极愿意听到中国学者的意见的。身为译者,我也是极愿意得到读者的教正的。

董建中

2019年8月

经作者张勉治同意,这个版本增加了《洞察乾隆:帝王的实践精神、南巡和治水政治(1736—1765)》一文。

董建中

2023年2月

"海外中国研究丛书"书目